近现代国际关系史研究

第十五辑

徐　蓝　主编

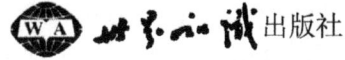世界知识出版社

图书在版编目（CIP）数据

近现代国际关系史研究．第 15 辑/徐蓝主编．--北京：世界知识出版社，2018.12
ISBN 978-7-5012-5908-3

Ⅰ.①近… Ⅱ.①徐… Ⅲ.①国际关系史—研究—近现代 Ⅳ.①D819

中国版本图书馆 CIP 数据核字（2018）第 272750 号

责任编辑	汪　琴
特邀编辑	狄安略
责任出版	赵　玥
责任校对	陈可望

书　　名	**近现代国际关系史研究（第十五辑）**
	Jinxiandai Guoji Guanxishi Yanjiu
主　　编	徐　蓝
出版发行	世界知识出版社
地址邮编	北京市东城区干面胡同 51 号 （100010）
网　　址	www.ishizhi.cn
电　　话	010-65265923 （发行）
	010-85119023 （邮购）
经　　销	新华书店
印　　刷	北京虎彩文化传播有限公司
开本印张	787 毫米×1092 毫米　1/16　24⅜印张
字　　数	385 千字
版次印次	2018 年 12 月第一版　2018 年 12 月第一次印刷
标准书号	ISBN 978-7-5012-5908-3
定　　价	38.00 元

《近现代国际关系史》学术委员会

学术顾问：张椿年 徐天新 张宏毅 李铁城

主　编：徐　蓝

学术委员会（以姓氏拼音为序）：

崔　丕　韩东育　胡德坤　梁占军　刘北成
刘德斌　钱乘旦　沈志华　史桂芳　时殷弘
王晓德　武　寅　徐　蓝　于　群　赵军秀
张顺洪　赵学功　朱瀛泉

目　录

Contents

"亚拉巴马"号赔偿案中的美国对英谈判策略

——以"间接索赔"问题为中心

张小龙[*]

摘 要 美国内战结束后，由于英国为南部邦联建造私掠船而引发的"亚拉巴马"号赔偿案逐渐成为美英矛盾的核心问题。1869 年美国参议院外交委员会主席萨姆纳以海上商业环境遭到破坏、战争时间延长及其导致的海上封锁费用等"间接损失"为由向英方提出巨额索赔。"间接索赔"要求起初体现了美方对加拿大的领土野心，使索赔问题进一步复杂化，却也因此使美方掌握了谈判主动权。美方在谈判过程中虽然逐渐放弃了领土要求，回到理性而务实的轨道上，但利用萨姆纳的言行及其"间接索赔"要求保持对英外交压力，最终促成了 1871 年《华盛顿条约》的签订与赔偿案的解决。

关键词 "亚拉巴马"号赔偿案 对英谈判 间接索赔 查尔斯·萨姆纳

---

* 张小龙，海军航空大学基础学院副教授，历史学博士。

美国内战期间，南部邦联在英国的代理人以英国船坞为基地大肆进行造舰活动。"亚拉巴马"号等邦联军舰在英国开工下水后，游弋于各大洋，开展以打击联邦商业航运为目的的海盗式作战。① 美英之间围绕英制私掠舰船给美国造成的损失赔偿问题，在战后展开的一系列谈判和诉讼被统称为"亚拉巴马"号赔偿案，成为战后困扰美英关系的主要问题之一。从 1869 年 4 月开始，美方不止一次提出数额巨大、难以满足的"间接索赔"要求，这使得谈判中出现了更多的不确定因素，成为了此案争议最大的焦点。

对于美方何以执着于不切实际的间接索赔要求，目前尚缺乏令人信服的解释。一种有代表性的观点认为：所谓"间接损失"不过是美国政客查尔斯·萨姆纳出于个人目的炮制的一套说辞，在法理上是荒谬的，在实践中干扰了美方的决策思维，对谈判造成了严重的负面影响。② 然而，同样值得注意的是：英方在长达五年的时间内始终对会谈采取消极应付的态度，美方也并无索赔良策；反而是在间接索赔要求提出后，英方才呈现出积极合作姿态，双方于 20 个月之后达成了最终解决方案。国内美国史学者则指出：争端的实质"就是美国以亚拉巴马要求为契机，和英国争夺美洲优势

---

① 《1819 年中立法》禁止交战方在英国管辖范围内从事针对与英国保持和平的国家的造舰活动，但建造非武装船只的行为则不受干涉。邦联利用这一规定，先后在英国建造了"佛罗里达"号、"亚拉巴马"号、"谢南多亚"号等船只。这些船只下水后不久即秘密离港，驶往英国管辖范围之外的地区进行武装。联邦外交官员在上述船只逃离英国辖区前均已觉察其动向，并向英国政府提出拘捕船只的要求，但英方仍予以放行。以"亚拉巴马"号为例，该舰于 1862 年 5 月 15 日在利物浦下水后，美国驻利物浦领事达德利掌握了大量可疑情报，驻英公使亚当斯向外交大臣罗素写信抗议未果。"亚拉巴马"号最终于 7 月 29 日出逃，前往亚速尔群岛后被改装成军舰并投入作战。直至 1864 年 7 月被联邦军舰击沉之前，它击沉或劫掠了 69 艘美国商船，成为美国内战期间危害最大的私掠舰只。

② 阿德里安·库克（Adrian Cook）在 20 世纪 70 年代发表的专著是唯一一部对本案始末进行全方位研究的著作，作者认为萨姆纳发表演说的个人目的在于展示自身对国际事务的了解，以此掌控新一届政府的外交政策，"其内在含义是：在这届不够成熟、未经考验的政府当中，许多内阁成员对突如其来的权位还感到不适应，处理外交事务的经验和知识无法与他相提并论，不足以应付本案极端复杂的陈词和谈判"；库克严厉批评菲什几度提出间接索赔要求的做法，认为菲什"或是出于无赖心理，或是由于愚蠢。以菲什在亚拉巴马号赔偿案谈判中的表现来看，很难称之为一位伟大的国务卿"。参见 Adrian Cook, *The Alabama Claims: American Politics and Anglo-American Relations, 1865–1872*, New York: Cornell University Press, 1975, pp. 91, 216.

地位"。①这一概括无疑是精当的。

从研究视角来看，对美国政府索赔政策发展变化的研究，既应结合国际形势、地缘政治背景进行解读，探寻索赔与扩张两条线索的内在联系；同时也应着眼于格兰特、菲什、萨姆纳三位主要当局者的互动关系，尤其是对萨姆纳在谈判中的地位与影响力给予重新评价，营造全景式的历史考察。

一、萨姆纳演说与"间接索赔"问题的提出

随着内战的结束，美国政府的外事日程表上增加了两项极为重要的议题。一方面，由于国家重获统一，加之对西部的征服基本已告一段落，美国终于可以腾出手来开展对北方的扩张，对英属加拿大的领土要求再次浮出水面。另一方面，美国开始着手清点评估英制私掠船在内战中造成的严重损失。自1865年起，美国国务卿西沃德不止一次在公开场合向英国提出索赔要求。然而对于西沃德这位著名的扩张主义者而言，攫取加拿大才是他更热衷于实现的梦想，提出索赔要求的真实目的是制造舆论压力，迫使英国将加拿大割让给美国以抵消赔偿。② 面对索赔要求，帕麦斯顿和罗素两届内阁则采取不合作、不谈判的态度，声称美国船只和货物的直接损失已由保险公司赔付，故英国无须再支付任何费用，拒绝讨论任何与赔偿相关的事宜。

英国虽然态度强硬，但其软肋在于它必须为漫长的美加边界提供防务。从19世纪30年代起，美加边界围绕领土归属和渔业纠纷的争端此起彼伏，使英国疲于应付。迪斯雷利曾抱怨说："这些讨厌的殖民地将在几年以后全部独立，它们就像是套在我们脖子上的一块磨石。"③ 1866年迪斯雷利组成

① 杨生茂主编：《美国外交政策史（1775—1989）》，北京：人民出版社，1991年，第172页。

② James. J. Barnes, Patience. P. Barnes, eds., *The American Civil War through British Eyes：Dispatches from British Diplomats*, Vol. 3, Kent：Kent State University Press, pp. 347-348.

③ Trevor. O. Lloyd, *The British Empire（1558-1983）*, Oxford：Oxford University Press, 1984, p. 169.

保守党内阁之后，美国利用英国政界的这种心理，转而寄希望于利用在爱尔兰裔移民中拥有一定基础的芬尼亚运动，对加拿大发动越境袭击，并在加境内策划武装暴动，企图迫使英国因不堪骚扰而放弃加拿大各省。然而，这一做法同样未能收到明显效果，芬尼亚党人于1867年发动的暴动被英国镇压下去，同年，英国改加拿大为自治领，以推动加拿大各省联合自治的策略抵制美国的渗透和扩张。美国唯一的收获是：迪斯雷利内阁在谈判问题上的态度有所松动，同意进行双方政府的协商，继任的格莱斯顿内阁同样表达了谈判的意向。格兰特于1869年入主白宫后，尽管仍高调宣示对加拿大的领土要求，但却向英国驻美公使桑顿暗示"亚拉巴马"号赔偿案是美英两国之间存在的唯一严重问题。因此，索赔与扩张从一开始就是交织在一起的两条主线，在领土扩张难以得手的情况下，美国的索赔要求开始升温，两者在其政府决策者心目中的权重已经发生了微妙的变化。

但对于赔偿的具体解决方案，双方仍有重大分歧。英国的设想是由两国组成联合委员会进行双边商讨，会谈地点应设在伦敦，如不能达成一致意见，方可委托某一友邦首脑进行仲裁；① 而美国早在1863年就通过驻英公使查尔斯·F·亚当斯提出了将争端提交国际仲裁的愿望。亚当斯于1868年5月卸任后，新任公使瑞弗迪·约翰逊继续探讨谈判事宜，并于1869年1月同英国外交大臣克拉伦登签订了《约翰逊—克拉伦登协议》。协议商定由双方各派两名代表，组成谈判委员会，如不能就赔偿问题达成共识，双方将共推一名仲裁法官进行裁决；如果连仲裁法官人选都不能达成一致意见，双方将分别委任一名仲裁法官，再从两人中抽签选出一人进行裁决。②

显然，约翰逊对于谈判缺乏原则性的把握，除谈判地点由伦敦改为华盛顿外，几乎完全顺从英国人的思路。协议同时暴露出英国并无谈判诚意，其之所以同意和谈，部分是为了以缓兵之计化解加拿大方面的压力，减缓美国的北进势头，从而集中精力应对由于普鲁士崛起而失去均势的欧洲政治新动向，并设法缓和俄国在黑海方面制造的紧张局势。克拉伦登设计的

---

① John Morley, *The Life of William Ewart Gladstone*, Vol. 2, London: Macmillan, 1903, p. 397.

② Thomas. W. Balch, *The Alabama Arbitration*, Philadelphia: Allen, Lane & Scott, 1900, p. 95.

问题解决程序将诉讼局限在英美之间，排除中立第三方的介入。这样的程序一旦付诸实施，英方尽可处处作对，层层掣肘，将谈判拖入旷日持久的拉锯战中，最终不了了之。此外，协议只将私人作为赔偿对象，未提及给美国造成的国家损失，甚至没有表示道歉或遗憾的措辞。[①] 上述原因使得美方不可能接受《约翰逊—克拉伦登协议》作为谈判基础，国内舆论的不满情绪也达到顶点。

1869 年 4 月 13 日，在参议院即将对《约翰逊—克拉伦登协议》进行投票表决之前，参议院外交委员会主席查尔斯·萨姆纳发表演说，正式提出了以国家名义进行索赔的问题。萨姆纳认为英方应在三个问题上负主要责任，一是英国于 1861 年 5 月发表的《中立宣言》意味着英国将美国内战视为国际战争，英国承认南部邦联的交战国地位，英国臣民向南部提供私掠船的行为也不被视为海盗行径；二是英政府对美方的多次抗议置之不理，未对在建的"亚拉巴马"号采取监控措施，对该舰的逃走负有过失责任；三是英国殖民地港口在战争期间多次为"亚拉巴马"号等私掠船提供补给。萨姆纳声称："'亚拉巴马'号烧杀抢掠的火光映红了洋面，而英国人的上述三桩罪行点燃了纵火者的火把"。[②] 依照萨姆纳的估计，私掠船直接摧毁的船只和货物总价值约为 1500 万美元，但私掠活动带来的间接损失则极其巨大。首先，私掠活动沉重打击了美国海上商业，原先在美国注册的商船为避祸起见，约有 40%转投其他国家，其中相当一部分转移到了英国名下，折合损失约 1.1 亿美元。到内战结束时，悬挂美国国旗航行的商船吨位数已由内战初期的 2,897,185 吨下降到了 1,602,528 吨，而同期英国旗下注册的商船吨位数却由 5,895,369 吨上升到 7,322,604 吨。[③] 其次，由于英国在内战初期就宣布中立，而《1819 年中立法》又存在严重缺陷，英国实际上变成了叛乱分子的船坞和军火库，为南部邦联提供物资上

---

① Frank. W. Hackett, *Reminiscences of the Geneva Tribunal of Arbitration* 1872, Boston：Houghton Mifflin, 1911, p. 49.

② Charles Sumner, "Claims on England：Individual and National," *The Works of Charles Sumner*, Vol. XIII，Boston：Lee and Shepard, 1880, p. 69.

③ Ibid.，p. 82.

的补给和精神上的支持，导致联邦政府平定叛乱的时间延长了一倍。萨姆纳据此暗示联邦政府在战争中支出的军费半数应由英国负担，仅此一项费用就高达 20 亿美元。① 在随后的投票中，参议院以 54 比 1 的绝对多数否决了《约翰逊—克拉伦登协议》。

萨姆纳在演说中一直使用"国家损失"（national loss）一词，并以此为由要求国家意义上的赔偿，为美方随后提出"间接索赔"（indirect claims）要求提供了立论依据。曾在本案中担任美方顾问的资深外交官顾盛认为："国家意义上的赔偿"与"间接索赔"在概念内涵上尚存在一定差距，但间接索赔可大致理解为"以国家名义进行的，针对由于间接或推定意义上的损失与伤害而进行的索赔"。②

二、美方暂时搁置"间接索赔"要求及其原因

萨姆纳演说带来的轰动效应使得"亚拉巴马"号问题一时成为大西洋两岸共同关注的焦点。国务卿菲什在 5 月 15 日以总统名义致信驻英公使，声称总统完全赞成参议院的否决行动。英国政界反应强烈，桑顿向克拉伦登汇报说：萨姆纳的演说"受到共和党报章的一致狂热支持"，进而赢得了全体美国人的认可。③ 演说以尖锐的方式提醒英国人，1861 年《中立宣言》开创了允许交战方在中立国港口造舰的恶例，如不采取弥补措施，将使英国自食其果。耶鲁大学校长伍尔西评论说："无论赔偿案怎样收场，我们会记住英国如何纵容我国的叛乱，这种记忆是不会很快沉睡的。如果情况没有改观，英国卷入下一场战争之日，就是众多'亚拉巴马'号从美国港口

---

① Charles Sumner, "Claims on England: Individual and National," *The Works of Charles Sumner*, Vol. XIII, pp. 85-86.

② Caleb Cushing, *The Treaty of Washington: Its Negotiation, Execution and the Discussions Relating Thereto*, New York: Harper Brothers, 1873, p. 35.

③ Charles C. Beaman, *Alabama Claims and Their Final and Amicable Settlement*, Washington: W. H. Moore, 1871, pp. 302-304.

出发，掠夺焚烧英国商船之时"。① 英国考虑到俄国自克里米亚战争后一直在酝酿一场复仇之战，而美俄之间存在达成默契的可能，这已使英国海上商业面临极为现实的危险，无法再继续采取拖延不决的方式应对谈判。

然而，间接索赔要求的致命弱点在于缺乏足够的法理依据。著名法学家劳伦斯指出：英美法系历来认为伤害责任的追诉应当仅涉及所诉行为的"自然和邻近后果"，国际法上也从未有类似索赔要求获得认可的判例。② 20亿美元的索赔数字更是骇人听闻，除非割让加拿大给美国才足以抵偿。因此，英美两国舆论一致认定萨姆纳的目的在于延续西沃德的扩张路线，其醉翁之意在于夺取加拿大。美国国内的扩张主义者对萨姆纳演说给予热烈欢迎，密歇根州的参议员钱德勒赤裸地宣称："如果英国友好地承认错误，并且放弃在加拿大的一切利益以抵消赔偿，两国之间就会实现永久和平；否则，和平就只能用强力获取……萨姆纳希望进行和谈，但英国若执意开战而无意和谈，那就让我们速战速决"。③ 上述言论被桑顿转述给英国政府，从而进一步加深了英方的固有印象，认为萨姆纳演说表达了美国无止境的扩张欲望，是野心和贪婪的产物。

基于上述两方面的原因，英方对谈判的态度是复杂的。一方面，萨姆纳意识到国际政治形势发生了对美方有利的变化，不失时机地恫吓英方，收到了良好效果，迫使英方认真考虑谈判问题；另一方面，英方绝不可能同意以萨姆纳的要求为基础进行谈判，这是对英帝国荣誉和尊严的空前挑战。英国的这一心理在 1869 年下半年的双边接触中暴露无遗。1869 年 7月，在同加拿大财政大臣罗斯的非正式会谈中，菲什称萨姆纳的演说仅仅意在表达美国人民的愤怒，具体确定赔偿数额时，并不必以此为据。罗斯

---

① John Dwinelle, *American Opinions on the "Alabama" and Other Political Questions*, London: Bernard Quaritch, 1870, pp. 57-58.

② William. B. Lawrence, *The Indirect Claims of the United States under the Treaty of Washington of May 8*, 1871, *as Submitted to the Tribunal of Arbitration at Geneva*, Ottawa: Canadian Institute for Historical Microreproductions, 1986, p. 41.

③ Charles. F. Adams, *Before and after the Treaty of Washington: The American Civil War and the War in the Transvaal*, New York: Printed for the Massachusetts Historical Society, 1901, p. 105.

当即表示同意促成英方特使访美。① 9 月底，菲什向英方提交试探性的照会，以较为温和的措辞重提"间接索赔"问题，不料英方反应格外激烈，格莱斯顿指斥菲什仍在沿袭萨姆纳的理论，扬言英国出于尊严考虑，将拒绝提出任何新的谈判动议。菲什立即通过私人途径向桑顿做出解释，辩称如此措辞的唯一目的是征得国会首肯，避免萨姆纳从中阻挠。10 月 16 日，驻英公使约翰·莫特利即转告菲什，称克拉伦登急于达成解决方案。② 对手色厉内荏的表现逐渐使菲什确信：萨姆纳和他的间接索赔要求已成为英方最大的心病，美方如能充分顾及格莱斯顿内阁的荣誉感，设法将萨姆纳和间接索赔要求排除出局，英方将乐于以最体面的方式妥协，但在此之前，仍要充分利用萨姆纳的影响力对英进一步施压。

　　菲什的想法并未得到总统的充分配合。1869 年 9 月 25 日，格兰特要求莫特利向英方传达以下信息：1. 关于英制巡洋舰造成美国公民财产损失的赔偿问题，总统尚未做好表态准备；2. 关于更大范围内的国家赔偿问题，总统也尚不拟表明态度；3. 英国由于承认南部交战国地位而造成的损失，总统目前也不试图去进行评估；4. 驻英公使暂时不把探讨国际法条款的重要更改列入行动计划，上述问题都留待将来审议。③ 总统暂时搁置间接索赔问题的做法，与菲什不谋而合，但其不分轻重地冷处理一切赔偿问题则出人意料，究其原因，一方面是由于加勒比海局势极大地吸引了总统的注意力。古巴独立战争于 1868 年爆发，到 1869 年夏，起义军已控制了广大的内陆山地。格兰特认为干涉古巴局势的时机已经到来，意图承认起义政权的交战国地位。菲什和萨姆纳对此均表示反对，后者指出如果这样做，美国在古巴扮演的角色将类似于英国在美国内战当中扮演的角色，不利于"亚拉巴马"号赔偿案的解决。而且起义政权一旦得到承认，英法也会援例承

---

① J. C. Bancroft Davis, *Mr. Fish and the Alabama Claims: A Chapter in Diplomatic History*, Boston: Houghton Mifflin, 1893, p. 44.

② Adrian Cook, *The Alabama Claims: American Politics and Anglo-American Relations, 1865-1872*, pp. 121-122.

③ Caleb Cushing, *The Treaty of Washington: Its Negotiation, Execution and the Discussions Relating Thereto*, pp. 29-30.

认美国国内印第安敌对部族的交战权。在窥伺古巴的同时，格兰特还密谋进行购买圣多明各岛的谈判，这一计划同样遭到萨姆纳的激烈抵制。菲什曾向萨姆纳保证：此事纯属"谣传"，如确有其事，将不惜以辞职抗议。但总统特使和多米尼加独裁者巴耶兹私下签订的合并条约最终于 1869 年 11 月被公之于众，令菲什极为尴尬。另一方面，总统和萨姆纳在如何看待《中立宣言》的问题上存在严重分歧。格兰特认为尽管《中立宣言》极大地伤害了美国，但不应以此作为索赔依据，国际法原则赋予一国在他国内战期间拥有自主决定与交战各方关系的权利，这一权利是不容更改的。而萨姆纳则将《中立宣言》视为罪魁祸首和首要索赔依据，他虽然同样清楚依照现存国际法原则，英国的中立在法理上并不存在问题，但萨姆纳试图以修改国际法原则的方式迫使英国认错。[①]

莫特利作为萨姆纳的密友，在驻英公使的位置上忠实地履行萨姆纳的路线，屡次对抗格兰特的指示。在和克拉伦登会谈期间，他提出除非两国达成共识，认识到《中立宣言》是为祸之源，谈判才能继续进行，而且自作主张地声称这是总统的意见。[②] 格兰特一怒之下，准备立即召回莫特利而另任他人，菲什以避免冒犯萨姆纳为由劝止了总统的举动。国务卿试图弥合总统与萨姆纳之间的分歧，争取使总统、国务院和国会一致将索赔问题置于首要地位，并达成策略上的共识。

总统在古巴问题上的立场不久便发生了明显转变。1869 年 12 月，格兰特在国会发表讲话，声称美国无意干涉西班牙与其美洲殖民地的关系，并相信欧洲列强将在恰当的时机主动赋予殖民地独立。[③] 菲什对格兰特的转变深感欣慰，作为回报，他转而在圣多明各购买问题上支持总统，并力图说服萨姆纳同样转变立场，不再阻挠国会批准合并条约。萨姆纳无法相信菲

---

① J. C. Bancroft Davis, *Mr. Fish and the Alabama Claims: A Chapter in Diplomatic History*, pp. 22-23.

② Beckles Wilson, *America's Ambassadors to England, 1785-1928: A Narrative of Anglo-American Diplomatic Relations*, Freeport: Books for Libraries Press, 1968, p. 344.

③ James. M. Callahan, *Cuba and International Relations: A Historical Study in American Diplomacy*, Baltimore: The John Hopkins Press, 1899, p. 390.

什在重大政治问题上竟能如此反复无常，他冷淡地回绝道："您这样做，还不如辞职更好"。① 1870 年 3 月 15 日，参议院外交委员会否决了合并条约。但格兰特和菲什不肯放弃努力，6 月的一天夜晚，菲什登门拜访萨姆纳，与之长谈至深夜，后者始终不为所动。失望之余，菲什竟出言询问萨姆纳是否有意接替莫特利出任驻英公使。这一貌似无意的失语令萨姆纳深感震惊，② 此举无疑暴露了菲什的意图：既将萨姆纳逐出参议院外交委员会，扫除决策障碍，同时又可将其推向外交斗争的前沿阵地，继续保持对英舆论压力。随后，参议院于 6 月 30 日进行最终表决，赞成票仍未达到 2/3 的多数，圣多明各购买计划彻底失败。格兰特于次日即解除了莫特利的驻英公使职务。

三、"备忘录事件"与英方立场的最后转变

莫特利的去职既是格兰特对萨姆纳的报复，同时更是美方对英释出的善意信号。由于加勒比海方向的扩张计划已无望实施，全力推动索赔谈判就成为格兰特政府唯一的选择。然而实际上，在 1870 年的大部分时间内，谈判并无进展，格兰特仍对夺取加拿大抱有不切实际的希望，是导致僵局的重要原因。总统在 6 月的一次内阁会议上再次提出，如果英国撤出加拿大，"亚拉巴马"号赔偿案可望在 5 分钟内得到解决。几位内阁成员提醒他，英国已多次表示过放弃加拿大的愿望，问题在于加拿大人对独立并无兴趣。美国政府打着索赔旗号的扩张政策收效甚微，徒然令英国内阁与自治领政府深感厌恶，也使美加之间的渔业纠纷进一步升级，加拿大于 8 月底将美国渔船逐出爱德华王子岛等重要渔场，酿成了一场外交事件。菲什趁机提出：赋予加拿大独立地位是避免冲突的唯一选择。桑顿回应说英方可将渔业纠纷与索赔问题一并提交仲裁，但对菲什要求在加拿大举行公民投

---

① Charles Sumner, "Personal Relations with the President and Secretary of State," *The Works of Charles Sumner*, Vol. XIV, Boston: Lee & Shepard, 1880, p. 259.

② Adam Badeau, *Grant in Peace: Appomattox to Mount McGregor*, Hartford: S.S. Scranton & Company, 1887, p. 216.

票的要求则严词拒绝。① 11 月上旬，桑顿提出可以有条件地对美开放渔场，前提是美方应解除对部分加拿大农副产品的进口限制。此方案遭到来自中西部牧区的参议员反对，同样未能打破困局。

11 月 20 日，菲什再度约见桑顿，郑重提出英方应对国家损失给予实际补偿。12 月 5 日，格兰特在年度讲话中显示强硬姿态，宣称将授权国会组织专门委员会，开展关于各类索赔事宜的调查取证，并将结果通知英国公使，以使政府能够有效地掌握 "针对私人损失和其他一切损失在内的索赔权"。② 这样，自前一年 9 月起就被美方搁置的间接索赔问题再度浮出水面。

总统的讲话是美方即将在索赔问题上发起最后总攻的信号，意在一鼓作气迫使英方签订城下之盟。英国特使罗斯于 1871 年 1 月抵美，与菲什商谈最终解决方案，罗斯仍然顽固地坚持英国一年以来的一贯立场，拒绝主动承认对 "亚拉巴马" 号的逃逸负有过失责任，称是否负有责任只能由国际仲裁法庭裁决。菲什深感一年多的谈判进展寥寥，与《约翰逊—克拉伦登协议》签订时相比，英方唯一的重大立场变化是由消极拖延谈判转为急切盼望仲裁。而英方是否主动认错，对于仲裁结果具有关键性的影响。英方如主动认错，双方即可在共识基础上对国际法的中立原则做出新的修订，将在中立国港口建造私掠船的行为视为非法，此后的仲裁也必然以修订后的中立原则为法律依据，判定英方应负赔偿责任，但英国海上商业也将在此后得到国际法的保护；反之如英方拒不认错，现有国际法亦无任何条款可以判定英方存在过失，仲裁法庭也无法判决英方支付任何赔偿，不过英国商船队也必将在未来的战争中暴露在敌国私掠船的打击之下。

法国在 1870 年 9 月败于普鲁士后，英法反俄联盟遭到严重削弱，俄国借机于 10 月 31 日单方面废除了 1856 年《巴黎条约》关于黑海非军事化的条款，英俄之间的战争危险进一步升级。亚当斯认为：怂恿美方在此时摊

---

① Adrian Cook, *The Alabama Claims: American Politics and Anglo-American Relations, 1865-1872*, p. 142.

② Charles C. Beaman, *Alabama Claims and Their Final and Amicable Settlement*, p. 307.

牌的正是俄国驻美公使。① 俄国完全可能以美国港口为基地对英国进行海盗式打击，但以赔偿换取安全毕竟会令英国颜面扫地。此时需要给予最后推动力，使英方做出明智的抉择。

1月15日，菲什拜访了萨姆纳，尽管后者此时对菲什已怀有深刻敌意，菲什仍向他出示了罗斯的谈判方案，并要求他在两天内提出意见。17日，萨姆纳向菲什递交了他的"四点备忘录"，其内容如下：1. 赞同罗斯关于一劳永逸解决美英之间一切争端的提议，并应以此作为谈判基点；2. 英国国旗在加拿大降下，是谈判的必要前提，而要想彻底解决问题，英国必须从西半球的一切殖民地撤退；3. 英国如拒绝上述条件，任何双边会谈都不能举行；4. 涉案舰只不止"亚拉巴马"号，本案不能简单地命名为"亚拉巴马"号赔偿案。②

在谈判进行到如此关键的时刻，萨姆纳变本加厉地提出英方完全无法接受的条件，无疑令菲什震惊，但经过考虑，菲什仍于24日向罗斯展示了"四点备忘录"，并表达了将谈判进行到底的愿望。仅仅一天后，伦敦即来电就"亚拉巴马"号的逃逸和劫掠行为向美方表示遗憾。③ 随后双方几经磋商，于2月1日决定成立联合高级委员会，解决美英之间一切争端，索赔问题至此峰回路转。而"备忘录事件"则被亚当斯称为"外交史上最令人费解的事件之一"，④ 它何以成为扭转英方立场的关键是颇值得思考的。

首先应予认清的是萨姆纳的真实用意。萨氏本人确实表达过对加拿大的强烈渴望，他在发表演说不久后写道："我盼望着英国割让北方的土地，希望我们拥有从纽芬兰到温哥华的整个地区"。⑤ 不过，萨姆纳从未将割让

---

① Charles F. Adams, *Before and after the Treaty of Washington*: *the American Civil War and the War in the Transvaal*, p. 113.

② Edward L. Pierce, eds. , *Memoir and Letters of Charles Sumner*, Vol. 4, Boston: Arno Press, 1969, p. 9.

③ Adrian Cook, *The Alabama Claims*: *American Politics and Anglo-American Relations*, *1865–1872*, p. 164.

④ Charles F. Adams, *Before and after the Treaty of Washington*: *the American Civil War and the War in the Transvaal*, p. 99.

⑤ Ibid. , p. 106.

加拿大视为解决问题的唯一途径，他私下设想了四种可能的解决方式，"或是数量不定的赔款，或是领土割让，或是道歉，或是修订国际法原则，采取何种方式尚待研究，也可能是各种方案的综合产物"。① 1869 年 6 月 15 日，萨姆纳在写给莫特利的信件中进一步将谈判前提浓缩为两点：一是英国从西半球撤退，二是修改国际法、海洋法原则。② 而随着事态的发展，萨氏显然比格兰特和菲什更早意识到夺取加拿大的不可行性，同年 9 月 22 日，萨姆纳在马萨诸塞州的共和党集会上发表讲话，否认自己曾经明确提出过任何索赔或致歉要求，"只求将英国加于我国的所作所为公之于众，让英国认真审视本案，决定如何赔偿；让美国民众认真审视本案，决定如何索赔。双方若能从这桩巨大的罪错，以及由此引发的争端中获得教益，制定面向未来的预防性国际规约，树立人性精神的里程碑，本人于愿已足"。关于加拿大问题，萨姆纳认为联邦政府应欢迎并支持加拿大加入合众国，但前提是必须在加拿大全体公民自愿的基础上进行，因为"领土可转让，人民不可转让"。③

至此，间接索赔要求真正的存在目的，已仅限于迫使英方认错，并"制定面向未来的预防性国际规约"。尽管如此，萨姆纳在对英交涉中却从不放弃间接索赔，对加拿大的领土要求也不断升级。他深知只有在加拿大问题上施加足够压力，美方才能掌握足够的主动权，迫使英方宁愿以认错和修约来换取加拿大的安全，"四点备忘录"的提出正是这一策略的体现。

在美方的间接索赔攻势之下，"两害相权取其轻"的解决思路此时已为英方决策者私下认可。1871 年 1 月 9 日，格莱斯顿在致外交大臣格兰维尔的信件中提出，当前要务在于敦促美方将物质利益同情感伤害赔偿切割开来考虑，并只将前者提交仲裁。首相写道："如果他们能够从这一荒谬的立

---

① Adrian Cook, *The Alabama Claims: American Politics and Anglo-American Relations, 1865-1872*, p. 112.

② Edward. L. Pierce, eds., *Memoir and Letters of Charles Sumner*, Vol. 4, Boston: Arno Press, 1969, p. 409.

③ Charles Sumner, "National Affairs at Home and Abroad," *The Works of Charles Sumner*, Vol. XIII, pp. 125-127.

场后退，将获得解决问题的良机"，格兰维尔表示完全赞同，并称他无法理解以往政府何以如此吝啬一句道歉的言辞。① 相对欲壑难填的间接索赔要求，尽快以较低代价换取和平是可以接受的，但在不明美方底细的情况下，首相仍指示罗斯不得先行流露上述意图。事实上，对此时的美方而言，这场谈判同样拖延不起。菲什在 1870 年 11 月 30 日的日记中写道："总统认为在不牵涉加拿大独立问题的情况下解决争端是明智之举，争端应在总统大选之前解决，这才是重要的。"② 由于就任以来政坛贪腐丑闻不断，而拉美方向的扩张计划又连遭挫败，格兰特迫切希望在选战前解决赔偿问题，为乏善可陈的第一任期增添一抹亮色。在屡次碰壁之后，总统在加拿大问题上已失去耐心，他激烈地表达了对萨姆纳的不满。英美双方此时已具备达成共识的基础，也急切希望和解，但仍然谨慎地维护着各自的立场，双方都无法预料贸然后退带来的后果。

正是在这一背景下，菲什才破格向罗斯展示了本属私密性质的备忘录，并向罗斯承诺：美方不同意萨姆纳的主张，但为了谈判顺利进行，"政府会全力保证一个令人满意的结果，即使不惜导致同参议院外交委员会主席之间的冲突"。③ 在菲什看来，萨姆纳的备忘录极有利用价值，菲什通过展示"四点备忘录"的方式将萨姆纳包装成为谈判的主要障碍，有其双重目的。一方面，由于菲什此前获知参议院外交委员会内部已有多数委员认可罗斯提出的仲裁方案，④"四点备忘录"无疑就成为萨姆纳无视大局，一意孤行破坏谈判的证据，总统亦可借此以顾全大局为名，要求参议院投票罢免其职务，从而一劳永逸地驱逐萨姆纳这一处处作对的宿敌；另一方面，菲什

① Agatha Ramm, eds., *The Gladstone-Granville Correspondence*, Cambridge: Cambridge University Press, 1998, pp. 208-209.

② Adrian Cook, *The Alabama Claims: American Politics and Anglo-American Relations, 1865-1872*, p. 145.

③ Daniel. H. Chamberlain, *Charles Sumner and the Treaty of Washington*, Worcester: Press of G. G. Davis, 1902, p. 21.

④ 参议院外交委员会除萨姆纳之外的 6 名委员（奥利弗·莫顿、西蒙·卡梅伦、詹姆斯·哈兰、詹姆斯·帕特森、约翰·谢尔曼、莱曼·特朗布尔）中，只有特朗布尔始终坚持以领土赔偿解决争端，其余 5 人先后表态，赞同以罗斯的提议为基础继续谈判。

将美方长期以来的间接索赔要求全部归结为萨姆纳个人野心的产物，总统和国务卿为争取英国放弃加拿大所做的努力，则被解释为顺应参议院意志的无奈之举。这样，菲什就以隐而不露、不失尊严的方式放弃了对加拿大的领土要求，避免英方因察觉到格兰特急于妥协的心态而有恃无恐。

菲什的计划收到了成效。3月10日，参议院通过表决罢免了萨姆纳的外交委员会主席职务。5月8日，英美双方签署了《华盛顿条约》。此时，菲什仍对条约的命运担心不已，他料定萨姆纳必然怀恨在心，可能会全力阻挠国会批准条约。菲什千方百计剥夺萨姆纳及其支持者的发言权，防止他们提出修正案。实际上，萨姆纳后来将自己被免职的原因归结为在圣多明各购买问题上触怒总统，而只字未提"四点备忘录"。① 对于条约，萨姆纳投了赞成票，《华盛顿条约》最终以50比12票在参议院获得通过。

班克罗夫特·戴维斯回忆说：早在条约文本的讨论过程中，萨姆纳即对条约第6款中规定中立国义务的"三原则"大加赞赏。这些原则是：1. 中立国政府应运用"充分注意"原则阻止在其管辖范围内的任何建造、武装、装备船只及利用船只同与该中立国政府保持和平状态的国家作战之行为。应运用"充分注意"原则阻止此类船只从其管辖范围内出发进行巡航或作战，应阻止将此类船只进行改装，用于战争的行为；2. 中立国政府不应允许或容忍交战国的任何一方利用其港口、领水作为打击另一方的海军基地，或用于补给军火物资、扩充军备、人员招募；3. 中立国政府应对其本国港口、领水及其管辖下的所有人员运用"充分注意"原则，以避免违反上述责任义务的情况出现。条约进一步规定："缔约双方一致同意遵守上述原则，并将其知会其他海洋国家，邀约各国共同遵守"。② 依据上述原则，英国无疑在"亚拉巴马"号赔偿案中负有过失责任。尽管具体赔偿数额还有待仲裁确定，"三原则"的通过已宣告美国在法理上取得了本案的胜利。条约并未提及间接索赔问题，但修改国际法原则一事既已水落石出，对萨

---

① Charles Sumner, "Personal Relations with the President and Secretary of State," *The Works of Charles Sumner*, Vol. XIV, pp. 275-276.

② Freeman Snow, eds., *Treaties and Topics in American Diplomacy*, Boston: The Boston Book Company, 1894, p. 97.

姆纳而言，目的已经达到了。依照条约的规定，由美、英、意、瑞士、巴西五国法学家组成的仲裁法庭于 1871 年 12 月在日内瓦开庭。次年 9 月，法庭判定英国应向美国赔偿 1550 万美元，"亚拉巴马"号赔偿案以美国胜诉告终。

结　语

仲裁法庭的最终裁决使英国内阁面临着一定的舆论压力，但格莱斯顿辩称：1550 万美元的赔偿数额"与这一判例所蕴含的道义价值相比，只不过是微不足道的尘埃"。[①] 对英国政府而言，赔偿是国家安全领域的一笔必要投资，"道义价值"上的回报主要体现在两个方面：第一，国际上通过对"三原则"的确认，重新定义了中立国的战时法律责任。英国的对手将无法在未来战争中利用中立国港口从事针对英国的造舰活动，从而保障了英国海上商业的安全；第二，"亚拉巴马"号赔偿案的和平解决，有效地化解了英美百余年的积怨，成为两国关系的重要转折点，为后世的"英美特殊关系"奠定了一定的基础。

美国能够最终赢得诉讼，既得益于国际形势的有利因素，同时又是合理运用谈判艺术的结果。普、法势力的此消彼长，以及俄国在黑海方面的动向都使英国面临着现实的危险，为美英谈判创造了有利时机。萨姆纳提出的间接索赔要求在一定程度上体现了美国趁机夺取加拿大的领土野心，但综观本案全过程，间接索赔要求起到的积极作用大于消极作用。只是由于格兰特的注意力此时聚焦于加勒比海局势，尚未对索赔问题给予足够重视，致使英美后续谈判一度停滞不前，这也是导致人们对间接索赔要求产生误读的重要原因。

菲什利用英方急于将萨姆纳和间接索赔要求排除出局的心理，视萨姆纳为保持对英外交压力的工具，最终以驱逐萨姆纳为筹码换取英方妥协。

---

① Graham D. Goodlad, *British Foreign and Imperial Policy*, *1865 - 1919*, New York：Routledge, 2000, p. 17.

二人之间尽管相互敌视，但在谈判基点的把握上却殊途同归，都认为赔偿案应在修改国际法原则、确定英方责任的前提下解决。萨姆纳的强硬立场与菲什的务实作风看似针锋相对，实则共同服务于这一目的，在谈判过程中两者虚实相应，互为声援，收到了刚柔并济、相得益彰的效果。而萨姆纳对《华盛顿条约》出人意料的拥护，进一步印证了亚当斯的判断：萨氏并非"俾斯麦式的铁血政治家"。① 貌似狂妄的扩张主义话语与其说是目的，不如说是策略和手段，其行为动机不能排除气质个性的因素，但更多的还是要从国家利益的大局出发去加以考察。

---

① Charles F. Adams, *Before and after the Treaty of Washington: The American Civil War and the War in the Transvaal*, p. 103.

美军与青岛民众之纠葛
与对美军负面印象的形成
——以青岛市警察局档案为中心的考察*

张维缜　苏　婧**

摘　要　抗战胜利之初，美军登陆青岛，在与青岛民众实际接触中产生了一些纠纷，虽未酿成较大的后果，不过民众对美军的恶感由此而生。为促使美军退出中国，不再干涉中国内政，中共对美军在青岛的丑恶行为进行了宣传揭露，青岛民众对美军的不满开始转变为反美怒潮。朝鲜战争后，中美两国关系恶化，中国国内的反美宣传进一步加强，美军在青岛民众心目中凶恶残暴的负面印象得以强化。这一现象有其积极意义，但也可能对中美关系产生某些负面影响。

关键词　驻青岛美军　青岛民众　负面印象　青岛市警察局　中美关系

---

　*　本文获得国家社科基金青年项目"驻华美军研究 1945—1949"（12CSS016）、中央高校基本科研业务费资助项目"美国东亚驻军与国际安全（1945—1980）"（暨南大学宁静致远工程远航项目，15JNYH006）、广东省教育厅重点平台及科研项目（创新团队项目，2016WCTD005）的资助。

　**　张维缜，暨南大学历史系、暨南大学冷战国际史研究中心副教授；苏婧，暨南大学历史系2017级硕士研究生。

关于战后美军登陆青岛并与青岛民众接触、互动的情况，国内外学术界有过一些研究。① 本文主要以青岛市警察局档案《青岛市警察局外交科派驻美宪兵司令部人员一九四八年五月十三日至六月十四日值日簿》② 为主要资料来源，阐述美军与青岛民众之纠葛，并探讨青岛民众对美军的负面印象如何产生并强化，以及这种负面印象对中美两国关系产生的影响。

一、美军登陆青岛与反美之缘起

早在抗战时期，美国政府就有了将美军派驻华北的设想。1944 年 12 月间，中国战区参谋长魏德迈向蒋介石提出一项作战计划，打算以美国海军陆战队 1 个军团和中国陆军 5 个军的总兵力组建一支中美联合部队，在美国第七舰队的海、空力量支援下，在天津等港口登陆，以便包抄日军后路，

---

① 目前，杨志国是国内外唯一专门以此为研究内容进行系统探讨的学者，他在其博士学位论文《美国海军在青岛：驻军与民众的互动，民族主义与中国内战，1945—1949》（*U. S. Marines In Qingdao: Military-Civilian Interaction, Nationalism, and China's Civil War, 1945-1949*）中运用青岛市档案馆部分档案，探讨了美军与青岛民众的矛盾纠葛以及中国民族主义的兴起，但该文未涉及本文所利用的主体资料，也未具体探讨该类矛盾与纠葛所造成的民众对美军的负面印象。杨志国另一篇文章的情况与之类似，参见杨志国：《美国海军陆战队在青岛》，李小兵、李洪山编：《中国和美国：一部新冷战史》（Yang Zhiguo, "U. S. Marines in Qingdao: Society, Culture and China's Civil War, 1945-1949," Li Xiaobing, Li Hongshan, eds., *China and the United States: A New Cold War History*），美国大学出版社，1998 年。此外，还有一些论著也涉及到驻青岛美军问题，但主要是驻军政策方面的问题，未将美军与青岛民众的矛盾纠葛作为主要研究内容，参见：小亨利·I·肖：《美国海军陆战队在华北 1945—1949》（*United States Marines in North China 1945-1949*），美国海军陆战队 G-3 师司令部历史处，1968 年；霍钦斯·李·斯特莱顿：《美国海军卷入中国内战，1945—1949》（Houchins Lee Stretton, *American Naval Involvement in the Chinese Civil War, 1945-1949*），博士学位论文，美利坚大学，1971 年；爱德华·马罗尔达：《美国海军与中国内战，1945—1952》（Edward Marolda, *The U. S. Navy and the Chinese Civil War, 1945-1952*），博士学位论文，乔治·华盛顿大学，1990 年；张维缜：《中国内战背景下的美国青岛驻军政策》，《近代史研究》2016 年第 5 期等。

② 该份文件的档案号为 A19-1-878。该文件起止时间为 1948 年 5 月 13 日至 6 月 14 日，这一时期美军在青岛的地位相对稳定，美国国家安全委员会尚未就美军撤留问题进行专门讨论，驻青美军一切活动如常进行，他们与青岛民众的关系也一如平常，因此该份资料在反映美军与青岛民众关系方面具有代表性。

进而隔断华中日军与东北日军的联系。蒋介石批准了这一计划，并嘱告有关人员预做筹备。①

但很快，由于赫尔利在调停国共矛盾的过程中对国民党政府的偏袒②导致中共与美国的矛盾激化，以及1945年初美军在太平洋战场上对日战事的顺利推进，华北沿海的战略价值大为降低，这一计划未及实施便告终结。不过，随着日本的投降，这些战略要地对国民党政府而言又有了新的价值。抗战胜利之初，国民党主力军队大多散布在西北和西南，要迅速进军华北和东北，一时间存在很大困难。在国共双方争相向东北进军的态势下，国民党军队的进展十分缓慢，这种差距迫使蒋介石寄希望于由美国军队直接出兵占领华北沿海地区的大中城镇及重要交通干线，同时通过美国的舰机帮助国民党政府向华北及东北运输兵员。

实际上，杜鲁门对此也看得非常清楚：

　　　　事实很清楚地摆在我们面前，假如我们让日本人立即放下他们的武器，并且向海边开去，那么整个中国就将被共产党人拿过去。因此我们就必须采取异乎寻常的步骤，利用敌人来做守备队，直到我们能将国民党的军队空运到华南，并将海军调去保卫海港为止。③

---

①　杜建时：《从接收天津到垮台》，中国人民政治协商会议天津市委员会文史资料研究委员会编：《天津文史资料选辑（第五辑）》，天津：天津人民出版社，1979年，第10页。

②　如1944年底赫尔利在国共之间谈判的五条协定草案问题上偏袒国民党政府，乃至引起了毛泽东的不满，参见"关于同国民党谈判的原则立场的指示（一九四四年十二月十二日毛泽东、周恩来致王若飞电）"，中央档案馆编：《中共中央文件选集》第十四册（1943—1944），北京：中共中央党校出版社，1992年，第412页；再如1945年4月因赫尔利在华盛顿记者招待会对中共指责的讲话，令中共与美国政府的关系更趋恶化，到了7月份中共甚至还限制美军观察组和中美合办的特种突击队的活动，参见"军委关于美国对华的反动政策及我之对策的指示（一九四五年七月七日）"，中央档案馆编：《中共中央文件选集》第十五册（一九四五），北京：中共中央党校出版社，1991年，第179—180页。

③　[美] 杜鲁门：《杜鲁门回忆录》（下卷），李石译，北京：东方出版社，2007年，第76页。

在这些港口要地中，青岛有其独特的战略价值。青岛位于胶东半岛，东西南三面环海，北有崂山、灵山、马山，西望薛家岛、黄岛、阴岛等地，皆可为天然屏障。此外，青岛扼胶州湾之咽喉，港阔水深，系一天然的军事和商业良港。青岛交通便利，通过海运可直达大连、天津、上海等地，通过铁路与公路可直接与济南、烟台等地相通，通过航空可到北平、天津、太原、上海、南京等地。从地区战略格局来看，青岛作为西太平洋地区的重要港口，其战略辐射范围可及苏联、朝鲜、日本及菲律宾等地，因此战略地位极为重要。

鉴于青岛重要的战略地位，战后美国政府借口帮助国民党军队受降与遣返日俘，派遣美军登陆青岛。1945 年 9 月 16 日，美国军舰战后首次开进青岛，10 月 11 日美国海军陆战队第 6 师在谢勒尔少将率领下于青岛登陆。①到当年的 10 月 30 日，美军登陆士兵已达 2 万人，其在青岛的军事单位共有第 7 舰队司令部、海军陆战队、海军陆战队宪兵司令部、海军巡逻队等 11 个之多。由此，青岛俨然成了战后初期美国在西太平洋地区最重要的海军基地。

美军登陆青岛后，中共鉴于自身实力较弱，便暂时放弃了夺取青岛的意图，转而采取"隐蔽精干，长期埋伏，积蓄力量，以待时机"的方针。②但中共并未完全放弃夺取青岛，而是从 1945 年 11 月起便对美军展开宣传攻势。③这些宣传虽不能对美军之驻扎青岛产生实质性的影响，但却能够使民众对美军产生负面印象。

美国在青岛驻军不仅影响了中国国内政局，而且有制衡苏联在大连及旅顺势力的战略考虑。而无论在苏美两国莫斯科外长会议上还是在联合国

---

① 美国国务院编：《美国对外关系文件集》，1948 年第 8 卷，中国（U. S. Department of State, *Foreign Relations of the United States*, 1948, Vol. 8, China），美国政府印刷办公室，1973 年，第308 页。

② 中共青岛市委党史资料征委会办公室编：《青岛党史资料》第四辑（青岛师生反美蒋斗争专辑），青岛：青岛出版社，1989 年，第 3 页（概述部分）。

③ 《中央宣传部关于开展揭露美蒋进攻解放区的宣传攻势致各地电》，1945 年 11 月 4 日，《中共中央文件选集》第十五册（1945），第 406—407 页。

内，苏联均督促美国从青岛等地撤军。因为在苏联看来，美国在华北的驻军已涉嫌镇压民族独立运动与干涉中国内部事务。[①] 1946 年 12 月 25 日沈崇事件爆发，中共于 1946 年 12 月 31 日发动了全国规模的游行示威，以促使美军全部撤离中国，反对其干涉中国内政。[②]青岛学生立即响应，发出了"要求美军撤出中国"的呼声。1947 年 1 月 4 日，山东大学[③]全体学生冒雨集会，响应全国学生抗议美军在北平暴行。与会学生一致决议罢课游行示威，并发告青岛民众及全国同胞书。随后，因该校训导长的阻挠，导致罢课游行示威未能举行，不过"要求美军退出中国"之呼声仍印于告书中，传遍全市。[④]山大学生此举表达了对美国政府驻军政策之不满，是为青岛地区民众反美运动之始。

二、美军与青岛民众之纠葛与美军负面印象的初步形成

战后处理驻华美军的重要法律依据为 1943 年 5 月 21 日签订的《关于处理在华美军人员刑事案件换文》，这一法律文件的产生与中美在反法西斯战争中的合作密切相关。随着珍珠港事变后中美的结盟抗日，大批美国军人开始进入中国。他们在帮助中国抗击日军侵略的同时，也经常出现违法乱纪的行为，成为亟待解决的问题。1943 年 1 月 11 日，中美签订《关于取消美国在华治外法权及处理有关问题之条约》，中国在获得了法律意义上的独立地位后，开始着手解决这一问题。1943 年 5 月 21 日，中美两国政府在重庆签订了《关于处理在华美军人员刑事案件换文》，其中规定：

---

① 美国国务院编：《美国对外关系文件集》，1946 年第 1 卷，概论：联合国（U. S. Department of State, *Foreign Relations of the United States*, 1946, Vol. 1, General: The United Nations），美国政府印刷办公室，1972 年，第 915 页。

② 《中央关于在各大城市组织群众响应北平学生运动的指示》，1946 年 12 月 31 日，中共北京市委党史研究室：《抗议美军驻华暴行运动资料汇编》，北京：北京大学出版社，1989 年，第 3 页。

③ 当时国立山东大学在青岛，1952 年院系调整后主体才迁往济南。

④ 中共青岛市委党史资料征委会办公室编：《青岛党史资料》第四辑（青岛师生反美蒋斗争专辑），第 192 页。

查美国政府之意愿，系于此次对共同敌人作战存续期内，凡美国海陆军人员，如或在中国触犯刑事罪款，应由该军军事法庭及军事当局单独裁判。①

虽然该换文还规定在特殊条件下，违法美军可由中国当局审理，但是从后来的事实来看，这一规定形同虚设。而且即便是由美军事法庭及军事当局审理，处理的结果也往往让中国民众很不满意。因此，在美军与中国民众的接触中，美军的违法乱纪行为尽管程度不太严重，但数量还是不少，这也激起了部分中国民众的不满。当然，情况比较复杂，并非所有的纠纷皆为美军错误所致，这在美军与青岛民众的纠葛中有着鲜明的体现。

笔者张维缜的外公与叔外公中华人民共和国成立前曾经在青岛市警察局任职，② 他们对当时的美军与青岛民众的冲突另有一番解释，他们认为驻青美军与当地民众的冲突与矛盾并不突出，这是因为一则美军数量不太多，加之语言障碍，其与普通民众接触较少；二则驻青岛美军宪兵司令部对不法美军约束较严，使其有不小的顾忌。驻青美军给他们留下的总体印象是既"憨"且"傲"，也许正是由于其骨子里的"傲"才导致了美军与当地民众的零星冲突。

虽然两位亲历者对美军与民众的纠葛如此解释，但是从现有的档案资料来看，两者之间的矛盾纠葛数量不算太少。概而言之，美军与青岛民众的纠葛主要有盗窃、伤害（如殴打、枪击、交通肇事等）、车资纠纷、嫖娼等。

从盗窃方面而言，从笔者们掌握的资料来看，主要是少数青岛民众盗窃美军的物资。美军在处理此类事件时，如当场发现，大多会对当事者或殴打或枪击；如事后发现，一般也会追查到底。当然，还有很多情况下，失窃物品搜寻无着。

———————————

① 王铁崖编：《中外旧约章汇编》第 3 册，三联书店，1962 年，第 1273 页。
② 具体内容可参见《关于参加第四期调训学警□□□□暨未受警察教育之现任警士袁文全等□□表》，青岛市档案馆，青岛市警察局档案 A19-3-256。

　　例如，1948 年 5 月 12 日晚上 11 时至 13 日上午 6 时半之间，大学路美兵营无线电台附近发生物品窃失事件，计为克瑞斯基牌（Crasky）无线电播音器一个，浅黄色，四英尺高、三英尺宽、十八英寸深、12 磅重，价值约合 1500 美元。5 月 13 日 6 时半在湖南路美国小学校内发生物品窃失事件，计为柯达 620 型照相机一个、黑色军官上衣一件、电剃刀一把、毯子一条。事后，驻青岛美宪兵司令部将案件报给青岛市警察局，青岛市警察局长黄佑下令四沧分局查缉两案。①案件最终不了了之，但值得注意的是，失窃物品中竟然包括无线电器材，这让美军方及青岛市警察局相当紧张，因为该器材可能会落入中共手中而作情报战之用。事实证明，这种担心绝非杞人忧天，据战后初期在青岛坚持情报斗争的中共地下党员吴荣森回忆，为了解决无线电台零部件短缺的问题，他每逢星期天就带上万用表到礼拜集市去转，也经常去市场三路集市转转。那些地方到处有从美军兵营中偷出的东西，五花八门。在集市上出卖，国民党青岛当局是很难控制的，因而在那儿采购比较安全。赶礼拜集在当时也是业余无线电界人士的嗜好，所以不会引起别人注意。而吴荣森每当赶集时，碰到所需零部件，测试好就买下来。天长日久，他购置了不少收报和发射机用的器材，足够装几部电台用的。②

　　5 月 25 日，市民李清和因盗窃美军两个小圆形钟表、白绒衣裤褂各一件及一双毛绒袜子，被美军打伤，李头部被打肿，腿部也被打破。值班警士耿嘉宾将该犯带回，赃物由美宪兵带回。③ 不过李清和还算是比较幸运的，1946 年 10 月 18 日晚，许多中国孩子在美国军舰上盗窃物品时，被美军发觉后连开数枪，其中一个当场丧命。④当然，此案发生的地点较为特殊，

---

　　① 《大学路美军兵营被窃物品案》，青岛市档案馆，青岛市警察局档案 A0019-003-00354。

　　② 吴荣森：《青岛解放战斗中的电波战》，中共青岛市委党史资料征委会办公室、青岛市博物馆编：《青岛党史资料》第五辑（青即战役专辑），青岛：青岛出版社，1989 年，第 524 页。

　　③ 《青岛市警察局外事科派驻美宪兵司令部人员一九四八年五月十三日至六月十四日值日簿》，青岛市档案馆，青岛市警察局档案 A0019-001-00878。

　　④ 《关于中国小孩到美军舰盗窃被美兵击毙事宜的签呈》，青岛市档案馆，青岛市港务局档案 B33-1-300。

按照规定美军可以开枪（尽管不一定非置涉事孩子于死地不可）。

早在 1947 年 3 月 30 日，就发生过美军因车资问题而刺杀车夫苏明诚一事，① 成为当时青岛轰动一时的事件。该事件以美方赔偿苏明诚家人而完结。除此之外，美军与青岛民众的纠纷中，并未出现如此恶劣的伤害事件，但冲突却时常出现。

1948 年 5 月 15 日下午 3 时，在大港二号码头，苦力李保林与美军发生冲突被打伤。据美方称，李保林当时进入美军之警戒线内，执勤卫兵命令其离开此地，李保林不但不听，反将头向该卫兵伸去，被美卫误将其头部打伤。但据李保林称，他意欲至海岸边小便，见美军红十字船上有很多美兵，未及小便即返回，此时便有一个美兵追上抛了一条大棒，将他的头打破。李保林经美方治疗后，仍坚持要与美方诉讼，警察感到很难理解，于是便备文连同李保林一并送外事科处理。②

由于美军经常光顾舞厅，因此舞厅也偶尔会成为冲突的场所。1948 年 5 月 17 日晚上，在青岛市第一舞厅工作的舞女冷×霞被一美兵殴伤，据冷本人称，该美兵是她的熟客，因当天她同其他美兵饮酒，该美兵即醋火中烧，大肆宣传她如何不好，故双方发生争吵，致互扭成团，双方均受微伤（冷伤得较重）。但该美兵却称，他之前曾被要挟，冷将他的手表拿去，现在他欲追回。冷则称，表是该美兵送给她的，美兵若要表，即要赔偿她今晚的损失费。经警察同美方从中调解，双方均各自完了不究。③

部分美军有酗酒之恶习，这成为他们滋事伤人的重要原因。如 1948 年 5 月 29 日下午 5 时许，洋车（又称黄包车——引者注）夫徐文宗被两名美军打伤。据徐本人称，当时他在浙江路坐在洋车上等座，有两个美军喝醉了酒，进入浙江路一号捣乱，被驱出来，自己则被他们打了一皮带，徐即

---

① 1947 年 3 月 30 日，美兵阿必拉·白罗德（Abiro Bedro）坐人力车至广西路第一旅社舞厅，下车后不付车资，直入舞厅，人力车夫苏明诚向其索取车资，该美兵竟拔出佩刀刺死苏明诚，此事引起了青岛各阶层民众的强烈不满，是为苏明诚事件。

② 《青岛市警察局外事科派驻美宪兵司令部人员一九四八年五月十三日至六月十四日值日簿》，青岛市档案馆，青岛市警察局档案 A0019-001-00878。

③ 同上。

跑到马路西边，但又被他们赶上用腿打倒在地。徐文宗脸上受了伤，右小臂被刺了一刀。事后，徐被送到大学路医院上药，肇事美兵被问讯完毕后拘押。①

此外，尚有不少的交通肇事案例，有些责任难辨，有些则为当地民众不遵守交通规则所致。如 1948 年 6 月 3 日上午 10 点 30 分，市民孙均平骑一辆脚踏车沿着湖南路靠右边向东走，在湖南路美兵营门前，忽然有一辆美军用车（司机姓名 Kendrick Roverth）由东向西行驶，速度很快。孙将车立即停下，却被美军撞上，将其脚踏车前轮及铁杆撞坏，孙的腿部受轻伤。随后美方将孙均平伤处擦药治疗。②就在此事发生的前一天，有一名叫张玉择的市民，在下午一点半左右骑脚踏车由京山路向西南行，将近栖霞路口时，张拐向栖霞路，当时应大转弯，但张玉择想抄近路走小转弯，致其撞于栖霞路向西行驶之美军吉普车上，将车前圈撞弯。张自认走错路线，甘愿具结了事。③

部分美军在没有军用吉普车的情况下，会乘坐人力车夫的洋车或出租汽车出行，双方因车资问题经常会发生纠纷，有时一天会发生数起。

1948 年 5 月 31 日晚，汽车夫程岱福由湖南路拉着一个美兵到汇泉去，回来又到冠县路胶东酒吧，复又回到美军青年会，约经两小时之久。该美兵只给程两角钱，程要一元，美兵不但不给，还想殴打程。经当值警员俞起业前去交涉，美宪兵克雷马令该美兵付五角钱，该车夫甘愿接受了事。④

有趣的是，在程岱福报案之前，警察局已经处理了一起因车资问题引发的纠纷案，不过这件纠纷案的责任在中国人力车夫一方。有洋车夫韦富余于当晚 5 时 40 分由湖南路拉一美兵到鱼山路去，下车后该美兵付了二角钱，但韦富余嫌少，故要一元钱，于是该美兵便带该车夫到美宪兵司令部来。据克雷马称："从湖北路到鱼山路不过三十分钟，二角钱亦太多，照规

---

① 《青岛市警察局外事科派驻美宪兵司令部人员一九四八年五月十三日至六月十四日值日簿》，青岛市档案馆，青岛市警察局档案 A0019-001-00878。

② 同上。

③ 同上。

④ 同上。

定一角钱足够,现在一分钱也没有。"该车夫听了心里非常惭愧,甘愿不要钱了事。①

从现有的资料可以发现,这类纠纷的出现,主要是由于美兵少付车资甚至不付车资所致,这也引起了中国车夫的不满,导致双方矛盾的激化甚至引起了较大的冲突。除了苏明诚案之外,1947年双方还发生过一起较大的冲突。1947年9月24日,在湖北路美国海军士兵俱乐部门前,因美军未付车资,引发众多人力车夫以石块、棍棒袭击乘车的美军。此事件甚至惊动了美国海军西太平洋部队司令柯克(Charles M. Cooke),他亲自致函青岛市政府,认为这一事件严重损害美军与华人的"友好"关系,同时他对警察未及时制止斗殴行为表示遗憾。②其实战后中国政府早就针对美军与民众的冲突事件给地方政府下达过指示,行政院院长宋子文于1947年1月初在给驻华美军所在地政府的训令中提到:

> 驻华美军……此后如有与当地人民发生任何纠纷事件,应即由当地省市政府就地负责妥慎迅速处理,切勿拖延。③

驻扎青岛之美军,远离故土,久而久之不免会孤独狂躁,进而会有意去寻求刺激以获得暂时的满足,他们往往出入酒吧等场所饮酒,其中有很多借与酒吧女招待接触之机嫖娼。出于维持军纪及保护士兵健康的角度,驻青岛美军宪兵司令部规定美军不得出入酒肆等场所嫖娼。但这些规定约束不了驻青美军,在青岛市警察局档案文件中,此种违纪行为比比皆是。

5月21日,应美方之约,警员石佳馨、王继祖会同美宪兵赴广州路八十九号查暗娼酒吧。由于酒吧内部的人在警员临近时听到风声,纷纷逃匿,

---

① 《青岛市警察局外事科派驻美宪兵司令部人员一九四八年五月十三日至六月十四日值日簿》,青岛市档案馆,青岛市警察局档案 A0019-001-00878。

② 《关于人力车夫殴击美军卡车士兵的训令》,青岛市档案馆,青岛市政府档案 B24-1-498-86。

③ 《关于各城市地方人民与美军发生纠纷事件应由省市政府处理的训令》,青岛市档案馆,青岛市政府档案 B24-1-498-81。

因此当警察至该酒吧时，室内已空无一人，讯问多时亦无人应。正在忧疑之际，王继祖在床底下找出一名叫李××的暗娼女子，经讯问后又由楼梯底下找出美兵一名，当即连同铺上睡觉的女子王××、苏××一并带走。适下楼之际，忽由楼下闯上一人，揽住大喊不准带人。该人自称名叫苏明良，在美国海军造船所做事（技师），称两个女人是其妻子和妹妹，不准带走。警员等见其态度蛮横，无礼不可细讲，于是一并带到外事科。警员在苏明亮（原文如此，应为良——引者注）身上搜出春宫照片 12 张，保险套13 个，酒吧名片 8 张。①此事足以表明，部分酒吧私下为驻青美军提供性服务，其服务已经较为完善。

也有些酒吧，因无女招待竟然受到美军的刁难。5 月 25 日晚，两美兵闯入高密路九号酒吧强要姑娘，因没有姑娘，美兵生气不走。警员俞起业、王继祖会同美宪兵司令部巡逻组成员丹戈姆（Duggm）前往将该二美兵捉住，但一美兵乘机逃走，剩下一位被带到外事科由美方申诫，该美兵后被释放。②

此外，提供性服务的不光有中国女人，还有苏联女人。如 1948 年 5 月31 日，警员郝芳佳会同美宪兵数人抓捕两名犯罪美军途中，于太平角一路十四号发现另有一美海军正与一苏联女人野合，美兵交由美宪兵处理，郝芳佳欲带回该女人，但该女人不但不去，而且对郝无礼谩骂。据邻人称，该苏联女人有精神病，而且很穷，三天前曾投海，幸被救出，现乃以娼妓为生。后来，警员俞起业又会同美宪兵将该女带回外事科处理。③

从以上具体事实可知，美军与青岛民众在实际接触中，有不少纠纷冲突。但这并非他们之间关系的主流，实际上就全体青岛民众而言，他们与美军接触的并不多。

不过在内战时期，中共为了实现美军退出中国的策略，开始在《解放日报》《新华日报》《人民日报》《大众报》《大众日报》等报纸不断揭露驻

---

① 《青岛市警察局外事科派驻美宪兵司令部人员一九四八年五月十三日至六月十四日值日簿》，青岛市档案馆，青岛市警察局档案 A0019-001-00878。

② 同上。

③ 同上。

青岛美军的不端行为，以便影响国内外舆论，给驻青美军施加压力。

如《解放日报》在 1946 年 10 月 23 日报道，自 1945 年 10 月至 1946 年 6 月，驻青美军枪击及撞市民致死者 42 起。计枪杀王守信等 19 件，吉普车压死刘秀珍等 23 件，美机降落撞死市民 1 件。该报还称，据不完全统计，自 1945 年 10 月至 1946 年 9 月的 11 个月内，在青岛美军"暴行"下死伤华人共在百起以上。"例如去年十月，李村一寡妇，被美兵拉上美舰轮奸致死。同日黄岛一舢板，被军舰撞沉，淹死五人"。[1] 在中国传统之下，侮辱女人最不能为人所容忍，一次致死五人的事件也足以令人震惊。所以，这种宣传对青岛民众的心里震撼可想而知，这种报道的增多，受影响的民众数量及影响程度都会提高。

在当时，中共还通过展现国民党政府出卖主权及对驻青美军包庇的行为来降低国民党政府执政的合法性，民众对国民党政府失望厌恶的同时，也加深了对美军的负面印象。如《大众报》1948 年 7 月 6 日报道，由于蒋介石的卖国，"青岛现已变成十足的美国殖民地，该市全市大部分地区为美军直接控制"。该报还提到，"驻青美军经常在市内举行实弹演习；恣意虐杀中国居民；任意检查中国商号、住宅；强奸中国妇女，强迫酒吧间女招待向美军呈缴照片；汽车随意撞死人；无故开枪打死人；将中国人捕去施以电刑取乐；甚至扣押蒋军士兵做苦工，无恶不作"。该报还认为，"青市蒋当局对美军暴行皆采包庇态度，并允许美军出事由美方单方处理"。[2]

此外，中共还通过发动学生（主要是山东大学学生）运动的方式，对驻青美军施加压力。在这一过程中学生通过集会、演讲和发传单等方式，进一步揭露了驻青美军的丑恶行为。据当时在山大就读的中共地下党成员宋鲁（原名孙思燮——引者注）回忆，他在 1946 年 8 月便在党组织的安排下，放弃了北师大学籍，回山大重读一年级。在读期间，他组织了《青年新报》社，利用报纸揭露美蒋勾结的行为。宋鲁还透露，沈崇案后青岛的第一次反美怒潮和司徒雷登 1947 年 5 月初赴青岛后出现的第二次反美怒潮

---

[1] 《各地美军暴行录》，《解放日报》1946 年 10 月 23 日，第 1 版。

[2] 《蒋贼连续卖国结果，青岛变为美帝殖民地，市民反抗美军暴行日益激烈》，中共青岛市委党史资料征委会办公室、青岛市博物馆编：《青岛党史资料》第五辑（青即战役专辑），第 65 页。

（主要是要求美军交还其所占据的山大校舍和严惩刺死苏明诚的凶手——引者注），都是在党组织的指示下，通过山大学生自治会来组织发动的。①

总之，到青岛解放前夕，民众通过与美军接触的不快经历，加上宣传的影响，他们对美军"无恶不作""残暴不仁"的负面印象初步形成。

三、宣传与负面印象的加强化及其影响

1949 年 6 月 2 日，美军撤离青岛内海，同一天中共也在青即战役中获胜，青岛迎来了新的历史时期。在 1950 年初之前，美国驻青岛"总领事"尚留在青岛，企图与新政权建立关系，并在中苏之间实行"楔子战略"。但在新中国"一边倒"政策实施后，这种企图便失去了基础。值得注意的是，这一时期青岛军管会外侨事务处在称呼美国时，大多使用"美帝"这一称谓。在度过了几个月的郁闷时光后，最后一任"总领事"郝思恩（Carl O. Hawthorn）被迫关闭"总领事馆"，并于 1950 年 1 月 23 日乘"飞箭"号货轮离青赴日。②

虽然中华人民共和国成立后中美之间的关系发生了较大的变化，但是在朝鲜战争爆发之前，双方的关系尚未完全恶化，经贸等关系还继续得以维持。但随着朝鲜战争的爆发，中美在朝鲜战场兵戎相见，同时美国第七舰队又暂时打断了新中国解放台湾的进程，双方的关系便大大恶化。

在此情况下，为了揭露美国的恶行，中国的媒体便开始大力批判美国，不但批判美国侵略朝鲜的行为，而且将美国在中美两国关系史上的行为定性为"侵略"行为而大加批判。

这一时期新华社与《人民日报》等官方媒体大量的报道"美帝国主义"在中国犯下的"罪行"。值得注意的是，为数众多的批判"美帝国主义侵华史"的书籍（有很多实际上是小册子）也如雨后春笋般出版，这些政治性

---

① 宋鲁：《山东大学地下工作回忆》，中共青岛市委党史资料征委会办公室、青岛市博物馆编：《青岛党史资料》第五辑（青即战役专辑），第497—498 页。

② 《青岛市外侨处关于前美国总领事郝思恩回国报告》，中华人民共和国外交部档案馆，外交部领事司档案 118-00058-01。

很强的书籍在民众中尤其是在广大学生和知识分子当中产生了强烈的震撼，使其头脑中对美军的负面印象得以强化，并逐渐产生了强烈的反美情绪。

有一个现象颇值得玩味：其实早在 1946 年，中共方面便出版了批判驻华美军的书籍，分别是晋冀鲁豫边区政府编的《美军在华暴行录》（出版地不详，晋冀鲁豫边区政府，1946 年）以及冀南书店编的《驻华美军暴行录》（威县：冀南书店，1946 年）。1947 年又出版了一批同类书籍，如《美兵滚出去》（作者、出版地不详，爱国运动出版社，1947 年）、《蒋介石卖国真相》（方克编著，哈尔滨：东北书店，1947 年）等。但 1948—1949 年这两年间，中共很少再出版类似的书籍。这说明，在 1948 年以后驻华美军大幅缩减以及内战大局基本决定的情况下，中共对美军问题采取了暂时搁置的策略。

但是朝鲜战争使情况再度发生转变。从 1950 年开始，中国类似的出版物又开始涌现，并在朝鲜战争期间达到一个高潮。这一期间的这些出版物内容多出自《人民日报》以及新华社电讯稿等，包括新华时事丛刊社编辑的《美军在华暴行录》（北京：人民出版社，1950 年），荣群编撰的《美军在华暴行》（沈阳：东北人民出版社，1951 年）等。在一本朝鲜战争时期出版的名为《美军驻华时期的血债》的书中，列举了美军在北平、天津、上海、南京、青岛、昆明、汉口等地欠下的"血债"。其中对北平、天津、上海三地的美军"暴行"批判较多，而提及青岛等地内容较少。当然，内容少并不表明批判力度小。在提到美军在青岛"暴行"时，书中也强烈批判了美军在青岛强奸妇女、汽车肇事撞人、枪杀民众的行为。其统计数字也是触目惊心，书中提到，根据接收的国民党青岛市警察局的案卷材料，从 1948 年 1 月到 1949 年 5 月共 17 个月的不完全统计，"惨遭美军杀害的市民即有四十六人。其中用枪打死的是十三人，用刀刺死的二人，汽车撞死的三十一人。受伤的市民达二百八十二人之多"。①

在那个特殊的时期，这些宣传性质的书籍对激起全国人民的反美情绪起了较大的作用。对青岛民众而言，数年的亲身经历，使得他们比全国大

---

① （作者不详）《美军驻华时期的血债》，人民出版社（出版时间不详），第 52—56 页。

多数民众更易接受这种宣传。此后，一直到 20 世纪 70 年代初中美关系改善之前，这类宣传一直不断。这种宣传使得青岛民众对美军的负面印象进一步加强，其影响也超越了那个时代。

1986 年 11 月 5 日，三艘美国军舰访问青岛，这也是时隔 37 年后美国军舰首次访问中国大陆。虽是故地，却已经历沧桑巨变。最明显的是每位美军士兵手中都有一本名为《海员中国自由行指南》，里面有一些警示性的提醒，如中国没有酒吧女，在中国饮酒要有克制。此外，当时《纽约时报》记者还采访了一些青岛市民，结果发现年长者对当年驻扎青岛的美军没有多少好感。其中一名姓梁的 79 岁老人，在中山路看到美国海军时勾起了他对往事的回忆。他认为"中山路当时是美国人的世界"，"很多事情都发生在那里，他们（指美国海军——引者注）购物时给我们美元，我们也收他们美元。"即使是年轻人，对驻青美军的集体记忆也基本是不好的。有一名叫汤廷兴（音译）的 39 岁船坞工认为："那些美国人，他们强抢妇女，不守交规"。不过当汤廷兴站在海军大院门口等待目睹美军路过时，却对美舰此次访问表示兴奋，认为"这是一件大事"。①

从《纽约时报》的报道可以看出，虽然时隔 37 年，且当时中美之间已经形成了针对苏联的"准盟友"关系，但是普通青岛市民对驻青美军的负面印象仍未消除。毋庸讳言，年轻一代对美军的印象受长辈以及媒体的影响，该影响短时间之内很难消除。

在当时的历史条件下，这种批判驻青美军、美国政府以及国民党政府的方式有利于提高民众的凝聚力，使中共得到人民的拥护。在批判的同时，新政权以人民解放者的形象出现，更容易得到广大人民群众的支持，从而提高民众的凝聚力，强化自身执政的合法性。

结　语

战后初期，美军在青岛之丑恶行为以及中共对美军的宣传揭露共同造

---

① 《离开 37 年后美舰访华》（"After a 37-Year Absence U. S. Vessels Visit China"），《纽约时报》1986 年 11 月 6 日，第 A1 版。

成了青岛民众对美军"无恶不作""残暴不仁"的负面印象，这种负面印象经过朝鲜战争及后来长期宣传得以强化。这种现象，有利于加强民众的反美情绪，从而愈加拥护赶走驻华美军、解放全国人民的中国共产党。但此种现象也有某些负面影响，即如不加以适当的引导，可能会影响到对中美关系的全面理解，进而可能会影响到双方关系的健康发展。

阿瑟·范登堡与
马歇尔计划的形成

陆宏谋[*]

摘　要　第二次世界大战后的两年，西欧各国的生产还未得到有效恢复，经济形势严峻，民众抗议罢工不断，法、意等国的共产党得到了迅猛发展。为稳定西欧的局势，杜鲁门当局计划对欧实施援助。在确认援欧计划在美国承受能力范围内，不会对美国经济造成重大影响后，共和党参议员阿瑟·范登堡在台前幕后做了很多工作，其援助法、意、奥的临时法案先是获得通过，后又在审议对西欧16国的长期援助法案的过程中，为让法案在参议院获得通过，解决了关于"拨款总额"等的关键性问题。总之，范登堡是马歇尔计划的形成中不可或缺的重要一环。

关键词　阿瑟·范登堡　马歇尔计划　1948年对外援助法

---

[*] 陆宏谋，海南师范大学文学院历史系讲师。

美国自推出马歇尔计划至今已有 70 年历史，该计划奠定了二战以来美欧关系的基础，对之后的世界格局产生了深远影响。回顾马歇尔计划的形成，笔者发现，国内学界常以行政当局的关键人物为论述中心，忽视了当时美国国内的政治背景，即国会与白宫分属不同党派，未充分重视当时反对党（共和党）的外交政策领袖参议员阿瑟·范登堡（Arthur Vandenberg）在马歇尔计划形成过程中的活动与作用。少量著作虽关注了范登堡在这一过程中的活动，但研究仍有深入的空间。[①] 美国学界对范登堡与马歇尔计划等战后美国外交政策的关系的研究始于 20 世纪 40 年代末，至今仍有相关专著出版，成果丰富。[②] 本文将在国内外学界相关研究的基础上，系统研究范登堡对马歇尔计划的影响，以期从新的角度拓展和深化对战后初期美国外交政策的了解。

一、马歇尔计划的缘起

二战对西欧各国的工业基础设施造成了巨大破坏，战争中各国的外汇与黄金储备又消耗殆尽，带来了一系列问题，到 1947 年，西欧各国的生产仍然未得到有效恢复，面临着严峻的经济与政治形势。西欧各国经济问题的核心是煤炭和粮食短缺。一方面，战时许多煤炭矿井、采矿设备、运输线路都遭到了破坏，美、英、法在德国的占领区作为欧洲的主要煤矿产区，产量一直没有达到战前水平。1946 年最后一季度，其煤炭产量不到战前的三分之一，影响了欧洲民众的能源需求，也影响了钢铁的产量。钢铁产量

---

① 国内学界代表性研究有：资中筠：《战后美国外交史——从杜鲁门到里根》上册，北京：世界知识出版社，1994 年；李期铿：《台前幕后——参议院外交关系委员会主席与美国外交》，北京：世界知识出版社，2008 年。

② 如：J. W. Patterson, *A Study of the Changing Views In Selected Foreign Policy Speeches of Senator Arthur H. Vandenberg, 1937－1949*, Ph. D. Diss. , Oklahoma: The University of Oklahoma, 1961; Ryhsiuh Yang, *The Role of Chairman Arthur H. Vandenberg of the Senate Foreign Relations Committee in the 80th Congress, 1947－1948*, Ph. D. Diss. , New York: New School for Social Research, 1966; Lawrence S. Kaplan, *The Conversion of Senator Arthur H. Vandenberg: From Isolation to International Engagement*, Lexington: University Press of Kentucky, 2015.

的下降反过来又影响了急需的机械设备的生产。另一方面，西欧各国缺乏农业机械与肥料，1946 年底至 1947 年初又遭遇寒冬，导致欧洲的粮食产量急剧下降，民众饥寒交迫。同时，各国财政状况持续恶化，通货膨胀严重；因为生产的瓶颈，某些战前用于换取外汇的商品也很短缺，因此各国也无力向美国等国购买紧缺物资。生活的极度困苦令西欧民众罢工抗议不断，法国、意大利等国的共产党在这种情况下得到了迅猛发展，大有上台掌权之势。这一局面加重了美国自希腊、土耳其危机以来对共产主义扩散和苏联势力范围扩大的担忧。①

美国国务院认为，只有援助西欧，让各国恢复生产，稳定经济、政治形势，才能摆脱共产主义的影响，为此自 1947 年上半年起就开始了各项准备工作。1947 年 3 月至 4 月，莫斯科外长会议上，美苏双方在德国问题上争吵激烈。美国希望加强各占领区之间的经济联系，复兴德国工业，为欧洲的复兴提供重要支撑，苏联对此表示反对。会后马歇尔指出，"欧洲的复兴远比期待的要慢……新的问题每天都会出现。无论什么行动如果能解决当前这些紧迫的问题，就必须立刻去做。"② 在杜鲁门的支持下，马歇尔任命乔治·凯南（George Kennan）组成一个班子，研究援助欧洲的问题。5 月 23 日凯南提交了备忘录，他建议实施紧急计划，认为解决欧洲的生产瓶颈，核心是缓解煤炭短缺的问题；对于长期援助计划，美国应承诺给予资金支持，同时鼓励欧洲国家自己拿出计划。5 月 28 日，主管经济事务的副国务卿威廉·克莱顿（William Clayton）向艾奇逊提交了他考察欧洲的备忘录。克莱顿指出，欧洲局势正持续恶化，政治事件接连发生，仅英、法、意以及德国西占区的财政赤字就达 50 亿美元，这仅仅够维持最低的生活水平，如果低于这个水平就会爆发革命；如果没有美国及时且大量的援助，欧洲在经济、社会和政治上的崩溃，不仅会给世界和平与安全带来影响，更重要的是给美国经济带来重大影响，美国的剩余产品将失去欧洲市场，由此引发一系列问题。克莱顿建议，以欧洲主要国家制订的计划为基础，美国

① William F. Sanford, *The Marshall Plan: Origins and Implementation*, Washington, D. C.: U. S. Dept. of State, Bureau of Public Affairs, Office of Public Communication, Editorial Division, 1987, pp. 1–2.

② *Department of State Bulletin*, May 11, 1947, p. 924.

每年向欧洲提供价值60亿或70亿美元的货物，持续三年。①

马歇尔的特别助理查尔斯·波伦（Charles Bohlen）以凯南和克莱顿的备忘录为基础，为马歇尔撰写了一篇呼吁援助欧洲的演讲，马歇尔于6月5日在哈佛大学发表了这篇演讲。马歇尔在演讲中指出，欧洲的经济陷入恶性循环。一方面，农民本应出售粮食换取其他生活必需品，但城市的工业生产没有得到有效恢复，商品短缺，农民买不到想要的商品，于是纷纷减少耕作面积。另一方面，城市食品短缺，政府被迫将本应用于经济重建的外汇和借贷用于购买国外的粮食，未来几年欧洲从美国进口粮食和其他生活必需品的需求将远大于其支付能力。马歇尔认为，这一恶性循环对美国经济的影响不言而喻，美国应尽一切可能给予援助，让世界经济重归正常，使自由制度在稳定的政治、社会条件下存活。为避免因杜鲁门主义公开号召反共而招致的批评，消除为反共而援欧的印象，马歇尔有意降低了反共的调门，强调援欧不是反对什么主义或国家，而是反对饥饿、贫穷和混乱。马歇尔还指出，美国援助的性质应是"治愈"而不是"缓解"，欧洲国家必须作为一个整体提出总的援助计划或方案。②

二、范登堡与马歇尔计划的前期准备

马歇尔提出的援助计划，需要美国国会拨款才能实现，那么国会有什么反应呢？考虑到当时共和党占据第80届国会（1947年1月至1949年1月）两院多数，国会共和党人的意见至关重要。当时共和党的外交政策领袖是参议员阿瑟·范登堡，此人是一位根深蒂固的反苏、反共者。二战结束后，他与民主党杜鲁门当局一样，主张强硬抗衡苏联，遏制苏联与共产主义的扩张。所以，尽管共和党占据第80届国会两院多数，范登堡还担任参议院外交关系委员会主席，他也没有利用这一优势在外交政策上与杜

---

① United States Department of State, *Foreign Relations of the United States*, *1947*, *The British Commonwealth*; *Europe*, Volume Ⅲ, Washington, D. C.: U. S. Government Printing Office, 1947, pp. 230–232.

② *Department of State Bulletin*, Jun. 15, 1947, pp. 1159–1160.

鲁门当局唱反调，而是提倡两党外交合作，积极引导国会共和党人支持杜鲁门的冷战政策。但范登堡的支持是不是盲目的、无条件的，他有自己想法与见解。

对于马歇尔提出的援助计划，范登堡支持整体解决欧洲的问题的想法，但强调应先弄清楚美国自身的援助能力、援助对美国经济造成的影响，并表示在这些工作完成以前，他不会支持任何援助计划。6月13日，范登堡发表声明，他指出，公开讨论美国的对外援助计划是一件好事，但不应造成误解。在国内，讨论不应引起焦虑，以为美国会仓促地实施一些轻率的、不够成熟的计划；在国外，讨论不应让外国朋友觉得依靠美国可以代替依靠他们自己。这些援助虽然都是以美元衡量，但根本上依赖的是美国的自然资源产品。"开明利己"要求弄清楚美国自身的资源存量，以决定在什么样的限度内"安全而合理地"实施对外援助，这一工作必须率先完成，因为如果美国经济萧条，世界复兴也就遥遥无期了。为此，范登堡建议在政府之外设立一个两党特别咨询委员会，把各领域最有才干和经验的公民召集在一起，为行政当局和国会提供基本事实以及他们的判断、建议。①

范登堡的声明很快得到了行政当局的回应。6月18日，克莱顿在替马歇尔出席记者招待会时表示，他支持范登堡关于设置两党咨询委员会的提议，且认为这一提议非常明智。②6月22日，杜鲁门发表声明，宣布成立三个咨询委员会。杜鲁门指出，国外生产活动的恢复，对维系民主制度的生命力、维护民主与自由基础上的和平、复兴世界贸易都是必要的，对此美国上下已达成共识，但民众极为关切提供对外援助对美国自身经济的影响以及在什么样的限度内实施援助的问题。当前政府相关机构和热心民众的研究与讨论既没有被整合在一起，也没有在合适的指导方针下接受客观评价。为此，他宣布建立三个委员会研究相关问题。两个委员会设置在政府内部，其中一个研究国家的资源情况，由内政部长朱利叶斯·克鲁格（Julius Krug）负责；另一个研究对外援助对美国经济的影响，由总统经济

---

① *New York Times*, Jun. 14, 1947, p. 5; Arthur H. Vandenberg, Jr., *The Private Papers of Senator Vandenberg*, Boston: Houghton Mifflin, 1952, p. 376.

② *New York Times*, Jun. 19, 1947, p. 1.

顾问委员会主席埃德温·诺斯（Edwin Nourse）负责。第三个委员会是一个超党派的咨询委员会，由美国工、商、学、农等各界的代表组成，负责研究美国可以"安全而合理地"实施对外援助的限度，由商务部长威廉·哈里曼（William Harriman）领导，他也是委员会中唯一的政府人士。① 显然，第三个委员会的设置接受了范登堡的建议。

1947 年下半年，西欧各国与美国的援助准备工作相继完成。英、法在得知马歇尔的哈佛演讲后，迅速开始了筹备工作。6 月 27 日，英、法、苏三国外长召开欧洲复兴会议的筹备会议，英、法建议先由欧洲各国就各自的经济资源提出报告，在此基础上形成一个统一的欧洲国家经济复兴计划，然后再由美国确定援助的条件与方式。苏联因为经济体制的不同，又担心英、法的建议会泄露本国经济情报，于是退出了会议，并同时要求东欧国家不参与类似会议，以免这些国家被纳入西方的经济体制之中。7 月 12 日，欧洲复兴会议召开，只有西欧 16 国参与，会议成立了欧洲经济合作委员会以研究各类问题。9 月，欧洲经济合作委员会向美国提交报告，以 4 年内 16 国可能达到的赤字为依据向美国申请 224 亿美元的援助。10 月至 11 月，杜鲁门设立的三个咨询委员会先后公布了研究报告，结论是美国的资源足以维持美国经济安全与生活水平，同时支持新的对外援助计划，新的对外援助计划对美国经济造成的影响在美国的财政承受能力之内，第一年援助金额应为 57.5 亿美元左右，并建议整个援助计划的金额控制在 120 亿至 170亿美元之内。②

1947 年下半年，法国、意大利等主要西欧国家的局势依旧严峻，各国共产党在国家政治生活中的影响越来越大，在长期援助开始前，对这些国家施以临时援助以稳定各国政府的统治，显得十分必要。11 月 17 日，杜鲁门召集国会特别会期，呼吁国会为法国、意大利、奥地利授权拨款 5.97 亿美元作为临时援助，帮助这些国家熬过寒冬、稳定经济与政治形势，使用

---

① Harry S. Truman, "Statement by the President on the Economic Effects of Foreign Aid," June 22, 1947, http：//www. presidency. ucsb. edu/ws/？ pid = 12677.

② President Committee on Foreign Aid, *European Recovery and American Aid*, Washington, D. C.：U. S. Government Printing Office, 1947, p. 8.

期限为 4 个月 (截止至 1948 年 3 月 31 日)。杜鲁门认为，提供这种临时援助既可以给美国规划长期援助争取足够时间，也可以让这些国家的政府撑到长期援助开始，不至于垮台。① 当天，参议院外交关系委员会就提交了向法、意、奥提供临时援助的法案。事实上，在杜鲁门召集国会特别会议前，参议院外交关系委员会在范登堡的领导下已经开始了相关工作，在 11 月 14 日就完成了听证会。也就是说，国会特别会期还没开始，法案提交参议院辩论前的所有工作就已经完成了。在这个过程中，马歇尔与范登堡保持着密切沟通，使范登堡对西欧的局势有清晰的认识，范登堡同意帮助临时援助法案获得通过。

11 月 24 日，范登堡在参议院发表演讲，呼吁通过临时援助法案，帮助法、意、奥 "抵御冬日的饥寒、抵抗靠灾难壮大的潜在极权统治"。共产主义的威胁成了范登堡说服其他参议员支持法案的主要理由，他指出，"一种新型的共产主义侵略正在进行……它通过向卫星国残酷施压的方式进行，这些卫星国已深受胁迫；还通过内部颠覆与破坏的方式在其他地方进行，在这些地方，训练有素的少数派致力于促成那些能招致共产主义征服的混乱与困惑。"

他进一步指出，共产主义国家拒绝参加西欧的经济合作计划，还成立 "欧洲共产党与工人党情报局"，公开宣称要破坏西欧的希望；美国回应相关国家援助的请求，却被共产主义指责为 "经济帝国主义" "经济侵略者"，战后美国迅速复原了军队，却被说是 "战争贩子"。范登堡认为，如果参议员们否认这些事件对美国的直接影响，是毫无逻辑的。在能力范围内，美国应尽一切努力维持其他地方以民族自决为基础的民主与自由，这与美国的 "自身利益" 直接相关。这一 "自身利益" 意味着美国绝不可能独自维持这个被称作西方文明的共同资产，也意味着美国绝不可能在一个破碎的世界享有繁荣，因为任何 "世界革命" 都把美国当成头号战利品。此外，范登堡反复强调临时援助法案只具有紧急和救济性质，与之后准备通过的

① Harry S. Truman, "Special Message to the Congress on the First Day of the Special Session," November 17, 1947, http://www.presidency.ucsb.edu/ws/? pid＝12790.

长期援助法案没有关系，参议员们投票支持临时援助法案与他们之后对长期援助法案的态度也没有关系，没有后顾之忧。[①] 最终，12 月初参众两院先后通过了这一法案，12 月 17 日由杜鲁门签署后生效。

三、助力马歇尔计划的出台

12 月 19 日，杜鲁门向国会发表特别咨文，并提交了一份援欧法案。杜鲁门强调，美国不可能无限地向欧洲提供救济，必须进一步给予援助，使欧洲实现复兴，根本上消除救济的需要。欧洲的复兴对美国具有重要的经济利益和政治利益。经济上，欧洲是世界贸易体系中的重要一环，如果不能实现复兴，就会阻碍世界范围内的商品流动，美国经济不可能在这样的环境下保持繁荣。政治上，美国的生活方式植根于欧洲文明，但经济困境的继续会让谋求极权主义的人上台，这将威胁世界的和平与稳定，也会迫使美国出于安全考虑对自己的经济制度、民众享有的自由与特权做出调整。为此，杜鲁门建议国会授权拨款 170 亿美元，以赠与和贷款的形式给西欧国家购买生产生活物资，为期 4 年零 3 个月（1948 年 4 月 1 日至 1952 年 6 月 30 日），在 4 月 1 日之前应完成前 15 个月的拨款，数额为 68 亿美元，之后的拨款数额由国会逐年决定。为实现对援助的有效监管，杜鲁门提议成立新的独立机构——经济合作署（Economic Cooperation Agency），其署长由总统任命，直接对总统负责，由参议院批准。杜鲁门强调，经济合作署在许多具体细节上有灵活处理的职权，但因对外援助的许多行动对美国经济会造成影响，他要求经济合作署必须与农业部、商务部等部门密切协作；同时，因为对外援助是美国外交政策的一部分，他要求对于影响外交政策的决定与行动，经济合作署署长必须接受国务卿的领导。[②]

范登堡对杜鲁门提出的长期援助计划是支持的。早在一个月前，他就

---

① *U. S. Congressional Record*, 80th Congress, 1st Session, Vol. 93, Nov. 24, 1947, pp. 10701 - 10702.

② Harry S. Truman, "Special Message to the Congress on the Marshall Plan," December 19, 1947, http：//www. presidency. ucsb. edu/ws/? pid = 12805.

表态，短期的救济援助完成后，就应考虑 4 年的长期援助计划。虽然他对长期援助的某些方面还留有疑虑，但认为："总的来说，通过维持西欧这 16 国，帮助它们重建反共产主义且自食其力的社会，使我们免受遍及全球的共产主义影响，我觉得这是十分必要的。"① 换言之，反共、抵制共产主义的扩张是范登堡支持长期援助计划的主要原因，为争取相关人士对长期援助计划的支持，他也是反复强调这一论调。在回应《底特律自由报》的编辑对长期援助计划的质疑时，他指出："我们非常了解，如果马歇尔计划或类似计划不起作用，会发生什么。我们知道，那样的话，独立的政府，无论他们的特点如何，都将从西欧消失；进攻性的共产主义将散布全球……我们同样坦诚地预测，如果铁幕推进至大西洋，如果任凭和平与正义受扩张的、敌对的极权主义侵略摆布，会发生什么；如果地球上最伟大的债权人和资本主义国家发现自己基本上被一个共产主义世界孤立，与这一世界的竞争将迫使我们进入未曾经历过的严格管控。"②

1948 年 1 月 8 日，参议院外交关系委员会开始就杜鲁门提交的援欧法案举行听证会，听证会持续至 2 月 5 日，期间关于拨款总额、经济合作署的设置方式、署长的职权等问题是讨论的焦点。

杜鲁门提交的法案，要求国会为援助计划授权拨款 170 亿美元，为期 4 年零 3 个月。听证会上，这一数额成了许多参议院外交关系委员会成员问询与质疑的重点。事实上，在听证会开始前，范登堡已经意识到了这一问题。1947 年 12 月 31 日，范登堡就去信马歇尔，建议把 170 亿美元的拨款授权改成总体的拨款授权。范登堡主要有两点理由：第一，这一数额巨大，会引起不必要的争论，成为被批评的焦点，而且也不符合国会授权拨款的惯例。对于一年以上的项目，国会的惯例是批准总体的拨款授权，但一般不指明具体拨款总额。如果要在法案中体现授权拨款的延续性，不必指明 170 亿美元这一数字，而是要求总体的拨款授权即可。第二，这一数额不仅会导致其他国家对美国产生依赖，而且数额本身只是基于经验或知识做出的推测，

---

① Arthur H. Vandenberg, Jr. , *The Private Papers of Senator Vandenberg*, pp. 378–379.

② Ibid. , pp. 382–383.

是否可靠还要受整个援助计划期间国内国外偶发事件的影响。1948 年 1 月 2 日，副国务卿罗伯特·洛维特（Robert Lovett）替马歇尔回信，告诉范登堡，国务院咨询了杜鲁门以及其他部门后已接受了他的建议。所以，马歇尔在出席听证会时，在要求总体拨款授权的基础上，只提出对前 15 个月的援助授权拨款 68 亿美元，不再要求为整个援助计划授权拨款 170 亿美元。[①] 考虑到 15 个月 68 亿美元与国会要求节省的目标还有距离，同时为了让下一届国会（第 81 届国会，第一会期）能早些评估援助的结果、审查援助的进展，范登堡建议改为前 12 个月 53 亿美元，国务院最终也同意了。[②]

关于经济合作署的设置，参议院外交关系委员会的部分成员认为，对外援助应完全以商业方式运作，设立独立的公司管理援助事务，而不是独立的政府机构，因为前者比后者拥有更广泛的权利、更具灵活性。而关于经济合作署署长的职权，法案的规定和杜鲁门在 1947 年 12 月 19 日特别咨文中的提议类似，法案把经济合作署署长涉及外交政策的职权完全置于国务卿的领导和约束之下，包括范登堡在内，许多人认为署长受到过分限制，这让经济合作署受制于国务院。[③]

对以上问题，马歇尔指出没有必要设立独立的公司管理援助事务，法案提议设立的经济合作署已经具备独立公司的所有优点，而且由某个人领导独立的政府机构，能融入现有的政府机制，比起由董事会集体领导的公司，更能满足具体形势的要求。同时，马歇尔否认经济合作署受制于国务院，他指出经济合作署关于国内事务与国内经济的活动，国务院无须过问，

① Arthur H. Vandenberg, Jr., *The Private Papers of Senator Vandenberg*, p. 385; United States Congress Senate Committee on Foreign Relations, *European Recovery Program*; *Hearings Before the Committee on Foreign Relations, United States Senate, Eightieth Congress, Second Session, On United States Assistance to European Recovery Program*, Part 1, Washington, D. C.: U. S. Government Printing Office, 1948, pp. 5, 56-57.

② Arthur H. Vandenberg, Jr., *The Private Papers of Senator Vandenberg*, p. 386.

③ Arthur H. Vandenberg, Jr., *The Private Papers of Senator Vandenberg*, p. 388; United States Congress Senate Committee on Foreign Relations, *European Recovery Program*; *Hearings Before the Committee on Foreign Relations, United States Senate, Eightieth Congress, Second Session, On United States Assistance to European Recovery Program*, Part 1, p. 8.

也不会过问，但经济合作署的活动，不论是政治上的还是经济上的，必然和欧洲国家甚至世界其他地方联系在一起。所以他认为："在我们为恢复西欧各国政府的稳定而努力时，为本国政府再设立一个完全新的外交政策机构，是不幸的。不能有两个国务卿。我不希望干涉经济合作署恰当的运作。在尽可能不妨碍署长有效完成任务的前提下，在外交政策问题上，我们给予署长合适的指导和约束，我们建议的组织结构为此给出了办法。"①

为解决意见分歧，范登堡请布鲁金斯学会（Brookings Institution）研究援助管理形式的相关问题。布鲁金斯学会最终建议设立独立的政府机构，其负责人与国务卿应互相告知相关情况，如果国务卿认为某些提议的行动与外交政策不符，两人的协商又不奏效，这样的分歧应交由总统最终裁决。②

以上意见最终都写进了法案，2月13日参议院外交关系委员会一致通过了修改后的法案，法案提交参议院辩论。为争取参议员们对法案的支持，3月1日，范登堡在参议院发表了精心准备的演讲。演讲一开始，他就渲染共产主义威胁，强调援助的必要性。法案的序言指出："战后随之而来的混乱突破了国界，当前欧洲的局势对创建持久和平与总体安宁造成了危害，也危及美国的国家利益，影响联合国目标的实现。"但范登堡认为，这种危害远比两周前改写法案时更大，因为期间捷克斯洛伐克任何与民主相似的东西都被颠覆活动摧毁了（指二月事件）。当进攻性的共产主义把任何地方的自由民族囚禁起来时，它就威胁了一切自由与安全。如果对这一现实视而不见，还期望退回自己的堡垒，享受一种孤立与繁荣的和平，在原子时代根本不可能。美国必须承担领导责任，不能让西欧崩溃，不能让铁幕到达大西洋的边缘。③

范登堡演讲的重点是解释法案的具体内容，从多个方面消除参议员们

---

① United States Congress Senate Committee on Foreign Relations, *European Recovery Program*: *Hearings Before the Committee on Foreign Relations*, *United States Senate*, *Eightieth Congress*, *Second Session*, *On United States Assistance to European Recovery Program*, Part 1, pp. 8-9.

② Arthur H. Vandenberg, Jr., *The Private Papers of Senator Vandenberg*, p. 388.

③ *U. S. Congressional Record*, 80th Congress, 2nd Session, Vol. 94, Mar. 1, 1948, p. 1915.

的后顾之忧。第一，法案请求总体拨款授权的目的是避免之后每年都要通过授权法案，简化拨款程序，国务院要求的前 15 个月拨款 68 亿美元已被修改成前 12 个月拨款 53 亿美元，缩短时间是为了让下一届国会与行政当局尽早了解各个方面的情况，获取经验，同时 53 亿美元本身是一个可靠的数额。第二，援助能否持续取决于西欧国家各自的表现和相互间的合作程度，如果经济合作署署长发现有关国家没有遵守相关协议，或者援助的使用与法案的目标不符，可以中止援助。第三，合理的监管可以把援助对美国经济的影响降至最低。在范登堡看来，许多人担忧援助对美国经济的影响，是可以理解的，只有美国自身的稳定与繁荣才能给世界带来希望。同时，他也指出，尽管相关报告表明援助会对美国造成有限影响，但都认同通过有效管理可避免对美国经济造成严重干扰，而且法案中已明确规定"给予参与国家的任何援助都不应严重损害美国经济的稳定"，经济合作署署长必须制订减少美国资源消耗、避免有损美国民众基本需求的办法。此外，国会将成立了一个由两党参众议员组成一个联合监管委员会，及时跟进并监督各项援助事宜的进展。①

演讲最后，范登堡总结道："这是一个为和平、稳定与自由而生的计划。它会成为之后一百年的历史转折点。如果它失败了，我们已经尽了最后的努力。如果它成功了，我们的孩子、我们孩子的孩子都将祝福我们。"②演讲结束时参议员们纷纷起立为范登堡鼓掌，演讲得到了预期的反响。

范登堡演讲后，参议院正式进入辩论阶段。至少有 35 个民主党参议员、26 个共和党参议员表示支持，所以法案的通过不是什么问题。范登堡的目标是尽量加快辩论的进程，在 4 月 1 日前通过法案。反对者主要来自民主党左翼和共和党右翼。克劳德·佩珀（Claude Pepper）、格伦·泰勒（Glen Taylor）等民主党左翼参议员谴责法案有与苏联对抗的意图，主张在联合国的框架下实施对欧洲国家的援助。泰勒指出，"这个计划要求在某种程度上监督和干预其他国家的内部事务，俄国人或是任何其他有自尊的民族都不

---

① *U. S. Congressional Record*, 80th Congress, 2nd Session, Vol. 94, Mar. 1, 1948, pp. 1917-1919.

② Ibid., p. 1920.

能容忍，如果他们有其他办法也不会容忍……两党一致的杜鲁门主义、经济合作法案将永远绕开联合国、分裂世界、导致战争。"泰勒还提出了一个名为"1948 年和平与重建法"的替代法案，要求总统向联合国大会提议建立一个欧洲重建与经济发展管理局，由联合国成员在 5 年内提供 250 亿美元资金，这一替代法案最终被否决了。① 法案更多的反对者来自共和党右翼，他们被称为"修正派""20 人团"（1948 年 1 月由 20 位共和党参议员组成）。共和党右翼的目标并不是推翻法案，而是要极大地修改法案，拖延法案的辩论，不让行政当局轻易得到想要的法案，为此他们还成立了一个以肯尼斯·惠里（Kenneth Wherry）为核心的 5 人辩论小组。为了应付这些人，避免不必要的拖延，范登堡就他们可能提出的问题准备了一个列表，做了充分的研究，安排参议院外交关系委员会的共和党成员亨利·洛奇（Henry Lodge，Jr.）回应一些细节性的辩论，自己则专门对付整体性的问题。同时，范登堡还采取"各个击破"的策略，结果共和党右翼中近一半的人都改变了立场，转而支持法案。② 3 月 13 日，参议院以 69 对 17 通过了法案。

参议院外交关系委员会就 1948 年经济合作法案举行听证会的同时，众议院外交事务委员会也就法案举行听证会。2 月中旬，众议院外交事务委员会的听证会已接近尾声，但 2 月 18 日杜鲁门要求国会为援助中国通过一个 5.7 亿美元的援助计划，28 日马歇尔又给众议院议长约瑟夫·马丁（Joseph Martin）和参议院临时议长范登堡写信要求再为希腊、土耳其提供 2.75 亿美元的援助。③

3 月上旬，当参议院就援欧法案进行辩论时，众议院在就援助希腊、土耳其及中国举行听证会。3 月 10 日听证会结束，众议院外交事务委员会决定通过一个综合性的法案，把所有对外援助计划整合在一起。20 日，众议院外交事务委员会向众议院报告了新的法案，除了授权给予西欧 53 亿美元

---

① http：//library. cqpress. com/cqalmanac/cqal48-1408143.

② http：//library. cqpress. com/cqalmanac/cqal48 - 1408143；Ryh-hsiuh Yang, *The Role of Chairman Arthur H. Vandenberg of the Senate Foreign Relations Committee in the 80th Congress, 1947-1948*, p. 154.

③ http：//library. cqpress. com/cqalmanac/cqal48-1408143.

的经济援助外，还给予希腊、土耳其军事援助 2.75 亿美元，给予中国军事援助 1.5 亿美元、经济援助 4.2 亿美元。3 月 23 日，众议院开始就法案进行辩论。31 日，以 329 比 74 的票数通过。

众议院法案中关于援助希腊、土耳其、中国的条款都是新增内容，是参议院通过的法案中未涉及的。为此，范登堡引导参议院外交关系委员会迅速行动，委员会于 3 月 19 日全票通过了援助希腊、土耳其的法案，授权给予希腊、土耳其 2.75 亿美元的军事援助。22 日，范登堡将援助希腊、土耳其的法案报告给了参议院，并试图以参议院的立法工作滞后于众议院为由，呼吁迅速通过法案。他指出："众议院已经把欧洲复兴法案，希腊、土耳其援助法案，中国援助法案整合成了一个法案。当该法案返回参议院，提交参众两院协商会议时，参议院事先没有对希腊、土耳其援助法案和中国援助法案进行研究，这对参议院来说是极不公平的。因此，我们应要求参议院对后面这两个法案立即展开独立行动。那样，当众议院的综合法案被交到最终的两院协商会议时，参议院的参会者才能受到正确指引。"① 23 日，经短暂辩论后，参议院以口头表决的方式通过了援助希腊、土耳其的法案。

3 月 25 日，参议院外交关系委员会又向参议院报告了援助中国的法案，授权拨款 4.63 亿美元，其中 3.63 亿美元用于经济援助，1 亿美元为军事援助，为期一年。30 日，参议院同样以口头表决的方式通过了援助中国的法案。

4 月 1 日，参众两院召开协商会议，参议院派出了以范登堡为首的 5 位代表。参议院代表同意把三个法案融为一个，在一些具体细节问题上两院也相互做出了妥协，对部分项目授权拨款的数额做出了微调，形成协商报告，总的授权拨款数额约 65.3 亿美元。2 日，参众两院先后通过了协商报告。3 日，援助法案由杜鲁门签署生效，是为 "1948 年对外援助法"。

根据美国国会的拨款程序，授权拨款的法案在参众两院通过后，还需

---

① http://library.cqpress.com/cqalmanac/cqal48 - 1408143；*U. S. Congressional Record*, 80th Congress, 2nd Session, Vol. 94, Mar. 23, 1948, p. 3276.

由两院的拨款委员会通过专门的拨款法案。一般情况下，相关授权拨款的
法案生效后，参众两院的拨款委员会会顺利通过相关拨款法案。但 1948 年
对外援助法要求拨款的数额较大，是一些反对高额财政支出的参众议员不
能接受的，众议院拨款委员会的主席约翰·泰伯（John Taber）就是其中的
代表。4 月 20 日至 5 月 21 日，众议院拨款委员会完成了相关拨款法案的听
证会。6 月 4 日，泰伯向众议院报告了该法案，给予西欧的援助从 53 亿美
元被削减至 40 亿美元，给予希腊、土耳其和中国的援助也相应被减少，援
助总额削减了近 26%，而使用期限从 12 个月增加至 15 个月。法案于当天获
得通过。也就是说，泰伯在处理拨款法案时，并没有遵从范登堡等本党外
交领导人的意愿——全力援助西欧、批准全额拨款。

众议院的做法引起了西欧国家的恐慌与忧虑，得知消息的范登堡也相
当生气。他在一封信中写道："我不知道什么能比这更令人震惊了……去年
夏天，莫洛托夫告诉西欧人不要犯相信我们的错误，我们某些地位高贵的
同僚一心想要证明他说得是多么正确。"是时，参议院拨款委员会还在就相
关拨款法案举行听证会，范登堡请求出席听证会，委员会主席斯泰尔斯·
布里奇斯（Styles Bridges）答应了范登堡的请求，这实际上打破了惯例，因
为范登堡并不是委员会的成员。听证会上，范登堡呼吁参议院拨款委员会
按 1948 年对外援助法要求的数额全额拨款，并打破了美国参众两院不相互
攻击的传统，炮轰泰伯等人的行为否决了国会的意志，让世人觉得美国的
政策是反复无常的、不可靠的。此时，共和党高层很多人也在批评泰伯在
最后时刻削减拨款数额不合时宜。①

6 月 14 日，参议院通过了拨款法案，将拨款总额改为约 61 亿美元，
只削减了约 4 亿美元的拨款，约占原拨款总额的 6%，且没有改变拨款的
使用期限，仍然为 12 个月。15 日至 18 日，参众两院举行了协商会议，
在拨款数额上，众议院向参议院做出了妥协，基本接受了参议院的拨款总
额；在拨款的使用期限上，参议院向众议院做出妥协，规定使用期限为

---

① Arthur H. Vandenberg, Jr., *The Private Papers of Senator Vandenberg*, p. 396; Ryh-hsiuh Yang,
*The Role of Chairman Arthur H. Vandenberg of the Senate Foreign Relations Committee in the 80th Congress,
1947-1948*, pp. 182-183.

15 个月，但总统有权根据经济合作署署长的意见决定是否在 12 个月内用完拨款。①

结　语

在美国宪政体制下，国会是美国外交决策的重要一环，这使某些突出的国会议员可以对国家外交政策施加较大影响。在战后初期美国的外交决策中，范登堡正是这样的重要人物。同时，他还具有一定的特殊性：他作为反对党的外交政策领袖，一反美国党派政治相互倾轧的传统，在共和党占据第 80 届国会两院多数时，支持民主党杜鲁门当局抗衡与遏制苏联的目标；在马歇尔计划的形成过程中，他积极为一些技术性问题出谋划策，并引导本党议员投票支持"1948 年对外援助法"。如果范登堡利用共和党在国会取得的优势，在外交政策上与杜鲁门当局唱反调，势必使其政策大打折扣。从这个角度来说，范登堡对马歇尔计划的形成起到了无法估量的作用，马歇尔就曾评价："我觉得，范登堡没有从对他欧洲复兴计划的重要贡献中得到全部荣誉。范登堡是我的得力助手，有时我是他的得力助手。"②

---

① Aurie Nichols Dunlap, *The Political Career of Arthur H. Vandenberg*, Ph. D. Diss. , New York：Columbia University, 1955, p. 385.

② Interview—Harry B. Price and Roy E. Foulke, October 30, 1952, Collection：Marshall Plan, The Six Interviews, http：//marshallfoundation. org/library/wp-content/uploads/sites/16/2014/05/Price_and_Foulke_1_000. pdf.

论艾森豪威尔政府
对纳赛尔的态度转变
—— 以美国的地区关注为视角（1957—1960）

白云天[*]

摘　要　从 1957 年开始，艾森豪威尔政府逐渐认识到开罗与莫斯科之间的矛盾，但杜勒斯等人对纳赛尔试图"称霸阿拉伯世界"的敌视，严重阻碍了美埃两国关系的和解。而后来两国关系的改善，并非完全出于纳赛尔的反共姿态，还在于阿拉伯内部关系的缓和，使得美国政府逐渐认为纳赛尔正将精力由"地区扩张"转向"国内发展"。然而，尼克松等人对纳赛尔试图"称霸阿拉伯世界"的猜忌并没有消失，甚至为后来的民主党政府所继承。华盛顿对纳赛尔"地区野心"的排斥，说明美国并没有因为所谓的"冷战棱镜"而忽视对地区固有问题的考量。

关键词　美阿关系　阿拉伯内部纷争　冷战棱镜　泛阿拉伯主义

---

* 白云天，中国人民大学历史学院博士研究生，主要方向为中东国际关系史。

从 1958 年末开始，美国与阿联（阿拉伯联合共和国）的关系逐步改善,① 摆脱了之前的紧张对立。究其原因，除了阿联的反共姿态迎合了美国的冷战战略外，也在于纳赛尔将其精力由 "地区扩张" 转向 "国内建设"，并获得了艾森豪威尔政府的普遍认可。

关于美国和埃及（阿联）关系的研究，许多学者把华盛顿对纳赛尔的敌意归因于美国应对中东事务时带有过于强烈的冷战关注，或认为美国透过所谓 "冷战棱镜"（the Cold War prism）看待地区事务时，忽略了对地区固有问题的考虑。②具体到艾森豪威尔执政末期美国和阿联的关系，学者们大多都把两国和解的主要因素归结于双方共同的反共诉求,③其忽视了华盛顿方面对纳赛尔由 "地区扩张" 转向 "国内发展" 的期望与肯定在改善两国关系中的作用，甚至认为艾森豪威尔政府 "容忍" 和 "支持" 纳赛尔的

① 1958 年 2 月，埃及和叙利亚联合成立阿拉伯联合共和国（الجمهورية العربية المتحدة），中文简称 "阿联"，英译为 "the United Arab Republic"，简写为 "U. A. R."。1961 年叙利亚脱离阿联后，开罗方面仍保留这一国号，直到 1971 年。

② Fawaz A. Gerges, *The Superpowers and the Middle East*, *Regional and International Politics*, *1955-1967*, Boulder: Westview Press, 1994, pp. 118, 168, 194; Adeed Dawisha, "Egypt," in Yezid Sayigh and Avi Shlaim, eds. , *The Cold War and the Middle East*, Oxford: Clarendon Press, 1997, pp. 32-33; Salim Yaqub, *Containing Arab Nationalism: The Eisenhower Doctrine and the Middle East*, Chapel Hill: The University of North Carolina Press, 2004, p. 19; Roland Popp, "Accommodating to a working relationship: Arab Nationalism and US Cold War policies in the Middle East, 1958-1960," *Cold War History*, Vol. 10, No. 3, August 2010, p. 398; Juan Romero, *The Iraqi Revolution of 1958: A Revolutionary Quest for Unity and Security*, Lanham: University Press of America, Inc. , 2011, p. 83.

③ Fawaz A. Gerges, *The Superpowers and the Middle East*, pp. 130-132; Malik Mufti, "The Untied States and Nasserist Pan-Arabism," in David W. Lesch, eds. , *The Middle East and the United States: A Historical and Political Reassessment*, Boulder: Westview Press, 1996, pp. 176 - 177; Salim Yaqub, *Containing Arab Nationalism*, pp. 256-267; Burton I. Kaufman, *The Arab Middle East and the United States: Inter-Arab Rivalry and Superpower Diplomacy*, New York: Twayne Press, pp. 28 - 29; Douglas Little, *American Orientalism: The United States and the Middle East since 1945*, Chapel Hill: University of North Carolina Press, 2008, pp. 182-183; Roby C. Barrett, *The greater Middle East and the Cold War: US foreign policy under Eisenhower and Kennedy*, London: I. B. Tauris & Co. Ltd. , 2007, pp. 107, 125-126, 136, 140.

"地区野心"。①

本文认为艾森豪威尔政府在应对中东局势时，固然以"遏制共产主义"为核心，但并没有因此忽视了对地区固有问题的考量。在艾森豪威尔第二任期内，美国对纳赛尔态度的转变固然在于开罗与莫斯科关系的改变，但也离不开阿拉伯内部关系趋于缓和的地区环境。为此，本文着眼于华盛顿对阿拉伯内部纷争的担忧，通过纳赛尔在美国外交参与者眼中由"称霸者"到"建设者"的角色变化，解释艾森豪威尔末期美国与阿联（埃及）和解的原因，并在此基础上结合尼克松等人对纳赛尔"霸权野心"的余悸，论述冷战时期美国对中东地区有着非冷战的考量，并非完全局限在"遏制共产主义"的目标上。

一、纳赛尔"霸权野心"对两国关系的阻碍

1957年，鉴于叙利亚和苏联关系的日益密切，艾森豪威尔政府出于"共产党接管叙利亚"的忧虑，试图改变大马士革的政局走向。在美国的怂恿下，土耳其陈兵土叙边境，与叙利亚形成军事对峙。从1957年8月到11月，美英在危机中力挺自己的盟友土耳其，而苏联和埃及则积极捍卫叙利亚，形成鲜明的两极对立。赫鲁晓夫和布尔加宁不但对土耳其有可能发动的攻击做出口头威胁，还向地中海派出军舰，以示支持叙利亚。至于埃及方面，纳赛尔不但对叙予以声援，还采取了军事行动。10月13日，埃及军队在叙利亚的拉塔基亚登陆。从表面上看，苏、埃两国在叙利亚问题上立场一致，双方关系显得极为亲密，但艾森豪威尔政府在这场危机中进一步

---

① 也有学者注意到这一时期纳赛尔"扩张"的放缓或停滞对于改善埃美两国关系的作用，或是认识到艾森豪威尔政府在"共产主义渗透"和"埃及扩张"之间的两难。但他们并没有把这当成一个重点予以论述，并忽视了艾森豪威尔政府对纳赛尔的这种肯定与期待于两国和解作用之重大，进而也就忽视了这种肯定和期待的脆弱成为日后两国关系的一个重大隐患。参见 Fawaz A. Gerges, *The Superpowers and the Middle East*, pp. 130-131; Matthew F. Holland, *America and Egypt: From Roosevelt to Eisenhower*, London: Praeger, 1996, pp. 170-171; Roby C. Barrett, *The Greater Middle East and the Cold War*, pp. 125-126; Margaret M. Manchester, *The Tangled Web: The Baghdad Pact, Eisenhower, and Arab Nationalism*, Ph. D. Diss., Clark University, 1994, pp. 314-315.

认识到纳赛尔对苏联的提防心理。①特别是美国海军在给参谋长联席会议的一份备忘录中，将埃及出兵叙利亚视为对美国有利的迹象，因为这有可能"促进泛阿拉伯主义，阻止叙利亚落入苏联手中"。②可见，海军方面把泛阿拉伯主义和纳赛尔放在苏联的对立面。与此同时，国务院方面也注意到了这点，认为纳赛尔代表的"泛阿拉伯民族主义激进派"虽然抵制以色列和西方"帝国主义"，但其可能也注意到"苏联在叙利亚的作用"以及叙利亚政府的"独立政策"将有损其作为"阿拉伯世界领袖"的地位。③如此在一部分美国官员眼中，"纳记"泛阿拉伯主义虽然是自己的敌人，但也成了苏联的潜在对手。

然而杜勒斯等人并没因此而改善对纳赛尔的态度。11月，哈佛神学院教授霍尔顿（Douglas Horton）向杜勒斯提议，只有通过统一，阿拉伯人才能摆脱苏联的威胁，而统一的关键在于埃及。对此，杜勒斯不以为然，他认为考虑到埃及对邻国的威胁，美国若与之合作，将会损害自己的友邦。④此后，在美国政府内部关于是否利用"泛阿拉伯主义"遏制苏联的争论中，"友邦安危"便成为杜勒斯等人反对美国与纳赛尔和解的一个重要理由。

1958年1月，在叙利亚军方的推动下，纳赛尔接受埃及和叙利亚的合并。2月，埃及和叙利亚联合成立阿拉伯联合共和国。对于阿联的成立，华盛顿的感受可谓是喜忧参半。"喜"是因为纳赛尔杜绝了"共产党接管叙利亚"的可能，"忧"则在于对纳赛尔"称霸阿拉伯世界"的担忧。例如，美

---

① 关于美国方面对苏联和埃及在叙利亚危机中存在矛盾的认识，参见 David W. Lesch, "The 1957 American-Syrian Crisis: Globalist Policy in a Regional Reality," in David W. Lesch, eds., *The Middle East and the United States: A Historical and Political Reassessment*, Boulder: Westview Press, 1996, pp. 141–144; Malik Mufti, "The Untied States and Nasserist Pan-Arabism", pp. 171–172; Matthew F. Holland, *America and Egypt*, p. 142.

② "Note by the Secretaries to the Joint Chiefs of Staff," November 25, 1957, CK2349175610, Database: *U. S Declassified Documents Online* (hereafter *USDDO*).

③ "National Intelligence Estimate," November 12, 1957, in *FRUS*, 1955–1957, Vol. 17, Arab-Israeli Dispute, 1957, Washington: United States Government Printing Office, 1990, p. 791.

④ "From Douglas Horton to Dulles and NEA's Reply," November 22, 1957, SC5011692466 – SC5011692471, Database: *Archives Unbound*（*AU*）.

国驻叙利亚大使约斯特（Charles Yost）和负责近东事务的副国务卿助理兰普顿·贝里（J. Lampton Berry）都认为埃叙联合虽能遏制苏联和当地共产党，但却促成纳赛尔对阿拉伯世界的统治，危及美国的友邦。[①]对此，学术界已有充分论述，[②]但还需在此基础上进一步指出的是，约斯特和贝里在承认纳赛尔能够在近东地区遏制苏联的同时，也丝毫没有忽视他对西方的潜在"威胁"。可见，他们对纳赛尔的担忧已经不局限于冷战思维。无论约斯特和贝里后来对于纳赛尔持何种态度，但他们这种"敌人的敌人可能还是敌人"的逻辑，将不断体现在杜勒斯和尼克松等人的态度之中。

5月，由于亲西方总统夏蒙的连任诉求，黎巴嫩社会动荡，爆发激烈的武装冲突，几成内战之势。出于对纳赛尔颠覆黎巴嫩政府的指控，美国和阿联已有些许改善的关系再次面临冲击。6月26日，美国驻阿联大使雷蒙德·哈尔（Raymond G. Hare）根据杜勒斯之前的指示，在与纳赛尔的会谈中再次指出，"不考虑苏联的因素"，开罗对地区国家的危害行为，足以危及其与美国的关系。[③]7月，约旦局势陷入动荡。伊拉克政府试图派兵援助约旦，但援军在途经巴格达时突然发动政变，哈希姆王朝在伊拉克的统治一朝倾覆。

---

① "Telegram from the Embassy in Syria to the Department of State," January 15, 1958, in *FRUS*, 1958-1960, Vol. 13, Arab-Israeli Dispute; United Arab Republic; North Africa, Washington: United States Government Printing Office, 1992, pp. 403-405; "Memorandum from the Acting Assistant Secretary of State for Near Eastern, South Asian, and African Affairs (Berry) to the Acting Secretary of State," January 25, 1958, in *FRUS*, 1958-1960, Vol. 13, Arab-Israeli Dispute; United Arab Republic; North Africa, p. 411.

② Fawaz A. Gerges, *The Superpowers and the Middle East*, pp. 91-92; Salim Yaqub, *Containing Arab Nationalism*, pp. 189-192; 穆罕默德·阿里·哈勒：《美国对阿拉伯统一的态度：1918—2008》(محمد علي حلة، موقف الولايات المتّحدة الأمريكية من الوحدة العربية، ١٩١٨-٢٠٠٨), 贝鲁特：阿拉伯统一研究院 2014 年版，第329—337 页。

③ "Telegram from the Department of State to the Embassy in the United Arab Republic," May 17, 1958, in *FRUS*, 1958-1960, Vol. 13, Arab-Israeli Dispute; United Arab Republic; North Africa, p. 450; "Telegram from the Embassy in the United Arab Republic to the Department of State," June 26, 1958, in *FRUS*, 1958-1960, Vol. 13, Arab-Israeli Dispute; United Arab Republic; North Africa, p. 455.

政变中伊拉克国王、前摄政王和首相的横死令美方颇为震惊,[①]但出于现实考虑,美国方面有人认为,既然在阿拉伯世界内部已经没有人制约纳赛尔,那与一味与之对抗已非良策。他们主张美国应支持纳赛尔统一阿拉伯世界,因为阿拉伯国家在政治上的紧密联合不但可以满足"泛阿拉伯民族主义"对统一、尊严和地位的诉求,或许还能逐渐消除民族主义的危害性,甚至能使阿拉伯人与以色列达成和解,最终可以抵御苏联对近东的"离间战术"。[②]但这一主张却遭到杜勒斯等人的强烈质疑。

早在1956年1月,英国时任首相艾登在与美国高层的会谈中指责纳赛尔"有着无限野心",而杜勒斯则表示自己并不在乎他的"野心",因为"野心是可以利用的好东西",纳赛尔的问题只在于他是否会沦为"俄国人的工具"。[③]如果杜勒斯此时还坚持这种思维,但就不会在意纳赛尔的"野心",只会考虑如何淡化阿联的亲苏立场。但杜勒斯此时的态度已经与两年前截然不同,他并没有顺着冷战双方此消彼长的思维走,而是认为美国不应该纵容纳赛尔的"野心"。

杜勒斯承认纳赛尔也想依靠美国,但他并没有因此而提出拉拢开罗的对策,而是竭力声讨纳赛尔的"野心"。在杜勒斯看来,纳赛尔只把那些帮助他实现"野心"的人当作朋友,想颠覆美国的"友邦";如此,美国若像苏联那样支持纳赛尔,则有失"荣誉"。杜勒斯甚至还在国家安全委员会上援引媒体对纳赛尔的"法西斯比附",认为纳赛尔虽然缺乏强大的武装,没

---

① 严格意义上讲,努里·赛义德（نوري السعيد）此时并非是伊拉克王国的首相,而是伊拉克和约旦为对抗叙埃合并而成立的"阿拉伯联邦"（الاتحاد العربي）的首相。

② "Paper Prepared by the National Security Council Planning Board," July 29, 1958, in *FRUS*, 1958-1960, Vol. 12, Near East Region; Iraq; Iran; Arabian Peninsula, Washington: United States Government Printing Office, 1993, pp. 116-117.

③ "Memorandum of a Conversation," January 30, 1956, in *FRUS*, 1955-1957, Vol. 12, Near East Region; Iran; Iraq, Washington: United States Government Printing Office, 1991, pp. 243-244.

有希特勒那么危险，但也必须粉碎他的"英雄幻梦"。①可见，此时杜勒斯对纳赛尔"野心"的考虑，并非完全受冷战思维的支配。

在美国高层中这样的看法并非杜勒斯所独有。财政部长罗伯特·安德森（Robert B. Anderson）就认为美国在与阿拉伯民族主义和解的问题上，应该把纳赛尔和阿拉伯民族主义区分开来，因为纳赛尔是"一个试图对别国进行独裁统治的野心家"。国防部长麦克埃尔罗伊（Neil H. McElroy）亦持相近看法。②此外，还有人认为纳赛尔的"泛阿拉伯主义"不但威胁以色列和亲西方的阿拉伯国家，危及西方的石油利益，与之和解还会让"自由世界"对美国的政策产生困惑。③8月，麦克埃尔罗伊和参谋长联席会议主席特文宁（Nathan F. Twining）表示美国与纳赛尔打交道在所难免，但反对把纳赛尔当作整个近东地区的领袖。④至此，在调整与纳赛尔政权关系这一问题上，财政部、国防部、参谋长联席会议以及国务卿杜勒斯本人在内的"少数派"，与以国务院、中情局为骨干的"多数派"形成对立。

关于如何对待"泛阿拉伯主义激进派"（radical pan-Arabism），NSC5820/01文件的出台过程体现了两派的不同意见。学者们对于"多数派"与"少数派"之间的争论有过充分研究，但他们往往忽视了双方的共性。⑤无论是"少数派"还是"多数派"，实际上都不反对利用纳赛尔抵御苏联渗透，同

① "Letter From the Secretary of State to the President," July 25, 1958, in *FRUS*, 1958 – 1960, Vol. 13, Arab-Israeli Dispute; United Arab Republic; North Africa, pp. 464 – 465; "Memorandum of Discussion at the 374th Meeting of the National Security Council," July 31, 1958, in *FRUS*, 1958 – 1960, Vol. 12, Near East Region; Iraq; Iran; Arabian Peninsula, pp. 128 – 129; Richard J. McAlexander, "Couscous Mussolini: US perceptions of Gamal Abdel Nasser, the 1958 intervention in Lebanon and the origins of the US-Israeli special relationship," *Cold War History*, Vol. 11, No. 3, August 2011, pp. 363 – 385.

② *FRUS*, 1958 – 1960, Vol. 12, pp. 130, 133.

③ *FRUS*, 1958 – 1960, Vol. 12, p. 117.

④ "Memorandum if Discussion at the 377 Meeting of the National Security Council," August 21, 1958, in *FRUS*, 1958 – 1960, Vol. 12, Near East Region; Iraq; Iran; Arabian Peninsula, p. 155.

⑤ Fawaz A. Gerges, *The Superpowers and the Middle East*, p. 130; Malik Mufti, "The Untied States and Nasserist Pan-Arabism", pp. 174 – 175; Salim Yaqub, *Containing Arab Nationalism*, p. 256; Roland Popp, "Accommodating to a working relationship", pp. 401 – 402; Naif Bin Hethlain, *Saudi Arabia and the US since 1962: Allies in Conflict*, London: Al Saqi Books, 2010, p. 40.

时在排斥纳赛尔"称霸阿拉伯世界"这一点上他们也无原则性分歧。双方的分歧在于强调的重点不同。就遏制苏联的合作而言，"多数派"明确表示，应鼓励纳赛尔代表的"泛阿拉伯主义激进派"，以此抵制苏联在地区影响力的扩张；而"少数派"也承认与"阿拉伯民族主义"的合作离不开美国对纳赛尔的态度，但着重把反苏合作的对象界定为"真正的阿拉伯民族主义"，以区别于纳赛尔代表的"泛阿拉伯主义的激进派"，尤其认为不能将纳赛尔视作"阿拉伯世界的领袖"。这说明"少数派"并没有因为纳赛尔与美国有着共同的反共诉求，而放松对"泛阿拉伯主义激进派"的警惕。这充分体现了杜勒斯等人应对矛盾错综复杂的地区局势时所秉持的思维逻辑——"敌人的敌人未必就是朋友"。而"多数派"虽然更多强调遏制苏联的冷战需要，但也表示鼓励"泛阿拉伯主义激进派"抵制苏联扩张的同时，亦不放弃与之相左的立场，并遏制其"外溢威胁"（outward thrust）。①

此外，"美国不接受纳赛尔称霸整个阿拉伯世界"，"适当利用地区力量阻止纳赛尔进一步的扩张"，这样的表达从来不是两派争议的内容。②这说明反对纳赛尔在阿拉伯世界的"霸权"诉求是两派的共识，只不过"少数派"比"多数派"更强调这点。10月24日，草案做出倾向于"少数派"的修改，并于11月4日以定案形式通过。③虽然，国家安全事务委员会为美国近东政策设立的目标只有遏制苏联和维护西方的石油利益，并不因冷战诉求而纵容纳赛尔在阿拉伯世界的"霸权"诉求，这实际上已被设为美国近东政策的一条底线。

---

① "U. S. Policy Toward the Near East（draft），" October 3，1958，PD00570，Database：*Digital National Security Archives*.

② Ibid.

③ 关于NSC5820/01文件的定案倾向于"多数派"还是"少数派"，学者们也有不同看法。本文认为"少数派"获胜的依据是：定案在反苏合作的对象界定上，采纳"少数派"所言的"真正的阿拉伯民族主义"，而非"多数派"设定的"激进的泛阿拉伯主义"。此外，定案采纳"少数派"意见，强调不能把纳赛尔当作"阿拉伯世界领袖"，以及"对于纳赛尔所代表的激进泛阿拉伯主义，要认识到美国对其的和解政策会有很多违背自身利益的内容"。参见"U. S. Policy Toward the Near East，" November 4，1958，CK2349431817，*USDDO*.

二、美国对纳赛尔"建设性"转变的肯定和期望

1958 年末，伊拉克新政权的内部斗争也日趋激烈。11 月，国务院方面已经从冷战的角度看待伊拉克的权力斗争，认为伊拉克共产党支持总理卡塞姆对抗纳赛尔分子。①12 月，国务院负责近东事务的助理国务卿威廉·朗特里（William M. Rountree）在巴格达和开罗截然相反的经历，更是被看作美伊关系恶化的标志性事件，同时也是美国和阿联关系走向反共合作的一个开始。②对纳赛尔的态度摇摆不定的艾森豪威尔，此时甚至认为美国或许可以帮助阿联接管伊拉克，因为纳赛尔不想被苏联控制，而伊拉克可能会被共产党控制。③此后，出于"两害相较取其轻"的考虑，美国政府内部围绕伊拉克问题与纳赛尔合作反共的声音可谓不绝于耳。甚至到了 1959 年 1 月，杜勒斯也承认"纳赛尔是两害相较取其轻"，当然在改善关系的同时也不能任其为所欲为。④4 月，国务院也非常感慨地认为，此时美国和阿联的和解以及纳赛尔正在进行的反苏反共活动，"在一年前似乎是不可能的"。⑤

但推动美国与阿联和解的因素，不只是纳赛尔的反共立场，还离不开华盛顿对纳赛尔由"地区扩张"转向"国内建设"的赞许。随着阿联与亲西方阿拉伯国家关系的改善，在艾森豪威尔政府内部，肯定或期望纳赛尔

---

① "Memorandum from the Director of Intelligence and Research（Cumming）to Secretary of State Dulles," November 25, 1958, in *FRUS*, 1958–1960, Vol. 12, Near East Region；Iraq；Iran；Arabian Peninsula, pp. 353–354.

② Peter L. Hahn, *Missions Accomplished*？：*The United States and Iraq since World War* Ⅰ, New York：Oxford University Press, pp. 38–40；Malik Mufti, "The Untied States and Nasserist Pan-Arabism," p. 175.

③ "Memorandum of Discussion at the 391st Meeting of the National Security Council," December 18, 1958, in *FRUS*, 1958–1960, Vol. 12, Near East Region；Iraq；Iran；Arabian Peninsula, p. 363.

④ "Memorandum of Discussion at the 393rd Meeting of the National Security Council," January 15, 1959, in *FRUS*, 1958–1960, Vol. 12, Near East Region；Iraq；Iran；Arabian Peninsula, p. 376.

⑤ "Paper Prepared in the Department of State," April 15, 1959, in *FRUS*, 1958–1960, Vol. 12, Near East Region；Iraq；Iran；Arabian Peninsula, p. 416.

"建设性"转变的声音在增多，警惕阿联"扩张"的声音则沉寂了许多。美国改善与阿联关系的一个巨大障碍正在动摇。

在美国对纳赛尔的价值评判中，与"地区扩张"或"地区霸权"相对立的是其国内经济的"建设"或"发展"。杜勒斯就曾把纳赛尔的"霸权"诉求与阿联的"内治不修"联系起来。如上文所述，杜勒斯认为，纳赛尔不断追求"政治上的成功"，而非"建设性地巩固其所有"，其根据就是他"没有改善埃及人的生活，在叙利亚也没有什么建树"，而美国只能接受"阿拉伯人民建设性的统一"。①安德森也认为许多近东国家的中产阶级对纳赛尔感到失望。②而主张同纳赛尔改善关系的人则认为，经济援助有助于将阿拉伯民族主义纳入"更具建设性的轨道"，并呼吁把经济发展和社会发展作为对"泛阿拉伯主义"的支持。③可见，纳赛尔是选择"地区扩张"还是选择"国内建设"，对美国与阿联的关系有着重要影响。其实，早在阿联刚刚成立之时，美国驻阿联大使哈尔就曾认为，纳赛尔对叙利亚地区的关注，会分散其对阿联以外事务的注意力。如果说这种期待在当时没有多少人赞同，④那在艾森豪威执政的最后两年，其可以说逐渐成为了美国政府的主流看法。

除了开罗与莫斯科在伊拉克问题上的矛盾，华盛顿也注意到阿联与其他阿拉伯国家的关系也在逐渐改善。4月，在与纳赛尔的亲信、阿联报纸《今日新闻》（أخبار اليوم）主编穆斯塔法·艾敏（مصطفى أمين）的会谈中，助理国务卿朗特里表示，美方注意到阿联与黎巴嫩、约旦和沙特阿拉伯等国的关系正在改善，希望阿联和约旦的关系还能进一步改善。⑤5月，中情局的一份报告就不赞同先前杜勒斯等人将纳赛尔比附成希特勒的论断，他们

---

① *FRUS*, 1958-1960, Vol. 13, pp. 464-465.

② Ibid. p. 130.

③ *FRUS*, 1958-1960, Vol. 12, p. 120; "Paper Prepared by the National Security Council Planning Board," August 19, 1958, in *FRUS*, 1958 - 1960, Vol. 12, Near East Region; Iraq; Iran; Arabian Peninsula, p. 151.

④ Douglas Little, *American Orientalism*, p. 182.

⑤ "Memorandum of a Conversation," April 30, 1959, in *FRUS*, 1958-1960, Vol. 13, Arab-Israeli Dispute; United Arab Republic; North Africa, pp. 539-540.

认为纳赛尔充其量是想在阿拉伯世界建立一个松散的联邦，指导其对外政策，为经济发展等事务做大致规划。①同月，国务院在给艾森豪威尔的备忘录中，建议其在与参加杜勒斯葬礼的澳大利亚总理会谈时表示：阿联近期已经停止损害亲西方的阿拉伯政权。②9 月，在与纳赛尔的会谈中，哈尔称赞阿联"与邻国关系的改善以及对国内发展的重视"。③

1960 年 1 月，国务院近东司建议驻阿联大使哈尔和候任大使莱因哈德（G. Frederick Reinhardt）在应对参议院外交委员会关于纳赛尔的询问时，应表示："尽管纳赛尔曾经犯过错误，但近年来日见成熟……他似乎越发专注于解决国内所面临的经济和工业发展难题。"而对于"纳赛尔是否停止损害阿拉伯邻邦政府"的问题，近东司建议的回答是："阿联已经与邻国改善关系，尤其是苏丹、约旦、黎巴嫩和沙特阿拉伯，阿联当局似乎认识到地区动荡并不一定就符合他们的利益。"④

对纳赛尔的这种积极看法，此时在政府中已不占少数。2 月，美国许多政府部门参与的行动协调办（Operation Coordinating Board）的一份报告就承认，阿联与其他阿拉伯国家（伊拉克除外）的关系正在稳步改善，而目前近东的稳定氛围也主要归因于阿联与邻国及西方关系的改善。此外，报告还指出，纳赛尔此时的关注中心是"有序而迅速地发展经济"，以及阿联内部的政治问题。⑤7 月 19 日，取代 NSC5820/01 文件的 NSC6011 文件出台。相较前者，新文件一个重大改动就是，不再那么强调"泛阿拉伯主义激进

①　"Some Notes on the Position of Nasser since the Mosul Rebellion," May 11, 1959, CK2349577438, *USDDO*.

②　"Your Meeting with Prime Minister Menzies of Australia," May 25, 1959, CK2349362893, *USDDO*.

③　"Telegram from the Embassy in the United Arab Republic to the Department of State," September 19, 1959, in *FRUS*, 1958 – 1960, Vol. 13, Arab-Israeli Dispute; United Arab Republic; North Africa, p. 550.

④　"Possible Questions and Suggested Answers for your Appearance Before Senate Foreign Relations Committee," January 14, 1960, SC5011690161–SC5011690185, *AU*.

⑤　"OCB Report on the Near East," February 3, 1960, CK2349187163, *USDDO*.

派"的威胁。①与这一改动相对应的是，该文件指出阿拉伯民族主义在最近一年半的时间内大大减少了"激进诉求和统一诉求"，纳赛尔也愈发关注"阿联国内的治理和发展"。②由此，先前对纳赛尔备受质疑的期望，如今已经成为美国政府内部的主流看法。

从 1957 年叙利亚危机开始，开罗和莫斯科的矛盾就已经充分暴露在华盛顿面前。但杜勒斯等人歇斯底里地指责纳赛尔，却主要不是因为他们对纳赛尔和苏联的"藕断丝连"感到不安，而是由于其对开罗"称霸阿拉伯世界"的敌视。而且杜勒斯的这种态度并不是个例，即便力主与纳赛尔合作的"多数派"，对于抵制纳赛尔在阿拉伯世界建立"霸权"也没有异议。出于这种"敌人的敌人可能还是敌人"的逻辑，仅仅因为遏制苏联和"国际共产主义"的考虑，美国和阿联的关系很难有明显改善。而纳赛尔给华盛顿呈现出的"建设性"转变，至少削弱了政府内部先前反对与纳赛尔和解的依据，减少了华盛顿和开罗之间的矛盾和分歧，为两国关系的改善和维系提供了保障。所以，艾森豪威尔政府并没有像法瓦齐·乔治斯（Fawaz A. Gerges）所说的那样，似乎要"容忍"，甚至"支持"纳赛尔的"地区野心"。③相反，恰恰是因为纳赛尔"收敛"了其"地区野心"，才推动了美国与阿联的和解。

三、华盛顿对纳赛尔"野心"的余悸

1959 年初，由于美国和纳赛尔在伊拉克都有反共的诉求，原本在 NSC5820/01 文件中没有争议的表达，例如"适当利用地区力量阻止纳赛尔

---

① "Memorandum from the Assistant Secretary of State for Near Eastern and South Asian Affairs (Jones) to Acting Secretary of State Dillon," July 6, 1960, in *FRUS*, 1958–1960, Vol. 12, Near East Region; Iraq; Iran; Arabian Peninsula, p. 259.

② "National Security Council Report," July 19, 1960, in *FRUS*, 1958–1960, Vol. 12, Near East Region; Iraq; Iran; Arabian Peninsula, p. 264.

③ Fawaz A. Gerges, *The Superpowers and the Middle East*, p. 131.

进一步的扩张"，也在国家安全委员会内部被重新考虑。①这似乎触碰到NSC5820/01 文件给美国近东外交所设定的那条底线——不纵容纳赛尔在阿拉伯世界的"野心"。但副总统尼克松等人的态度却说明美国政府仍然有一股力量在坚守这条底线。

伊拉克问题虽然表现出华盛顿在"遏制共产主义"问题上对纳赛尔的期待，但一部分美国官员对纳赛尔的"地区野心"仍是心有余悸。1959 年 1 月 6 日，朗特里在国家安全委员会政策设计办（NSC Planning Board）会议上表示，伊拉克有一个既不被阿联也不被共产党主导的"民族主义政府"，才能符合美国的利益。②这就说明，美国方面有一部分人，把对伊拉克政局走向的希望，放在共产党及亲纳赛尔分子以外的第三股力量上。3 月，朗特里在致哈尔的信中强调，虽然美国政策的重点是与纳赛尔合作、遏制苏联对近东的渗透，但他也表示美国不想接受纳赛尔的霸权，因为纳赛尔领导的阿拉伯统一有损美国的利益。③此时，副总统尼克松似乎继承了杜勒斯对纳赛尔的偏执与敌视，显得比朗特里更期盼伊拉克的"第三势力"。

在 4 月的国家安全委员会会议上，尼克松询问是否存在区别于纳赛尔的"真正的伊拉克民族主义者"（genuine Iraqi Nationalists），实际上是担心伊拉克即使不被共产党接管也会被阿联控制。除了尼克松，美国新闻署（USIA）署长乔治·艾伦（George Allen）也认为如果把伊拉克交给纳赛尔，其就会吞并整个中东。④对此，朗特里并不担忧阿联控制伊拉克。当然，他并非是对纳赛尔的"霸权野心"无动于衷，而是认为伊拉克即便出现亲纳赛尔政

①　"Draft Briefing Paper Prepared for the National Security Council," December 19, 1958, in *FRUS*, 1958-1960, Vol. 12, Near East Region; Iraq; Iran; Arabian Peninsula, p. 366.

②　"Notes on Discussion of Iraq by Assistant Secretary of State William M. Rountree, NSC Planning Board Meeting", January 6, 1959, CK2349563955, *USDDO*.

③　"Letter from the Assistant Secretary of State for Near Eastern and South Asian Affairs (Rountree) to the Ambassador to Egypt (Hare)," March 3, 1959, in *FRUS*, 1958-1960, Vol. 12, Near East Region; Iraq; Iran; Arabian Peninsula, p. 211.

④　"Memorandum of Discussion at the 402nd Meeting of the National Security Council," April 17, 1959, in *FRUS*, 1958-1960, Vol. 12, Near East Region; Iraq; Iran; Arabian Peninsula, pp. 430-433.

权，其也不会长久，故而不用过于担心阿联在伊拉克的扩张。三天后，尼克松在给国家安全事务助理高登·格雷（Gordon Gray）的备忘录中又指出，美国要谨慎支持纳赛尔，利用其反共，但不要对其许诺过多。① 12 月，国务卿克里斯汀·赫脱（Christian A. Herter）又将伊拉克的民族主义者分为"真正的民族主义者"和"纳赛尔爪牙"（Nasser stooges）。他和尼克松一样，对伊拉克不太可能走上共产党和纳赛尔之外的"中间道路"（a middle course）表示悲观。②

1960 年 3 月，在一份分析报告中，国务院认为美国和阿联关系的前景并不十分乐观，就长远而言，纳赛尔可能会因为巨大的压力而做出令美国无法容忍的"极端行径"。虽然这份文件没有明确预测纳赛尔可能会在哪些问题上做出"极端行径"，但它指出纳赛尔目前在阿拉伯世界的保守做法，可能会与其在阿拉伯民族主义中的领导地位相冲突，而且两国关系日后还可能因为约旦而恶化。③所以，报告指出，对纳赛尔"极端行径"的预测应该包括阿拉伯世界内部争端的因素。此外，即便是如前文所说的 NSC6011 文件，虽不再强调纳赛尔泛阿拉伯主义的威胁，表示"应避免与阿拉伯民族主义目标在态度上对立"，但随即话锋一转："在条件许可的情况下，对阿联领导人表明我们不能容忍他们把这些目标施加在其他阿拉伯国家的人民身上"。④

可见，即便美国政府逐渐认可纳赛尔的"建设性"转变，但其内部仍有不少人对纳赛尔的"野心"保持强烈的戒备心理。这些人在坚守 NSC 5820/01 文件设定的底线，这就预示了如果纳赛尔日后再推行其"霸权"图谋，美国政府不会无动于衷。

---

① "Memorandum from Vice President Nixon to the President's Special Assistant for National Security Affairs (Gray)," April 20, 1959, in *FRUS*, 1958-1960, Vol. 12, Near East Region; Iraq; Iran; Arabian Peninsula, p. 438.

② "Memorandum of Discussion at the 428th Meeting of the National Security Council," December 10, 1959, in *FRUS*, 1958-1960, Vol. 12, Near East Region; Iraq; Iran; Arabian Peninsula, pp. 494-495.

③ "Outlook for the United Arab Republic," March 11, 1960, SC5011690337, *AU*.

④ *FRUS*, 1958-1960, Vol. 12, p. 271.

不过，当纳赛尔介入也门内战，并与沙特阿拉伯再次对立之时，美国方面早已换成了肯尼迪领导的民主党政府。但"地区扩张"与"国内建设"这种二元对立式的评判标准并没有因为行政部门的更迭而被丢弃。尽管肯尼迪上台伊始，阿拉伯国家内部关系仍然比较稳定，但新政府对此并非毫无担忧。1961年6月，国务院在一份题为"纳赛尔及阿拉伯民族主义之未来"的情报评估中就认为，由于"好战的民族主义"和纳赛尔仍具有一定的政治生命力，"从长远来看，保守且亲西方的政权，其前景依然暗淡"。①9月，叙利亚脱离阿联后，肯尼迪政府既担心纳赛尔可能会为了挽回声望而在地区行为上日趋激进，又盼望他从此能将更多精力放在国内建设上。同时，他们也希望保守而且亲西方的阿拉伯领导人的处境会因此改善。②这说明虽然相比艾森豪威尔政府，肯尼迪政府更关注阿以问题，但其也继承了前任政府对纳赛尔将精力放在"国内建设"而非"地区扩张"上的期待，同时也延续了前任政府对纳赛尔"野心"的猜忌和戒备。正因如此，美国和阿联的关系，日后将再次受到阿拉伯世界内部冲突而带来的巨大冲击。③

四、结语

在美苏激烈对抗的时期，艾森豪威尔政府的中东政策自然也离不开遏制苏联和国际共产主义这一主题。实际上，深受冷战影响的世界其他地区也有自身固有的矛盾和冲突，此时的中东地区就充斥着阿以冲突和阿拉伯内部纷争。在艾森豪威尔的第二任期内，与较为平静的阿以问题相比，开

---

① "National Intelligence Estimate," June 27, 1961, in *FRUS*, 1961 - 1963, Vol. 17, Near East, 1961-1962, Washington: United States Government Printing Office, 1994, p. 165.

② "Memorandum from Robert W. Komer of the National Security Council Staff to the President's Speical Assistant and Deputy Special Assistant for National Security Affairs (Bundy and Rostow)," September 30, 1961, in *FRUS*, 1961-1963, Vol. 17, Near East, 1961-1962, pp. 272-273; "National Security Action Memorandum No. 105," October 16, 1961, in *FRUS*, 1961 - 1963, Vol. 17, Near East, 1961 - 1962, p. 303.

③ Fawaz A. Gerges, *The Superpowers and the Middle East*, pp. 160-161; Malik Mufti, "The Untied States and Nasserist Pan-Arabism," pp. 171-172; Douglas Little, *American Orientalism*, p. 184.

罗与巴格达、安曼及利雅得之间的斗争十分激烈，其加剧了地区动荡，令
艾森豪威尔政府颇为关切。的确，开罗政权与阿拉伯君主政权之间的争端
常以亲苏国家与亲西方国家的形式出现，①进而似乎可以从冷战的逻辑解释
艾森豪威尔政府在阿拉伯世界内部争端中对纳赛尔政权的敌视。同理，开
罗方面从1958年末开始大幅度调整其与美苏双方的关系，摆出一副反共先
锋的姿态后，美方对阿联方面的态度也为之明显改善。如此，鉴于阿联分
别与美国和苏联关系出现了反向发展，似乎可以从冷战的视角来解释艾森
豪威尔政府对纳赛尔政权的态度转变。

但这种解释并不充分，至少不能全面解释艾森豪威尔政府就阿拉伯世
界内部问题对纳赛尔的态度。因为这种解释过于关注美国决策者的冷战考
虑，而忽视或轻视了华盛顿对于其他阿拉伯国家的关注。如上文所述，叙
利亚和伊拉克问题就让华盛顿充分认识到了开罗和莫斯科在阿拉伯世界的
矛盾。美方并没有因为纳赛尔的"泛阿拉伯主义"可以遏制苏联，而放弃
了对其建立"地区霸权"的担忧和抵制。所以，华盛顿不但憎恶纳赛尔对
黎巴嫩等亲西方国家的"威胁"，甚至也不太希望将颠覆叙利亚和伊拉克亲
共政权的出路放在纳赛尔身上。

敌人的朋友固然不是朋友，而敌人的敌人可能还是敌人，这种思维逻
辑使得美国国内关于联合纳赛尔抵制苏联的主张受到杜勒斯和尼克松等人
的强烈质疑，严重阻碍了美国与阿联的和解。后来艾森豪威尔政府改善对
开罗方面的态度在很大程度上固然受冷战因素的支配，但如果只是因为纳
赛尔从"敌人的朋友"变成了"敌人的敌人"，而没有政府内部对纳赛尔由
"扩张"转向"内治"的肯定和期许，美国和阿联的和解也是难以维系的。
不过，即便肯定和期许之声成了政府内部的主流看法，对于纳赛尔作为阿
拉伯世界关键人物的猜忌和警惕也仍然存在。而类似的猜忌和警惕也为后
来的肯尼迪政府所延续，这就预示了日后阿拉伯内部纷争比冷战会更直接

---

① 与沙特阿拉伯及伊拉克和约旦的哈希姆王朝不同，此时也门穆塔瓦基利亚王国奉行亲苏、
亲华的外交政策。

地造成两国关系的再次恶化。

因此，冷战时期美国政府在处理中东地区事务时，对纳赛尔政权的态度固然有着重要的冷战考量，但并未忽视对地区固有问题的关注。美国决策者对于纳赛尔政权的态度包含着对阿拉伯世界内部因素的考虑，有时这种考虑甚至还和冷战考虑相冲突。因此，冷战时期美国政府对中东事务的介入，不应该被轻易贴上"冷战棱镜"之类的标签。

漫长的一天

——尼克松与赫鲁晓夫的三次争论

田　地[*]

摘　要　1959 年 7 月 24 日是美国副总统尼克松访问苏联的第一天。在这一天中，尼克松与赫鲁晓夫进行了三次争论，虽然三次争论的内容各不相同，但是其争论的核心是国家体制优劣之争。尼克松访苏有一个重要目的，即展现美国的价值观，反击苏联的宣传，这就使得尼克松和赫鲁晓夫的争论不可避免。这三次争论中的后两次，由于受到媒体的广泛报道，在国际社会上产生巨大影响，极大地提高了尼克松本人的个人声望。两人的争论也展现了美国对苏联竞争领域的变化，即由传统的政治军事竞争转向人民生活水平的竞争。

关键词　尼克松　赫鲁晓夫　美国国家展览会　厨房辩论

* 田地，首都师范大学历史学院硕士研究生。

1959 年 7 月 25 日《纽约时报》的新闻时评中称，7 月 24 日尼克松与赫鲁晓夫的争论是第二次世界大战后最令人震惊的国际事件。① 在 10 天的访苏行程中，尼克松共与赫鲁晓夫正式交谈过四次，其中有三次都是在 7 月 24 日。学术界对于两人在 7 月 24 日的争论有一定的研究成果，主要集中在"厨房辩论"的研究上。

国内学术界对此问题的相关研究成果不多，基本都是简单描述，缺乏较为深入的分析。其中，资中筠的《战后美国外交史——从杜鲁门到里根》对 1959 年尼克松访苏有简单的介绍，提及"双方在美国展览会场上的那场'厨房辩论'是一场真正的冷战式的争论"；② 张科的硕士论文《二战后美国副总统在外交中的作用——以尼克松、蒙代尔、布什为例》，分析了尼克松作为美国副总统在国家外交中的作用及其影响因素，并简要论述了尼克松访苏对于尼克松本人的影响；③ 赵继珂的博士论文《美国新闻署对苏文化冷战行为研究（1953—1961）》，论述了美国新闻署在"厨房辩论"中的作用。④

国外学术界的研究相对较多，多集中于"厨房辩论"。沃尔特·希克森（Walter L. Hixson）的《穿越铁幕的宣传，文化和冷战，1945—1961》一书论述了美国国家展览会在美国对苏文化冷战上的重要作用；⑤ 耶鲁·瑞奇蒙德（Yale Richmond）的《1959 年厨房辩论》一文细致论述了"厨房辩论"的过程和影响，认为美国对苏联的文化交流是导致苏联政权的最终崩溃的一个重要因素；⑥ 露丝·奥尔邓兹尔（Ruth Oldenziel）和卡林·扎契曼

① *New York Times*, July 25, 1959, p. 3.

② 资中筠：《战后美国外交史——从杜鲁门到里根》，北京：世界知识出版社，1994 年，第 265—266 页。

③ 张科：《二战后美国副总统在外交中的作用——以尼克松、蒙代尔、布什为例》，硕士学位论文，西南大学，2014 年，第 39—40 页。

④ 赵继珂：《美国新闻署对苏文化冷战行为研究（1953—1961）》，博士学位论文，东北师范大学，2014 年，第 118—121 页。

⑤ Walter L. Hixson, *Parting the Curtain Propaganda, Culture, and the Cold War, 1945 - 1961*, Houndmills：Macmillan Press, 1997, pp. 151-184.

⑥ Yale Richmond, "The 1959 Kitchen Debate," *Russian Life*, July/August 2009.

（Karin Zachmann）所编的论文集《冷战厨房：美国化、技术与欧洲消费者》以"现代化厨房"为研究对象，论述了"厨房"在冷战宣传中的作用。作者认为厨房是现代技术革新的象征，设备齐全的厨房是 20 世纪世界现代文明的一个重要标志，这对于美苏争夺人心具有重要意义；① 欧文·格尔曼（Irwin F. Gellman）的《总统和他的接班人：艾森豪威尔和尼克松，1952—1961》一文主要论述艾森豪威尔和尼克松两人关系的发展，即由开始的"奇怪的政治婚姻"发展到日后的亲密合作。该书第 32 章则较为详细地叙述了尼克松访苏的过程，并且介绍了之后的尼克松访波之行。②

尽管学术界对此问题有一定的研究成果，但是并不深入。从档案资料的使用情况上看，尤其是国内学术界，档案资料使用的种类和数量都比较少。从内容上看，学术界多集中于"厨房辩论"的研究，而对尼克松和赫鲁晓夫两人的前两次争论着墨不多。本文尝试综合利用多种档案资料，力图分析两人为何会发生三次争论，三次争论的核心是什么，三次争论又造成了何种影响。

一、访苏行程的确立

早在 1955 年，尼克松就开始考虑访苏事宜。但是，7 月 30 日，国务卿杜勒斯明确地表示反对尼克松在这个时候访问苏联，他认为应该等到第二轮日内瓦会谈③之后再做考虑。④ 9 月 23 日，艾森豪威尔心脏病发作，尼克松需要代行部分总统职权，他访苏的计划自然也就不可能实现了。

1958 年 11 月第二次柏林危机爆发，局势一度剑拔弩张。尽管美苏双方

---

① Ruth Oldenziel and Karin Zachmann, eds. , *Cold War Kitchen: Americanization, Technology, and European Users*, Cambridge: The MIT Press, 2009, pp. 1-32.

② Irwin F. Gellman, *The President and the Apprentice Eisenhower and Nixon, 1952-1961*, New Haven & London: Yale University Press, 2015, pp. 514-535.

③ 1955 年 7 月 18—23 日，日内瓦四国首脑会议召开，而第二轮日内瓦会谈是指 1955 年 10 月 27 日至 11 月 16 日的内瓦四国外长会议。

④ John P. Glennon, eds. , *Foreign Relations of the United States（FRUS）, 1955-1957, Volume XXIV, Soviet Union, Eastern Mediterranean*, Washington: United States Government Printing Office, 1989, p. 33.

都做出强硬表态，但是两国都有所控制，避免发生战争。苏联方面希望邀请尼克松访苏，缓和紧张的国际局势。1958 年 12 月 5 日，苏联对外文化关系委员会主席尤里·朱可夫（Yuri Zhukov）与尼克松会谈。在会上朱可夫表示，希望尼克松在 1959 年 7 月参观在莫斯科索科尔尼基（Sokolniki）举办的美国国家展览会，这是苏联政府首次提出邀请尼克松访苏的请求。① 尼克松并没有拒绝苏联的邀请，他表示希望能够顺利访问苏联，改善东西方关系。② 1959 年 1 月 6 日，苏联部长会议副主席米高扬（Mikoyan）再次表示希望尼克松能够到苏联，了解苏联的真实情况。尼克松也表达了希望访问苏联的愿望。③ 4 月 9 日，驻莫斯科大使馆向国务院发回一份电报，指出苏联副外长瓦列里安·佐林（Valerian Aleksandrovich Zorin）向卢埃林·汤普森（Llewellyn E. Thompson）询问是否需要苏联政府对尼克松发出正式的访苏邀请，汤普森表示尼克松很乐意访问苏联，但是回绝了苏联发出正式邀请的提议。因为汤普森认为，副总统访苏的时间选择是非常重要的，贸然让苏联发出邀请，将不利于尼克松的出行，他建议尼克松访苏要和国家展览会联系在一起，这样不仅能够缓和两国的关系，还能促进两国之间的文化交流。④

考虑到 1960 年即将举行的总统竞选活动，尼克松非常乐意访问苏联，以此增加个人的政治资本。⑤ 美国政府内部对于尼克松访苏的计划基本都持

---

① 1958 年 1 月 27 日，美苏两国签署文化交流协定，规定两国要互办国家展览会，增进两国人民的相互认识与理解。经过近一年的协商，12 月 29 日，两国最终同意于 1959 年互办展览会，1959 年 6 月 29 日，苏联国家展览会在纽约召开；1959 年 7 月 25 日，美国国家展览会在莫斯科召开。有关两国互办展览会协商过程的研究可见：Walter L. Hixson, *Parting the Curtain Propaganda, Culture, and the Cold War, 1945–1961*, pp. 153–164.

② Glen W. LaFantasie, eds., *FRUS*, 1958–1960, Volume X, Part 2, Eastern Europe；Finland；Greece；Turkey, Washington：United States Government Printing Office, 1993, pp. 21–22.

③ Glen W. LaFantasie, eds., *FRUS*, 1958–1960, Volume X, Part 1, Eastern Europe Region；Soviet Union；Cyprus, Washington：United States Government Printing Office, 1993, p. 224.

④ Telegram from Moscow to Secretary of State, No. 2025, April 9, 1959, U. S. Declassified Documents Online（USDDO），CK2349021352.

⑤ Garry Wills, *Nixon Agonistes：The Crisis of the Self-Made Man*, New York：New York Library, 1971, p. 123.

支持态度。1959 年 4 月 4 日，尼克松首先询问了杜勒斯的意见，杜勒斯表示不反对尼克松向总统咨询此事。[①] 4 月 9 日，执行国务卿赫脱（Herter）在一份致总统的备忘录中表示非常支持尼克松访苏的计划，并建议总统如果批准该计划，应尽快发表声明。[②] 总统采纳了赫脱的建议，于 4 月 17 日对外宣布尼克松将于 7 月访问苏联，并参加在莫斯科举办的美国国家展览会的开幕式。[③] 次日，苏联媒体也公开报道了尼克松将于 7 月访苏的消息。

二、访苏的目的

尼克松访苏行程确定后，美国政府内部就开始讨论尼克松访苏之行所要达成的目标和意图。实际上，尼克松访苏的目的与美国在苏联召开国家展览会的目的是相互联系的。美国国家展览会的总设计师是哈罗德·麦克莱伦（Harold C. McClellan），他是由美国新闻署署长乔治·艾伦（George V. Allen）推荐给艾森豪威尔总统的。麦克莱伦之前担任过国家制造业协会主席、商务部助理部长等职，有着出色的协调能力和丰富的政府工作经验。他起草了一份名为"1959 年美国国家展览会秘密政策指导"的文件，明确阐明了国家展览会的召开有公开和秘密两方面的目的。公开目的是增进苏联人民对于美国人民及其生活方式的认识；而秘密目的则是要强调美国的观念和成就，促使苏联政体向自由化趋势发展。[④] 显然，展览会是美国政府对苏进行文化外交的重要工具，通过借助展览会的展品，显示美国的强大，使苏联人民对美国产生向往，怀疑苏联的国家体制，在苏联人民心中种下瓦解社会主义制度的种子。而尼克松访苏的第一天就计划参加展览会的开

① Memorandum for the Record, Department of State, April 4, 1959, USDDO, CK2349449927.

② Memorandum for the President, April 9, 1959, USDDO, CK2349276446.

③ Vice President Nixon to Open U. S. Exhibition at Moscow, Augusta, April 17, *The Department of State Bulletin*, Volume XL, NO. 1038, May 18, 1959, pp. 698-699.

④ 转引自 Cristina Carbone, "Staging the Kitchen Debate: How Splitnik Got Normalized in the United States," Ruth Oldenziel and Karin Zachmann, eds. , *Cold War Kitchen: Americanization, Technology, and European Users*, pp. 61-62.

幕式，这使得展览会的宣传效果得以最大化。

尼克松访苏的公开目的是参加美国国家展览会开幕式，促进美苏两国官员与人民间的相互理解。而实际上，美国政府将此次访问看成是一个对苏宣传的绝佳机会：在访苏过程中，尼克松要展现美国人民的团结一致，展现美国的价值观。美国政府认为，此次尼克松访苏最大的不同，在于之前的美国官员访苏，无论是正式访问还是非正式访问，都没有像副总统这样声望的官员与赫鲁晓夫面谈。而此次出访，尼克松作为美国的副总统，他能面对面地与赫鲁晓夫进行讨论。因此，尼克松要向苏联最高领导人阐释美国的观点，反击苏联的宣传。① 此外，尼克松访苏还有收集有关赫鲁晓夫情报的重要目的。通过与赫鲁晓夫的会谈，尼克松可以阐明美国对世界的立场，同时为艾森豪威尔总统提供有关赫鲁晓夫对美苏分歧态度和意见的一手情报。②

7月22日，在尼克松动身前往苏联的前夕，他与艾森豪威尔进行了一场会谈。艾森豪威尔希望尼克松能够营造一个真诚、缓和的气氛，同时表示此次出访并不是在重大问题上进行谈判，但是对于重大问题的讨论不要害怕，要主动积极。尼克松则表达了想反击赫鲁晓夫的观点、与之辩论的意图，并认为这是一个了解赫鲁晓夫真实想法的绝佳机会。③

无论是美国政府的建议还是尼克松个人的意图，都表明尼克松与赫鲁晓夫的争论不可避免，尼克松宣传美国的制度和价值观，必然会引起赫鲁晓夫的反击。

为了使宣传效果最大化，美国政府非常重视此次跟随报道的记者团队，多次就报道团队人数、记者的审查豁免权等问题与苏联政府交涉。1959年5

---

① Policy Information Statement, July 18, 1959, General Record of the Department of State, Record Group 59（RG59），Conference Files 1949–1963, CF 1412 to CF 1417（folder 1 of 2），Box 189, The U. S. National Archives and Records Administration at College Park, MD（NACP）.

② 尼克松：《六次危机》，北京大学法律系和中央民族学院研究室翻译组译，北京：商务印书馆，1972年，第356—357页。

③ Glen W. LaFantasie, eds., FRUS, 1958-1960, Volume X, Part 1, Eastern Europe Region；Soviet Union；Cyprus, pp. 332-333.

月4日，尼克松向美国新闻署署长乔治·艾伦（George Allen）表示，希望有尽可能多的记者能够乘坐他的专机前往苏联。① 5月5日，尼克松与赫脱会谈时表示，审查豁免权是非常重要的问题，要确保此次记者团队所受到的待遇不低于跟随麦克米伦访苏时记者团队的待遇。② 6月，由于报名的记者团队人数众多，已达近70人，美国政府决定租用泛美航空（Pan American）的波音707-321型号的飞机，专门搭载记者团队前往苏联。③ 该机型为20世纪50年代后期最先进的机型之一，1958年正式运用于民航，可从美国直飞苏联。

苏联政府对于美国的随行记者问题迟迟不肯答复，派发签证的进展也十分缓慢。1959年6月18日，副国务卿助理罗伯特·墨菲（Robert Murphy）就随行媒体人员问题与苏联驻美大使缅希科夫（Menshikov）会谈。墨菲向缅希科夫透露，目前共有70名记者将与尼克松同行，缅希科夫表示人数太多了，他不清楚苏联高层会做何反应。④ 虽然苏联政府未做答复，但是随行记者团队的人数仍在不断增加，最终增加至近100人。而在记者的审查豁免权问题上，美国政府也是不断施压。7月3日，国务院官员约翰·麦克斯威尼（John McSweeney）向苏联外交部美国事务主管索尔达托夫（Soldatov）表示，要求美国记者得到苏联政府的审查豁免权。索尔达托夫未置可否，仅表示会就此问题与苏联政府联系。⑤ 此后，美国政府通过各层级官员与苏联政府就随行记者问题不断交涉。在苏联部长会议副主席科兹洛

① 尼克松前往苏联的专机为波音707，机载人数为34人，尼克松访苏官方团队大约有10人左右。From Mr. Livingston T. Merchant to R. M. Service Office Memorandum, May 5, 1959, RG 59, 1955-59 Central Decimal File, Box 163, NACP.

② 英国首相麦克米伦于1959年2月21日至3月3日访问苏联，随行记者大约有60人左右。Telegram from Department of State to Amembassy Moscow, No. 1843, May 6, 1959, RG 59, 1955-59 Central Decimal File, Box 163, NACP.

③ Memorandum of Conversation, June 5, 1959, RG 59, 1955-59 Central Decimal File, Box 163, NACP.

④ Memorandum of Conversation, June 18, 1959, RG 59, 1955-59 Central Decimal File, Box 163, NACP.

⑤ Memorandum of Conversation, July 3, 1959, RG 59, 1955-59 Central Decimal File, Box 163, NACP.

夫（Kozlov）6 月 28 日至 7 月 13 日访美时，美国政府给予高规格待遇，尽力满足科兹洛夫访美期间的一切要求。美国政府内部普遍认为科兹洛夫访美与尼克松是相互联系的，科兹洛夫所受到的待遇必然会影响尼克松访苏时所受的待遇。在科兹洛夫访美结束后，苏联政府也多次表示感谢美国政府对科兹洛夫的支持与帮助。最终，苏联政府做出一定程度的让步，表示随行记者的人数可以增至 100 人，记者在苏联期间可以自由报道，不会有任何审查。[①] 如此大规模的报道团队，在 50 年代美苏关系史上是比较罕见的。众多的随行记者将尼克松在苏联的一言一行发回国内报道，使得宣传效果最大化。

三、三次争论

7 月 22 日晚上 9 点，尼克松一行启程前往苏联，23 日下午 3 时到达莫斯科。尼克松在机场发表了简短的演说，表示希望此次出访能够促进两国之间关系的改善，并直言此次出访并不是为了解决两国之间的分歧，而是要努力营造两国相互理解、相互认识的良好氛围。[②] 苏联政府对尼克松的接待非常冷淡，机场没有进行国歌演奏，也没有安排迎宾的群众，其最重要的原因就是美国国会于 7 月 17 日通过了"被奴役国家决议案"（Resolution on Captive Nations）。决议案颂扬美国的自由与民主，认为共产主义制度"奴役"苏联和东欧等地区的人民，意识形态色彩十分浓厚。为了响应国会的决议，总统决定将 7 月的第 3 个星期定为"被奴役国家周"，呼吁为铁幕后的人民祈祷。[③] 赫鲁晓夫于 7 月 14 日至 7 月 23 日访问波兰，参加波兰建

---

① Telegram from Department of State to Amembassy, No. 124, July 14, 1959; Memorandum of Conversation, July 21, 1959, RG 59, 1955–59 Central Decimal File, Box 163, NACP.

② Arrival Statement, July, 23, *The Department of State Bulletin*, Volume XLI, NO. 1049, August 3, 1959, pp. 227–228.

③ Captive Nations Week, 1959, *The Department of State Bulletin*, Volume XLI, NO. 1049, August 3, 1959, p. 200. 其实艾森豪威尔希望能够再拖延几天再签署该公告，该决议案的公布使得赫鲁晓夫大为恼火，甚至威胁要取消尼克松访苏的行程。参见艾森豪威尔：《艾森豪威尔回忆录——白宫岁月（下）：缔造和平（1956—1961 年）》，静海译，北京：生活·读书·新知三联书店，1977 年，第 460 页。

国 15 周年纪念活动。7 月 23 日下午一点半左右回国，他没有去机场迎接尼克松，而是马不停蹄地前往列宁运动场发表演说，颂扬苏波友谊，强烈抨击"被奴役国家决议案"，并讽刺地说："让尼克松来看看这些'被奴役的人民'吧。"① 显然，苏联政府对尼克松访苏的态度并不友好。

7 月 24 日上午 10 时，尼克松与赫鲁晓夫在克里姆林宫第一次见面。尼克松将艾森豪威尔的个人问候信件转交给了赫鲁晓夫，两人在记者们前面进行了简单的寒暄，之后就开始了闭门正式会谈。赫鲁晓夫首先表达了对"被奴役国家决议案"的愤怒，他说，苏联政府认为这是一个严重的挑衅，是干涉苏联内政的行为，这会使得美国之前所做的努力都变得毫无价值。尼克松解释道，首先，在美国有许多带有欧洲和东欧背景的人，他们可以去自由地表达自己的观点，尽管苏联方面可能不同意这些观点，但是这些人的观点不能够被忽视；其次，这是美国政治制度的一部分，国会发表的决议，总统是无权干涉的，总统也不愿意在这个时间点宣布这个决议；最后，这并不是美国国会的最新举动，在过去国会也曾多次表达过类似的观点。

赫鲁晓夫对尼克松的解释并不满意，他指出，政府机关的任何做法都具有目的性，但是苏联并不能理解美国国会此举的目的，也不会因为此决议而做出任何改变。赫鲁晓夫直言这个决议愚蠢至极，并厉声质问尼克松："美国的下一步是战争吗?"尼克松再次解释道，该决议不代表总统的观点，只是一种思想的自由表达。最后，尼克松称艾森豪威尔经常说："我们把这匹马鞭死了，让我们换下一匹吧!"他表示不想再讨论此问题了，会谈也就这样结束了。②

这次会谈的内容都是围绕"被奴役国家决议案"展开，尼克松对于赫鲁晓夫激烈的言辞感到震惊，会谈的气氛也并非像艾森豪威尔所期待的那样缓和，相反，气氛一度十分紧张。这次争论表面上是围绕"被奴役国家决议案"而展开，实际上是国家体制的竞争。尼克松多次向赫鲁晓夫解释，决议案虽不代表总统的观点，但是总统无权干涉国会所通过的决议。这完

---

① *New York Times*, July 24, 1959, p. 1.

② 会谈内容参见：Glen W. LaFantasie, eds., *FRUS*, 1958–1960, Volume Ⅹ, Part 1, Eastern Europe Region; Soviet Union; Cyprus, pp. 336–345. 尼克松：《六次危机》，第 375—379 页。

全是一种辩解，因为从总统签署决议案的行动来看，艾森豪威尔是支持决议案的。而这种解释展现了美国的三权分立民主制度的优越性，也在暗讽苏联的集权制度的"独裁"。

会谈结束后，双方驱车前往索科尔尼基公园参观展览会的预展。展览会的展品都具有明显的针对性，多是贴近于日常生活的消费品。通过这些展品，可以展示美国人的生活条件远比苏联人优越，暗示在资本主义民主制度下，每个人都可以获得美国人那样的生活方式，以此促使苏联人逐渐放弃共产主义制度。美国展览会的中心是一个 75 英尺高的穹顶型建筑，在该建筑内，有 7 块 20 英尺×30 英尺的屏幕同时放映《遇见美国》（*Glimpses of the USA*）的宣传片。日常消费品如百事可乐第一次呈现在苏联人面前，还有可以用俄语回答 400 个关于美国的问题的 IBM 公司的 RAMAC 计算机。①

尼克松与赫鲁晓夫的第二次交锋发生在一个新型电视转播室里，该转播室的机器为安派克斯（Ampex）公司所有。这次争论并没有经过提前策划。② 当时工作人员引导他们走到台上，希望两国领导人能够对镜头说几句话，以便日后放映给观众。赫鲁晓夫抓住这次机会，强调苏联社会主义制度的强大，"美国建国 180 年才达到了现在的水平，而苏联到现在只有 42 年，再用 7 年，苏联将赶超美国"。他还再次抨击美国国会的决议案，并拥抱了身边的苏联工人，质问道："这个人像一个奴隶劳动者吗?"③ 尼克松并

① Kate A. Baldwin, *The Racial Imaginary of the Cold War Kitchen from Sokol'niki Park to Chicago's South Side*, Hanover: Dartmouth College Press, 2016, pp. 2-3.

② 在笔者目前所掌握的档案中并没有发现"精心策划"的证据。尼克松在回忆录《六次危机》中记载，他和赫鲁晓夫是偶然站在台上的。另外，在一些专著中，也认为这是偶然发生的。例如: Irwin F. Gellman, *The President and the Apprentice Eisenhower and Nixon*, *1952-1961*, p. 523.

③ 尼克松:《六次危机》，第 380 页。赫鲁晓夫抨击国会决议案的场景在日后美国三大广播公司播出的 16 分钟录像中并未发现。视频可见: https://www.c-span.org/video/? 110721-1/nixon-khrushchev-kitchen-debate，最后访问时间: 2018 年 5 月 9 日。但是，在尼克松的回忆录《六次危机》中提到了这一片段。值得一提的是，2011 年 6 月 29 日，美国国家档案馆举办了一场关于"厨房辩论"的讲座。讲座的主持人为尼克松总统图书馆的馆长蒂莫西·纳夫塔利（Timothy J. Naftali），三位经历过"厨房辩论"的当事人被邀请参加。纳夫塔利指出，美国三大广播公司播出的录像被删减了 2 分钟，一共是 18 分钟。在讲座的现场播放了未删减版视频中的一部分，共计 4 分钟，笔者将这 4 分钟的视频与原版视频做了对比，但并未发现删减的部分。讲座视频可见: https://www.c-span.org/video/? 300285-1/1959-kitchen-debate&start=1998，最后访问时间: 2018 年 5 月 9 日。

未做出正面回应，而是说在一些领域，苏联确实比美国强，比如太空项目；而在另一些领域，美国要比苏联更加强大，比如彩电制造。赫鲁晓夫则一点也不示弱，他表示苏联在任何领域都在赶超美国。尼克松把话题转向两国应该有更多的思想交流，应该让本国人民更多地接收到对方国家的信息。赫鲁晓夫表示赞同，同时要求尼克松保证把两人在摄像机前的讲话完整的播放给美国人民，尼克松答应了这一请求。

尼克松在此次争论中话语并不多，似乎对此准备的并不充分，赫鲁晓夫始终处于攻势，而他处于守势，在气场上尼克松一直被赫鲁晓夫压制。尼克松必须抓住一个机会予以回击，而这个机会就是著名的"厨房辩论"。①

尼克松对"厨房辩论"是有所准备的。② 美国新闻署副署长艾伯特·沃什伯恩（Abbott Washburn）在尼克松出访前一周递交给尼克松一份备忘录，明确告知他"有关房屋的话题在那时候是最引人注目的"。并且，美国新闻署针对国家展览会制订了一份官方指南，尼克松对此有充分的研究，并在关于房屋的内容中做了详细的批注。③

两人在厨房展示区驻足时，尼克松首先向赫鲁晓夫介绍了厨房的设备，声称这些设备都是最新的，而且很多美国家庭都在使用这些设备；正是因为这些厨房设备，才使得美国妇女的生活更加舒适。赫鲁晓夫声称，在苏联，不会用这种"资本主义"态度去对待女士；尼克松反驳道，这是一种全球普适性的观点，即要让家庭妇女的生活更加便捷容易。尼克松进一步指出，在美国，每个工人都可以买得起这种房屋，大约需要 14000 美金，20—30 年就可以还完贷款；赫鲁晓夫反驳道，苏联人并没有因为这些设备而目瞪口呆，因为苏联也有这些设备，而且美国的房屋只能住 20 年，而苏

---

① 尼克松：《六次危机》，第 382 页。

② "厨房辩论"是否是尼克松有意为之，就目前所掌握的材料来看，有两部涉及此问题的学术成果都认为尼克松对"厨房辩论"有着充分的准备，其绝不是偶然发生的。可见：Walter L. Hixson, *Parting the Curtain Propaganda, Culture, and the Cold War, 1945 - 1961*, p. 176; Cristina Carbone, "Staging the Kitchen Debate: How Splitnik Got Normalized in the United States," Ruth Oldenziel and Karin Zachmann, eds., *Cold War Kitchen: Americanization, Technology, and European Users*, p. 59.

③ 转引自 Cristina Carbone, "Staging the Kitchen Debate: How Splitnik Got Normalized in the United States", p. 59.

联的房屋子子孙孙都能居住。在美国，只有花钱才能买到房屋，而在苏联，只要是公民就有房子住，即便是这样，美国还指责苏联人是共产主义的奴隶。显然，赫鲁晓夫是在展现社会主义制度的优越，抨击美国的资本主义制度。尼克松反击道，在美国，房屋的类型及其家具设备多种多样，美国人有选择的权利，而选择的多样性以及选择的权利对美国人来说是至关重要的。在美国，政府不会决定房屋的类型，这与苏联相比是极大的不同。同时尼克松反问道，讨论洗衣机的优缺点不是比讨论火箭力量的大小要好得多吗？尼克松用消费商品的多样性、自由选择的权利来彰显美国的自由与民主，同时讽刺苏联总是在炫耀武力，危及世界和平。赫鲁晓夫大为恼火，指责美国军方总是叫嚣着要用武力摧毁苏联。尼克松则表示两国都非常强大，所以两国都承担不起发生战争的代价，任何一个国家都不能采取单边主义措施。赫鲁晓夫认为这是一种威胁，并表示，苏联要比美国还要强大，并不惧怕美国。随后，尼克松和赫鲁晓夫转向日内瓦外长会议的探讨上，两人均表示希望外长会议能够有所进展。最后，尼克松开玩笑说："我恐怕没有当好主人"，以此缓和气氛，赫鲁晓夫也对旁边的美国向导表示感谢，感谢他们让两人用厨房进行辩论。"厨房辩论"就此结束了。[①]

四、三次争论的影响

尼克松与赫鲁晓夫的在摄像机前讲话的视频于当天晚上被安派克斯公

---

① "厨房辩论"发生时，并没有留下文字和影像记录，相关内容都是后来根据当时在现场的人的回忆记载而成。这些记载不尽相同，有的甚至完全不同，例如尼克松和赫鲁晓夫在各自的回忆录中都有对该场景的记述，但是内容却是几乎完全不同的。在赫鲁晓夫的回忆录中，他强调尼克松承认很多展示品并没有进入市场，说明这些展示品都是虚假宣传，参见：赫鲁晓夫：《最后的遗言——赫鲁晓夫回忆录续集》，李文政等译，北京：中国广播电视出版社，1988年，第373—376页。有学者将两人回忆录中有关"厨房辩论"的内容做出了对比，但并未论述哪种版本更为接近事实，参见：John W. Larner, "Judging the Kitchen Debate," *OAH Magazine of History*, Vol. 2, No. 1 (Summer, 1986), pp. 25-27. 因并未发现其他材料支持赫鲁晓夫回忆录中的相关内容，所以本文在写作该内容时并未参考赫鲁晓夫的回忆录，而是参考了以下几份内容接近的资料：尼克松：《六次危机》，第383—388页；Rick Perlstein, *Richard Nixon Speeches, Writings, Documents*, Princeton & Oxford: Princeton University Press, 2008, pp. 88-96; *New York Times*, July 25, 1959, p. 1.

司偷运回美国，这是两国政府都未预料到的。① 7 月 25 日，汤普森大使紧急致电国务院，要求立即通知全国广播公司（NBC），在副总统没有指示前，绝不能在电视台播放该录像，否则会严重影响尼克松的访苏行程。② 全国广播公司同意了大使馆的要求，但是这并不能保证其他两家公司（ABC 和 CBS）能够遵守该要求。③ 美国国务院做了大量的努力试图阻止美国电视台播放该录像，但是并未奏效。最终，三大电视广播公司统一决定于 7 月 25 日晚上 11 点播放尼克松和赫鲁晓夫在摄像机前的讲话，7 月 26 日上午重播该讲话。④ 据统计，大约有 1400 万美国家庭收看了这一特别节目，收视率为 31%，成为当时收视率最高的电视节目。⑤ 尼克松于 7 月 24 日已经被提名为共和党总统候选人，将参加 1960 年的总统竞选活动。⑥ 该节目的播出对于尼克松本人声望的提高，以及随之而来的总统竞选活动有着巨大的促进作用。1959 年 9 月份的一次盖洛普民意调查显示，尼克松的支持率首次超过肯尼迪，这很大程度上归功于尼克松与赫鲁晓夫的辩论。⑦

"厨房辩论" 虽未留下影像资料，但是《纽约时报》《新闻周刊》《时代周刊》等纷纷刊文报道此事，影响力非常巨大。在这场辩论中，表面上是在讨论厨房中的家具设备，实际上是在辩论资本主义制度与社会主义制度的优越性。厨房，尤其是现代厨房，是技术进步的一种表现。厨房使得

---

① 据美国国家展览会协调员吉尔伯特·罗宾逊（Gilbert Robinson）透露，安派克斯公司偷运录像带送回美国的行为，是美国国家展览会总设计师麦克莱伦指使所为。详情见：https://www.c-span.org/video/? 300285-1/1959-kitchen-debate&start=1998，最近访问时间：2018 年 5 月 9 日。

② Telegram from Moscow to Secretary of State, No. 300, July 25, 1959, RG 59, 1955-59 Central Decimal File, 033.1100NI/7-21/59, Box 163, NACP.

③ Telegram from Moscow to Secretary of State, No. 302, July 25, 1959, RG 59, 1955-59 Central Decimal File, Box 163, NACP.

④ Telegram from Department of State to Amembassy Moscow, No. 312, July 25, 1959, RG 59, 1955-59 Central Decimal File, 033.1100NI/7-21/59, Box 163, NACP.

⑤ 转引自 Irwin F. Gellman, *The President and the Apprentice Eisenhower and Nixon, 1952-1961*, p. 524.

⑥ *New York Times*, July 25, 1959, p. 4.

⑦ Michael R. Beschloss, *The Crisis Years Kennedy and Khrushchev 1960-1963*, New York: Harper Collins, 1991, p. 14.

人民大众享受到技术进步所带来的红利，而技术的进步是国力强盛的重要标志。无论是在纽约的苏联国家展览会中的"斯普特尼克"号卫星模型，还是在莫斯科的美国国家展览会中的现代化厨房，都是展现国家科技实力的强大，展现对方国家所没能达到的成就，以此表明本国国家制度的优越性的工具。对于美国而言，美国展览会的现代化厨房更能贴近人民大众的生活，使苏联人民更加直观地感受到美国人民生活的优越性，以此动摇苏联人民对于社会主义制度的信心。

尼克松此次与赫鲁晓夫的争论，对美国和苏联人民都产生了巨大的影响。一方面，美国电视台所播出的两人辩论的影像以及报纸所刊登的"厨房辩论"，使得大多数美国人民将尼克松看成是美国国家利益的捍卫者，使其声望大增。另一方面，这是战后美国国家领导人第一次访问苏联，这促进了苏联人民对于美国的了解，也使得国际局势得到了缓和。苏联人民意识到了美国国家实力的强大，美国人民生活方式的优越，促进了美国对苏文化冷战的进一步实施。

五、结语

尼克松与赫鲁晓夫的三次争论，其核心在于国家体制之争，即社会主义制度与资本主义制度孰优孰劣。就尼克松访苏的目的来看，两人的争论有其必然性，尼克松宣传美国自由、民主的价值观定会招致苏联方面的反击。从两人争论内容来看，美国对苏宣传的策略发生了一定程度的变化。20世纪50年代初，美国对苏宣传着重攻击共产主义制度的种种弊端；到了50年代末，尼克松在争论过程中回避对共产主义意识形态的攻击，而是展现美国人民优越的生活方式，塑造美国繁荣富强的国家形象。[1] 从宣传效果上来看，尼克松基本达到了出访前所设立的目标，其个人的声望也有巨大的提升。

---

[1]　关于美国冷战宣传史的研究，可参见：翟韬：《"文化转向"与美国冷战宣传史研究的兴起与嬗变》，《世界历史》2018 年第 3 期。

　　从长远来看，两人的争论显示了美苏两国竞争领域的变化。在冷战初期，美苏两国都注重政治、经济和军事领域的竞争，以此展现本国社会制度的优越性。50 年代中后期，竞争形势发生了变化：苏联仍然致力于军事、科学技术的竞争，并在太空技术领域取得了突破性进展；而美国却开辟了"另一个战场"，率先将竞争领域转向了人民生活水平。尼克松在与赫鲁晓夫的争论中，着重强调美国人民优越的生活条件，以"消费主义"为导向，对比苏联人民相对落后的生活水平，以此证明美国资本主义制度的优越性。苏联在冷战中最终没能战胜美国，其中一个重要原因在于苏联过于追求科学技术尤其是军事技术的进步，而忽视了人民生活水平的提高。美苏两国人民生活条件的差距最终动摇苏联人民对于社会主义制度的信心。

1969 年西柏林危机与美国的反应

温主保[*]

摘 要 1969 年是联邦德国的总统选举年，按照惯例，选举联邦德国总统这一象征性职务的新一届联邦大会将于 3 月 5 号在西柏林举行。为此，1968 年 12 月 23 日，苏联外交部第一副部长库兹涅佐夫向美、英、法提出口头抗议声明，其后，苏联驻民主德国大使阿勃拉西莫夫正式向西方提出抗议，并要求西德当局取消此项决定。与此同时，民主德国针对西柏林强制实施了过境签证、增加服务费、交通检查等一系列干扰性措施。面对苏联和民主德国的要求及限制，如何应对这场危机，成为尼克松新政府的重要议题之一。虽然内部讨论激烈，但尼克松政府最终决定与苏联进行紧密磋商，积极改善美苏关系，以避免前两次柏林危机的重演。美国对西柏林事态的反应不仅避免了美苏关系的恶化，而且在客观上为日后美苏达成战略武器协议开创了良好局面。

关键词 西柏林 美国对苏政策 美苏关系 冷战

* 温主保，首都师范大学历史学院硕士研究生。

德国问题一直是第二次世界大战后欧洲问题的核心，柏林问题又是德国问题中的热点。柏林长期处于冷战时期两大阵营相互斗争的最前沿地带，东西方之间的矛盾、冲突，以及美苏有关欧洲的政策动向莫不与此相关。柏林的地位问题牵涉苏、美、英、法四个占领国及民主德国和联邦德国之间的利益，由于它牵涉范围广，而且二战后四国围绕西柏林逐渐发展出符合自己的法律解释，使得这一问题错综复杂。就像勃兰特所说："这对柏林问题专家来说是像神学一样难解的问题，对门外汉简直是无法讲清楚的"。①由于柏林位于苏占区，东柏林又被德意志民主共和国定为首都，作为德国问题的一部分，柏林问题实质上是西柏林问题。② 本文以 1969 年的西柏林危机为选择点，一方面是因为 1969 年是一个关键节点——美国和联邦德国的大选年，这预示着新一届政府在西柏林问题上可能产生政策变化；另一方面是由于学界关于 1969 年西柏林危机的研究较少。③ 本文拟通过多种档

---

① ［德］维利·勃兰特：《会见与思考》，张连根等译，北京：商务印书馆，1979 年，第 24 页。

② 关于对柏林的称谓，在 1944 年 9 月 12 日伦敦协议的附件 B 中柏林作为特殊区被称为"大柏林"（Greater Berlin），参见 Dennis L. Bark, *Agreement of Berlin: A Study of the 1970-1972 Quadripartite Negotiations*, Washington: American Enterprise Institute for Public Policy Research, 1974, p. 8。西方认为四国对整个柏林都有占领权，故将东柏林也视为柏林的一部分，认为其应该属于四国管辖。但由于柏林位于东德境内，苏联在 1955 年与东德签署《波尔茨—佐林条约》，将苏占区柏林管理权交于东德，而一直将西占区称为"西柏林"，这里采用苏联的称谓。

③ 国外关于 1969 年西柏林危机的研究大多囊括在专著的部分章节中，专题性的探讨较少，其中叙述最多的是 Angela Stent, *From Embargo to Ostpolitik: The Political Economy of West Germany-Soviet Relations, 1955-1980*, New York: Cambridge University Press, 1981. pp. 157-159。安吉拉·斯腾特将 1969 年 3 月的西柏林危机视为苏联—西德关系决定性的转折点，认为苏联没有借此生事，而是巧妙地利用中苏边界冲突将关注点转移了出去，但没有对此事深入分析。还有 Dennis L. Bark, *Agreement of Berlin-A Study of the 1970-1972 Quadripartite Negotiations*, p. 23。丹尼斯对此事进行了简短叙述。国内学术界的研究基本上都是一笔带过，有关的记载散见于专著及回忆录中。参见资中筠：《战后美国外交史——从杜鲁门到里根》（下册），北京：世界知识出版社，1994 年，第 670 页；［美］亨利·基辛格：《白宫岁月：基辛格回忆录》（第一册），陈瑶华等译，北京：世界知识出版社，1980 年，第 129 页。相关的论文参见楚志锋、黄晨曦：《浅析尼克松政府在 1969 年"柏林危机"中的政策》，《黑龙江史志》2010 年第 11 期，第 122—123 页。该文认为尼克松政府在 1969 年西柏林危机中的政策依旧与前几任政府无异，只是由于西德政府的更迭才开始新的政策调整，而没有考虑到外部国际环境及美国内部因素在尼克松政府中的影响。

案对该问题进行更加全面和深入的探讨。

一、回溯西柏林问题

柏林问题起源于二战后德国的分裂。第二次世界大战结束后，依照《雅尔塔协定》，德国连同其首都柏林被苏、美、英、法四国分区占领。1945 年 7 月 26 日达成的协议规定柏林由四国代表组成的军管总部共同管理。随着苏联与美、英、法在德国问题上的分歧越来越严重，英美率先实行双占区合并，进行货币改革，后将法国拉入，苏联对此反应强烈，1948 年 6 月 24 日，苏联开始封锁连接西柏林与西德之间的陆路、水路及铁路通道，西方则通过"空中走廊"保持同西柏林的联系，由此引发了长达一年的柏林危机。1949 年 5 月 12 日，苏联与西方签署协议，苏联解除了所有道路封锁，达成了 1970 年之前最后的四方协定。占领当局同意在四国基础上继续进行协商，共同致力于德国经济恢复与政治统一。

其后，随着西德和东德的分别建立，柏林也被分为东西两部分，西柏林由美、英、法三国占领，东柏林为民主德国的首都。从地图上看，西柏林位于东德境内，成为其"国中之国"。美苏都曾致力于德国的统一，但由于在经济还是政治先统一上的分歧，双方始终没有达成一致。1955 年西德加入北约后，苏联放弃了德国统一的方案，转而致力于维护欧洲现状。"对苏联来说，一个分裂的德国是比较安全的，……由于不能获得一个解除武装或中立化的德国，苏联准备接受现状"。[①]

1958 年 11 月 27 日，赫鲁晓夫称西德违反《波兹坦协定》中关于德国非军事化和阻止法西斯复活的规定，由苏联正式照会西方三国，要求把西柏林变成一个独立的政治单位——非军事化的自由化城市，并规定了六个月期限，要求西方三国退出西柏林，如不就西柏林地位达成协议，苏联将直接与东德签署协议。苏联此举在于迫使西方承认东德的合法地位，意味

---

① ［美］孔华润：《剑桥美国对外关系史》（下册）第四卷，王琛译，北京：新华出版社，2004 年，第 345 页。

着西方以后将必须与东德打交道。直至 1961 年柏林墙建立，才结束长达三年的第二次柏林危机。

在此过程中西方没有与苏联签署关于西柏林与西德之间通道自由和不受限制的协议，这原本应由西方三国组成的盟国军官总部与苏联协商解决，而西方三国仅仅在他们之间的占领区内达成了协议。这是因为他们认为 1945 年柏林占领权包括进出整个柏林通道的权力，不需要再多此一举，而且更重要的是他们不希望引起苏联不必要的怀疑，避免以后与苏联在西柏林问题上合作更加困难。他们觉得柏林的占领只是暂时的，随着德国新政府的出现，柏林的分裂也即将结束。出于这些理由，四国没有在柏林问题上制订相关协议。但冷战的来临和德国的分裂，使这一问题更趋复杂。苏联利用柏林处于苏占区这一优势，通过西柏林挑起与西方的斗争，时常在道路交通上设置障碍。西柏林成为了苏联裹挟的"人质"，除了两次柏林危机外，期间各种大大小小的道路封锁更是不计其数。尽管西柏林从法律上看不是西德的一部分，但西方三国授权西德政府打理西柏林事务，使其与西德藕断丝连。

长期以来，出于战后对抗苏联的需要，美国不遗余力地支持西德在西柏林上的强硬立场。美国第一次柏林危机期间派出飞机空运物资到西柏林，1955 年将西德纳入北约，并始终拒绝承认东德是一个主权国家，这些都渐渐地成为阻碍美苏关系发展的障碍。到肯尼迪和约翰逊时期，美国开始将西德纳入与苏联的缓和进程中，但政策上仍然没有太大突破，仅仅是缓和的初始阶段。1969 年尼克松政府上台，与苏联在缓和路上会走多远，决定着新政府的西柏林政策成败。

为了显示西柏林作为西德不可分割的一部分，长期以来，西德都以各种形式证明其在西柏林的合法存在。西德根据 1949 年其颁布的《基本法》第 22 条和第 145（1）条，已经将"大柏林"列为其第 20 个州，① 而西方国家基于与苏联达成的四方协定并没有对此承认。西德认为尽管地理分离，

① 德意志联邦共和国之首都为柏林；制宪会议应在大柏林代表之参加下举行公开会议，通过本基本法，签署并公布之。参见《德国联邦宪法法院裁判选辑（十三）》附录，台北："司法院"印行，2011 年。第 388 页、

但在其他方面西柏林人民并没有从联邦共和国分离出去。自 1949 年西德建立，每届联邦大会、联邦总统选举都在西柏林举行。联邦议院每年要在此举行多次委员会及干部会议。联邦共和国的各种文化、科技、政治及经济组织团体也定期在西柏林开会。西柏林大学所授予的学位在联邦共和国其他大学同样得到承认。除此以外，西德各党派也在西柏林设立了各自的办公机构。

1965 年西德在西柏林举行联邦会议，苏联派出军用飞机通过低空飞行，以声音干扰会议活动，除此之外，苏联在西德选举问题上基本没挑起过争端。然而对于即将在 1969 年 3 月 5 号于西柏林举行的新一届联邦大会总统选举，苏联先是由外交部第一副部长库兹涅佐夫提出口头抗议，随后又由驻东德大使阿勃拉西莫夫正式向西方三国提出抗议，要求西德当局取消这一决定，另择其他地方。1969 年美国驻西德大使洛奇与阿勃拉西莫夫的谈话中，后者声称西德在西柏林举行联邦议会选举总统，是对苏联和东德的挑衅，意在分裂苏联和东德的关系，在美苏之间播种不和，会增加欧洲的紧张局势，苏联不排除对此强烈回应。苏联过去容忍西德在西柏林的非法活动，不能以此就认为苏联默认此事，而应视作苏联为确保欧洲和平的举动。[①] 苏联的抗议对新上任的尼克松政府既是机遇又是挑战，处理得好可以改善与西德下降的关系，缓和与苏联的对抗，反之两边都可能得罪。苏联的抗议声明在美国引起强烈反应，政府内部要求采取强硬和妥协态度的声音都有，但是尼克松政府从一开始便采取了谨慎态度。

二、美国的考虑

美国在西柏林危机上的谨慎态度是基于深层次考虑的。首先，从军事实力上来看，到 20 世纪 60 年代末美苏的军事实力已经趋于接近，真正的问题已不是战争打起来会发生什么，而是战争前会发生什么。过去双方尚未

---

① U. S. Department of State, *Foreign Relations of the United States（FRUS）*, 1969-1976, Germany and Berlin, 1969-1972, Vol. 40, Document 2, Washington D. C. : USGPO, 2008, p. 205.

处于势均力敌的情况下，较强的一方有足够的威力震慑住对方，但现在双方都拥有了恐吓的手腕，尤其是苏联常规力量的增长，其海、空军力量能够到达更远的地方，其战略力量已与美国接近。(参见下表)①

1968 年 9 月双方军事力量对比

	陆基洲际导弹	潜艇发射洲际导弹	战略轰炸机
美国	1054 枚	656 枚	565 架
苏联	1140 枚	185 枚	145 架

这种接近可以帮助苏联更好地追求它的政治目标。如何遏制苏联军事力量的进一步发展使得限制战略武器谈判对美国来说极为重要。1970 年基辛格曾表示："我们赞成缓和是因为我们需要限制核冲突的危险，在一个笼罩着核毁灭危险阴影的世界里，除了谋求缓和局势外，没有别的合理办法。"② 而尼克松在 1969 年 1 月 27 日就任总统后的第一次记者招待会上就表达了类似的看法。他认为，同苏联的限制战略武器谈判，只有在如下情况下进行才会更有成效，即"谈判的方式和时机要同时能够促进悬而未决的政治问题取得进展"。③

其次，中苏分裂，社会主义阵营是铁板一块的观念已经发生变化。在美国看来，中国将不会再享受苏联的核保护或是其武器和外交上的支持，他们目前面临的是可能演变为更大规模战争的边界冲突问题。两个社会主义大国的斗争已经使共产主义不再对东南亚人那么具有吸引力了，而且中苏的分裂会对苏联起到了一定的约束作用，美国可视之为能利用的机会。许多苏联政府官员已不再把美国当作头号敌人，而是把中国看成首要威胁，这在苏联在第三世界与中国争夺领导地位时反映得很明显。3 月 2 日中苏在珍宝岛爆发冲突，苏联在 3 月 8 日向东德领导人提交的报告中声称："中国

① Roger P. Labrie, *SALT Handbook*: *Key Documents and Issues*, *1972–1979*, Washington, D. C.: American Enterprise Institute, p. 11.

② Department of State Bulletin（美国国务院公报），pp. 527–529, October 29, 1970.

③ [美] 亨利·基辛格：《白宫岁月：基辛格回忆录》（第一册），第 171 页。

的行动显示出打算与美国和西德进行"机会主义的政治调情"。① 莫斯科担心美中联合包围它。3月5日西柏林的选举在风平浪静中度过，可能与中苏冲突不无关系。

第三，美欧关系已不像50—60年代那样的紧密团结。70年代双方矛盾突出，美国与盟国们不仅在经济上竞争激烈，政治上更是争论不休。一方面，欧共体在发展共同市场方面已经成为美国最大的贸易对手；另一方面，西欧传统上凭借民族主义行事的趋势更加明显，不再唯美国马首是瞻。然而，历经二十多年的冷战后，虽然西欧的现状已经固化，人心越来越倾向于缓和，意识形态的对抗也冷却了许多，但其安全体系依旧依赖于北约的保护。而此时美国国内对减少驻欧美军的呼声高涨，1971年的曼斯菲尔德修正案（Mansfield Amendment）就险些成功。② 西欧各国虽已复兴，但自身又很难达成可以替代美国减少驻军的方案。因此，美国在70年代面临的矛盾是既要重塑对欧洲的领导权，又不能过分地无视盟国独立与东欧开展对话的要求。

第四，美国国内舆论对越战反应激烈，主张美苏缓和的呼声高涨。基辛格曾告知苏联大使多勃雷宁："美苏关系改善的根本先决条件是苏联在解决越南战争中的合作，美苏缓和的主要目标之一就是鼓励苏联支持或者至少积极默许美国从越南撤军的努力"。③ 1969年5月哈里斯调查（Harris Poll）发布的民意调查报告表明：64%的美国人希望援助西柏林，但只有26%的人赞成使用武力。④ 同样，在国防预算上，更多的人主张削减国防开支，在1968年时支持者比例达到了53%。在70年代，美国公众的情绪是"不许再打越南那样的战争""削减军费""我们不能当世界警察"和"让

---

① *FRUS*, 1969-1976, Germany and Berlin, 1969-1972, Volume 40, Document 17, Washington D. C.：USGPO, 2008, pp. 279-283.

② 1971年5月，参议院民主党多数派领袖曼斯菲尔德提出修正案，旨在将美国在欧洲的驻军削减一半，从30万减到15万。该修正案遭到总统尼克松和国务卿基辛格的坚决反对，最终以61票对36票未能通过表决。

③ 刘金质：《冷战史1945—1991》（第二册），北京：世界知识出版社，2003年，第668页。

④ Harris Poll, "Limitation of Public Commitments," *Times*, May 2, 1969, pp. 16-17.

我们先解决自己的问题吧"。① 这对于极为看重选票的众议员来说不能不引起注意。《华盛顿邮报》在尼克松就职总统后的第二天发表社论说："导弹会谈显然能在尼克松先生方便的时候开始。""他们给他提供了一个直接的机会，他的第一个机会，来实现他表述过的信念：即东西方关系'对抗的时代'已让位于'谈判的时代'……他派给了自己一个最高角色，'和平缔造者'的角色，究竟扮演得如何，现在考验降临到他身上了。"《时代》杂志在总统就职后的第一期（1月31日）中提出了美苏关系早日取得进展的期望："俄国人选择了尼克松就职日来刺激美国——而且向全世界强调，下一步该华盛顿走了……华盛顿的某些外交人士和裁军专家相信，尼克松和罗杰斯已经得出结论，会谈就要开始，而且会谈可能就在两个月到四个月之内开始举行。"② 由此可见，美国国内舆论对缓和的呼声十分高涨。就像莱斯利·盖尔布（时任美国国防部国际安全事务处政策规划和军控项目主任）所言："对70年代的总统而言，必须在不抛弃长期以来的盟国和不挫伤公众支持稳妥的国防准备的情况下，继续谋求和平解决同莫斯科和北京的分歧。"③ 但这使美国陷入了两难的困境，既得承担对盟国的义务，又要避免自身卷入纷争。

三、尼克松政府的反应

上述几方面的考虑使得美国在西柏林危机中没有采取过激的行为，也为美苏之间的对话留下了余地。在政府中，这种谨慎的考量较为普遍。

前国务卿腊斯克认为，不应该介入西德在西柏林举行联邦议会之事，除非它严重威胁到美国在西柏林和德国的利益。因为一旦声援不力，会使西德丧失信心，而过激的反应又可能会使美国苏联兵戎相见，危害西方在

---

① Hazel Erskine, "The Polls: Is War A Mistake?" *Public Opinion Quarterly*, Volume 34, Issue 1, 1 January 1970, pp. 134–150.

② ［美］亨利·基辛格：《白宫岁月：基辛格回忆录》（第一册），第176页。

③ ［美］亨利·欧文主编：《七十年代的美国对外政策》，齐沛合译，北京：生活·读书·新知三联书店，1975年，第376页。

西柏林的利益，恶化美苏关系。他给出了如下理由：1. 美国政府应该重申自己的立场：任何声称美国对柏林进行干预的报道都是错误的，联邦大会应该由德国人自己决定是否召开。如果美国不同意西德在西柏林开会，德国公众和其他人会将美国视为软弱无能，这对西柏林居民和西德都会产生严重的心理打击，也会让美国付出沉重的代价；2. 即使美国愿意付出这样的代价，但这能否换来西柏林的安全边界线是值得怀疑的，而且一旦美国不同意西德在西柏林开会，苏联将会对西德在西柏林的其他活动施加压力；3. 西德政府内部对此事存在分歧，但是，美国只能依据西德政府采取的立场进行处理，即在西柏林举行会议。腊斯克同意驻西德大使洛奇认为西德在西柏林开会不会带来危险的观点，但表示如果在这件事情上改变立场，会对美国及盟国产生更大危害，因为迫使德国人扭转他们的观点，就等于放弃西方盟国在西柏林的合法地位。①

1969 年 1 月 20 日尼克松就任美国第 37 任总统。如何处理西柏林问题，不仅关系着美德关系的走向，还展现着新一届政府的对苏政策，进而影响着新时期冷战的温度。时任美国驻西德大使洛奇提出了自己关于西德的看法，他支持新政府对西德做出承诺和提供支持，以便防止新政府与西德关系的继续僵化。他认为西德领导人不够强硬，库尔特·基辛格总理在与法、美关系上左右为难。西德政府在西柏林问题上的谨小慎微，是由于美国从 1961 年开始在这一问题上的冷漠所导致的。美国的冷漠降低了西德对美国防御保护他们的信心，德美关系呈现螺旋式下降状态。如果德国人认为自己对美国的安全不再至关重要，苏联的绥靖策略就会得逞，毕竟历史上有过《拉巴洛条约》②。因此，防止西德陷入苏联的轨道对美国很重要，美国要充分利用北约的作用。对此总统可以考虑一些事：1. 访问西柏林；2. 发表一份 1969 年后扩大北约的声明并要求参议院通过；3. 继续承担对西德的

---

① *FRUS*, 1969-1976, Germany and Berlin, 1969-1972, Vol. 40, Document 3, Washington D. C. : USGPO, 2008, pp. 210-211.

② 1922 年 4 月 16 日苏德两国签订了《拉巴洛条约》，其为双方的经济合作奠定了良好的基础，使两国都在一定程度上摆脱了一战后在外交上的孤立地位。

责任。这有助于提升美德关系。① 尼克松据此在 2 月底访问了西欧。2 月 1 日，国防部长莱尔德在纽约接见了西德国防部长格拉德·施罗德，他表示，美国军方意在改善两国关系，支持政府对西德做出承诺。他对后者谈道，政府已经认识到你们在西柏林的问题，未来在没有和西德商讨之前美国是不会单方面行动的。②

国防部、国会、中央情报局都对西柏林危机持保留态度，国防部甚至仅仅是为西柏林危机可能出现的状况提出一些补救措施，而非针锋相对的报复。与此同时，国会认为可以以此为契机，迫使苏联在核不扩散问题上做出妥协让步。2 月 4 日白宫召开国家安全委员会会议，商讨了关于西德在西柏林召开联邦会议的问题。根据之前 1 月 30 日的备忘录，尼克松要求制订出一份关于西柏林的军事应急计划，参谋长联席会议成员丹尼尔和约瑟夫上校简要介绍了西柏林问题及拟定的应急计划。应急计划在 2 月 15 日之前和之后分两个阶段进行，前一阶段主要是对苏联的声明进行抗议；后一阶段可以通过有选择地削减与东方的贸易制裁东欧。如果西德与西柏林之间的通道完全阻塞，西德可完全停止与东德贸易关系的三方会谈，以及向所有北约成员国进行外部交涉，促使他们停止与东德的贸易。如果受阻时间持续一周以上，盟军可增强在西柏林的联合军事特遣队以及维持在西柏林的紧急库存积累。当基辛格问这是否适用于西柏林的居民和军事通道时，麦克尼尔上将说他们已经有了相关军事计划，但只适用于盟国通道之间，并没有关于这方面的计划。尼克松问道："有迹象显示选举会有麻烦吗？"中央情报局长赫尔姆斯回答说没有。总统接着问美国是否需要对苏联采取强硬立场时，国务卿罗杰斯回答说："是的，昨天已经叫人准备好核不扩散条约了"。尼克松说："这很有用，如果这是一个条件，谈判时苏联肯定会用到。"③

西方积极与西德磋商，坚定对西德的支持，以便回应苏联，2 月 10 日，

---

① *FRUS*, 1969-1976, Germany and Berlin, 1969-1972, Vol. 40, Document 3, Washington D. C. : USGPO, 2008, p. 203.

② Ibid. , p. 203.

③ Ibid. , pp. 219-221

美、英、法驻波恩大使联合发表了一份声明，抗议东德所采取的措施，并指出西柏林的集会在任何程度上都不能被视为挑衅。在西柏林开会此前已有先例，东德的骚扰恶化了西柏林的环境；四国对整个柏林负有责任，不仅仅是苏联宣称的西柏林。2 月 13 日，美国政府明确表示，其的立场取决于联邦政府采取的措施，并且会支持他们的决定。①

美苏均无意恶化双方的关系，不想因西柏林走向冲突。2 月 11 日，基辛格发给尼克松的备忘录中谈道："目前东德在联邦议会及去西柏林旅游的禁令仅仅是一次很小的反应"。苏联一直不承认西柏林属于西德，而依他们的解释，西柏林是一个拥有自主权的城市。出于这样的理由，我们支持西德的各类活动，同时不会在对我们至关重要的主权和责任上让步。苏联很有可能利用 3 月 5 号的会议作为扰乱的借口，基于西柏林的脆弱性，苏联会在任何时候找借口。基辛格表示，同意洛奇的观点以及回复苏联抗议的文本，并同意国家安全委员会成员索尔费南德 1 月 14 日发给他的延迟对苏联回复的备忘录。因为过早的回应可能会使西德认为新政府与前任政府的立场无异，由此使苏联和东德产生误判，引起西柏林和西德不必要的紧张。基辛格给尼克松提出了相关建议：1. 接受洛奇回复给苏联的建议；2. 让国务卿告知驻波恩的美英法小组中的美国代表，敦促小组成员对苏联的回复推迟三个星期，以减少与苏联进一步交流的可能性。如果西德要过早发表声明，美国将尊重他们的意愿。② 2 月 13 日国务卿罗杰斯对美国的动机做了解释："在柏林问题上制造麻烦，毫无疑问会对华盛顿和莫斯科的对抗增加压力。这将是新政府和苏联之间关系发展不幸的开始"，因此美国政府希望苏联理解东德的行动将引起严重的问题并希望苏联政府劝告东德低调行事。苏联驻美大使多勃雷宁表示苏联对西柏林没有企图，也不会要求西柏林归属于东德，但苏联也不会把西柏林交于西德。苏联乐于保持现状。③

---

① Background information and talking points in preparation for President Richard M. Nixon's visit to West Germany, 13 Feb. 1969, U. S. Declassified Documents Online (USDDO), Gale, 2016, 文件号 ［CK2349520103］.

② *FRUS*, 1969–1976, Germany and Berlin, 1969–1972, Vol. 40, pp. 212–215

③ Ibid. , pp. 231–234.

美国政府的反应在尼克松访问西柏林时表现得更为明显，其希望开展对话的意图展露无遗。2 月 27 日下午在西门子工厂发表讲话时，尼克松向苏联和东德发出警告："不能有任何单方面的行动，不能有任何违法的行为，也不能有来自于任何地方的任何形式的压力"。他宣称，将携手西方国家，决心捍卫其作为自由柏林人民的保护者的合法地位。但他又讲道："当我们说拒绝以任何单方面形式改变柏林现状时，并不是意味着我们认为现状是令人满意的。没有人能从僵局中受益，尤其是柏林人民。让我们把（美国）以柏林作为'挑衅'的刻板印象抛之脑后，让我们所有人呼吁结束过去在柏林及世界各地的紧张局势。"①3 月 3 日在基辛格与多博雷宁的会谈中，后者谈到尼克松的欧洲之行时表示，除了尼克松在西柏林的演讲外，并没有发现其他令人不快的言论。苏联唯一关心的是防止西柏林的地位及欧洲其他地区发生改变。莫斯科正准备通过基辛格—多博雷宁渠道与总统在一些微妙且重要的事情上进行秘密交流，莫斯科乐意接受非正式交流。②随后尼克松在接见西德总理时表示，他的西柏林之行并不是一次挑衅行动，而是他不得不做的事，否则会被视为软弱。美国必须呈现一个坚定且不好战的姿态。他极力强调，如果不与苏联协商，将危及盟国。3 月 6 日，即西德选举日结束后的第二天，基辛格在给总统的备忘录中谈道："当天，通往柏林的三条高速公路在最近的紧张局势中首次关闭了大约四个小时。苏联和东德没有干扰空中走廊的企图，并且所有柏林检查站都被完全封闭的传言被证实是错误的。总体来说，选举是在出人意料的安静氛围中进行的"。③西柏林危机虚惊一场，没有爆发冲突。

显而易见，无论从哪方面来看，美国政府内部的所作所为表现出来的是谨慎行事的风格——他们更希望避免美苏关系恶化。

① *FRUS*, 1969–1976, Germany and Berlin, 1969–1972, Vol. 40, pp. 279–283.

② Henry Kissinger provides President Richard M. Nixon with a summary of his 3/3/69 luncheon conversation with Soviet Ambassador Anatoliy Dobrynin, 3 Mar. 1969, USDDO, 文件号［CK2349569396］.

③ Ibid.

四、结语

事实证明，尽管苏联递交抗议声明后东德对西德联邦大会的召开实施了一系列干扰措施，美国甚至还制订了西柏林的应急计划，但其从未得到过实施。3月3日选举日前两天，美国也仅仅是以五个车队做测试，并以最小的干扰进入西柏林通道。

总之，在西柏林危机期间，双方的斗争雷声大、雨点小。美苏两国尽管表面言辞激烈，针锋相对，但尼克松政府从最开始就是寻求缓和策略，态度谨慎；苏联也在力求搞好与美国新政府的关系，渴望缓解现状。可以说，二者互有所需。西柏林危机恰好为双方提供了一个试探性的窗口，通过这一最敏感的问题达到探寻对方反应的目的。同时，这也为1971年美苏达成限制战略武器协议及70年代东西方的缓和奠定了基础。美国新任驻苏大使雅各布·比姆在其回忆录中写道："1969年3月初，在参议院批准我的任命之后，我动身前往莫斯科时，尼克松政府已经通过苏联大使馆就讨论三个问题建立了联系，这三个问题是：为武器会谈所做的准备、越南问题和中东问题。"[1] 至1969年6月，美国战略武器发展计划的制订与防务政策的调整已初步完成。美苏两国在10月25日即宣布开始战略武器谈判，11月17日在赫尔辛基开始了第一次会谈。美国在极短时间内便在与苏联的谈判中取得突破，可见西柏林危机仅仅是昙花一现，并没有影响到两国外交政策的大局。

---

[1] ［美］雅各布·比姆：《出使苏联东欧回忆录》（原名《重复的接触》），北京：商务印书馆，1981年，第176页。

福特政府的对韩人权政策研究

——以金大中事件为例

顾颖颖[*]

摘　要　本文据 *AAD*、*FRUS*、*DDRS*、*DNSA*、美国国会文献集等档案资料和前人研究成果，以 1976 年金大中事件作为切入点与具体案例，考察福特政府时期美国对韩国政策的实质与成因。笔者认为，尽管福特政府已将人权因素纳入外交层面，但在执行过程中难以贯彻，依旧延续了美国对韩国的一贯政策，即优先保证韩国的安全与稳定，在实质上背离了人权原则。这一方面是由于福特政府的人权外交实属无奈之举，另一方面，美国的国家利益及其对朝鲜固有的"敌人意象"制约着美国对韩国政策。

关键词　福特政府　人权　朴正熙　金大中事件

* 顾颖颖，女，毕业于华东师范大学历史系本科。

有关福特政府对韩人权政策，笔者所能接触到的相关外文文献主要有《美韩联盟》（*The US-South Korea Alliance*）[①]、《韩美关系（1866—1997）》［*Korean-American Relations（1866-1997）*］[②]、《美韩联盟（1961—1988）》［*The US-South Korea Alliance（1961-1988）*］[③]、《民主与人权：美韩关系1945—1979》（*Democracy and Human Rights：US-South Korea Relations 1945-1979*）[④] 等。但上述著述对该问题都仅限于简单概述，缺乏深入研究。

国内就福特政府对韩人权政策的研究同样较少，且散见于各类专著、论文中。梁志在《冷战与"民族国家建构"——韩国政治经济发展中的美国因素（1945—1987）》一书中专章论述了1969—1987年美国改善韩国民主和人权状况的努力，并指出其具体手段和宏观目标的背离，但福特政府作为1969—1987年间的一个短暂阶段，其笔墨较少。[⑤] 马德义在其博士学位论文《从肯尼迪到卡特时期美国对韩政策研究》中从多方面介绍了尼克松—福特政府的对韩政策。其中，对美国对韩人权政策也有所涉及，但未对福特政府进行单独研究，而是将之与尼克松政府作为同一研究对象。[⑥] 此外，马德义在《美国政府与国会在对韩人权政策上的分歧》一文中详细分析了福特政府与美国国会在韩国人权问题上的分歧，但其论述主要落于宏观层面，而对双方在具体事件中的博弈论述较少。[⑦] 郭永虎、薛丹在《20世纪70年代美国人权外交政策形成新探》一文中梳理了美国尼克松直至卡特

---

① Gerald L. Curtis, Sung-Joo Han, *The US- South Korea Alliance*, Lanham, Maryland：Lexington Books，1983.

② Yur-Bok Lee, Wayne Patterson, *Korean-American Relations*, New York：State University of New York Press, 1999.

③ Jong-Setlee, Uk Heo. *The US-South Korean Alliance（1961-1988）*, New York：The Edwin Mellen Press, 2002.

④ Bong J. Kim, *Democracy and Human Rights：US-South Korea Relations 1945-1979*, Toledo, Ohio：University of Toledo, 1994.

⑤ 梁志：《冷战与"民族国家建构"——韩国政治经济发展中的美国因素（1945—1987）》，北京：社会科学文献出版社，2011年，第484页。

⑥ 马德义：《从肯尼迪到卡特时期美国对韩政策研究》，博士学位论文，吉林大学，2009年。

⑦ 马德义：《美国政府与国会在对韩人权政策上的分歧》，《外国问题研究》2013年第3期，第47—54页。

时期人权外交政策的形成与演进，但其关注重点在宏观方针，具体实践案例较少。① 总体而言，国内外对于福特政府对韩人权政策，尤其是对该政策在具体事件中的落实情况的研究仍有待于进一步深入。

有鉴于此，本文选取了福特政府对韩人权政策这一主题，以 1976 年金大中事件作为切入点与具体案例，借助福特任期内的《美国国家档案与文件局档案数据库》（*Access to Archival Databases*，简称 *AAD*）、《美国对外关系文件集》（*Foreign Relations of the United States*，简称 *FRUS*）、《数字化国家安全档案数据库》（*Digital National Security Archive*，简称 *DNSA*）、《解密文件参考系统》（*Declassified Documents Reference System*，简称 *DDRS*）、《美国国会文献集》（*U. S. Congressional Serial Set*）等档案对该问题做以探究。

一、尼克松—福特政府的对外人权政策

在 20 世纪 70 年代以前，美国国会已为对外人权政策的发展做出努力。② 然而，出于国家利益及冷战对抗的需要，长期以来美国政府对诸多人权状况堪忧的"独裁政权"提供经济、军事援助，政府与国会就该问题频频发生分歧。70 年代前，国会在外交决策中被边缘化，③ 理想主义的人权准则无法左右美国外交。

越战与水门事件为美国外交政策的变化带来了契机。参与越战的正义性始终难以论证，水门事件则引爆了美国建国以来最大的宪政危机——产生自本国民主制度的政府，却反过来践踏了美国引以为傲的民主信仰和法

---

① 郭永虎、薛丹：《20 世纪 70 年代美国人权外交政策形成新探》，《美国问题研究》2012 年第 1 期，第 86—100 页。

② 如 1961 年，国会制定了《1961 年对外援助法》（Foreign Assistance Act of 1961），将美国对外援助同受援国人权挂钩。详见李世安：《美国〈年度国别人权报告〉与人权外交》，《世界历史》2001 年第 1 期，第 4 页。

③ 周琪：《美国人权外交政策》，上海：上海人民出版社，2001 年，第 212 页。

律精神。本就因秘密外交和未经授权便发动战争①而声誉受损的尼克松政府信誉彻底破产，自此，美国政府行为的道德性受到前所未有的关注，加强权力制衡以限制政府滥用权力的意识在公众与国会中增强。② 这一趋势也深刻影响了美国的外交政策。在公众舆论与国会立法③的压力下，联邦政府被迫将道义与人权纳入美国的外交考量之中，总统在外交事务上的超然地位开始受到国会掣肘。④

　　1973 年，受到苏联批准《联合国公民权利和政治权利公约》和《联合国经济、社会和文化权利公约》的刺激，尼克松政府认识到，是时候重新看待人权问题了。⑤ 福特就任总统后，在对外人权政策上的态度较之前任尼克松更为积极明朗。在 1974 年 8 月 26 日美国国务院发布的有关国际法和人权的声明中，政府首次提出"人权高于主权"的主张，即一国在其国际职责范围内履行尊重和推进人权和基本自由的行为，不受主权原则和不干涉内政原则的法律限制；面对在人权问题上严重违反国际法的国家，美国将公开表示关注或谴责，撤回主要外交代表与部门，停止所有的经济、军事援助等。⑥ 同年 10 月，国务院制订了一份题为"美国人权政策与独裁政权"的文件。文件认为，如何与违反人权的国家打交道，有以下

---

① 如 1969 年美国《纽约时报》披露了美国 B-52 轰炸机对柬埔寨进行的未经授权的秘密轰炸。详见周琪：《美国人权外交政策》，第 215 页。

② 周琪：《意识形态与美国外交》，上海，上海人民出版社，2006 年，第 352 页。

③ 国会通过一系列法案将对外援助同受援国的人权状况联系起来，如《1973 年对外援助法》（Foreign Assistance Act of 1973）、1975 年修订的《1961 年国际开发和粮食援助法》（1961 International Development and Food Assistance Act）和 1976 年的《国际安全援助和武器出口控制法》（International Security Assistance and Arms Export Control Act）等中均有相关条款涉及。

④ 详见周琪：《美国人权外交政策》，第 210—221 页。

⑤ "Briefing Memorandum from the Deputy Assistant Secretary of State for International Organization Affairs (Popper) to Secretary of State Kissinger," October 1, 1973, *FRUS*, 1966-1976, Vol. E-3, Documents on Global Issues, 1973-1976, Document 231.

⑥ "Statement from the Legal Adviser concerning International Law and Human Rights," August 26, 1974, in *National Archives*, 华盛顿美国国家档案馆藏, RG 59, L/HR Files: Lot 80 D 275. 转引自郭永虎、薛丹：《20 世纪 70 年代美国人权外交政策形成新探》，第 93 页。

可供选择的方针：维持现状、消极应付、有选择地进行政策调整、主动发起人权攻势。为了增进国内的对外政策共识，改善美国处理外交难题的能力，文件建议选择第三种方针，即在有限的范围内进一步表达对人权事业的关心，更为主动地与外国政府进行有关人权问题的私下讨论，在国际组织中更加积极地宣传人权思想，在适当的时候与违反人权的外国政府划清界限。①

随人权因素纳入美国的外交实践，美国对韩国政策也该相应调整，然而，在应对具体事件时，如1976年的金大中事件，美国政府对韩国政策依旧背离了人权准则。

二、金大中事件始末

1976年3月1日，《三一民主救国宣言》在汉城（今首尔）明洞圣堂的祈祷会上被宣读，旨在抵制"维新体制"、要求朴正熙总统（Park Chung Hee）下台。所谓维新体制，即朴正熙的独裁统治。1972年10月17日，朴正熙以国家安全与经济形势为由发布紧急戒严令，解散国会、禁止政治活动与群众游行、实行军事管制，史称"十月维新"。11月，韩国通过宪法修正案（也称"维新宪法"），以立法形式正式确立维新体制。"维新宪法"将立法、行政、司法、军事大权集于总统一身，延长总统任期至6年，并取消了对总统连任的限制。

由于新闻审查制度，《三一民主救国宣言》未能刊于韩国国内报端，反倒载于日本各报，并被评价为"第一次对维新体制下的朴正熙政权以正面

---

① "Summary of Paper on Policies on Human Rights and Authoritarian Regimes," October, 1974, *FRUS*, 1969–1976, Vol. E–3, Documents on Global Issues, 1973–1976, Document 243.

抨击"。① 随后韩国当局据《总统紧急措施》第 9 号②对 18 人进行起诉，其中 7 人未被拘捕，实行不拘留起诉。因为金大中（Kim Dae-jung）在被捕人士中声名最盛，是"韩国政治运动的象征"，③ 美国将该事件称为"金大中事件"。④

据金大中回忆，"《民主救国宣言》发表后，不知为什么，朴正熙政权没有立即做出反应，又过了五六天后，即到了 3 月 6 日，当局才……逮捕了参加签名的人"。⑤ 但据美国驻汉城大使馆 3 月 9 日发往华盛顿的电报，3 月 8 日晚 10 点 15 分韩国海外信息处（Korean Overseas Information Service）发布新闻稿称，3 月 8 日下午因涉嫌煽动反政府颠覆活动，韩国前总统尹潽善（Yun Po-sun）在家中被当局问询，金大中则被当局带走调查。新闻稿特意强调了"带走"（taken）同"拘留"（in custody）、"逮捕"（under arrest）的区别，以示金大中并非被拘捕。美国驻汉城大使馆认为这是由于朴正熙政府充分意识到了美、日对金大中的敏感态度。与此同时，韩国国内所有的报刊、广播、电视都未报道相关消息。⑥

5 月 4 日，对金大中等 18 名相关人士的审判开庭，此次庭审对保密性

① 金大中：《金大中自传：我的人生，我的路》，黄玉今、姜立译，北京：外文出版社，1998 年，第 171 页。

② 《总统紧急措施》第 9 号颁布于 1975 年 5 月 13 日，规定：在大敌当前的局势下学生和市民必须禁止四种行为，即 1. 捏造谣言或歪曲国政现状并予以传播；2. 通过集会、示威或新闻、广播、通信等公众传播手段，或通过文件、图书、录音等媒体进行否定、反对、歪曲、诽谤现行宪法，或主张、请愿、煽动及宣传修改或废止现行宪法的行为；3. 除正常教学、研究或事前得到校长允许的活动及其他非政治活动外，学生不得进行集会、示威或开展有关政治活动；4. 公然诽谤该措施的行为。第 9 号令还规定违反者可不经法官批准予以逮捕。见李宝奇：《韩国修宪历史及其政治制度变迁研究》，北京，中国政法大学出版社，2013 年，第 239—245 页。

③ "Secretary's Staff Meeting," March 15, 1976, *DNSA*, KT01913.

④ 美国档案也称之"三一明洞事件"（March 1 Myongdong Affair/Incident）、"独立日事件"（Independence Day Affair/Incident）；韩国史则多称"明洞圣堂事件"。

⑤ 金大中：《金大中自传：我的人生，我的路》，第 173 页。

⑥ "Independence Day Affair: Kim Tae-chung, Chong Ⅱ-kyong, Yun Po-sun," March 9, 1976, *AAD*, Electronic Telegrams, 1/1/1976 - 12/31/1976, 1976SEOUL01765；据金大中另一部自传中称："我也于 3 月 8 日凌晨被带走"，参见金大中：《金大中自传》（上），李仁泽、王静、高恩姬译，北京：中国人民大学出版社，2012 年，第 206 页。

做了严格要求，禁止拍摄、广播，只允许 30 家外媒入场。① 被告律师以退庭相挟，抗议审判不够公开；被告家属们于庭外静坐示威，百名同情者（包括约 20 名外国传教士）加入其中。② 最终，审判被推迟至 5 月 15 日重新开庭。然而，保密性更甚前次的第二次庭审依旧草草收尾。尽管部分被告家属收到了旁听券，在金大中夫人的带领下，被告家属们当场将其烧毁，拒绝入庭；路障外聚集了约 200 名同情者，高唱歌曲《我们要战胜一切》（We Shall Overcome），直到警察带走了约 20 名被告家属。当日上午 10 点正式开庭，被告律师以准备时间不足为由再次要求延迟审判。庭上的金大中表示，他们并非意在推迟庭审，只是希望被告能获得充足时间同律师交流。此外，金大中特意指出，他和他的律师都未能获取《三一民主救国宣言》的复件。检控官对此做出回应称，被告已同律师会面五次，并拒绝在此时发布宣言内容。当法官驳回被告请求后，被告律师退庭抗议审判不公，金大中则保持缄默，拒绝回答检控官的一切问题。③

　　此后，该案又历经十余次开庭，被告律师常以退庭的方式抗议审判不公。8 月 3 日该案第 13 次开庭，检控官表现出更为强硬的姿态，要求法院判决金大中 10 年徒刑。被告律师再次退庭抗议。④ 又经数次开庭，8 月 28 日，法院终于宣布判决：裁定被告扭曲事实并通过宣言传播谣言；攻击《总统紧急措施》；提议修改维新体制。据《总统紧急措施》第 9 号令，宣判被告有罪。其中，金大中等 4 人被判 8 年有期徒刑，剥夺公民权 8 年，其

① "Trial for Myongdong Affair Participants to Begin May 4," April 23, 1976, AAD, Electronic Telegrams, 1/1/1976 – 12/31/1976, 1976STATE214650; "May 4 EA Press Summary," May 4, 1976, AAD, Electronic Telegrams, 1/1/1976-12/31/1976, 1976STATE108411.

② "May 5 EA Press Summary," May 7, 1976, AAD, Electronic Telegrams, 1/1/1976-12/31/1976, 1976STATE110654.

③ "Myongdong Affair Second Trial Session," May 15, 1976, AAD, Electronic Telegrams, 1/1/1976-12/31/1976, 1976 SEOUL03626; "May 17 EA Press Summary," May 17, 1976, AAD, Electronic Telegrams, 1/1/1976-12/31/1976, 1976STATE120976; 但据金大中回忆："第二次公开审判时，旁听券都在大街上被大火烧光了。旁听席上坐着的全都是机关要员而并非我们的至亲家人，这是因为他们不想给我们真正的家人旁听券"，参见金大中：《金大中自传》（上），第 208 页。

④ "Myongdong Trial-AUGUST 3," August 3, 1976, AAD, Electronic Telegrams, 1/1/1976-12/31/1976, 1976 SEOUL05982.

余 14 名被告被判处 2—5 年不等。① 庭后金大中夫妇立即表示要上诉。②

在金大中等人的上诉过程中，检控官态度依旧强硬，甚至要求法院加刑。③ 12 月 20 日，金大中获得了一次陈述机会，他在庭上表示，当法官拒绝传唤被告的目击证人后，他就不敢奢望获得公正的审判，但他依旧要为"一个具有良知、崇尚知识、信仰自由的社会"向在场所有人发出号召。④ 12 月 29 日，上诉法院宣布支持 18 名被告的定罪，但对刑期进行了缩减，原判 8 年徒刑的被改判为 5 年，原判 2—5 年徒刑的被改判为 1—3 年。金大中表达了对判决结果的不满，表示将向最高法院上诉。⑤ 12 月 30 日，18 名被告提交上诉状。1977 年 3 月 22 日，最高法院宣布维持原判。⑥ 1978 年，金大中从监禁被减刑为软禁在家。1979 年朴正熙被刺后，金大中恢复了政治权利。

三、美方对金大中事件的反应

（一）美国国会营救金大中

金大中事件发生后，美国参议员泰德·肯尼迪（Ted Kennedy）与阿

---

① "Myongdong Trial-SENTENCES," August 28, 1976, *AAD*, Electronic Telegrams, 1/1/1976-12/31/1976, 1976 SEOUL06747；金大中：《金大中自传》（上），第 209 页。但是据金大中的另一部自传称："审判的结果，我被判处 7 年监禁，在所有的被告中，我是唯一被判了重刑的人"。见金大中：《金大中自传：我的人生，我的路》，第 173 页。

② "August 30 EA Press Summary," August 30, 1976, *AAD*, Electronic Telegrams, 1/1/1976-12/31/1976, 1976 STATE214650.

③ 对金大中的判刑，检控官要求由原先的 8 年徒刑加刑至 10 年。"December 14 EA Press Summary," December 14, 1976, *AAD*, Electronic Telegrams, 1/1/1976-12/31/1976, 1976 STATE 30 2860.

④ "December 20 EA Press Summary," December 20, 1976, *AAD*, Electronic Telegrams, 1/1/1976-12/31/1976, 1976 STATE 307055；金大中：《金大中自传：我的人生，我的路》，第 176 页。

⑤ "Press Material," December 30, 1976, *AAD*, Electronic Telegrams, 1/1/1976-12/31/1976, 1976STATE313382；"December 30 EA Press Summary," December 30, 1976, *AAD*, Electronic Telegrams, 1/1/1976-12/31/1976, 1976STATE313376.

⑥ 李宝奇：《韩国修宪历史及其政治制度变迁研究》，第 239—245 页。

兰·克莱斯顿（Alan Cranston）发表联合声明，要求联邦政府详细调查韩国人权状况，在调查结果的基础上复审美国对韩国的经济、军事援助计划。声明斥责了韩国 1975 年通过的《总统紧急措施》第 9 号令，因为这一法令禁止对朴正熙政府的任何批评，并对金大中事件表达了同情与关注；同时还批评联邦政府在韩国人权问题上无所作为，称其只会要弄口头功夫。参议员肯尼迪与克莱斯顿表示，他们并非想危及韩国的安全利益，只是因为韩国最大的危机不在于外部的军事冲突，而在于内部的恐怖氛围和镇压体制。① 众议员尤德尔（Udall）也就金大中事件发表了批评性声明，呼吁重审美国对韩国的援助项目。众议员、国际关系委员会成员唐纳德·弗雷泽尔（Donald M. Fraser）在国会奔走游说，为两封信函寻求联署者——一封致国务卿基辛格（Henry Kissinger），要求美国行政部门报告韩国人权状况；另一封致总统福特，要求将美国对韩国的安全政策同朴正熙的国内政策相分离。② 5 月 4 日福特政府收到了弗雷泽尔与其他 118 名国会议员联署的信函，其要求行政部门反对朴正熙政府对金大中等民主人士的镇压。弗雷泽尔称金大中等人被捕后只见过一次律师，故要求美国驻韩国大使馆出面介入，务必让朴正熙政府明白金大中等人有权同律师、家人见面。③ 5 月 14 日，国际关系委员会向众议院提交了一份有关《1976 年国际安全援助和军事输出控制法令》的报告。报告中称：加强（对韩国援助的）限制是因为韩国对人权的侵犯日益严重……修正案（指《1976 年国际安全援助和军事输出控制法令》）的讨论中提到了反对党领导人金大中及其他政治、宗教领袖的

---

① "Senators Kennedy and Cranston Announce Intention to Review U. S. Assistance to Rok," March 13, 1976, *AAD*, Electronic Telegrams, 1/1/1976-12/31/1976, 1976STATE061146.

② "Information Memorandum from the Acting Assistant Secretary for International Security Affairs in the Department of Defense（Bergold）to Secretary of Defense Rumsfeld," March 16, 1976, *FRUS*, 1969-1976, Vol. E-12, Documents on East and Southeast Asia, 1973-1976, Document 275.

③ "May 4 EA Press Summary," May 4, 1976, *AAD*, Electronic Telegrams, 1/1/1976-12/31/1976, 1976 STATE108411; "Fraser Letter on Myongdong Affair Trial," May 19, 1976, *AAD*, Electronic Telegrams, 1/1/1976-12/31/1976, 1976 STATE123173.

被捕。面对韩国持续恶化的人权状况，美国愈发难以证明援助韩国的正义性。①

8月28日金大中案的判决宣布后，弗雷泽尔于9月2日向众议院提交了一份有关朝鲜、韩国政府行为的报告，建议在众议院1506号决议中插入以下内容：众议院当……第一，对审判结果表示遗憾……第二，敬请韩国政府赦免判决。②9月30日，克莱斯顿等18名参议员联署致函朴正熙总统，称该审判结果损害了美韩两国关系，削弱了美韩共同抵御朝鲜军事威胁的效果，要求其重新考虑对金大中等人的镇压行为与审判结果，并对金大中的健康状况表示担忧。③10月6日，弗雷泽尔等135名众议员联署致函朴正熙总统，表达了类似的意见并要求赦免金大中等人的刑罚。10月27日，克莱斯顿与弗雷泽尔发表联合声明，称153名国会议员对金大中事件审判结果的抗议已送达朴正熙总统处，并批评联邦政府对审判结果的无所作为和立场模糊。④

（二）福特政府"营救"金大中

同美国国会不同，福特政府对此的态度比较矛盾。一方面，福特政府希望朴正熙政府可以释放金大中等人，避免引起美国国会及公众舆论的不

---

① "International Security Assistance and Arms Export Control Act of 1976," May 14, 1976, *U. S. Congressional Serial Set*, Serial Set Vol. No. 13134-6, Session Vol. No. 1-6, 94th Congress, 2nd Session, H. Rpt. 1144.

② "Concerning Recent Actions by The Governments of North Korea And South Korea," September 2, 1976, *U. S. Congressional Serial Set*, Serial Set Vol. No. 13134-11, Session Vol. No. 1-11, 94th Congress, 2nd Session, H. Rpt. 1462.

③ "Sen Cranston And Rep Fraser Announce Protest To President Park," October 27, 1976, *AAD*, Electronic Telegrams, 1/1/1976-12/31/1976, 1976 STATE265464. 金大中被捕后健康便每况愈下，3月26日在美国国务卿基辛格主持的一次会议上，助理国务卿哈比卜（Philip Habib）称金大中病得非常严重，可能"时日无多"，见 "Secretary's Staff Meeting," March 26, 1976, *DNSA*, KT01921. 金大中夫人也表示监禁生活使其丈夫的身体状况恶化，金大中需要立刻就医，见 "September 27 EA Press Summary," September 27, 1976, *AAD*, Electronic Telegrams, 1/1/1976 - 12/31/1976, 1976 STATE239736.

④ "Sen Cranston and Rep Fraser Announce Protest to President Park," October 27, 1976, *AAD*, Electronic Telegrams, 1/1/1976-12/31/1976, 1976 STATE265464.

满，以防美国在朝鲜半岛战略目标的达成受到掣肘。不过福特政府对金大中事件的关注，更多出于顾忌美国国会，维护人权并非主要因素。另一方面，福特政府不愿轻易介入韩国内部事务。故与朴正熙政府接触时，福特政府一般不表达自身的主观态度，多以美国国会为借口劝诫朴正熙政府释放金大中等人。此外，在公开场合，福特政府对该事件的态度模棱两可。

3月8日金大中被捕，次日美国驻汉城大使馆向华盛顿报告了金大中事件，① 3月12日继续跟进。② 3月13日，美国驻韩大使理查德·施耐德（Richard Sneider）在给基辛格的电报中汇报了他与韩国官员就该事件交涉的原则：对韩国政府的行为在美国可能造成的影响表示担忧，与此同时避免美国同韩国政府的行为扯上关系，驳回韩国政府向美国寻求建议的要求。③ 3月15日基辛格在会议上与助理国务卿哈比卜（Philip Habib）讨论了金大中事件。从会议记录来看，基辛格对该事件所知较少，他先后询问哈比卜"朴正熙为何这么做""（韩国）出了什么问题"，可见其原本不太关注此事。而之所以在会上讨论金大中事件，参议员克莱斯顿和肯尼迪的谴责声明才是关键原因，提起金大中事件的由头便是这份声明。哈比卜在向基辛格介绍金大中事件时表达了对朴正熙政府行为的不满，认为这将"威胁美国做很多事的能力，而这些事对韩国是有意义的"。当哈比卜表示金大中事件可能需要美国表达立场时，基辛格表示"不要（表达立场），除非经过他准许"。④ 在3月16日发往汉城大使馆的电报中，基辛格表示，必须让韩国政府在最大程度上明白对金大中的审判将不可避免地影响美韩关系、严重影响美国国会和公众舆论对军事援助计划的态度，避免这些结果的最有效办法就是释放金大中事件相关人员。但基辛格同时表示，美国不

---

① "Independence Day Affair: Kim Tae-chung, Chong Ⅱ-kyong, Yun Po-sun," March 9, 1976, *AAD*, Electronic Telegrams, 1/1/1976-12/31/1976, 1976SEOUL01765.

② "U. S. Ambassador Richard Sneider updates Secretary of State Henry Kissinger on the fate of South Korean opposition leader Kim Dae-jung, a Catholic, who took part in a rally at the Myungdong Cathedral to demand the resignation of President Park Chung Hee," March 12, 1976, *DDRS*, CK3100578849.

③ "U. S. Ambassador Richard Sneider informs Secretary of State Henry Kissinger South Korean opposition leader Kim Dae-jung's confession," March 13, 1976, *DDRS*, CK3100578851.

④ "Secretary's Staff Meeting," March 15, 1976, *DNSA*, KT01913.

愿介入韩国国内事务。①

美国国防部也对金大中事件有所关注，3月16日，代理助理国防部长伯戈尔德（Harry E. Bergold）在给国防部长拉姆斯菲尔德（Donald Rumsfeld）的备忘录中表达了对该事件的担忧，认为这将影响国会对韩国的支持。伯戈尔德建议国防部强调以下立场：朝鲜半岛的长期和平是国防部的主要目标，对韩国的军事援助计划同抵御朝鲜进攻息息相关；国防部对韩国国内镇压的关注不应消解保卫和平的努力。同时，伯戈尔德认为有必要向朴正熙政府施压以平息国会和舆论对金大中事件的批评，但需随机应变，因为施压可能造成韩国政府更强的不安全感，反而加强镇压以维持国内稳定。此外，伯戈尔德提到行政部门对金大中事件的立场是"我们关切韩国的人权状况，并已使韩国政府意识到我们对此的关切"，而基辛格则"强烈反对向朴正熙施压"，伯戈尔德于是建议拉姆斯菲尔德可以和基辛格协商韩国问题。②

3月18日施耐德会见韩国总统府秘书长金正濂（Kim Chong-yom），施耐德强调审判金大中等人的不利后果，并表示韩国应当为了自身利益释放金大中等人。此外，他还强调美方是以"面临着共同问题的同盟"身份在同韩国交流。金正濂拒绝了施耐德的建议并表示，韩方明白此时正值美国选举年，韩方会尽力将事件影响最小化，但金大中等人的行为是煽动反政府活动，释放金大中等人只会导致韩国动荡，并使美国陷入更严重的政治论辩，给朝鲜的侵略以可乘之机。金正濂甚至表达了如下"私人观点"：韩国政府准备接受美国军事援助和银行信贷的缩减作为维持国内稳定的代价。③3月25日施耐德向基辛格汇报了他与韩国外长朴东镇（Park Tong-

---

① "Arrest of Korean Political and Religious Figures," March 16, 1976, *AAD*, Electronic Telegrams, 1/1/1976-12/31/1976, 1976 STATE265464.

② "Information Memorandum from the Acting Assistant Secretary for International Security Affairs in the Department of Defense (Bergold) to Secretary of Defense Rumsfeld," March 16, 1976, *FRUS*, 1969-1976, Vol. E-12, Documents on East and Southeast Asia, 1973-1976, Document 275.

③ "Arrest of Korean Political and Religious Figures," March 18, 1976, *AAD*, Electronic Telegrams, 1/1/1976-12/31/1976, 1976 SEOUL02051.

chin）的会谈。朴东镇就《华盛顿邮报》将朴正熙与金日成做比的言论表示不满。施耐德表示《华盛顿邮报》不代表美方立场，美国也不愿干涉韩国内政，但请韩方充分考虑美国国会和公众对此事的广泛关注。① 朴东镇表示请美方给予三到四年的耐心与理解，如此朴正熙总统才能巩固经济发展成果、提高自我防御能力，届时韩国就足以抵御朝鲜的进攻。施耐德重申美方立场，并表示期待美国国会和公众舆论的"耐心与理解"不太现实。② 3月26日，哈比卜在会议上向基辛格汇报金大中事件的进展：韩国政府已起诉金大中等18人，金大中之外的被告都据刑罚较轻的法案起诉；但韩国政府据另一法案重新起诉金大中，一旦罪名成立，金大中将被处以死刑。哈比卜表示，无法确定从轻起诉金大中以外的被告是否算是韩国政府对抗议声的回应。此外，哈比卜本人将于当日下午4点同参议员汉弗莱（Hubert Humphrey）领导的韩国小组委员会会面，哈比卜表示小组委员会必将令他度过"一段糟糕的时间"，但他会坚持立场。③ 4月7日，在朴东镇与施耐德的会面中，朴东镇表示朴正熙总统非常满意美国政府对金大中事件的立场，包括国务卿和政府发言人的公开声明，但美国政府不应默认"加入国会的批评"；朴正熙总统仍期许最紧密的美韩合作，尽管他不会向美国国会妥协。④ 可见，此前美国政府尚未对金大中事件表示公开谴责。

5月14日，得知金大中案的审判延期后，基辛格在会上直呼"这群疯子为何这么做"，哈比卜回道："因为朴正熙决心不让任何人以任何形式、在任何时间、以任何方式反对他……他（朴正熙）对金大中异乎寻常地讨厌"。之后哈比卜汇报了尼克松政府外交文件的泄露，这些文件被用来证明

① "U. S. Ambassador Richard Sneider Provides Secretary of State Henry Kissinger with a summary of his conversation with South Korean Foreign Minister Park Tong-jin in which discussion centered on South Korea's domestic policies," March 25, 1976, *DDRS*, CK3100598990.

② "U. S. Ambassador Richard Sneider provides Secretary of State Henry Kissinger with a summary of his conversation with South Korean Foreign Minister Park Tong-jin in which discussion centered on South Korea's domestic policies," March 25, 1976, *DDRS*, CK3100598991.

③ "Secretary's Staff Meeting," March 26, 1976, *DNSA*, KT01921.

④ "Foreign Minister Park's Meeting with the Secretary," April 8, 1976, *AAD*, Electronic Telegrams, 1/1/1976–12/31/1976, 1976 SEOUL02595.

"总统（指尼克松）、你（指基辛格）、黑格（Alexander Haig）以及所有人都在告诉韩国人：我们不准备干涉韩国内部事务……其中一份电报是你（指基辛格）指示我别对韩国施压"。基辛格否认自己曾有过类似意图，言下之意似乎是其他人，包括他的部属，都误读了他对韩国的态度，而这种误读在政府内部广泛流传，甚至连驻外大使也被误导了。接着哈比卜表示，那份指示他别对韩国施压的电报来自胡梅尔（Hummel），"是胡梅尔在说国务卿如何如何"。之后基辛格又对被泄露文件的真实性表示怀疑。① 在这段会议记录中，基辛格否认了"不干涉韩国内部事务"的原则，但据 3 月 16 日基辛格本人发往汉城大使馆的电报，基辛格明确表示不愿干涉韩国内部事务，② 可见 5 月 14 日会议上所言难免有推脱责任之意。基辛格与哈比卜真正担忧的是文件泄露后，政府会在人权问题上显得非常软弱，而这将刺激人权主义者。③

面对美国公众舆论、国会议员的指责及美国政府的劝诫，朴正熙政府有所退让。8 月 28 日，金大中被判 8 年有期徒刑，其他人被判 2—8 年不等，金大中未被"特殊对待"。而在一个月前，美国驻汉城大使馆尚在发往华盛顿的电报中表达了对金大中的担忧："很多人猜测朴正熙总统将宽恕部分被告，但无人知道金大中将被如何对待。"④ 不过这一量刑在美国看来仍旧过重，不久，153 名国会议员联名致函朴正熙，要求重判金大中案。10 月 27 日，克莱斯顿与弗雷泽尔公开声明，议员亲自致函朴正熙的部分原因是福特政府对该事件缺乏关注，当记者询问政府对金大中事件的立场时，政府没有做出任何评论。⑤ 不过据 12 月 28 日华盛顿发往汉城大使馆的电报，美国政府发言人称已多次公开声明美方对金大中事件及韩国人权状况的关

---

① "Secretary's Staff Meeting," May 14, 1976, *DNSA*, KT01951.

② "Arrest of Korean Political and Religious Figures," March 16, 1976, *AAD*, Electronic Telegrams, 1/1/1976–12/31/1976, 1976 STATE265464.

③ "Secretary's Staff Meeting," May 14, 1976, *DNSA*, KT01951.

④ "Current Political Scene," July 28, 1976, *AAD*, Electronic Telegrams, 1/1/1976–12/31/1976, 1976 SEOUL05799.

⑤ "Sen Cranston And Rep Fraser Announce Protest to President Park," October 27, 1976, *AAD*, Electronic Telegrams, 1/1/1976–12/31/1976, 1976 STATE265464.

切，且已在多种场合将这份关切传达给韩国政府。① 12 月 29 日，上诉法院宣判缩短刑期，金大中被改判 5 年，其他人也被改判为 1—5 年不等。不知有意还是无意，这一审判结果恰与 8 月 28 日一审宣判之前美国观察员预计的刑期相近。② 至此，福特政府同金大中事件的联系基本告终。

从整个事件过程来看，朴正熙政府对金大中事件的态度可谓一波三折，美方在其中的作用不容小觑。不过除了美国国会与福特政府外，美国媒体③、日本方面的抗议④、韩国国内的反对声，都共同左右了金大中事件的发展。

四、福特政府对韩国政策的实质与成因

"金大中的幸存有赖于各国政府的干预，尤其是美国，但……美国政府首要关注的仍是维持反共的汉城政权"。⑤ 观"营救"金大中的全过程，福特政府并未采取强力措施，确如参议员肯尼迪、克莱斯顿所言，只要"口头功夫"。福特政府之所以关注金大中事件，与其说是担忧韩国的人权状

---

① "Summary of Department Press Briefing, Wednesday, December 29, 1976," December 29, 1976, *AAD*, Electronic Telegrams, 1/1/1976-12/31/1976, 1976 STATE312919.

② "Myongdong Trial-Sentences," August 28, 1976, *AAD*, Electronic Telegrams, 1/1/1976-12/31/1976, 1976 SEOUL06747.

③ 美国媒体对朴正熙政府的负面报道在一定程度上影响了美国国会对韩国人权问题的态度，并成为美国国会议员的重要信息来源和取证途经（由于对韩国人权状况的立场不同，国会很难从政府方面获取相关信息）。出于对外国社会状况的陌生，驻外记者往往依靠美国政府的驻外机构获取消息，但由于对朴正熙政府的立场相悖，美国驻韩记者无法获得这类机构的支持，转而依靠韩国政治活动家、韩国本地记者等获取信息，而这些人大多是朴正熙的反对者。Patrick Chung, "The 'Pictures in Our Heads', Journalists, Human Rights, and U. S. -South Korean Relations, 1970-1976," *Diplomatic History*, No. 5, 2014, pp. 1136-1155.

④ "Japanese Reaction to Arrest of Kim Dae Jung," March 9, 1976, *AAD*, Electronic Telegrams, 1/1/1976-12/31/1976, 1976 TOKYO03545; "Japanese Reaction to Sentencing of Kim Dae Jung," August 30, 1976, *AAD*, Electronic Telegrams, 1/1/1976-12/31/1976, 1976 TOKYO13049.

⑤ Hyung-A Kim and Sorenson Clark W., *Reassessing the Park Chung Hee Era, 1961 - 1979: Development, Political Thought, Democracy, and Cultural Influence*, Seattle: University of Washington Press, 2011, pp. 189-190.

况，不如说是顾忌美国国会及公众舆论在大选年的风向。美国对韩国政策在实质上背离了人权准则。那么为何会出现此种背离呢？

（一）出于无奈的对外人权政策

福特的前任尼克松是一位以现实主义风格上台的总统。执政之初，尼克松在人权问题上表现冷淡，不仅拒绝批准加入《国际人权公约》，还公开反对国会在外交领域滥用人权准则。[①] 执政后期，面对国会立法与公众舆论的压力，尼克松政府在人权问题上有所让步，但依旧不赞成将人权状况同美国外交直接挂钩，认为对侵犯人权的国家是否采取行动、如何采取行动，应取决于是否影响美国的国家利益；[②] "在具体事件中，美国是否履行或如何履行（维护人权的）义务，需要考虑其他有义务实现的目标，如维持国际和平与安全……对人权状况堪忧的受援国，缩减援助并非最有效合适的方式"，更重要的是，很难制定评判人权状况的普遍标准。[③] 在韩国人权与民主问题上，尼克松1973年年初就表示不愿干涉韩国内部事务，基辛格甚至表示美国不值得对此进行投入。[④]

福特就职总统后，其政府在很大程度上承续了尼克松政府的外交风格。1975年1月16日，福特政府公布了有关人权事务的政策指南，要求其驻外机构在制定对外政策时，不能只考虑人权因素，而是要将其同美国在相关国家的利益、美国政府与存在人权问题国家的友好程度、美国公众和国会

---

① Thomas B. Jabie and Richard P. Claude, *Human Rights and Statistics*, Philadelphia: University of Pennsylvania Press, 1991, p. 237. 转引自郭永虎、薛丹：《20世纪70年代美国人权外交政策形成新探》，第91页。

② "Letter from the Assistant Secretary for Congressional Relations, Department of State (Wright) to the Chairman of the House Subcommittee on International Organizations and Movements (Fraser)," December 7, 1973, *FRUS*, 1969–1976, Vol. E-3, Documents on Global Issues 1973–1976, Document 232.

③ "Letter from the Assistant Secretary for East Asian and Pacific Affairs (Ingersoll) to the Chairman of the House Foreign Affairs Committee (Morgan)," June 27, 1974, *FRUS*, 1969–1976, Vol. E-3, Documents on Global Issues, 1973–1976, Document 237.

④ "Memorandum of Conversation," January 5, 1973, *FRUS*, 1969–1976, Vol. E-12, Documents On East and Southeast Asia, 1973–1976, Document 230；马德义：《美国政府与国会在对韩人权政策上的分歧》，第48页。

的关注程度等因素一起考虑。① 1975 年 8 月福特政府制定替代性方案，② 希望以更怀柔渐进的手段改变受援国的人权状况，而非采取强硬的缩减援助的方式。

如果说卡特政府在顺应大势的基础上主动选择了人权外交，尼克松—福特政府时期的对外人权政策则是一种迫于外部压力的无奈之举。

（二）进退两难的对外人权政策

美国的对外人权政策体现了美国的理想主义与人道主义的价值取向，其本身令人动容，但在实践过程中始终面临困境，维护人权同国家利益时有冲突。于是，在福特政府乃至卡特政府时期，人权常向现实利益让步，就连国会都在人权问题上为联邦政府预留回旋余地。《1974 年对外援助法》第 502B 款规定，在涉及国家利益的情况下，国务卿可以提出向违反人权的受援国继续提供安全援助。③

在人权的大方针下，美国对韩国政策进退维谷。美国在韩国的战略目标主要有两点：一是维持韩国国家安全与亲美政权稳固，使之成为亚洲大陆的反共前沿；二是促进韩国民主进程，将其改建为展示非共产主义的民族国家建构方式的窗口。而当两者发生冲突，美国将优先确保前者。于是，美国对韩国政策长期徘徊于矛盾中，一方面试图改变其人权状况，另一方

---

① "Memorandum from the Deputy Secretary of State（Ingersoll）to Secretary of State Kissinger," January 16, 1975, *FRUS*, 1969-1976, Vol. E-3, Documents on Global Issues, 1973-1976, Document 246.

② 替代性方案包括：1. 加强教育和文化交流，明确支持人权相关项目。增强个人实际参与人权事务的能力；增强当地涉及人权的教学、研究或工作机构的工作能力；广泛吸纳参与者，尤其是关注能做出贡献的知名人士。2. 强调非官方和非正式的接触方式，须主动与各种团体进行深入广泛的接触。3. 出席能够反映尖锐政治分歧的重要审判，判断审判结果是否符合人权宣言或现行法律程序。"Telegram 182813 from the Department of State to All Posts," August 2, 1975, 0014Z, *FRUS*, 1969-1976, Vol. E-3, Documents on Global Issues, 1973-1976, Document 253.

③ 郭永虎、薛丹：《20 世纪 70 年代美国人权外交政策形成新探》，第 99 页；Byung-Kook Kim and Ezra F. Vogel, *The Park Chung Hee Era: The Transformation of South Korea*, pp. 476-478.

面又不得不扶持一个又一个独裁政府。[①]

福特政府对朴正熙可谓"牢骚满腹",就拿基辛格、哈比卜来说,两人多次在会上嘲弄韩国的高压体制,[②] 可见他们毫不赞同朴正熙政府的镇压行为。但是,基辛格、哈比卜或者说福特政府,不会只为了维护人权而行动,能驱使政府行为的首先是国家利益。在金大中事件中,福特政府对韩国的政策一如既往地"投鼠忌器"——不采取强力措施,而是通过外交手段(主要是私下接触)施压,甚至连公开声明都尽量回避,以免引发韩国反抗朴正熙的内乱,同时也防止进一步加深朴正熙政府的不安全感,刺激其加剧对内镇压。[③] 福特政府不愿朴正熙政府倒台,只希望令其独裁行为有所收敛。[④]

此外,美国长期以来对朝鲜的"敌人意象"进一步加剧了美国的进退两难。自艾森豪威尔以降,美国政府对朝鲜始终抱有强烈的负面揣测,时常将美朝摩擦和偶发事件视作朝方的蓄意谋划和恶意挑衅,[⑤] 这就使得朝鲜战争后的美国对韩国政策长期受制于美韩朝三方关系。巧合的是,1976 年美朝关系紧张,4 月,中央情报局提交备忘录,认为朝鲜将会采取"出人意

---

① 梁志:《冷战与"民族国家建构"——韩国政治经济发展中的美国因素(1945—1987)》,第 529—531 页;Hyung-A Kim and Sorenson Clark W., *Reassessing the Park Chung Hee Era*, *1961-1979*: *Development*, *Political Thought*, *Democracy*, *and Cultural Influence*, pp. 107 - 121; "Memorandum of Conversation," January 5, 1973, *FRUS*, 1969-1976, Vol. E-12, Documents On East and Southeast Asia, 1973-1976, Document 230; "Minutes of the Secretary of State's Staff Meeting," January 25, 1974, *FRUS*, 1969-1976, Vol. E-12, Documents On East and Southeast Asia, 1973-1976, Document 249.

② "Secretary's Staff Meeting," March 15, 1976, *DNSA*, KT01913; "Secretary's Staff Meeting," March 26, 1976, *DNSA*, KT01921; "Secretary's Staff Meeting," May 14, 1976, *DNSA*, KT01951.

③ Byung-Kook Kim and Ezra F. Vogel, *The Park Chung Hee Era*: *The Transformation of South Korea*, pp. 251-260.

④ "Memorandum of Conversation," June 12, 1975, *FRUS*, 1969-1976, Vol. E-12, Documents on East and Southeast Asia, 1973-1976, Document 269.

⑤ 梁志:《"普韦布洛"号危机决策与美国的国际危机管理》,《中国社会科学》2011 年第 6 期,第 167—183 页;梁志:《协调与猜忌——1969 年 EC-121 事件前后的美韩关系》,《华东师范大学学报(哲学社会科学版)》2014 年第 5 期,第 37—46 页;邓峰:《"敌人意象":美国与 1976 年板门店事件的缘起》,"第三届世界史研究前沿论坛"论文,黑龙江,黑龙江大学,2014 年。

料的军事行动"。国家安全委员会据此提议制定反击措施，并要求国务院和国防部联合拟定应急文件。此后，朝鲜多次公开谴责美韩的军事挑衅活动，并发出反击警告，5月27日还与韩国在半岛西北部一岛屿发生军事摩擦。美国国家安全委员会推测，朝鲜逐步加强对美韩军事活动的谴责是为即将发动的军事行动做准备。因为6月28日至7月7日，美韩将进行联合军事演习。此外，美军甚至准备摧毁距共同警备区1.7英里的朝鲜人民军兵营。8月18日，板门店事件发生，致使美朝双方多人受伤，美方两名军官死亡。出于长期以来的固有"敌人意象"，双方都将这一偶发事件视作对方的恶意蓄谋。①

很难确定1976年的美朝关系是否对金大中事件产生了直接影响，但可以肯定的是，即便1976年的朝鲜半岛风平浪静，美国对朝鲜的"敌人意象"也将制约福特政府对韩国政策。当基辛格询问哈比卜，朴正熙政府是否对金大中事件做出解释，哈比卜这样回复道："他没有给我们任何解释。但解释非常明显——正是以往他重复了一遍又一遍的解释——你不可能允许韩国出现这样的不团结，（在这种情况下）有朝鲜即将发动进攻的危险"。② 事实证明，美韩不愧为风雨同舟二十载的盟国，对彼此都有着深刻了解。在施耐德与金正濂、朴东镇的先后会晤中，韩方果然以维持国内稳定、保证经济发展、防止朝鲜进攻为由，拒不释放金大中。显然，朴正熙政府早已洞穿了美国的"投鼠忌器"，朝鲜这张牌虽然老套，却相当奏效。

结　语

福特执政时期正值越南西贡伪政权陷落的阴影期，故其对朝鲜半岛的

---

① "Memorandum from Jay Taylor of the National Security Council Staff to the President's Assistant for National Security Affairs (Scowcroft)," April 22, 1976, *FRUS*, 1969–1976, Volume E-12, Documents on East and Southeast Asia, 1973–1976, Document 277; "Memorandum from Thomas J. Barnes of the National Security Council Staff to the President's Assistant for National Security Affairs (Scowcroft)," May 28, 1976, *FRUS*, 1969–1976, Volume E-12, Documents on East and Southeast Asia, 1973–1976, Document 280.

② "Secretary's Staff Meeting," March 15, 1976, *DNSA*, KT01913.

总体战略是保证韩国不成为下一个"越南"。于是，福特政府沿袭了美国对韩国的一贯方针：优先保证韩国的安全与稳定。然而迫于国会和舆论的压力，福特政府又不得不打起人权牌，最终投鼠忌器、左支右绌。1976 年金大中事件的后续结果既无法令美国国内满意，又使福特政府和朴正熙政府多次摩擦，更令韩国国内的"民主斗士"们对美国大失所望。不过，福特政府毕竟在尼克松对外人权政策的基础上前行了一步，成为尼克松与卡特政府间的桥梁，在一定程度上具承上启下的意义。

英国海军"两强标准"政策探析[*]

王本涛[**]

摘 要 19 世纪末,英帝国的国防安全和防御形势日趋严峻。英国为了维持其海军霸权和加强帝国的防御能力,提出了海军建设的"两强标准"政策。但是这项海军政策提出以后,由于其内涵模糊和指向性不明,在英国引起很大的争论,而且随着国际形势的变化和其潜在的战略敌人的变换,英国越来越难以掌握全球的制海权。"两强标准"政策未能缓解英帝国的防御形势,反而又把英国拖入了海军军备竞赛,致使英帝国防御战略的决策者不断地调整"两强标准"的内容,并在一战前夕最终放弃了这项难以为继的海军政策。

关键词 英国海军 两强标准 帝国防御

* 本文是 2015 年度国家社会科学基金项目"19 世纪英国在东南亚的海洋政策研究"(15XSS004)阶段性成果。

** 王本涛,历史学博士,广西师范大学历史文化与旅游学院副教授。

1889 年，英国议会通过了《海军防御法案》，提出了海军建设的"两强标准"政策。这项政策是在英帝国的防御压力不断加大、海军优势逐渐缩小的背景下形成的。此后直到第一次世界大战前夕，这项政策虽然引起持续不断的争论，其具体内容也不断修改和调整，但一直都是英国海洋政策和国防战略的重要内容。"两强标准"的基本目的是维持英国海军霸权和加强英帝国的防御能力，但也间接促进了列强之间的军备竞赛。由于其他各国海军实力的迅速发展，加之英国本身经济实力的相对衰落，"两强标准"政策难以为继，英国在一战爆发前夕不得不放弃。"两强标准"虽然得到史家的重视，[①] 但国内学界尚未有专门的文章对此做系统研究。本文试图厘清英国海军"两强标准"政策的内涵和演变，探讨"两强标准"政策的实质及其在英帝国防御中的作用。

一、英国海军"两强标准"出台的背景

众所周知，19 世纪的世界列强中英国的海军最为强大。但在维多利亚时代中期（19 世纪 70—80 年代），英国政府并不十分重视海军建设，海军事务也被英国公众所漠视。英国人普遍认为，拥有制海权对英国来说是理所当然的，英国也不可能丧失制海权。因此，除政治人物和军事人员外，较少有人关注海军建设和海军战略。至 19 世纪 80 年代，"英国公众对海军事务的无知只能用异常严重来形容"。[②] 对于这一时期英国海军实力和海军

---

① 对这个问题有论述的专著包括亚瑟·马德：《英国海权剖析：英国的海军政策史 1880—1905》（Arthur Marder, *The Anatomy of British Sea Power：A History of British Naval Policy in the Pre-dreadnought Era 1880-1905*），弗兰克·卡斯出版社，1965 年；阿伦·弗里德伯格：《疲惫的巨人：英国的相对衰落 1895-1905》（Aaron L. Friedberg, *The Weary Titan：Britain and the Experience of Relative Decline 1895-1905*），普林斯顿大学出版社，1988 年；E·L·伍德沃德：《英国与德国海军》（E. L. Woodward, *Great Britain and the German Navy*, Oxford：Clarendon, 1935），克拉伦登出版社，1935 年；埃里克·格罗夫：《1815 年以来的皇家海军》（Eric J. Grove, *The Royal Navy since 1815*），麦克米伦出版社，2005 年，等。

② 西摩·约翰·福斯科：《回顾历史》（Seymour John Fortescue, *Looking Back*），朗文出版社，1920 年，第 149 页。

政策，约翰·F·比勒在其专著《格莱斯顿—迪斯雷利时代的英国海军政策（1866—1889）》中做了系统的分析和研究，他认为"整体而言，海军事务甚至是防御政策在维多利亚时代中期并不占据重要地位。"① 奥斯卡·帕克斯在《英国战舰 1860—1950》中认为，在 1880 年英国的战舰"甚至不能称为一强标准"，② 他使用章节标题"维多利亚时期海军的黑暗时代"描述 19 世纪 70—80 年代的英国海军。甚至到 1888 年，陆军参谋学院教官约翰·莫里斯上校在参观了海军演习后认为："英国舰队以其现在的实力，根本不能保护我国海岸和贸易的安全，甚至不能抵抗一支外国舰队的进攻。……我们的家园安全和粮食供应都处于危险之中。我们的海军不够强大。"③

海军事务之所以不被英国所关注，是因为其无须担心自身的安全问题：英国稳居世界经济军事霸主地位，享有"大不列颠治下的和平"；凭借其强大实力所支持的威慑作用，其没有遇到来自其他强国的严重挑战。但是 19 世纪 70 年代以后，国际的政治经济形势开始发生变化，英国的工业垄断地位也随之受到挑战。在经济领域和安全领域，英国开始感受到来自其他强国的威胁。P·J·马歇尔认为，1870—1918 年的英国是一个"受到威胁的帝国"。④ 当其他大国的经济发展赶上或超过英国时，英国要维持其霸主地位更加艰难。为保护其在全世界的经济和战略利益，英国不时地陷入了以寡敌众的困局，威慑战略也不再奏效。在这种情况下，英国不得不加强和提高军事防御能力，皇家海军的实力及其在帝国防御中的作用又成为关注的焦点。

英国的海军建设和帝国防务问题之所以受到重视，在一定程度上得益

---

① 约翰·F·比勒：《格莱斯顿—迪斯雷利时代的英国海军政策 1866—1889》（John F. Beeler, *British Naval Policy in the Gladstone-Disraeli Era*, *1866 - 1880*），斯坦福大学出版社，1997 年，第 237 页。

② 奥斯卡·帕克斯：《英国战舰 1860—1950》（Oscar Parkes, *British Battleships*, *1860 - 1950*），西利出版社，1957 年，第 232 页。

③ 杰·路瓦斯：《英国的军事思想 1815—1940》（Jay Luvaas, *The Education of an Army*, *British Military Thought*, *1815 - 1940*），芝加哥大学出版社，1964 年，第 203 页。

④ ［英］P·J·马歇尔主编：《剑桥插图大英帝国史》，樊新志译，北京：世界知识出版社，2005 年，第 44 页。

于"蓝水学派"的推波助澜。克里米亚战争暴露出英国陆军的缺陷十分严重，普鲁士陆军在德意志统一运动的动员速度和战斗能力又使英国印象深刻，这些因素促使了英国的陆军改革，以陆军大臣卡德威尔推行的军事改革为标志，英国开始了陆军现代化的进程。但是，陆军改革却使英国的军事战略呈现重视岸防和偏离海权的趋势。这对于一个海洋帝国来说非常危险，因为英帝国的繁荣依赖海洋贸易，海军才是保护贸易的主要力量。[①] 在此背景下，以海权思想家约翰·科洛姆为首，包括查尔斯·迪尔克、菲利普·科洛姆、斯宾塞·威尔金森、赫伯特·威尔逊等政治家和军事学者，把掌握制海权和加强帝国防御结合起来，认为海军是英帝国赖以存在的基础和帝国防御的核心力量，只要英国海军掌握制海权，保证交通线畅通，任何对英国的入侵都不可能成功。如果英国的海军被彻底打败，丧失本土海域的制海权，敌人不用出兵占领，英国就会不战而降。这些被称为"蓝水学派"的海权主义者，强调海军不但保障英国的自由，而且"决定着英国在世界上的地位"。[②] 他们结合制海权和帝国防御，宣传提高英国公众对海军事务的重视，并呼吁政府扩大海军建设规模，提高海军整体实力，以承担更大的帝国防御责任。这些思想和主张对英国海权战略和帝国防御战略产生了重要影响。

直接推动英国决策层重视海军事务和加强海军建设的原因是国际形势的紧张和英国的外交孤立。19 世纪 70—80 年代，欧美大国都开始注重海军的发展。列强竞相发展海军实力使英国海军部意识到，"皇家海军在与一个强国的战争中能够采取攻势，如果它的敌人是两个强国的联合，那么海军力量的对比将极不利于英国"。[③] 1882 年英国出兵占领埃及导致英法关系紧张，不但加剧了两国在争夺非洲中的矛盾，而且激发了列强竞相侵占非洲

---

① 罗尔夫·霍布森：《海洋帝国主义：海军战略思想，海权意识与提尔皮茨计划，1875—1914》（Rolf Hobson, *Imperialism at Sea: Naval Strategic Thought, the Ideology of Sea Power and the Tirpitz Plan, 1875-1914*），布里尔学术出版社，2002 年，第 88 页。

② G·M·塔克韦尔：《查尔斯·迪尔克爵士生平》（G. M. Tuckwell, *The Life of the Rt. Hon. Sir Charles W. Dilke*, vol. 2），约翰·默里出版社，1917 年，第 429 页。

③ 亚瑟·马德：《英国海权剖析：英国的海军政策史 1880—1905》，第 132 页。

的热潮。欧洲列强于 1884—1885 年召开瓜分非洲的柏林会议，英国陷入在与列强的争夺。1885 年英俄由于平狄危机而濒临战争的边缘，英国在欧洲则陷入外交孤立。① 为摆脱外交孤立，英国于 1887 年两次与奥匈帝国和意大利签订《地中海协定》，以期维持地中海的均势。以海军霸权自居的英国已经开始需要奥意两国的合作，共同承担维持东地中海现状以及保卫土耳其的责任。两次《地中海协定》主要是针对法国和俄国，使英国摆脱孤立，却致使孤立的法国"不再期望英国的让步或者德国的支持，因而期待与俄国结成地中海同盟"。② 1888 年初，英国因法国海军在土伦港的军事调动而高度警惕，随后又传出法俄即将结盟的消息，使形势再度出现紧张。这些战争危机以及紧张的国际形势，引发英国各界对皇家海军的数量和实力的关注。

1884 年英国著名记者威廉·斯蒂德通过媒体发表系列文章，题为"海军的真相"，揭露出英国海军在武器装备、舰队编制、人事管理等方面的缺陷。③ 这些报道激发英国政军各界对海军事务的广泛讨论。1886 年，刚进入海军部的军务大臣查尔斯·贝里斯福德很快就发现英国海军的缺陷，随即向海军大臣提交一份秘密备忘录，其后又转交给首相索尔兹伯里。贝里斯福德罗列了八个方面的问题，指出欧洲强国都有应对突发海战的详细计划，然而英国却没有"战争准备"和"战舰动员"的任何方案，一旦战争爆发，法国动员战舰只需两天，而英国则需要 5 天或 7 天。这份备忘录的内容因泄露给《帕尔街报》而震惊英国。贝里斯福德随后辞职，公开力促加强海军力量。④ 贝里斯福德建议海军部尽快设立一个机构，负责制订海战计划和收集国内外海军情报。⑤ 这个建议得到索尔兹伯里的支持，海军情报处于当年

---

① 赵军秀：《英国与 1885 年平狄危机》，《首都师范大学学报（社会科学版）》2001 年第 1 期。

② C·J·洛维：《勉强的帝国主义者：英国的外交政策 1878—1902》（C. J. Lowe, *The Reluctant Imperialists: British Foreign Policy 1878-1902*），罗德里奇出版社，2002 年，第 119 页。

③ 奥斯卡·帕克斯：《英国战舰 1860—1950》，第 328 页。

④ 亚瑟·马德：《英国海权剖析：英国的海军政策史 1880—1905》，第 133 页。

⑤ 查尔斯·贝里斯福德：《海军上将查尔斯·贝里斯福德的回忆录》（Charles Beresford, *The Memoirs of Admiral Lord Charles Beresford*）第 2 卷，梅休因出版社，1914 年，第 345—347 页。

成立。1888 年 12 月，贝里斯福德在议会阐述了他的海军建设思想："英帝国的生存依赖其舰队实力，舰队实力则依靠造船计划的投票结果，……然而，我们没有明确的舰船建造计划，……政府首先应该制定一个具体的舰队标准，按其标准建造的舰队能保卫我们的海岸和贸易，确保食品供给，抵抗两个强国舰队的联合进攻。"① 贝里斯福德对"两强标准"的形成起到积极的推动作用。

　　由此可见，在国际形势日趋紧张的背景下，英国海军实力就成为关注的焦点，加强其海军实力的呼声最终促使"两强标准"的出台。

二、关于"两强标准"政策内容的争论

　　1889 年 3 月，英国国会通过了《海军防御法案》，确立了英国海军战略的"两强标准"政策。但在之前将近一个世纪的时间里，英国不断有人提出，为英国海军建设制定一个数量上的标准，以维护其海洋霸权。英国历史学家 E·L·伍德沃认为，早在 1782 年，时任英国首相的谢尔本伯爵就提出过关于"两强标准"的观点。② 1817 年英国外交大臣卡斯尔雷称，英国的目标应该是"保持一支相等于任何两个可能与我为敌的国家的海军"。③ 克里米亚战争后，英国曾担心法国和俄国结盟，两国的海军联合可能威胁到英国海军的地位。④ 但亚瑟·马德认为，在 19 世纪的大部分时期，英国都满足于维持一支强于法国三分之一的舰队。⑤ 整体而言，维多利亚时代中期英国海军的建设并没有引起足够的重视。

　　海军大臣乔治·汉密尔顿向议会提出"海军防御法案"时称，他研究了前几任海军大臣和首相的演讲，从中可以确定他们关于海军建设规模的

---

　　① 查尔斯·贝里斯福德：《海军上将查尔斯·贝里斯福德的回忆录》第 2 卷，第 360 页。

　　② E·L·伍德沃德：《英国与德国海军》，第 455 页。

　　③ C·J·巴特利特：《大不列颠与海权，1815—1853》（C. J. Bartlett, *Great Britain and Sea Power, 1815-1853*），克拉伦登出版社，1963 年，第 23 页。

　　④ 阿伦·弗里德伯格：《疲惫的巨人：英国的相对衰落》，第 145 页。

　　⑤ 亚瑟·马德：《英国海权剖析：英国的海军政策史 1880—1905》，第 105 页。

主旨思想，那就是"我们的海军舰队的规模至少等于其他两个国家舰队的联合"，① 这就是后来被奉为指导原则的"两强标准"。这项政策不是汉密尔顿的首创，首次明确阐述"两强标准"内容的可能是海军上将安东尼·霍斯金斯，他认为"英国舰队应该至少等同于可能与我为敌的任何两个欧洲强国的联合舰队，其中必须包含法国。"② 但在汉密尔顿所阐述"两强标准"中，体现了两个较新的内容。其一，"两强标准"和帝国防御结合。"如果我们的海军优势受到削弱，本土防御系统即使很完备，也不能保护国家。相反，维护海军优势，才能使得国家本土和帝国的港口避免严重侵犯。"③其二，"两强标准"和技术改革结合。汉密尔顿认为，英国海军的建造计划不但要满足当前的需要，而且要适应未来的需要。"我们认为，每艘船舰都应该是型号最新、设计最合理的战舰"，④ 并且从吨位、航速到武器装备都应该是最大、最先进的。这说明汉密尔顿已经认识到，要提升英国海军的实力，必须与科学技术的发展结合起来，以此才能掌握制海权。

"两强标准"的战略目标是保证英国海军的制海权，但是由于这项政策的指向性及其操作性定义很不明确，因此在英国政军各界引起的争论不断。

首先，"两强标准"中"两强"所指向的国家不明确。它的范围是仅包含欧洲的海军强国，还是世界范围内对英帝国的安全构成威胁的国家都包括在内。从英帝国的角度看，英国的殖民地和商业利益遍布全球，英帝国防御的范围应该是全球性的。贝里斯福德认为，"英国战舰不是要与全世界战斗，它应该超过任何两个可能成为敌人的欧洲大国的联合力量，其中必须包括法国，……就是在紧急情况下，我们的海军力量足以抵抗两个大国

---

① 英国议会议事录，1889 年 3 月 7 日 （Hansard, 3rd Ser., vol. 333, col. 1171：7 March 1889），http：// hansard. millbanksystems. com/commons/1889/mar/07/naval-defence。

② 查尔斯·贝里斯福德：《海军上将查尔斯·贝里斯福德的回忆录》第 2 卷，第 360 页。

③ 英国议会议事录，1889 年 3 月 7 日 （Hansard, 3rd Ser., vol. 333, col. 1188：7 March 1889），http：// hansard. millbanksystems. com/commons/1889/mar/07/naval-defence。

④ 英国议会议事录，1889 年 3 月 7 日 （Hansard, 3rd Ser., vol. 333, col. 1173：7 March 1889），http：// hansard. millbanksystems. com/commons/1889/mar/07/naval-defence。

的联合海军，保护我们的海岸线和贸易安全以及食物供给的畅通。"① 1890
年以后，英国的竞争对手法国和俄国的友好关系进一步发展，双方不但实
现了舰队互访，并最终结成军事同盟。尽管法俄同盟主要针对德奥意三国
同盟，但法俄海军合作的潜力威胁到了地中海的战略均势。1892 年英国陆
军情报处和海军情报处联合调查了地中海的防御形势，并向内阁递交一份
题为"英国海上战略问题总体研究"的报告。报告认为，如果俄国和法国
的舰队东西夹击，英国地中海舰队必陷于瘫痪。②

　　1893 年 12 月 19 日，汉密尔顿在议会辩论时明确指出，"两强标准"已
成为英国海军政策的基本内容，即英国安全需要的最低标准是"我们的舰
队应该等同于欧洲其他两支最强大的舰队联合"。③ 他进一步指出，欧洲仅
次于英国的海军强国是法国和俄国。由此可见，这时的"两强标准"不仅
是指"其他两个国家"，而是"其他两个最强的国家"，并明确其针对目标
法国和俄国。这也说明，"两强标准"仅仅针对欧洲范围内的海军强国，尚
未考虑到美国和远东日本的海军力量的发展。

　　其次，"两强标准"是数量标准还是实力标准的争论。尽管汉密尔顿在
1889 年宣称，英国必须维持其海洋霸权，而海洋霸权必须由主力战舰的数
量来衡量。但比较英国海军和其他国家的海军，如果仅以战舰数量而论，
在战争状态下，"两强标准"不一定能保证英国掌握制海权。海军上将安东
尼·霍斯金斯和贝里斯福德都认为，海军优势不能仅从总吨位和战舰数量
上来比较，这会产生误导。④ 反之，如果以制海权和战斗力为标准，那么，
要保持英国的海军优势，还应考虑战略计划、武器装备、人员构成、战舰
类型、后勤补给等诸因素。尤其是战舰类型，除主力战舰外，巡洋舰、鱼

---

　　① 英国议会议事录，1888 年 12 月 12 日（Hansard, 3rd Ser., vol. 332, col. 125；12 December
1888），http：//hansard. millbanksystems. com/commons/1893/dec/12/navy。

　　② 赵军秀：《英国对土耳其海峡政策的演变》，北京：中国社会科学出版社，2007 年，第
91 页。

　　③ 英国议会议事录，1893 年 12 月 19 日（Hansard, 4th Ser., vol. 19, col. 1774；19 December
1893），http：//hansard. millbanksystems. com/commons/1893/dec/19/navy。

　　④ E·L·伍德沃德：《英国与德国海军》，第 456 页。

雷艇、潜艇等都应纳入计量范围内。1893年，约瑟夫·张伯伦还提出一个海军建造公式：如果与英国为敌的两个国家的联合海军建造三艘战舰，英国就应建造五艘，它们每多建一艘巡洋舰，英国就建造两艘。① 显然，这仍是一个仅以数量为标准的方案，且更易使英国卷入大规模的军备竞赛。美国海军史学家亚瑟·马德认为，"两强标准"至少包括两层含义，其一，它主要指战列舰，某种程度上也包括一级巡洋舰。其二，它不仅指数量上的优势，更重要的是其战斗力能够打败另外两强的联合舰队。②

1898年7月，海军大臣乔治·戈申重申英国海军发展的标准仍然是"两强方针"，即"我们的舰队必须在威力上优于和在数量上等于其他任何两国的舰队"，前后几届政府坚持了这项原则。③ 查尔斯·迪尔克在演讲中认为，他所理解的"两强标准"应该是，英国的海军实力以一敌二而绰绰有余，这种优势可以最低限度地保证以一敌三，即"足以让三个国家联合与我们为敌之前犹豫不决"。④ 这表明英国的海军优势正面临严峻的挑战，"两强标准"也难以保证英国的安全。

再次，"两强标准"还涉及包括战舰类型和武器装备的技术革新问题。第二次工业革命的深入发展，推动了海军战舰及其武器装备的更新换代。"两强标准"提出前后，正是铁甲舰的鼎盛时期。技术革命对海军的影响主要有三个方面：舰体的设计和构造、动力系统和武器装备。"两强标准"推行的年代，是水面战舰占主导的年代，直到20世纪第一个十年的最后几年，水下、水面、空中三维作战的局面才初露端倪。这一时期，各国海军大量装备鱼雷艇和巡洋舰，尤其是快速巡洋舰航速快、航程远，作为远程威慑武器，可以袭击敌人的贸易和商船，因此受到各国海军的青睐。1904年海

① 英国议会议事录，1893年12月19日（Hansard, 4rd Ser., vol. 19, col. 1875：19 December 1893），http：//hansard. millbanksystems. com/commons/1893/dec/19/navy。

② 亚瑟·马德：《英国海权剖析：英国的海军政策史1880—1905》，第106页。

③ 英国议会议事录1898年7月22日（Hansard, 4rd Ser., vol. 62, col. 860：22 July 1898），http：//hansard. millbanksystems. com/commons/1898/jul/22/navy-estimates-1898-9。

④ 英国议会议事录1898年7月22日（Hansard, 4rd Ser., vol. 62, col. 883：22 July 1898），http：//hansard. millbanksystems. com/commons/1898/jul/22/navy-estimates-1898-9。

军政务官普雷蒂曼强调，"两强标准"仅适用于战列舰，"巡洋舰方面不存在平等问题"。他还回答了对"两强标准"的质疑。他比较了英国和法国、俄国和德国的战舰总数，包括已建成和建造中的一级和二级战舰。当时法俄共64艘，法德61艘，英国海军共63艘，"这非常接近我们的标准，所以我们达到了这个标准，而不是过分超越了它。"[①] 同年8月，普雷蒂曼再次指出，鉴于巡洋舰在保护海洋贸易和商船方面的重要性，"巡洋舰的建设标准不是一个数量比较问题，而是一个比例问题，它由需要保护的贸易规模决定。"

1899年3月，约翰·科洛姆分析了"两强标准"的局限性，认为它是经验性的政治标准，而不是科学的标准。英国政府不应该选择几个欧洲的海洋国家作为参考，来决定英国海军力量的规模。英国在世界上的地位是任何其他国家都不能与之相比的，比如地理状况，英国就与其他大国千差万别。英帝国的贸易总额之所以超过法俄德意的总量，主要是因为"我们遍及全球的帝国内部交通线是海洋交通线"，其他国家都与此不同。所以，英国所需要的海军力量的唯一标准，不应该仅仅审查其他国家的海军力量大小，还要审视它们的总体地位及其港口的地理分布状况。尽管"两强标准"有其现实需要，但不能依靠抽象的船舰数量进行海军实力的比较，它完全是一个理论标准，一个未经实验的标准。如果在战争中英国的舰队相等于另外最强大的两国舰队，那么，无论发生什么样的海洋战争，英国不仅没有回旋的余地，也不能有效应对两个强国以上的海军联合，同时也绝不允许舰队司令判断失误，否则，英帝国及其广阔的海洋交通只能任凭第三个强国处置了。从政治的角度看，"两强标准"是一个合理的经验性的标准，但在判断英国与其他国家的相对优势时，"它不是一个我们必须迫使自己遵守的标准"。英国舰队的发展应该根据战争的需要随时调整，关键问题是敌军港口的地理分布，"这些港口离我国越远，我们的困难就越大，我们

---

① 英国议会议事录，1904年2月29日（Hansard, 4rd Ser., vol. 130, col. 1260: 29 February 1904)，http://hansard.millbanksystems.com/commons/1904/feb/29/supply-navy-estimates。

所需要的数量优势也就越大。"①

根据以上的各种表述和争论,"两强标准"可以归结这样几个方面的含义。其一,"两强标准"指海军大臣乔治·汉密尔顿所阐述的内容,即英国的海军舰队等于仅次于英国的其他两国的海军舰队之和。其二,"两强标准"意味着英国的海军实力超过法国和俄国的海军联合实力,即英国海军保持对法国和俄国两国海军总和的优势。其三,"两强标准"不仅是数量上的优势,更重要的是英国海军可以控制欧洲海域,即英国海军在本土海域可以抵制任何外来侵略。其四,"两强标准"的核心就是制海权,其根本目的是加强英帝国的防御能力。根据海权政治家约翰·科洛姆的论述,由于英帝国的领地和贸易遍布全球,所以,帝国防御的范围除了欧洲海域,几乎包含世界各地的重要海域。

无论如何,英国海军坚持"两强标准"政策,都可能面临两种困境。第一,如果两个以上的欧洲国家联合与英国为敌,英国海军可能就无优势可言,英国本土安全就处于危险之中。第二,欧洲以外的海军强国崛起,参加到与英国争夺殖民地和商业权益的行列,英帝国的安全就难以保障。事实上,19世纪末至20世纪初的世纪之交,欧美大国都重视发展本国海军,法国、美国、德国和俄国等都按照各自的战略方针扩建海军,海军实力迅速增强,理论上的海权均势完全让位于海军竞赛,这对英国的海军政策提出了严重挑战。

三、"两强标准"的困境与调整

在"两强标准"提出后十年的时间里,国际形势和各国实力对比又发生了很大变化,英国确保和施行"两强标准"的政策越来越困难。相对于英国的工业能力和经济实力而言,这种压力尤为严重。首先,法国和俄国都在竭力发展本国海军,英国维持"两强标准"显得力不从心。其次,德

---

① 英国议会议事录,1899年3月13日(Hansard, 4rd Ser. , vol. 68, col. 589: 13 March 1899), http: // hansard. millbanksystems. com/commons/1899/mar/13/navy-estimates-1899-1900。

意志帝国海军力量的发展，已经威胁到英国在欧洲海域的制海权。再次，美国和日本海军的发展，使英国要掌握全球的制海权已经不现实。

在此情况下，英国战略选择的空间很小。艾伦·弗里德伯格认为，英国"要么坚守'两强标准'，完全放弃在全球的制海权，要么继续保证在全球的制海权，放弃这个绑定在一起的数量标准。"① 显然，第二种选择的压力更大，其要求英国海军不但要有足够的实力应对在欧洲海域出现的紧急情况，同时还要有一支强大的舰队维护在西半球和远东地区的优势。如果选择坚持"两强标准"，虽然成本相对较低，但英国只能选择在特定的地区即欧洲海域，巩固其海洋霸权，对于本土海域以外的其他地区则不得不在战略上妥协。从英帝国防御的角度来考虑，则需要调整其传统的外交和殖民政策，以适应形势发展的需要。

德国雄心勃勃的海军建设计划以及海军的快速发展让英国震惊。1889年德国重组海军部，并建立了海军总参谋部。争强好胜的德国皇帝威廉二世羡慕和嫉妒英国海军的强大，决心建立一支强大的德国海军以推行他的"世界政策"。1897年威廉二世选择伯恩哈德·冯·皮洛夫为外交大臣（1900年继任总理大臣），任命阿尔弗雷德·冯·提尔皮茨为海军大臣，这两人成为德国海军发展的重要人物。提尔皮茨极有胆魄，很快提出了规模庞大的海军发展计划，其目标就是将德国海军建成欧洲最强大的海军之一。1898年3月，德国国会通过了提尔皮茨组织的《海军法》，计划未来5年海军建设方案的总预算将超过2000万英镑，包括建造19艘战列舰、12艘大型及30艘小型巡洋舰和其他小型舰只。② 仅仅两年之后，1900年，提尔皮茨修订了《海军法》，新计划将使德国海军在1920年成为一支包括2艘旗舰、36艘战列舰、11艘大型和34艘小型巡洋舰的舰队。③ 提尔皮茨发展海军的指导思想是他所倡导的"风险战略"，这是一个直接针对英国海军霸权的战略，其含义是：即使德国海军永远无法在数量上达到英国皇家海军的

---

① 阿伦·弗里德伯格：《疲惫的巨人：英国的相对衰落》，第168页。

② E·L·伍德沃德：《英国与德国海军》，第25页。

③ 同上，第29页。

规模，但它应当可以依靠质量和严密的组织对英国舰队造成重大打击。作为英帝国的基石，英国皇家海军有着太多的任务，其与德国海军两败俱伤是英国绝对无法接受的。因此，英国皇家海军如果不愿意与德国海军发生大规模的直接冲突，就必须接受在殖民地问题上的让步。① 1900年《海军法》的导言中写道，"德国必须拥有一支强大的海军舰队，即使最强大的海权国家都不敢向德国挑战，否则就有使自己的优势遭到破坏的危险。"② 德国的战略意图剑指英国，不言而喻。

1900年英国议会在讨论海军预算时，第一次关注到了德国的海军计划。海军大臣戈申指出德国的海军建造预算达到"7000万英镑的惊人数额"，并强调英国政府和议会要高度警惕："不仅是法国、俄国和德国的海军大发展，也包括美国和日本的海军发展"。③ 1902年英国议会在讨论海军预算时，查尔斯·迪尔克支持海军部的扩充计划，并强调"我国的海军军费不是应对两个强国的突袭，而是应对可能发生的三国联合进攻，其中一个国家正在建设一支强大的海军。"④ 这三个国家指的就是法国、俄国和德国。1903年海军部做的预算是6,312,800英镑，并自称这个数额"无论在和平或战争时期都规模空前"，同时明确指出英国海军的竞争对手有三个国家：法国、俄国和德国。由此，英国的海军政策可能从"两强标准"调整为"三强标准"，这显然对英国的综合国力和海军预算都是挑战。迪尔克对这个标准解释道："不是英国的舰队等于这三个国家的舰队总和，而是英国的舰队在世界上的地位足以让这三个大国放弃联合进攻我们的图谋。"⑤ 但是，无论是国会还是海军部都没有正式承认"三强标准"的原则。由于自由党不断批评政府，认为海军预算已经超出了"两强标准"，致使海军军费负担过于沉

① ［英］理查德·希尔：《铁甲舰时代的海上战争》，谢江萍译，上海：上海人民出版社，2005年，第95页。

② 欧内斯特·亨德森：《德国的战斗机器》（Ernest F. Henderson, *Germany's Fighting Machine*），鲍伯斯–梅里尔公司，1914年，第70页。

③ Hansard, 4rd Ser., vol. 79, col. 1127：26 February 1900.

④ G·M·塔克韦尔：《查尔斯·迪尔克爵士生平》第2卷，第438页。

⑤ Hansard, 4rd Ser., vol. 119, col. 1032：17 March 1903.

重，这迫使海军部声明仍然坚持"两强标准"。

除了德国大力发展海军之外，美国、日本、意大利等国都争相跻身海军强国之列。1890 年美国颁布《海军法案》，随后，其海军力量获得迅速发展，日益成为英国世界海军头号强国的挑战者。其中，美国军事理论家马汉在 19 世纪末 20 世纪初提出的海权理论显然起到了极大的推动作用。1898年美国海军拥有 5 艘战列舰，到 1901 年其共有已服役和建造中的战列舰 17艘。① 美国的海军军费占联邦总支出的比例连年增加，1890 年该比例为6.9%，到 1909 年则已达到 16.7%。② 从争夺巴拿马运河的控制权到干预委内瑞拉危机，都显示出美国的崛起及其对西半球霸权的兴趣。甲午战争后，日本更加重视海军实力的恢复和战舰的建造。1895 年，日本开始实施一项造舰计划，包括建造 4 艘战列舰和 4 艘装甲巡洋舰。十年后的 1905 年，日本拥有 6 艘一级战列舰和 8 艘装甲巡洋舰，进而取得了日俄战争的胜利，其海军迅速崛起为远东一支不容忽视的力量。

由此可见，许多不确定因素都威胁着英国的海洋霸权地位，并进而威胁到英帝国的安全。但是，掌握制海权本身不是英帝国防御的根本目的。由于英国作为商业和工业强国的地位极大地依赖于贸易进出口，这就意味着其海军的首要任务是在战时保卫贸易交通线，"所有主张建立一支无敌舰队的观点，其核心内容是保护贸易和食物供给。"③ 英国需要根据国际环境的变化，及时地调整其海军战略。

英国在战略上所面对的困境是，当英国将防御范围定位在全球的重要海域时，其海军力量只能保证在某一海域维持优势。海军部的专家认为："英国如果得不到援助，则难以在西印度群岛、太平洋和北美地区立足。英国没有足够强大的舰队控制美国的舰队，并同时在本土海域、地中海和东方海域掌握制海权，而这些地区对英国保持海军优势至关重要。"④ 在这种

---

① ［英］F·H·欣斯利：《新编剑桥世界近代史（第 11 卷）》，北京：中国社会科学出版社，1999 年，第 315 页。

② ［美］E·B·波特：《海上力量：世界海军史》，第 218 页。

③ 亚瑟·马德：《英国海权剖析：英国的海军政策史 1880—1905》，第 84 页。

④ 阿伦·弗里德伯格：《疲惫的巨人：英国的相对衰落》，第 171 页。

情况下，英国政府和民众仍然相信"两强标准"的作用和价值，并选择继续坚持海军的"两强标准"，但从外交上进行了调整，包括放弃"光辉孤立"政策、改善与美国的关系、缔结英日同盟、加入协约国等。尽管国际形势发生了重大变化，英国在外交政策和国家安全战略上也进行了调整，但是，英国政府和海军部并没有认真地思考海军战略，也没有根据形势变化调整英国的海军政策。这一方面是因为英国海军仍然是当时世界上最强大的海军，但另一方面也说明，英国国内对"两强标准"的理解并不一致，其中也有自欺的成分。

四、"两强标准"逐步被放弃

1904—1905 年国际形势的变化弱化了"两强标准"。1904 年《英法协定》签订后，英法关系得到改善，大大降低了两国海军冲突的可能。日俄战争中俄国惨败，其海军由此衰落，不再对英国海军形成严重威胁。"两强标准"所针对的两个海军大国都不再是英国海军的主要威胁，"两强标准"似乎没有存在的必要了。与此同时，美国、德国和日本等国的海军都获得迅速发展，尽管英美关系改善和英日同盟建立，但德国海军的发展和英德矛盾的激化使英国海军部紧绷的神经无法放松。1905 年底，自由党政府执政，坎贝尔-班纳曼担任首相，爱德华·马奇班克斯任海军大臣。但是，海军部第一军务大臣是约翰·费希尔，其全力推动海军舰队的现代化改革，尤其是新型战列舰建造，英国的海军建设也由此进入了"无畏舰时代"。这些因素导致对海军建设的"两强标准"争论又起。

首先，对于是否坚持"两强标准"，英国内阁给出的答案模糊且时有反复。在 1906 年 7 月的议会辩论中，议员赫维上尉指出，尽管俄国战败，英法关系改善，英日同盟建立，但是日本在海军问题上与英国讨价还价，而德国海军的发展速度已经赶上俄国。在此情况下，英国不但要坚持"两强标准"，而且要保证英国海军在与两个强国联合的战争中取胜。因此，"两强标准"意味着英国要有超过 10% 的优势空间，不包括在海外服役的战列舰。① 首相坎贝尔-班纳曼在答复中指出，"当你谈到'两强标准'时，你不可能不想到两强是谁？当我们精心计算法国和德国建造（战舰）的数量时，法国和德国真的可能联合起来对我们发动战争吗？作为一条简略的参考原则，我不反对'两强标准'，但它是一个很不合理的标准。当我们考查'两强标准'的内容时发现，两强联合的数据既不能证明它们有超强的实力，也不能促进我国的建造速度。"② 这段话耐人寻味的地方是，"两强标准"好像可有可无，根本没有起到任何重要作用。坎贝尔-班纳曼政府也因此被质疑放弃了"两强标准"。

1907 年 3 月，坎贝尔-班纳曼再次对"两强标准"发表看法，他表示自己"虽然接受'两强标准'，但反对盲目使用这个术语。假如英国一直与另外两个最强大的海军国家联盟，我们还有必要固守这个'两强标准'吗？"在坎贝尔-班纳曼看来，只要能通过外交结盟，避免英国与其他海军强国的冲突，就能保证英国的安全，那么，海军实力则不必达到"两强标准"。1909 年 5 月，阿斯奎斯首相明确否认"两强标准"是永恒不变的原则："我强烈反对把'两强标准'看作当前和以后都不能更改的圣旨，尽管它曾经有过某种神圣的地位"。③ 实际上，英国政府在逐渐改变"两强标准"的政策。

其次，"两强标准"与美国的关系。英国海军建设实行"两强标准"时，是否应把美国的海军力量纳入考虑范围，从 20 世纪初美国海军崛起以来，就成为争论的焦点之一。这种争论实质上有两个方面的问题，其一，"两强标准"的适用范围，或者说"两强标准"是欧洲战略还是全球战略；其二，美国是不是英国的竞争对手和战略敌人，或者说美国是否可能在一场全球海战中加入敌人的阵营。

---

① 英国议会议事录，1906 年 7 月 27 日（Hansard, 4rd Ser., vol. 162, col. 86；27 July 1906），http：// hansard. millbanksystems. com/commons/1906/jul/27/navy-estimates-1906-7。

② 英国议会议事录，1906 年 7 月 27 日（Hansard, 4rd Ser., vol. 162, col. 116；27 July 1906），http：// hansard. millbanksystems. com/commons/1906/jul/27/navy-estimates-1906-7。

③ 英国议会议事录，1909 年 5 月 26 日（Hansard, 5rd Ser., vol. 5, col. 1296；26 May 1909），http：// hansard. millbanksystems. com/commons/1909/may/26/naval-defence-two-power-standard。

1901 年，英国海军大臣致信外交大臣兰斯多恩，认为"如果美国不遗余力地发展海军力量，英国海军维持'两强标准'几乎是不可能的"。[1] 1909 年 4 月，面对某议员"两强标准"是否考虑美国的质询，海军大臣麦肯纳的回答是："这是一个学术问题，在目前的条件下，考虑到'两强标准'的实际用途，不会把美国海军纳入考虑范围"。[2] 同年 5 月，首相阿斯奎斯也对这个问题做出阐述："至于美国，在目前的情况下，不会被考虑在其他两强的范围之内"。他认为，美国拥有一支强大的舰队，其战列舰的数量超过德国，毫无疑问，它是世界上第二强大的海军。但它对英国并没有明显的威胁，尤其是与德国、法国和奥地利相比。[3] 美国的《纽约时报》也对英国的争论十分关注。1908 年 12 月的报道的标题是《两强标准不是针对美国》，文章认为英国维持海军优势的计划仍然是以德国和法国为对象。[4] 1909 年 5 月，《纽约时报》认为，当时关于英国新闻的主题是海军事务，并认为英国海军的旧准则"两强标准"形同虚设，英国人把美国海军排除在外，使得"两强标准"失去了实际意义。[5]

再次，"两强标准"与舰队构成的关系。"两强标准"提出的时间正处于铁甲舰时代，决定一支舰队实力的主要是装甲的蒸汽动力战列舰，这也是海战中的主力战舰。因此，"两强标准"最初主要指战列舰的数量。但到 20 世纪初，多种战舰类型的发展改变了舰队的构成，也成为影响舰队作战实力的重要因素。

早在 19 世纪 70 年代，法国就出现了对付英国海军优势的战略理论。这

---

① 叶斯廷·亚当斯：《跨越大洋的兄弟：英国外交政策与英美特殊关系的缘起 1900—1905》(Iestyn Adams, *Brothers Across the Ocean: British Foreign Policy and the Origins of the Anglo-American 'Special Relationship' 1900-1905*)，陶利斯学术研究出版社，2005 年，第 79 页。

② 英国议会议事录，1909 年 4 月 27 日（Hansard, 5rd Ser., vol. 4, col. 183：27 April 1909），http:∥hansard.millbanksystems.com/commons/1909/apr/27/two-power-standard-united-states-navy。

③ Hansard, 5rd Ser., vol. 5, col. 1295：26 May 1909.

④ "两强标准不针对美国"（"2-Power Standard Not Aimed At US"），《纽约时报》(*The New York Times*) 1908 年 12 月 20 日。

⑤ "两枪标准的旧公式失效"（"Old Formula of Two-Power Standard Dead"），《纽约时报》1909 年 5 月 30 日。

种新理论的代表人物是法国的奥贝将军，基于弱势海权国家对抗海军强国的需要，他提出只要建立一支有快速的巡洋舰、鱼雷艇和用于轰击海岸的炮艇相配合的小规模的舰队，攻击敌人的海上交通线，就能取得打败海军强国的胜利，因此，战列舰统治海洋的时代即将过去。这种理论因可以减少海军军费而具有吸引力。1881 年法国议会拨款建造 70 艘鱼雷艇。1886—1887 年奥贝担任法国海军部长时，又说服下院批准建造 14 艘专门袭击商船的巡洋舰以及 100 艘鱼雷艇。① 从 1883—1889 年法国没有新的战列舰服役。② 实际上这种理论也引起了英国海军部的关注，使其认识到了鱼雷艇的潜在破坏力。

除了鱼雷艇和巡洋舰，还有潜艇和驱逐舰的发展。19 世纪 90 年代，英国开始设计和建造装备鱼雷的驱逐舰，其最初是为抵制敌人鱼雷艇的攻击，偶尔执行突袭敌方战列舰的任务，但很快就发展成为海军舰队的重要组成舰艇，并且在一战中充分显示了威力。③ 到 20 世纪初，具备实战能力的潜艇开始建造，并且获得迅速的发展，到一战爆发时已经成为海上攻击的利器。1905 年，随着英国的"无畏舰"下水，海军发展进入新的时代。

这些海上舰艇的发展变化都对英国的"两强标准"提出新的要求。例如，1906 年 7 月，在讨论海军预算的议会辩论中，亚瑟·贝尔福就指出，"两强标准"不但应考虑战列舰，而且还应该适用于这种"新型的无畏舰"。④ 显然，在无畏舰的建造方面，英国达不到"两强标准"。1909 年 3 月，英国首相阿斯奎斯认为，发展和建造无畏舰是一个特别的问题，"两强标准"问题与这个问题完全是两回事。但是，"两强标准"是否适用于其他舰艇呢？1907 年 7 月 31 日，海军部的一位官员埃德蒙·罗伯逊的观点是，"两强标准"不适用于英国海军的驱逐舰队，因为"驱逐舰的所需数量根据

---

① 麦尼尔：《西方军事的现代历程》，倪大昕等译，北京：学林出版社，1996 年，第 285 页。

② 埃里克·格罗夫：《1815 年以来的皇家海军》，第 70 页。

③ 吉姆·克罗斯利：《英国的驱逐舰 1892—1918》（Jim Crossley, *British Destroyers 1892–1918*），鱼鹰出版社，2009 年，第 49 页。

④ 英国议会议事录，1906 年 7 月 27 日（Hansard, 4rd Ser., vol. 162, col. 79: 27 July 1906），http://hansard.millbanksystems.com/commons/1906/jul/27/navy-estimates-1906-7。

使用情况而定，而不是取决于其他大国所有的数量"。① 但到 1909 年，海军部政务官托马斯·麦克纳马拉却认为，原来"两强标准"仅限于主力战舰，随着情况的发展，除了主力战舰外，还应该包括装甲巡洋舰、非装甲巡洋舰、驱逐舰和潜艇。② 这是对"两强标准"的全新解释，一方面说明了英国在其他舰艇方面的优势空间非常大，另一方面也说明，对"两强标准"的争议越来越多，同时执行"两强标准"也越来越困难。

最后，"两强标准"针对的目标逐渐转向。对于英国本土和英帝国防御来说，"两强标准"可以保证最低限度的安全，这意味着英国必须掌握制海权。但问题在于英国在全球范围内掌握绝对的制海权已经不可能。在"两强标准"提出的时候，英国的海军战舰数量占世界战舰总数的一半左右，但进入 20 世纪以后，这一比例越来越小。"两强标准"最初的含义是保证英国海军舰队强于世界上任何其他两国的海军联合，在任何情况下足以保障英国本土、英帝国及其遍布全球的贸易。然而这种战略越来越难以实行，于是"两强标准"经历了一个从绝对优势的标准转变为相对优势的标准。"首先要考虑英国的潜在敌人是谁"，因为"武装对抗整个世界，不论是朋友还是敌人，这是愚蠢的，也是不必要的"。阿斯奎斯也认为，"两强标准"必须重视海军总体的战斗实力，"能够防御有侵略意图的两支舰队的联合力量"。那么，如何确定对英国有侵略意图的国家，则是英国外交部必须解决的问题。

1905 年以后，除了英国，海军实力强大的国家有四个，分别是美国、法国、德国和日本。在这四个国家中，日本是英国的盟国，因此"两强标准"不适合针对日本；法国是英国的近友，而且在当时情况下，法国与其他国家联盟入侵英国的可能性也很小，所以"两强标准"也不应该针对法国；美国是英国的"亲属"，两国已经化解恩怨，改善关系，很少有人相信两国之间会爆发战争；只有德国可能是英国的敌人，英德之间存在爆发战

---

① 英国议会议事录，1907 年 7 月 31 日（Hansard, 4rd Ser., vol. 179, col. 982：31 July 1907），http：// hansard. millbanksystems. com/commons/1907/jul/31/navy-estimates-1907-8。

② 英国议会议事录，1909 年 8 月 27 日（Hansard, 5rd Ser., vol. 8, col. 1797：27 August 1909）。

争的可能性。尽管英德之间在外交上探索合作的可能性，但德国海军的快速发展及其野心勃勃的扩张计划引起英国的戒备和不安。

如果英国的海军发展和舰艇建造仅仅保持与德国同等的标准，这将使英国民众和军界都难以接受。因为制海权对英国来说生死攸关，保持一支强大的海军才能掌握制海权。在此情况，亚瑟·李在议会上提出，传统的"两强标准"已经不能适应形势的发展，"两强标准"最好调整为"两倍于一强标准"（Twice One-Power Standard），或者说以 2∶1 的标准（Two-to-one Standard）应对主要敌人。这个标准仅仅针对德国，那么等于完全放弃原来的"两强标准"。但是，英国的利益遍布全球，其海军有责任保护整个英帝国，因此"必须有一支舰队可以到达地球最遥远的地方来保护英国的利益，如同有一支舰队保护帝国的核心一样"。① 所以，这个标准应该适用于全球范围内，针对任何世界上仅次于英国的海洋强国，该国"每建造一艘战舰，英国就建造两艘"。② 1910 年 3 月，海军大臣麦肯纳表示，传统的"两强标准"和"2∶1 标准"并不矛盾，③ 因为当时仅次于英国的海军强国是美国和德国，而这两个国家不可能联合敌对英国。但是麦肯纳也发现，"两强标准"的含义已经混乱，政府内阁和海军部对它的理解不一致，首相对"两强标准"的解释也前后不一。因此，"两强标准"政策必须予以调整。

1911 年 10 月，温斯顿·丘吉尔出任海军大臣，主张与德国展开军备竞赛。1912 年 3 月 18 日，丘吉尔对"两强标准"的争论给予一个明确的解释。他认为，海军的建设标准必须随着形势的发展变化而变化，为了保障英国的海军优势，采取一定的标准是必要的。"两强标准"最初提出时主要针对法国和俄国，这两国是当时英国最大的潜在敌人，但现在这两个国家不可能联合侵略英国。相反，随着德国海军实力的迅速发展，德国的一支海军就可能威胁到英国的安全。因此"'两强标准'已经失去了其大

---

① 英国议会议事录，1910 年 3 月 14 日（Hansard, 5rd Ser., vol. 15, col. 93：14 March 1910），http：// hansard. millbanksystems. com/commons/1910/mar/14/navy-estimates-1910-11。

② 英国议会议事录，1909 年 8 月 27 日（Hansard, 5rd Ser., vol. 8, col. 1717：27 August 1909）。

③ 英国议会议事录，1910 年 3 月 14 日（Hansard, 5rd Ser., vol. 15, col. 93：14 March 1910），http：//hansard. millbanksystems. com/commons/1910/mar/14/navy-estimates-1910-11。

部分的合理性和现实性，现在正需要调整我们的标准以适应实际情况和可能的意外危机"。考虑到当时的争论和英国现有的海军资源，丘吉尔不建议采纳针对德国的"2∶1标准"。丘吉尔的最后结论是"海军部实行的新的建设标准是，在无畏舰的建设方面发展60%的优势，超过德国海军现行的《舰队法》所规定的舰艇数量。对于小型舰艇，会保持一个更高的比例"。①

丘吉尔的陈述结束了英国政府在海军建设标准问题上的摇摆，其演讲内容也为保守党政府所接受，"两强标准"的争论至此基本结束。

结　论

英国海军的"两强标准"政策从正式提出到基本放弃的这段时期，正是英帝国的安全和防御形势日益严峻的时期。由于英国的经济实力已经不能保障其海权在全球的压倒性优势，而以建造战舰数量为指标的"两强标准"，不但未能缓解英帝国的防御形势，反而又把英国拖入了海军军备竞赛，加重了英国的军事财政负担。从对"两强标准"持续不断的争论中可以看出，这项政策缺乏科学性和可操作性，仅仅强调海军对帝国防御的重要，也没有考虑到海军和陆军在防御上的协作，因此存在着战略上的缺陷。"两强标准"没有经过战争的检验，随着国际局势的变化，英国在一战前夕最终放弃了难以为继的"两强标准"政策。

---

① Hansard, 5rd Ser., vol. 35, col. 1554~56; 18 March 1912.

宣传与公共外交史

[**编者按**]　　"伴随着外交史研究的国际化和文化转向以及'9·11事件'后大国对公共外交和国家形象问题的日益重视，对大国，特别是美国对外宣传和公共外交史的研究在 21 世纪初逐渐成为国际学术界的热点和新的学科增长点。对这一领域进行研究不仅有助于拓展国际史的领域，深化对冷战性质和特性的理解，而且还可以为公共外交的开展、国家形象的塑造以及软实力建设提供知识资源，因而具有推进学术与影响现实的双重意义。中国的历史学者近年来也加入到这一学术新潮之中，出版了不少有价值的研究成果，一些学者的研究计划还得到国家社会科学基金等的立项。"①

　　鉴于此，本刊物将设置"宣传与公共外交史"专栏。专栏将系统介绍一战、二战和冷战时期美国对外宣传与公共外交史的研究状况、史料状况，并推出若干重要档案史料的中译文，以及重要著作的书评和相关的研究论文。希望借此来促进国内学术界对该领域的了解，推进相关研究迈向深入。

　　本期将与湖南省教育厅科研基金优秀青年项目"冷战时期美国海外形象宣传战略研究（1953—1965）"（16B031）和国家社科基金后期资助项目"冷战时期美国国家形象塑造研究（1947—1961）"（17FSS001）项目合作，推出一期专栏，主要内容是关于一战时期美国"公共信息委员会"（the Committee on Public Information）的海外宣传问题。本期将推出两篇研究公共信息委员会的学术论文、一组（8 篇）档案译文和一篇书评。

---

① "美国对外宣传与公共外交史"专栏编者按，《史学集刊》2016 年第 1 期，第 46 页。

公共信息委员会档案选译（二）[*]

蓝大千[**]选编译，**翟韬**[***]译校

一、沃尔特·罗杰斯致
公共信息委员会主席克里尔的一封信[①]

马萨诸塞州，伍兹霍尔，1917 年 8 月 13 日

编者按　本文是《美国对外关系文件集，1917—1972：公共外交，第一次世界大战》（2014）的第二篇文献，是沃尔特·罗杰斯致克里尔的一封信。这位日后的无线电与电报服务局主任通过指出德、日、英三国的宣传攻势，以及俄国、中国的实际情况（这两个国家的民众由于缺乏美国的宣传，充满对美国的误解），来说明对外宣传的必要性、海外宣传在美国未受

---

　[*]　本译文是湖南省哲学社科基金项目"文化冷战与美国'自由'形象的海外传播研究（1947—1961）"（16YBA021）、北京市教委重点项目"美国对外宣传与文化外交史史料整理与研究综述"（SZ201510028013）的阶段性成果。

　[**]　蓝大千，中国人民大学世界史专业研究生，本科就读于首都师范大学历史学院世界历史专业。
　[***]　翟韬，历史学博士，首都师范大学历史学院讲师。

　[①]　资料来源：美国国会图书馆，伍德罗·威尔逊文件系列 2：家庭和一般信件，1786—1924，卷轴 90，1917 年 7 月 31 日—8 月 29 日。无分类标识。也见于《伍德罗·威尔逊文件集》卷 43，第 456—459 页。［本文译自：Letter From Walter S. Rogers to the Chairman of the Committee on Public Information（Creel）（Document 2），in *Foreign Relations of United States*（*FRUS*），1917-1972：Public Diplomacy，World War Ⅰ，pp. 4-7。——译者注；沃尔特·罗杰斯（Walter S. Rogers），在日后担任公共信息委员会下无线电与电报服务局（The Wireless and Cable Service）的主任。此人信息译自 *FRUS*，1917-1972：Public Diplomacy，World War Ⅰ，p. XⅧ。——译者注］

到重视。他呼吁美国重视对外宣传，建立相关部门，采取相应行动。

亲爱的克里尔主席：

我刚刚重读了上周日《纽约时报》对拉塞尔先生（Charles Edward Russell）① 的访问稿②，有一段话特别吸引我：

> 注意，就是现在，当前真正关键的一点是东线战场俄罗斯战线的安全问题；还需注意到这个国家另一个几乎被普遍忽视的重大事实是——俄罗斯战线的安全与否完全取决于俄罗斯民众的思想状态。因此，如果你说服俄罗斯的民众们相信：美国并未参与到这场战争当中；美国将不会带着动力和决心投入到战争当中，美国在自己的议会中就已经被分裂；美国真的在寻求和平，你就已经做了远比德国皇帝用十万兵力和众多火炮打击俄罗斯以使俄罗斯战线逐渐溃散还要多的努力。

就在另一天，我同一位刚从俄国回来的经验丰富的观察员进行了交流，他谈到其曾和许多俄罗斯人交谈过，这些俄国人所表达的观点是美国已在战争中获取惊人的利润，如今为了分享战利品已加入到战争当中。和其交谈过的俄国人当中没有一个人了解导致我们参战的相关事件和我们为什么要参战。这一不幸状况仅仅部分由德国人的宣传所致；更多的还是因为我们自身的认识盲区所致，还缘于我们不能或不愿意正视这一事实：除非我们的实际情况得到全世界人民的关注，否则我们的实际情况没有任何意义。俄罗斯人会这样认为，不应该受到指责。我们在华盛顿陈述我们的实际情况，之后天真地期待着莫斯科的报纸在第二天会有我们的报道！"报纸随处可见，请转载"似乎成了我们的座右铭。

这场战争如同在欧洲战场上正在进行一样，也正在大批民众的头脑中

---

① 查尔斯·拉塞尔，美国记者，俄国二月革命爆发后，其于1917年6月前往俄国进行调查和宣传活动。——译者注

② "今日俄国"，《纽约时报》1917年8月12日，第X1页。

进行，这是再怎么多次和大声强调也不为过的一件事。陈述我们的实际情况，说服世界相信我们是严肃认真的，我们代表着人类的共同权利，这是和我们的战争部门、海军部门或是胡佛①所做的事情同等重要的一项工作。如果我们不把我们的苦衷和想法传播到世界，我们可能会输掉这场战争，或者只会部分地实现我们的奋斗目标。

向世界展示我们的实际情况并不是一件微不足道的工作，它同参与到实际战争运作的军事力量一样，需要高度的智慧、专业技术和行动能力。

我对这种情况感到非常震惊。以我自己的情况而言，我到中国和日本去了解那里的人是怎么看我们，并熟悉了东方通信社（Oriental Newspaper and Press Association）采取的方法。我发现应该立刻大刀阔斧地去做一些事情来挫败对我们不利的宣传，并告知大众美国的实际情况。中国正一步步陷入混乱。中国需要来自美国的新闻和真相，然而这些并没有到来——这里只有德国、日本和英国自利性的、有倾向性的宣传。美国公使②清楚地认识到这一状况，并希望我能够让华盛顿意识到状况的紧急。

我报告给豪斯上校③。他建议我去找美国国务院。如今我已到过世界各地，有丰富的新闻工作、政治和商业方面的经验。我想我有资格成为一名训练有素的调查员。兰辛先生④太过忙碌以至于不能见我。我这 3 个月在国内，针对进出国务院已经好多次了，但至今仍未和国务卿搭上线。我曾去过远东事务司，部门主管只是询问我天气、旅馆、铁路的事，但是没有问我任何关于现状的问题；之后我转向波尔克先生⑤，他给我十分钟并且同意考虑我的某些建议。之后我又找到帕钦先生——信息局的负责人，我们有过几次简短交流，帕钦先生认为我可能想在他手底下找份工作！帕钦先生一定程度上有些想法，但他不是一个很棒的人物，他没有独立的权威。

请只考虑如下两个问题：如果总统与交战各方的通信真正地被以文字

---

① 赫伯特·胡佛，时任美国食品管理局局长。

② 指芮恩施（Paul S. Reinsch）。

③ 即总统顾问爱德华·豪斯（Edward Mandell）。——译者注

④ 即罗伯特·兰辛，时任美国国务卿。——译者注

⑤ 即副国务卿弗兰克·波尔克。——译者注

形式印刷发往全世界，现在将会是什么局面？我们想形成一种对世界的吸引力，想让世界对我们有良好的观感和敬意，但世界上大部分国家从未有机会阅读我们的国家文件（state papers）！

美国会被南美、东方和俄罗斯（更不用说其他地区）视为无私地维护人权的国家吗？还是美国仅仅被视为充满贪欲的爱管闲事的国家？我们在这次和平会议上的地位，我们影响力的程度，在很大程度上取决于世界对我们的看法。

当然，德国的宣传会弄乱一切，散播灰尘，迷人双眼。日本的宣传也肯定不会忘记自己的愿望。至于英国的宣传——这位曾经有威望的领导者正欲重新获得失去的声望；七十五年来英国主宰着东方，因为他们相信他们可以在任何一个下午打败这个世界。而如今，英国人不想让世界相信我们是起着决定性作用的，我们才是自由的捍卫者。我们要宣扬自己的信息——民主的故事，否则没人会这么讲。

我相信总统能够体会这种情况。我相信我们除此之外没有更大的问题或责任了。我个人认为这个任务不能交给国务院来完成；国务院里没有合适的人员或组织。去年六月我找到兰辛先生，告诉他合众社（United Press）在南美所进行的业务——我知道这一切，从某种意义上说，这是我的计划——并建议国务院利用这项新业务，系统地解释我们的态度和行动。然而国务卿兰辛却长篇大论地告诉我，将美国的实际情况告知给其他国家的民众并不是国务院的职责。

总统或者国务院总是小心翼翼地准备一份试图澄清状况或使我们与其他国家成为朋友的声明，但这份声明如何传播却不是官方关心的问题！然而，传播和文件本身同样重要！我认为我们编写文件和准备声明是为了收获成果，而不仅仅是为了在官方档案中备案！我从未当过外交官。

我看不出国务院有什么大格局的想法。他们开展一些活动的时候勉强而吝啬。我们发现国务院还在因为其发送一百万张明信片到俄罗斯的想法以及制作一部影响不错的电影的想法而沾沾自喜。从信息传播任务的大局来看，这些事情只是无关紧要的细节。

我们必须组织传播我们民主的信条和目标，并表明民主是一种具备何种特征和方向的真实事物。

这是一项大事业，仅凭一人之力并不能筹划政策、确认蓝本、准确估计成本。这是一项必须在战时条件下进行的新工作。

总统会把这个机会提供给一些有经验的人，让他们实际上独立于国务院，并竭尽全力做好这件事吗？

在我看来，我们与总统的谈话并不完全令人满意。[①] 谈话进入细节时，总统已感到疲劳。我们需要对世界范围内的宣传问题进行广泛考虑，并把细节留给专家。

总之，我是在强调：要明确有力地向全世界表达我们的民主，这是极其必要的。

此致

沃尔特·S·罗杰斯

二、国务院发往驻俄使馆的一封电报[②]

华盛顿，1918 年 1 月 23 日

编者按 本文是《美国对外关系文件集，1917—1972：公共外交，第一次世界大战》（2014）的第 10 篇文献，是国务院发往驻俄使馆的一封电报，其强调了宣传工作中的要点，这些内容具有美国的意识形态色彩。

---

① 根据《伍德罗·威尔逊文件集》的编辑，威尔逊于 8 月 2 日会见了克里尔，"罗杰斯似乎也出席了这次会议"。参见《伍德罗·威尔逊文件集》，第 43 卷，459 页，第 2 号。

② 资料来源：美国国家档案馆，第 59 号档案群组，核心档案 1910—1929 年，第 736 盒，103.9302/12a。无分类标识。1 月 23 日，阿尔维·阿迪（美国国务院长期官员。——译者注）将其标为"已阅"。帕钦（Patchin）（国务院对外情报局职员，此人信息译自 *FRUS*，1917-1972：Public Diplomacy, World War Ⅰ, p. XVII。——译者注）在这份电报上签了姓名的首字母。（本文译自：Telegram From the Department of State to the Embassy in Russia, in *FRUS*, 1917-1972：Public Diplomacy, World War Ⅰ（Document 10），p. 20。——译者注）

21112. 克里尔致西森①：在所有宣传工作中需强调以下几点。把它们教授给你的作家和演讲者们，并用各种可能的方式让他们融会贯通：

Ⅰ. 美国对德国政府发动战争只是为了推翻专制政体、捍卫民主免受阴谋和强权的威胁，除此之外没有其他动机。

Ⅱ. 相信美国会为了商业利益而投入数千人的生命，花费数十亿美元到战争中的说法是愚蠢的。即使不考虑共和国的生命损失和随之而来的工业力量的削弱，商业利益也并不能补偿几十年来美国在战争中所付出的代价。

Ⅲ. 如果德国的胜利不会对美国的独立和自由制度以及其他民主国家的体制构成致命威胁，那么美国可以在战争中保持中立，并通过工商业积累巨大的财富而成为世界上最大的金融强国。

Ⅳ. 当战争将在美国耗费数十亿美元时，美国的资本家可能会无理由地采取行动，并且违背他们的利益来支持一场战争，从而为协约国政府欠他们的数亿英镑的债务提供保障。美国在战争中耗费的钱财来源于税收，而其中大部分来自于同一批资本家。而这些资本家的企业会因为战争而瓦解和破坏。

Ⅴ. 美国介入战争与其金融和工业利益相悖是可以确定的。它认为自己和世界上的其他民主国家受到了来自普鲁士的侵略，特别是俄罗斯新兴民主的严重威胁。

Ⅵ. 美国每个阶层的人们和每个政党，都坚定地支持政府在战争中取得最后胜利，不管代价是生命还是财富。

公共信息委员会

波尔克

---

① 埃德加·西森（Edgar Sisson），1917 年 10 月起担任公共信息委员会驻俄代表；1918 年 7 月起担任海外部主任。此人信息译自 *FRUS*, 1917-1972: Public Diplomacy, World War Ⅰ, p. ⅩⅦ。——译者注

三、陆军参谋部、军事情报局首长（范德曼）致公共信息委员会主席（克里尔）的备忘录①

第 8 号备忘录   1918 年 2 月 7 日，华盛顿

编者按 本文是《美国对外关系文件集，1917—1972：公共外交，第一次世界大战》（2014）的第 13 篇文献，是军事部门成员致克里尔的一份备忘录。它的主题为军队情报部门与美国对外宣传部门如何进行合作，即宣传部门想要获取何种信息，军事情报局又是如何提供的。这里的宣传主要针对德国人。

主题：陆军情报局与美国对外教育运动的联手合作

为了巧妙地继续进行对外教育（或是美国的宣传）活动，当然（需要）依赖于获得准确的信息。以下是所有需要获得的信息种类的纲要，同时还有一份关于军事情报部门可提供的内容的说明。

1.（a）宣传部门要紧跟德国民众对美国的情感态度的变化，还要知道任何明显曲解我们的宣传的情况，比如威尔逊总统的信息被断章取义地出版，篡改过的国务卿贝克关于我们军队武装力量的描述。宣传部门还要获知德国人对我们的战争目标有什么明显的误解，等等。

（b）军事情报局在潘兴将军②的领导下现已获得最新的德国报纸，并

---

① 资料来源：美国国家档案馆，第 63 号档案群组，条目 111，亚瑟·伍德信件，第 2 盒，R·H·范·德·曼。无分类标识。一个无法确知身份的人在整个备忘录中做了小的编辑修改，这些修改已被纳入文本。这份备忘录附在公共信息委员会对外宣传部门的亚瑟·伍德 2 月 28 日给范德曼上校的信中，在这封信中，伍德写道："我希望你能落实这项计划，并在不同的项目中提供有关资料。""在公众舆论被误导的地方，我们特别需要用一切的手段来正本清源；我们也特别需要本委员会现在所做的教育工作产生的效果。"（本文译自：Memorandum From the Chief of the Military Intelligence Section, Department of War General Staff (Van Deman) to the Chairman of the Committee on Public Information (Creel) (Document 13), in *FRUS*, 1917-1972：Public Diplomacy, World War Ⅱ, pp. 28-30。——译者注）

② 即约翰·潘兴，美国加入一战后其任美国远征军司令。

正在翻译和评估这些报纸。对瑞士、斯堪的纳维亚、荷兰最新的报纸亦是如此。

2.（a）宣传部门试图和隐藏在报纸背后的德国民众的思想保持接触。

（b）军事情报局核对了在德国境内特工人员的报告、来自德国的旅行者的报告，以及盟军提供的邮件审查员的调查结果。这些报告由盟国、我们的国务院、海军和司法部提供。这些报告普遍讲述了与德国报纸截然不同的故事。

3.（a）宣传活动需要知晓敌军战壕中士兵的情绪变化。

（b）军事情报局收集的信息源自——俘虏和逃兵，偷听敌方在战壕中的谈话，以及经常通过巡逻和突袭获取的敌军信件和文件。

4.（a）宣传活动需要了解敌军战壕内部的实际情况，如食物储量、生活条件、步兵与炮兵之间的摩擦、普鲁士和巴伐利亚之间的戒备提防、士兵们读到的东西、他们多久获得一次救援物资，等等，这些情况会影响其士气。

（b）军事情报局——通过巡逻、突袭、空中观测以及俘虏和逃兵，获得以上问题答案。

5.（a）宣传活动想要了解具体军事管辖区的具体师的具体特征：例如，从东部前线转移的师的位置，这里可能存在布尔什维克的破坏；萨克森团的位置，其中可能有很大比例的社会主义者；巴伐利亚人的位置；普鲁士人的戒备提防；抑或是捷克斯洛伐克人可能逃往的地方。

（b）军事情报部门的目标是定位德国陆军的每一个师。

6.（a）宣传活动想要了解任何影响其工作的德国军队的命令。例如，据报道，德方军队命令射杀任何阅读从空中降落的宣传物的士兵。因此，建议将美国宣传物（的类型）限制在小印刷纸片上，这样（德国）士兵就可以藏起来。

（b）军事情报局致力于提供这样的情报。

7.（a）宣传方面最想知道是：德国战壕中的文件是怎样被处理的。

（b）军事情报局可以通过囚犯、空中观察以及巡逻和袭击获得一些信息。也可尝试从在德国的特工那里得到这些信息，可以指示他们留意此类信息①。

8.（a）宣传方面希望知道什么方法最适合完成材料散发，（使用）飞机、迫击炮还是巡逻，以及可能采用哪些新方法，例如（使用）气球或风筝。

（b）军事情报部门可以对这些问题进行观察和研究。

9.（a）宣传方面希望知道还有没有可能使用其他方法加大材料的散发力度。例如，将印刷品装载到参与侦察、战斗或轰炸的盟军武器中，或由盟军巡逻队分发。

（b）军事情报部门可以获得这方面的信息。

10.（a）宣传方面希望知道什么方法已被尝试或放弃，以及日耳曼人的主要把戏，并且如何防范这些把戏。

（b）军事情报部门正在研究盟军在使用飞机进行宣传时所做的事情；他们仍在依据什么方法，哪些方法不起作用；俄国人现在在东部战线做什么；日耳曼人已经做了什么，特别是他们的成功之处，如去年十月发生的意大利第二陆军部队被德军误导的事件②。

R·H·范·德曼③
上校，总参谋长
军事情报局首长

四、编者说明（Editorial Note）④

摘要　本文是《美国对外关系文件集，1917—1972：公共外交，第一次世界大战》（2014）的第16篇文献，为编者说明。以维拉·怀特豪斯

---

①　一个无法确知身份的人在这句话后面写下了以下内容："+可以将他们派入德国以查明真相。"

②　此处大概指的是1917年10月24日开始的卡波雷托战役（Battle of Caporetto），在该战役中德军对意大利部队进行了快速的进攻。

③　从带有此类型签名的副本印刷出来的。

④　本文译自：Editorial Note, in *FRUS*, 1917-1972: Public Diplomacy, World War Ⅰ（Document 16），pp. 34-36。——译者注

（Vira Whitehouse）要求将宣传部门作为公开机构但遭到反对为例，指出宣传工作保持非官方性质的重要性。因为美国在瑞士的宣传工作需要重视新闻而非社论，官方宣传往往会引发公众反感，但新闻不会。

　　在瑞士，一场争端在美国驻瑞士大使馆官员和公共信息委员会驻伯尔尼代表之间发生，争端为后者的工作应在何种程度上获得公开承认。公共信息委员会驻瑞士委员维拉·怀特豪斯认为，她应该被允许作为公共信息委员会的代表公开工作。她在 1918 年 2 月 8 日写给公共信息委员会主席乔治·克里尔的信中指出："我在瑞士已经联系到两类报纸的编辑，我发现你们部门提供给他们的这些信息是按照我已经提议的方式进行的，并受到热烈欢迎，尤其是关于新闻交流方面。"然而，怀特豪斯指出，并非所有大使馆官员都同意这种做法。她特别引用驻伯尔尼大使馆的秘书休·罗伯特·威尔逊的话，写道："我们主要的意见分歧是，他害怕坦率公开的新闻政策，而我相信鉴于瑞士政府和我们自己的政府之间的基本相似之处，这将是非常有价值的，而且我已经与编辑和其他工作人员进行了谈话，这也增强了我这一信念。而我脑中的另一想法同德国人的方式非常类似，公开信息这一做法使宣传一词名誉扫地。"（第 2599 号来自伯尔尼的电报，2 月 8 日，国家档案馆，第 59 号档案组群，核心档案 1910—1929 年，第 736 盒，103. 9302/24）

　　就秘书威尔逊而言，他在同一天向克里尔写道："我感到承认政府参与宣传活动是非常不可取的。自战争开始以来，德国的宣传就如洪水一般淹没了瑞士，以致于这个国家的公众舆论自然而然会远离被有意引导的那个方向。"他继续说道，"此外，我相信一篇编者带着自己真情实感写出的文章比成千上万的宣传品更有价值。让具有私人而非官方关系的编者去解释美国的价值观念是一种最好的宣传类型。"他总结道："我觉得如果她（怀特豪斯）作为一个官方承认的美国公共信息委员会派去的使者，这将妨碍她与报纸的编辑们达成上述这种非官方关系。"（第 2600 号来自伯尔尼的电报，2 月 8 日，国家档案馆，第 59 号档案组群，核心档案 1910—1929 年，第 736 盒，103. 9302/25）

在怀特豪斯和威尔逊写的信送达国务院后，卡尔·W·阿克曼（一名记者，也是总统顾问爱德华·豪斯上校的同事）直接写信给怀特豪斯，反对她进行公开工作："公众舆论不受社论而是受新闻的影响。德国宣传的成功之处就在于其新闻的发行传播工作。我们的失败也在于我们几乎不出版发行新闻，结果就导致没有人认为我们在认真备战。因为85%关于美国的新闻谈到的都是错误、失败、失误、粮食和煤炭短缺、军队弱小，大概只有15%的新闻是具有建设性或有利于我们的。我们在瑞士建立官方宣传机构引发的当地人的反应和瑞士人在华盛顿建立官方宣传机构之后我们的反应将会是一样的。一切确认好的东西都将被抛弃。如果美国认为它设立的公开机构的影响会是个例外，那就错了。我的瑞士朋友刚从美国回来，其为《新苏黎世报》撰写了一篇文章，并受编辑指示重写了一些对美国有利却会引起德国读者敌对情绪的内容。编辑部所持的中立原则已经得罪了德国人。编辑被告知除非它（瑞士）态度友好，否则其煤炭供应将会被德国切断。"

"请相信怀特豪斯夫人可以在一定范围内有效地工作，但是美国政府不能允许她设立公开部门。我们需要的不是一个公开的机构，而是通过一家美国新闻机构——如美联社和合众社来发布和传播新闻。我们必须与德国和奥地利的机构竞争，因为它们并不是以社论而是以非官方性质的宣传影响公众舆论的。"（第2613号来自伯尔尼的电报，2月9日，国家档案馆，第59号档案组群，核心档案1910—1929年，第736盒，103.9302/26）

2月16日，克里尔回复了怀特豪斯的电报。他告诉她，公共信息委员会驻巴黎代表詹姆斯·克尼将按计划于近期抵达欧洲，并指示她说："你的情况等到克尼及其所携货品到达之后会做出明确的决定。原来的指示不变，总统亲自指示国务院批准了我们的计划。但是，在设立办公室和递交信件之前，明智的做法是等待、继续调查和进行非官方的联系。"（第1506号到伯尔尼的电报，2月9日，国家档案馆，第59号档案组群，核心档案1910—1929年，第736盒，103.9302/40f）

怀特豪斯在她的回忆录《担任政府代理人的一年》① 中讨论了她对这件

---

① Vira Whitehouse, *A Year as A Government Agent*, New York: Harpers & Brothers Publishers, 1920, 第208—211页，重新印刷的相关文件在第289—316页。

事的看法。

五、海外部主任（欧文）写给驻法国委员（克尼）的一封信[①]

华盛顿，1918 年 3 月 19 日

摘要 本文是《美国对外关系文件集，1917—1972：公共外交，第一次世界大战》（2014）的第 18 篇文献，是公共信息委员会对外部门主任致公共信息委员会驻法国委员的一封信，信中提到美国人如何根据法国人的特性在法国进行宣传活动，并指出美国在广告产业方面的先进性。

亲爱的克尼先生：

我已开始负责对外宣传工作，副主任伍兹已经辞职。无疑你早就知道，休·吉布森（Hugh Gibson）先生正在经由伦敦前往巴黎。他肯定会见你一面，以便于你与我们的计划保持联系。我今天发电报给你的主要目的是，要求你汇报进展情况，并告诉我你认为应该做些什么。[②] 我们为扩大在法国的工作做了大量准备，我很快会向你们提供援助。与此同时，你们在巴黎可能已经得到了大量的物资援助了。在这场战争中，我比任何其他欧洲人都更了解法国人，所以也许我自己可以对形势做一些判断。

首先，我认为在所有的国家，印刷宣传已有点过时了，相比之下口头宣传显得更有价值。我还了解到法国人在会议上表现出色，公共演讲者都

---

① 资料来源：美国国家档案馆，第 63 号档案群组，条目 106，从公共信息委员会驻外员工获取的信件、电报、报告和报纸，1917 年 11 月—1919 年 4 月，第 8 盒，克尼—通信，1918 年 3—7 月。无分类标识。这封信是由巴黎大使馆转交给克尼的。（本文译自：Letter From the Director of the Foreign Section, Committee on Public Information（Irwin）to the Committee on Public Information Commissioner in France（Kerney），in *FRUS*, 1917 - 1972：Public Diplomacy, World War Ⅰ（Document 18），pp. 41 - 44。——译者注）

② 第 3339 号到巴黎的电报，3 月 19 日。（美国国家档案馆，第 59 号档案群组，核心档案 1910—1929 年，第 732 盒，103. 93 / 91c）

是十分优秀的宣传员。在去年冬天，像赫伯特·亚当斯·吉本斯①这类演讲者已有组织地完成了许多演讲。我认为你应该尽你所能，把能够用法语做出令人满意的演讲的美国人组织起来，并传达给法国民众我们希望传达的基本理念。美国人比法国人更适合完成这项工作，只要美国人能讲得语言得体。如果你打算进入这一部门，请告诉我，因为我想我可以从这里给你指派几个人。

如果我是你，我应该避免让自己犯下与巴黎所谓的"前爱国者群体"有密切联系的错误。这些人指望巴黎的社会和法国官员阶层对他们的社会认可，他们与真正的法国人民没有接触，就像涌入纽约社会上的外国人一样，未曾与真正的美国人民保持联系。也许对于法国的上层阶级已经做了不少工作，但是对普通民众做的工作还远远不够。就在我2月份离开法国之前，我在南方进行了一次旅行，以便了解这里的人们是如何思考和谈论美国的。我发现德国一直在这里忙活着拨弄是非的宣传，法国人之中没有人采取任何措施来反驳过这个观点——我们（美国人）是抢钱的人，是为了防止金融恐慌而参加的战争。我们以高昂的利息向欧洲借贷资金，而当盟国筋疲力尽的时候，我们会过来用精力充沛的军队收缴抵押贷款。正如你可能已经察觉到的，现在欧洲正变得非常激进，今天被淹没的这些底层阶级所说的话，可能就是明天统治阶级的主导思想，即使在友好的法国，我们也不能忽视工人阶级和农民阶级。

以下是我建议立即采取行动的一件事：思考宣传的重要性。我意识到，在我们的中立时期，美国进行的最有效的宣传，是由服务于美国国内出版物的杰出的报纸记者和杂志撰稿人做出的，这些人前往欧洲，采取这方或那方的立场，回来后书写下来。克里孟梭、梅特林克②或是阿纳托尔·法朗士③的声明或者陈述，没有威廉姆·哈德④、艾尔文·科布⑤、理查德·哈

---

① 美国记者。

② 莫里斯·梅特林克（Maurice Maeterlinck），比利时作家。

③ 阿纳托尔·法朗士（Anatole France，1844-1924），法国作家。

④ 美国记者。

⑤ 美国作家。

丁·戴维斯①等美国作家所发表的杂志文章那么有影响力。这些著名的美国文人在我们的杂志或报纸中有他们自己的追随者，并且讲我们自己智识风格的语言，而这些语言欧洲人并不使用。现如今，我想鼓励法国明星记者和知名文人到美国来写东西支持我们。我们面临着一个问题：欧洲出版的费用比美国的开支要小得多，他们并不能像我们一样支付得起巨额的账目开销。所以，我们可能有必要给他们支付费用。但出于两个理由我不喜欢这样做：第一，我们的钱和所做的工作会形成一定的比例关系，这在一定程度上限制了我们必须做的工作；第二，该做法可能会招致批评。但是，毕竟这并非真的不合法，而且当务之急是把这些人请到这里。如果你能安排这样的人——越杰出越好——访问美国，我们将在这里安排好一切。我们将会安排好诸多事宜，让他们享受一段美好时光并展示一切。

这是我建议的我们派驻到大多数欧洲国家的组织模式，当然有时我们仍然将不得不做出调整以适应独特的情况。这种组织模式是：首先，有一个主任；其次，有1—2名专业报人或专业宣传人员；第三，设一个演讲人的机构，其中应有人负责使用和调配播放移动电影胶片；第四，有1—2名一流的广告人；最后，至少有一个人的工作是在全国各地旅行并收集信息供我们使用，根据人们谈论我们的内容，确定我们需要做怎样的宣传。

上述第四项可能使你好奇，实际上这是我的一个偏好。我一直在留意英国和法国的宣传。他们都显得笨拙，因为在广告产业方面落后了我们一代。我们发明并发展了广告产业，我们也是除了德国人之外唯一被训练成心理学专家的一代。我想将此技能传授到欧洲，并在那里使用，这是美国广告人十分擅长和珍视的技能。当然，我希望这个工作过程中得到专家的指导以避免错误。请不要从狭义上理解这个想法。我不想让一个人编写宣传美国的广告，我想让一个人琢磨出一种以前没有人想到过、可以对人产生影响的事情。

我了解到你刚到法国，还不会讲法语。既然这样，我建议你和真正了

---

① 美国记者。

解当地的人建立联系，你要和这些人讨论你的大部分计划，并接受他们的建议。正如你所知道的，法国人是一个有着伟大智慧，但同时存在各种各样的心理特征的一个民族。我们（美国人之间）相处得很好的方式，经常与他们的完全相反，反之亦然。此外，除了西班牙以外，在任何一个欧洲国家，一个善意的局外人十分容易得罪公众。

休·吉布森到达后，一定会和你更充分地讨论我们的计划。

我也祝你在工作中一切顺利，

非常诚挚的。①

六、驻意大利大使馆致国务院的一封电报②

罗马，1918 年 4 月 30 日

摘要 本文是《美国对外关系文件集，1917—1972：公共外交，第一次世界大战》（2014）的第 22 篇文献，是驻意大利大使馆致国务院的一封电报，主要指出如何针对意大利人的特点进行宣传。

1558. 吉布森致欧文。下列在意大利的活动计划交给你审议。

我们的目标应该是：

1. 提高意大利人所有阶层的士气。

2. 通过各种渠道有效抑制德国宣传的效果。

3. 反击德国关于美国的参战目的和准备的虚假宣传。

4. 给意大利人民留下深刻印象，即我们拥有大量且迅速增长的资源，我们决心以各种方式帮助意大利。

---

① 从未签名的副本印刷。

② 资料来源：美国国家档案馆，第 59 号档案群组，核心档案 1910—1929 年，第 732 盒，103.93/221. 无分类标识。绿色。5 月 2 日下午 8 点 15 分收到，帕钦在第一页写道："改述后发送过来。文件。PHP。"（本文译自：Telegram From the Embassy in Italy to the Department of State（Document 22），in *FRUS*, 1917-1972：Public Diplomacy, World War Ⅰ, pp. 47-49。——译者注）

5. 传播我们正在为之奋斗的对自由理念的理解，不仅要维持舆论的热情，而且要加强舆论明智的声音，以便抵制反动倾向。

我们可以用来实现这些目标的手段是：

1. 应该让所有的人都能很好地理解（威尔逊）总统在战争中的言论。这些应该尽可能在意大利人的名义下，通过不同的评论对不同阶级有所启发这样多样的方式来突出。为了使人们对总统怀有深深敬意，一个全方位传播总统的理念和目的的宣传运动将能起到作用，并且成本不值一提。还应提供给作家和演讲者有关总统演讲中美国参战目标的材料。意大利人普遍缺乏热情的原因之一似乎是民主理想对民众缺乏足够的吸引力。

2. 电影宣传活动应立刻、大规模地展开。贫穷和无知的阶层更容易受到反战情绪的感染，我们并非总是通过新闻或小册子对他们宣传，而是美国的电影可以深入（#）①做到这一点。相信这种电影宣传活动在这里会比在法国显示出更多的成果，这种活动应该集中在意大利进行。少量已经供应的电影已经在小规模范围内产生效果了。

3. 在这里，新闻宣传相对简单，可以按照既定路径开展。意大利报纸对美国新闻和文章的兴趣高于对法国和瑞士的报纸，委员会已经获得了可观的空间。美国应该组织一次由在美意大利人写给他们在意大利的朋友和家人的信件运动，向他们讲述美国的战争精神，对意大利的感情，美国人愿意接受食品和其他生活必需品供应匮乏的盟友，并对其供给。较为无知的阶层会更相信这些信件，而不是印刷的信息。

5②. 演讲部门应加强和扩大。拉·瓜迪亚（La Guardia）③已做得很好，但应该有一些其他说意大利语的美国人不断前往意大利，谈论美国及其目标。应该立即派一位会说意大利语的出色的管理者担任演讲部门负责人。

---

① 原文即是如此。据推测，#可能意味着遗漏或是乱码的文本。——译者注

② 原文没有第4条。——译者注

③ 在1916年当选为国会议员的菲奥雷洛·拉·瓜迪亚在第一次世界大战期间去了美国陆军航空服务队。他曾在意大利和奥地利的前线指挥美国空军。

6. 商业宣传、红十字会活动、意大利记者和公众人士到我们在法国的基地和前线参观访问的活动，这些仍然在构想中。我们也在不时酝酿其他宣传活动。

仅依靠罗马的组织将无法妥善处理这种情况，在米兰、都灵、佛罗伦萨、热那亚和那不勒斯都应该有活跃的分中心，其中一些由我们的领事官员指挥，另一些由特别指派的人员指挥；还有代表在帕多瓦致力于对敌国的宣传。这些地方出现的问题多种多样，需要密切和不断的监督。在米兰的领事主要用自己的经费出色地完成了工作。其他地区的工作则被忽视了，除非我们在罗马的机构知道它们的需求并出力帮助。

这里的局势无疑十分严峻，很容易导致另一场灾难。这种局势需要即时的和充满活力的教育运动化解。我们处于一个特别有利的地位来实施教育运动，因为同其他任何盟国相比，意大利对威尔逊总统的力量和诚实更有信心。在意大利，每月一万美元应被视为维持我们有效工作的最低款项，并应立即提供，以便我们的人能够行动起来并取得成果。时间是最重要的因素，必须立即做出决定，一个月后就可能为时已晚。在这种关键的形势下，我们必须要准备好花钱，因为资源不足并不值得运用。

我们在这里拥有一个认真和有能力的团队，如果我们要做任何有价值的事情，这个团队应该得到全力支持。以上是与他们在充分协商之后制订的计划的实质内容。

纳尔逊·佩奇（Nelson Page）[1]

---

[1] 此人1913—1919年任美国驻意大利大使。该信息译自 FRUS, 1917-1972: Public Diplomacy, World War I, p. XVIII。——译者注

七、战时总参谋部军事情报局的准备报告①

华盛顿

摘要 本文是《美国对外关系文件集，1917—1972：公共外交，第一次世界大战》（2014）的第 23 篇文献，主要谈论在美国后院——拉丁美洲如何进行宣传工作。哥斯达黎加是讨论的重点。文中主要针对的是德国在拉美的宣传运动。该文件也表明了宣传活动运作前需要由军事情报局对受众国进行心理评估，形成报告手册并提交给宣传部门参考。

[这里省略了一张封面和目录。]

哥斯达黎加

Ⅰ．目标

哥斯达黎加地理位置关键，此处动荡会引发别处的反应。任何在中美洲的风吹草动可能不会太引起我方军事情报部门的关注，但可能会严重影响政治前景。美国对德国的政治攻势将受到影响，如果在中美洲的强制干预使得整个拉丁美洲大陆害怕美国的话，就会给德国高呼"扬基帝国主义"的口实。

[这里省略了第二部分"Ⅱ．控制因素"]

Ⅲ．宣传现状

德国的宣传人员在哥斯达黎加人数众多，势力强大，他们与政治阴谋家的密切联系已在上文中提到。他们的目标显而易见，为威尔逊总统所不

---

① 资料来源：美国国家档案馆，第 63 号档案群组，条目 133，由总参谋部军事情报局编写的《国外心理评估手册》，1918 年 2 月—6 月，哥斯达黎加心理评估。无分类标识。报告的第一页有两个打字日期：1918 年 2 月 27 日和 1918 年 5 月 1 日。（本文译自：Report Prepared in the Military Intelligence Branch, Department of War General Staff（Document 23），in *FRUS*, 1917 - 1972：Public Diplomacy, World War Ⅰ, pp. 50-56。——译者注）

齿，即制造干扰，转移美国的精力。在这种情况下，他们为强迫美国做出这种干涉的明确目标而努力。这种干涉会引起"扬基帝国主义"的呼声，给柏林一个反对美国战争目标的话题。

他们可能希望有足够严重的骚乱能给我们的军事事务带来真正的麻烦。

有迹象表明，德国无线电台被隐藏在哥斯达黎加。已经在哥斯达黎加不止一个地方找到了一直在绘制地图和测量战略位置的德国人的踪迹。一个令人震惊的例子是，通常在海岸接收消息需要三天时间，但消息隔绝的德国侨民以神秘的速度赶在海岸接受电缆新闻信息之前就能收到欧洲战争的新闻。去年11月，当内陆的德国人告诉一位美国红木买家关于意大利战败的消息时，就早于那些只能从电缆新闻获得消息的人。相信哥斯达黎加的某个无线电台对冯·施佩（von Spee）[①] 在太平洋地区的行动有很大的帮助。

在圣何塞主教约翰·加斯帕德·斯托克（Johann Gaspard Stork）[②]掌管的圣公会中，牧师或神学院成员中德国人的人数增加了四倍以上。他们散布在全国各地，除了在宗教的幌子下进行德国的宣传之外，肯定还被用来传播信息。

《新时代》是由斯托克主教在圣·若泽出版的四页面的日报。它的发行量很小，但它的文章有时是从省级报纸中转载的。这份报纸是强烈反美和严格"中立的"，即是亲德的。

"中立"文章的类型如下：

a. 保卫德国人：

1. 他们受到的待遇有多糟糕——贸易被切断了。

2. 他们被污蔑为无政府主义者。

3. 他们作为个体是多么的出色：冯·赫特林（von Hertling）[③]，（是）天主教的荣耀。

---

b. 邪恶的协约国

1. 当教皇向他们请求的时候，他们也不会选择讲和。

2. 背信弃义的英格兰，等等。

3. 他们控制电缆并发送不实信息。

4. 他们给自己"恐惧"，例如向耶路撒冷投掷炸弹。

反美文章的类型如下：

a. 美帝国主义，例如入侵海地"拉丁美洲共和国"。①

b. 门罗主义②的虚伪。

c. 美国是伪君子和小国的压迫者，不允许美洲联合③等。

许多亲德的宣传报纸已经从*西班牙的巴塞罗那*运往哥斯达黎加。10 月 30 日，一位记者从瑙恩（Nauen）发来一封电报，就玛塔·哈里（Mata Hari）被枪毙事件发表评论，并补充说："她被曾经赞扬英国间谍卡维尔小姐（Miss Cavill）被政府枪杀，她承认自己有罪。"④

11 月 3 日，其中一篇文章发表了这样的声明："美国佬的金库已经向意大利人提供了 2.3 亿美元用于在美国的采购——美国的援助，这实际是为了美国人自己的利益。"

11 月 6 日，一位委内瑞拉人发表了一篇文章，赞颂德国在各个领域所取得的成就，并嘲笑地把我们称为"野蛮人"。

11 月 4 日，一篇文章描绘了意大利"被盟国抛弃"的失败情况。

---

①　1915 年，威尔逊总统派海军陆战队前往海地，努力使海地在让·维尔布鲁·纪尧姆·萨姆总统（Jean Vilbrun Guillaume Sam）遇刺后恢复稳定。直到 1934 年，美国军队还没有完全撤出海地。

②　在 1823 年 12 月 2 日向国会送达的咨文中，詹姆斯·门罗总统概述了一项外交政策，其中宣称，虽然美国不会干涉欧洲事务，并承认西半球现有的欧洲殖民地，但它不会容忍欧洲人控制西半球的领土。该政策是为"门罗主义"。

③　此处大概是指泛美运动。19 世纪开始的一系列拉丁美洲国家会议，在这些会议上，拉美国家推动从"国际法"角度理解"美洲"，这些法律有助于减少干涉他国事务，也是希望能削弱美国在该地区的影响力。

④　玛塔·哈里（生于荷兰，原名玛格丽塔·泽尔）是一名舞蹈家，于 1917 年被法国人以间谍罪处决。艾迪丝·卡维尔（Edith Cavell）是一名英国护士，1915 年因帮助盟军士兵逃离被德国占领的比利时而被德国处决。

下列西班牙报纸已从巴塞罗那发往哥斯达黎加：《时代报》 （*El Tiempo*）、《争鸣》（*El Debate*）、《论坛报》（*La Tribuna*） 和 《鸢尾花之和平》（*El Iris de Paz*）。这些都是亲德的报纸。

胡安·库佩尔（Juan Kumpel）的《战争》（*La Guerra*） 已被发送到所有南美国家，一家在智利的德国分销商估计，他分发的此类小册子的数量为 12.5 万。

西班牙不断向哥斯达黎加发送关于德国作战的书籍译文，特别是德尔布吕克（Delbrück）、特雷奇克（Treitschke）[①] 和其他十几位德国教授和官员撰写的《德国与欧洲战争》，给出了通常德国人对战争的辩护和对英法美三国的攻击。

源源不断的宣传从墨西哥的《德国消息》（"*Informaciones Alemanas*"）流入哥斯达黎加。以下是在邮件中截获的单个包裹中的小册子列表：

标　题	原　文	作　者
《大陆的吸血鬼》	"El Vampiro del Continente"	雷文特洛伯爵（Count Reventlow）
《陆军元帅兴登堡》	"El General Mar le Von Hindenburg"	奥斯卡·波尔（Oscar Boer）
《反对阿根廷联盟》	"El Coalicion Contra la Argentina"	P·科尔多瓦（P. de Cordoba）
《潜艇问题》	"El Problema Submarino"	埃米洛·惠多布罗（Emilo Huidobro）
《英国在印度的统治》	"La Dominacion Britanica en las Indes"	W·J·布莱恩（W. J. Bryan）
《去年德国的工人保护》	"La Protection al obreo an Alemania"	罗伯特·施密特（Roberto Schmidt）

---

① 德国历史学家汉斯·德尔布吕克（Hans Delbrück）和海因里希·冯·特雷奇克（Heinrich von Treitschke）。

标　题	原　文	作　者
《怪样》	"El Mowe"	康德·多纳·施洛登（Conde de Dohna Schlodien）
《从卡梅隆到德国战壕》	"De Kameron Hasta la Trinchera Alemana"	M·基尔希（M. Kirsch）
《德语的语法》	"Grammar of the German Language"	由奥托·鲁珀特（Otto Ruppert）出版

总之，目前在哥斯达黎加工作的德国人和反美人士的名单上有超过300人。清单上哥斯达黎加向各个方向发送和输出的出版物现已超过50份。

德国宣传攻击的特征能表明美国人的回应力度是显而易见的：

当前形势的主要特征是德国代理商和德文读物的流行，而美国新闻、美国书籍、美国电影和美国代理商的缺乏与之形成了鲜明的对比。

Ⅳ. 美国计划

1. 哥斯达黎加现在是中美洲的关键。

当前的政治形势表明，美国需要利用心理影响，这里存在的非常活跃的亲德宣传加强了这一需要。此外，需要向哥斯达黎加解释美国的禁运①。

哥斯达黎加人的高识字率及其对美国相当友好的态度表明了这是一个机会。

未来的规划是仅限发送新闻稿，但随后可以在报纸和杂志中增加一些特稿，增加小册子和电影（的投放），为在圣何塞居住的美国人提供积极的帮助，等等。

2. 总结需记住的要素

总的说来，危地马拉是中美洲最亲美的国家。哥斯达黎加次之，尼加

---

① 1917年10月，美国通过了"敌对贸易法"，该法在战争期间限制与敌人的交易。

拉瓜则是最反美的，因此即为亲德的国家。萨尔瓦多由于（拥有）德国资本而亲德。洪都拉斯则亲墨西哥。

商人阶层是哥斯达黎加的主要力量。这里没有代表美国的大商行。在哥斯达黎加，除了政府之外，拥有土地最多的联合果品公司是最为人所关注的。尽管它主要由美国注资，它的船只都挂着英国国旗航行。英国对咖啡——哥斯达黎加的主要出口产品的禁运已经激起了一些反英情绪。

德国拥有汉堡港至美洲交通线的运营公司，拥有大部分的咖啡种植园，在圣何塞有十五家大型批发公司。因此，这里有一片强烈亲德的侨民区，其中有许多人与哥斯达黎加人联姻。

哥斯达黎加人真正热爱的外国只有法国，哥斯达黎加人主要在巴黎接受高等教育。

另一个经济事实应该被美国心理学家牢记在心。由于哥斯达黎加的中产阶级很贫穷，且绝对没有工作供女孩选择，因此卖淫现象十分普遍。在圣何塞，从事工作的女孩不超过 40 人，妇女认为从事工作是与妓女相比同样堕落的表现。

一直存在的因素是，哥斯达黎加人，即使是那些对美国最友好的人，也总是表现出恐惧的迹象，唯恐美国政府对这个国家有所图谋。这种持续的忧虑作为一种潜在因素存在于所有拉美国家，这一持续的忧虑在亲德宣传员的"北方食人魔"和"秃鹫把渴望的目光投向了所有的拉美共和国"的呼喊声中持续加强。

在宣传出版方面，广告牌、小册子和传单被广泛用于影响公众舆论。电影很受欢迎，是一种很好的广告媒介。报纸也是重要的不必审查就能被广泛阅读的媒介。主要的报纸有《时代报》（*El Tiempo*），在利蒙港出版发行（英语和西班牙语）；《大西洋先驱报》（*El Heraldo de Atlantico*，西班牙语周报），在利蒙港出版发行；《消息报》（*L'Informacion*，西班牙语日报），面向所有阶层，在圣何塞出版发行；《共和国》（*La Republica*，西班牙语日报），在圣何塞出版发行；《新闻》（*El Noticiero*，西班牙语日报），在圣何塞出版发行；《自由新闻》（*La Prensa Libre*，西班牙语日报），在圣何塞出版发行。

3. 美国心理学家从哥斯达黎加的学生那里获知的几个*不要*：

（1）不要吹牛。拉美人对听到美国有多强大感到厌倦，这是他们最害怕的。让他们推断美国有多强大，不要直接告诉他们。

（2）不要把美国看作是完美的，也不要认为自己比其他种族优越。更好的说法是，美国有很大的缺点，但在比其他任何国家都更快速、更民主地奋斗。

（3）不要进行威胁。拉丁美洲人总是感到很自豪，阿谀奉承更吸引他们。（应）理解他们的困难，永远表达对他们的个人关怀。

（4）不要把美国人和美国说成"美利坚人和美利坚"（Americans and America）。（应）说"合众国"（United States）。拉丁美洲人对将合众国说成整个美洲感到怨恨。

4. *需要强调的是*：

（1）美国的战争准备，其效率、彻底性和速度。

（2）美国团结一致，决心赢得公正的和平。

（3）威尔逊总统所宣布的美国反帝战争的目标。但不要把威尔逊视为独裁者的代表，并雄心勃勃地要称霸世界。

（4）美国的介入使盟军的胜利成为必然。德国宣传者在拉丁美洲的呐喊是"德国会获胜"（"Alemania vencera"）。

（5）美国历来对美洲共和国十分友好。向南美的游客、作家和艺术家尽可能强调美国对其的尊敬。

（6）去除傲慢的美国环球旅行者和狡猾的美国商人这一标签。讲述美国商业理念的变革，以及使拉丁美洲商人满意的新决心。

（7）美国对劳工的态度正在改变，已对剥削美国工人的公司采取新的限制措施，就像在拉丁美洲国家一样。

在拉美最难开展的是*开放诚实的直接教育*，因为在这里迂回、繁文缛节、奉承和阿谀是必不可少的。

5. 三项为美国的心理（战）活动制定的一般性原则，无论在哪里都有效：

（1）如果需要的话，美国将在这场战争中坚持十年。

（2）在拥护民主、反对帝国主义事业方面，美国将是永远的和平捍卫者。

（3）美国能够感受到世界范围内变革的推动力；美国正在迅速改变并结束了一些十分严重地侵犯美国邻国的暴行。冷静、礼貌、自信地重申这一事实：美国不可能输掉这场战争，美国将永远向最深最远处前进。

6. 现在能做什么

稳定地向哥斯达黎加报社发送日常新闻，以便使从哥斯达黎加转载新闻的附近国家可以立即传播这些新闻。

7. 未来可以做些什么

除日常新闻发布外，一旦安排了新闻分发代理人员，可以立即寄出特稿。将美国报纸和杂志向俱乐部和图书馆大量发放是非常重要的。

可由对外新闻局向哥斯达黎加的报纸和杂志发送专门的文章。在美国报纸上转载赞扬拉丁美洲的文章是非常有效果的。关于美国的战争目标的西班牙文小册子是有影响力的。特别需要制作解释美国禁运的小册子。

电影很受欢迎且颇具影响力。除了美国政府可以发送过去的电影外，还有几家电影公司在向拉美出售电影，并且他们出售的电影特别适合于哥斯达黎加。前面概述的主题可供拍摄，反映美国的风光、产业、国家特性等总体状况的教育影片也可以一起拍摄。

我们可以派工作人员直接去接触居住在哥斯达黎加的美国人，他们很容易被用来施加最具渗透性的心理影响。

八、公共信息委员会分管海外出生美国人工作的 埃德温·比约克曼写给大卫·F·斯温森的信①

华盛顿，1918 年 7 月 31 日

摘要 本文是《美国对外关系文件集，1917—1972：公共外交，第一次世界大战》（2014）的第 30 篇文献，文中探讨了关于对一个失败的宣传品禁止印发的事情，因为该宣传品有"宣传"的字样。信中强调了宣传活动的一个重要原则：最好的宣传往往不像是宣传。

我亲爱的斯温森：

你的内容为"战争中的美国精神"的小册子和你在独立日的演讲（稿）已在今天上午到达。翻阅这本小册子，我在第 11 页发现了如下字句：

"为公共信息委员会撰稿并翻译成瑞典语刊发流通，这是美国在瑞典的一项宣传工作（propaganda）；1918 年 5 月 19 日星期日首次发表于《明尼阿波利斯日报》。"

我一读到这里，就给你发了以下电报②：

"坚决反对你在写给公共信息委员会的'战争中的美国精神'小册子里，写下美国在瑞典用瑞典语进行宣传的字样。如果还没有分发，请停止发放这一小册子。你的这一说明是错误做法，并且对美国的事业是有害的。我的信函如下。"

我很遗憾你本应该在小册子中处理一下"美国在瑞典的一项宣传工作"

---

① 资料来源：美国国家档案馆，第 63 号档案群组，条目 105，海外部办公室，一般信件，第 4 盒，比约克曼—8 月 1—20 号。无分类标识。斯温森是位于明尼阿波利斯的明尼苏达大学的哲学教授。（本文译自：Letter From Edwin Björkman of the Division of Work Among the Foreign Born, Committee on Public Information, to David F. Swanson（Document 30），in *FRUS*, 1917-1972：Public Diplomacy, World War Ⅰ, pp. 64-65。——译者注）

② 7 月 31 日；附有抄本一份，但未打印。

的字样，在现在这种情况下，你的提法很可能会被证明是有害的，如果你要是做了处理或许就是有益的了。在瑞典，他们对这类事情极为敏感，我们非常谨慎小心地尊重他们在这方面的感受。我可以补充一点，美国政府强烈反对任何其他国家进行被称作宣传（propaganda）的工作，目前战争期间德国进行了大量的这种宣传工作。

当我写信给你叫停这篇正有问题的文章的时候，我提到小册子将在瑞典出版，出版并不意味着我方在进行任何宣传。有一个我的机密通告，其全部内容见随函附上的副本里①，其中表明我们只希望在这个国家表达一定的感受和观点，就是使瑞典相信，无论是为了我们还是为了他们，美利坚民族在打仗的过程中是完全团结一致的。

我希望你能找到办法，回收已出版的小册子。没有人反对你提到的"战争中的美国精神"是应公共信息委员会的要求（而写），或为它所写，但说写作目的是"美国在瑞典的一项宣传工作"是不可取的，也是不正确的。

我对你的工作、个性和你的总体态度考虑了许久，非常抱歉我会作为一个批评者出现，但在这个问题上我没有选择。

希望尽快收到你的来信，

非常真诚的②，

---

① 机密通告 2，4 月 29 日；附加但未印出。该通告指出，文章"不仅会在瑞典发布，而且同时还会被整个瑞典媒体在该国（免费）使用"。

② 从未签名的副本中印刷。在 7 月 31 日的一封信中，比约克曼向克里尔通报了这个问题，并建议这本小册子"在违反原则的信息被修正之前禁止发行"。（National Archives, RG 63, Entry 105, Director's Office of the Foreign Section, General Correspondence, Box 4, Bjorkman—August 1-20）。8 月 5 日，公共信息委员会公民和教育出版物部门主任盖伊·斯坦顿·福特给西森写了一份说明："斯温森教授是一位明智、稳妥的哲人，他写的'在瑞典的一项宣传工作'这一句子纯粹是一个差错。比约克曼非常正确地提醒他注意这一点。我想他会用最好的方法把它理顺，会比比约克曼信中出现的错误少得多。我认为他们两人的性情会互相中和，所以事情会被稳妥地解决。"（同上。）8 月 6 日，西森给比约克曼写了一封信，他评论说："我想现在形势已经平息了。"（同上。）

美国公共信息委员会对外宣传研究

（1917—1919）*

蓝大千**

摘　要　第一次世界大战时期美国建立公共信息委员会（the Committee on Public Information）以从事宣传活动。起初，公共信息委员会主要负责国内宣传工作，随着战争的继续，出于在世界范围内宣传威尔逊总统的思想理念，传播"美国精神福音"的考虑，委员会设立了海外宣传部。为了争取世界各国的人心，公共信息委员会采取了新闻、电影、个人关系等手段，在军事情报部门的协助下，按照真实、有趣、非官方的原则宣传美国的战争理念、先进的生产生活方式，并在战争后期大力宣传威尔逊总统有关战后和平计划的理念。从具体宣传效果而言，关于威尔逊总统的理念传播最为成功，以至出现了国际关系史中的"威尔逊时刻"。而威尔逊理念在巴黎和会上的失败最终为公共信息委员会的解散埋下了伏笔。虽然如此，公共信息委员会在对外宣传方面依旧为后世美国的宣传部门提供了经验。此外，公共信息委员会通过展现美国先进生产生活方式吸引民众的做法实则预演了冷战时期美苏两国在世界范围内的两种现代化版本的竞争。

* 本文是湖南省教育厅科研基金优秀青年项目"冷战时期美国海外形象宣传战略研究（1953—1965）"（16B031）、湖南省社会科学成果评审委员会项目"'美国梦'对外传播战略研究（1931—1959）"（XSP17YBZZ129）、北京市教委重点项目"美国对外宣传与文化外交史史料整理与研究综述"（SZ201510028013）的阶段性成果。

** 蓝大千，中国人民大学世界史专业研究生，本科就读于首都师范大学历史学院世界历史专业。

关键词 第一次世界大战 美国 公共信息委员会 对外宣传

近年来关于美国对外宣传与文化外交史（又称"公共外交史"）的研究非常热门，但相关研究主要集中在冷战时期。相比之下，尽管一战时期美国建立的公共信息委员会（the Committee on Public Information，CPI）对日后的对外宣传工作产生了深远影响，但学界对其研究并不充分。[①] 一方面，由于公共信息委员会的宣传工作更多集中在国内而非国外，因此对一战时期美国宣传的研究主要集中在公共信息委员会的国内活动当中；[②] 另一方面，从对外宣传角度出发对公共信息委员会进行研究的著作中，引用史料相对单一，并过于依赖委员会主席乔治·克里尔本人的著述及早期研究著作。[③] 总之，专门探讨公共信息委员会海外宣传活动的研究著作十分欠缺。[④] 2014 年美国官方出版了《美国对外关系文件集，1917—1972：公共外交，第一次世界大战》，其中关于公共信息委员会有 40 余份重要档案。[⑤] 这些档

---

① 对于该领域的研究综述，见任一：《"一战"时期美国对外宣传研究综述》，徐蓝主编：《近现代国际关系史研究》（第 11 辑），北京：世界知识出版社，2017 年。

② 相关研究如 Alfred E. Cornebise, *War As Advertised：The Four Minute Men and America's Crusade, 1917-1918*, Philadelphia：American Philosophical Society, 1984；Nona C. Smith, Breasts, *Brawn and Selling a War：American World War I Propaganda Posters, 1917-1918*, Ph. D. Diss., Temple University, 1998；Suzanne W. Collins, *Calling All Stars：Emerging Political Authority and Cultural Policy in the Propaganda Campaign of World War I*, Ph. D. Diss., New York University, 2008；Alan Axelrod, *Selling the Great War：The Making of American Propaganda*, New York：Palgrave Macmillan, 2009；钟美纷：《一战时期美国的新闻宣传与战争动员》，硕士学位论文，湖南师范大学，2009 年。

③ 如 George Creel, *How We Advertised America：The First Telling of the Amazing Story of the Committee on Public Information that Carried the Gospel of Americanism to Every Corner of the Globe*, New York：Harper & Brothers Publishers, 1920；George Creel, *Rebel at Large：Recollections of Fifty Crowded Years*, New York：G. P. Putnam's Sons, 1947；James R. Mock and Cedric Larson, *Words That Won the War：The Story of the Committee on Public Information, 1917-1919*, Princeton：Princeton University Press, 1939.

④ 仅有 Jackson A. Giddens, *American Foreign Propaganda in World War I*, Ph. D. Diss., Fletcher School, Tufts University, 1967；任一：《"赛世独美"：五四前夕美国在华宣传与中国对新国家身份的追求》，《史学集刊》2016 年第 1 期。

⑤ *Foreign Relations of United States（FRUS），1917-1972：Public Diplomacy, World War I*, Washington：United States Government Printing Office, 2014.

案的公布既是美国外交史研究"文化转向"的产物,[1] 也为研究公共信息委员会的对外宣传提供了新的史料。本文在该份文件集的基础上,结合乔治·克里尔本人的著述及早期研究著作探讨公共信息委员会的对外宣传活动,以期弥补以往研究中的不足。

一、公共信息委员会的创立与对内宣传

芝加哥大学著名政治学家哈罗德·拉斯韦尔(Harold D. Lasswell)在其1927年出版的博士论文《世界大战中的宣传技巧》(*Propaganda Technique in the World War*)中认为,1914—1918年的总体战(total war)已经预示着一个深刻变革的到来,即政治权力在欧洲和北美这些技术先进的民主国家中的运作方式开始发生变化。战争不再仅仅是敌我双方在军事层面(陆海空军的力量、军事战略等)或是经济层面(获取物质资源、市场等方面的能力)上的较量,还包括针对双方民众展开的心理战。一战期间,心理战得到普遍使用,这也标志着"宣传"(propaganda)作为"现代世界中最强有力工具"的出现。"宣传取得如此显赫的地位,是与已经改变了本质的社会环境相呼应的。"[2] 在当时,大众传播技术(如电报、电缆)、广告、公共关系专业已经兴起,这些都改变了社会的性质,也在战争中发挥着重要作用。

第一次世界大战爆发后不久,作为交战双方的协约国和同盟国都希望获得中立国家的支持,美国作为当时世界上经济实力最强的中立国,成为双方争取支持的焦点。英国通过路透社在美国从事宣传活动以获取美国民众的支持,德国亦展开相关的宣传攻势,[3] 双方都试图赢得美国民众对其国

---

① 关于美国外交史学界的文化转向,参见[美]弗兰克·宁科维奇:《范式失落:文化转向与美国外交史的全球化》,牛可译,李丹慧主编:《冷战国际史研究》第2辑,北京:世界知识出版社,2006年;王立新:《试析全球化背景下美国外交史研究的国际化与文化转向》,《美国研究》2008年第1期。

② Harold D. Lasswell, *Propaganda Technique in the World War*, New York: P. Smith, 1938, p. 220.

③ 关于英德两国在美具体宣传过程及各自影响,可参见钟美纷:《一战时期美国的新闻宣传与战争动员》,第8—20页。

家战争目标的支持。英、德等国在美国进行的宣传工作刺激了威尔逊总统建立美国自身的宣传机构。因此早在参加一战之前，威尔逊就有了建立公共信息委员会的想法，其直接目的是建立审查制度，以抵消国内亲德势力对媒体的渗透。

美国自 1917 年 4 月 7 日参与一战后，民众对于美国参加战争的争议不断，民众入伍的积极性也并不高。为了改善上述情况，以及出于建立审查制度的需要，威尔逊总统于 1917 年 4 月 13 日签署了第 2594 号行政命令，成立"公共信息委员会"，并任命科罗拉多州丹佛市《落基山新闻》的记者乔治·克里尔（George Creel）为主席负责委员会的工作，该委员会因此也被称为克里尔委员会。此时委员会最主要的任务是加强对美国媒体的监管，以便控制消息、创建宣传。委员会也宣传美国理想，鼓励民众支持国家的战时努力，目的是使具有孤立主义传统的美国民众转变成为国家意识形态所驱动的战士。因此，委员会成立初期的主要任务不是对外宣传，而是强调建立具有审查功能的国内宣传部的必要性。[1] 公共信息委员会使得之前对媒体采取的自愿审查制度更具强制性。

随着战争的进行，威尔逊总统以及公共信息委员会的成员意识到仅在美国国内做宣传工作是远远不够的，其他国家在世界范围内展开的宣传工作使得宣传受众如之前的美国民众一般，并不能了解美国的参战理念，正如沃尔特·罗杰斯（Walter S. Rogers）致克里尔的一封信中所言：

> 当然，德国的宣传会搅乱一切，散播灰尘，迷人双眼。当然，日本的宣传也不会忘记日本的愿望。至于英国的宣传——这位曾经有威望的领导者正欲重新获得失去的声望；七十五年来英国主宰着东方，因为他们相信他们可以在任何一个下午打败这个世界。而如今，英国人不想让世界相信我们是起着决定性作用的，我们才是自由的捍卫者。我们要宣扬自己的信息——民主的故事，否

---

① *Papers of Woodrow Wilson*, volume 42, pp. 39-41, 转引自 *FRUS*, 1917-1972: Public Diplomacy, World War Ⅰ, p. 1. 关于审查制度在建立后的运作过程，可参见钟美纷：《一战时期美国的新闻宣传与战争动员》，第 42—46 页。

则它将不会被揭示出来。[①]

在诸多压力下，公共信息委员会设立海外宣传部（Foreign Department）的方案提上议程，威尔逊于 1917 年 10 月批准了这一方案。在世界范围内宣传美国思想，宣传威尔逊的世界和平计划成为公共信息委员会除了在国内进行宣传之外的另一任务。用克里尔转述总统威尔逊的话来说，海外宣传部是为了"争取人类的思想"（fight for the mind of mankind），[②] 告诉世界美国是为了人类共同的权利而奋斗，并向外国民众发布关于美国的确切信息。海外宣传部包括三个分支机构：无线电与电报服务局（The Wireless and Cable Service），负责向世界各国提供新闻快报；对外新闻出版局（The Foreign Press Bureau），负责制作和邮寄短篇文章、图片、海报以及报纸剪辑；对外电影局（The Foreign Film Division），负责电影出口。

公共信息委员会的海外宣传部最初由克里尔本人领导，但很快就交给了阿瑟·伍兹（Arthur H. Woods）[③]。在 1919 年 6 月公共信息委员会解散之前，其海外部领导人更迭频繁，但都由公共信息委员会的驻外记者或者驻外代表担任，其中包括驻外记者威尔·欧文（Will H. Irwin）、公共信息委员会驻俄代表埃德加·西森（Edgar Sisson）、公共信息委员会驻英代表哈

[①] "Letter From Walter S. Rogers to the Chairman of the Committee on Public Information（Creel）"（Document 2），in *FRUS*，1917–1972：Public Diplomacy，World War Ⅰ，p. 6. 沃尔特·罗杰斯写这封信（1917 年 8 月 13 日）之前已到过世界各地，有丰富的新闻工作、政治和商业经验，如其提到其曾在中国了解到"东方新闻社"（Oriental News Agency）的宣传做法（关于该机构，详见任一：《"寰世独美"：五四前夕美国在华宣传与中国对新国家身份的追求》）。其在日后担任公共信息委员会下无线电与电报服务局（The Wireless and Cable Service）的主任。在这封信中，沃尔特还提到由于德、英等国的宣传，南美、俄国、东方等地区的人们对美国参战目的所产生的误解。然而在其将情况报告给国务院后，国务院对此未置可否，其建立对外宣传部门的提议并未得到国务院的认可，因此沃尔特十分强调建立一个并不完全受控于国务院的对外宣传部门，最终也确实如其所愿。

[②] George Creel，*How We Advertised America*，p. 4；James R. Mock and Cedric Larson，*Words That Won the War：The Story of the Committee on Public Information，1917–1919*，p. 235.

[③] 阿瑟·伍兹（Arthur H. Woods，1870–1942），美国教育家、记者、军事及法律执行官员，1917 年开始服务于公共信息委员会海外宣传部。

里·里基（Harry N. Rickey）等。①

相比海外宣传部门下设的三个机构，公共信息委员会在国内的机构要庞杂得多。② 公共信息委员会在成立之初便得到大力支持，仅在 1917 年就获得 1000 万美元的预算，③ 其国内机构扩展迅速，各职能部门逐步创立。其中，新闻处（Division of News）和绘画宣传处（Division of Pictorial Publicity）是公共信息委员会成立后最早建立的部门。"在克里尔的领导下，威尔逊的战争思想深入到美国民众私人生活的任何地点。"除了必要的新闻宣传，遍布地铁站和公共建筑上的海报带来的影响尤为深远。这些可视化的项目致力于使观众产生最大程度的共鸣，也十分符合绘画宣传处主管达纳·吉卜森（Dana Gibson）的观点——"战时美术需要吸引观众的心灵"。④

① 威尔·欧文（William H. Irwin，1873-1948），美国知名作家及记者，世纪之交时曾积极参与到美国的黑幕揭发运动。第一次世界大战爆发以后，欧文远赴欧洲，成为欧洲战场上第一个美国战地记者。1918 年时他成为公共信息委员会海外部的负责人。埃德加·西森（Edgar G. Sisson），美国记者、作家，因西森文件（Sisson Documents）而知名，1917 年开始担任公共信息委员会驻俄代表，并于 1918 年 7 月负责海外部工作。哈里·里基（Harry N. Rickey）是公共信息委员会第一个驻伦敦代表，在西森之后负责海外部工作。各位负责人的相关活动，详见 George Creel, *How We Advertised America*。

② 根据不同的职能，国内宣传部可划分为以下部门：行政处（Executive Division）、商业管理处（Office of Business Management）、速记与油印部（Division of Stenography and Mimeographing）、生产分配处（Division of Production and Distribution）、新闻处（Division of News）、外语报纸处（Foreign Language Newspaper Division）、公民与教育出版处（Division of Civic and Educational Publication）、图片处（Pictures Division）、电影处（Film Division）、国家会展处（Bureau of State Fair Exhibits）、盟军展览处（Bureau of Allied War Expositions）、劳动关系处（Division of Industrial Relations）、绘画宣传处（Division of Pictorial Publicity）、广告处（Division of Advertising）、四分钟人处（Four-Minute Men）、演讲处（Speaking Division）、战时妇女工作处（Division of Women's War Work）、参考服务处（Service Bureau Reference）、外国出生者处（Division of Work with the Foreign Born）等协助分支机构。详见 George Creel, *Complete Report of the Chairman of the Committee on Public Information*，*1917*，*1918*，*1919*. 1920, Washington, D. C. : U. S Government Printing Office, 1920.

③ Timothy Richard Glander, *Origins of Mass Communications Research During the American Cold War*, London：Routledge, 1999, p. 5.

④ J. Michael Sproule, *Propaganda and Democracy*：*The American Experience of Media and Mass Persuasion*, Cambridge：Cambridge University Press, 1997, p. 10.

公共信息委员会在 1917 年 4 月成立的公民和教育出版处（Division of Civic and Educational Publication）则负责将关于战争的信息输往公立学校和大学。政府出版物如《全国学校服务公报》（*National School Service Bulletin*）针对青少年提供逐渐渗透式的"爱国主义公民"教育策略。该策略有一个简明的大纲，详细描述了德国好战的民族性格和美国参战目标的道德性。此外，公报还为毕业典礼等学校庆典提供了诸多爱国主义演讲的范本。在公共信息委员会两年间的国内宣传努力下，有超过 7500 万公共信息委员会授权的教学材料被发送到各学校之中。① 在该部门带动下，大学内部开始提供调查战争起因及讲述德国文化缺陷的新课程，同时德语专业报名人数大幅度下跌。任职于哥伦比亚大学的历史学家詹姆斯·肖特维尔（James T. Shotwell）所在的国家历史服务委员会（the National Board for Historical Service）则致力于促进美国各级教育体系内的课程向爱国方向转变。② 关于针对国内民众教育的重要性，尤其是增强民众在反德方面的坚决，增强对本国军事力量的自信方面，克里尔这样声称：

> 无论如何，以目前的形势状况来看，一场教育战（a campaign of education）应当在国内打响。纵观时局，我们唯一可以令德国总参谋部心服口服的力量便是我们的军事力量和横跨连接大西洋两岸作战的能力，这能够使我军对德造成不小压力。任何分散这一目标的准备工作甚至是公众情绪，都只会正中德军下怀，让德军只需要通过评估我们的直接打击力度或潜在打击力度就能判断出我们的实力。我方人民对当前形势应表现出坚定不移的态度，尤其是对我军的作战能力更要深信不疑，让德国人不要误判我国民

---

① Timothy Richard Glander, *Origins of Mass Communications Research During the American Cold War*, p. 8.

② J. Michael Sproule, *Propaganda and Democracy: The American Experience of Media and Mass Persuasion*, p. 10.

意，因为这是在总统手中所掌握的让战争尽早结束的最佳利器。①

公共信息委员会还在 1917 年 9 月组建了一个由演讲者组成的部门，名为"四分钟人"（Four-Minute Men）。"四分钟人"是所有委员会下属机构中宣传技巧运用最为灵活的分支部门。在广播还未全面普及的情况下，该部门派出的演讲者利用电影放映的中场休息时间，进行四分钟言简意赅的现场演说，使得观众能够对一个战时问题获得迅速准确的认识。这些演讲致力于获得更多观众对美国参战行为的热心拥护，并采取了新潮的方式而不仅仅是心理上的空洞说教。该做法激发了公众的热情，获得了公众对美国参战行为的认可。②

除上述提到的部门以外，公共信息委员会的其他在国内部门也在对内宣传方面发挥作用，将官方意识形态对民众做了细腻的传达。公共信息委员会在国内的工作收效显著，一方面塑造了美国在战争中的正面形象，增强了民众对美国参战行为的认可和支持；另一方面激起了民众的反德情绪，其所塑造的邪恶的德国形象被美国民众广为接受。此外，公共信息委员会的国内宣传部门也为美国进行海外宣传积累了经验，海外的宣传活动在某种程度上是国内宣传活动的对外投射，受众由美国国内民众变为全世界的人民。

二、公共信息委员会对外宣传的内容与手段

1917 年 10 月公共信息委员会海外宣传部成立后，同委员会在国内的部门一样发展迅速，短短一年时间里就在世界范围内与战争相关的主要国家建立了分部。根据不同国家的特点，海外宣传部的宣传可大致分为五个方向：对敌宣传（德国及受德国影响的周边国家）、对中立国（如西班牙、瑞

---

① "Memorandum by the Chairman of the Committee on Public Information（Creel）"（Document 11），in *FRUS*，1917–1972：Public Diplomacy，World War Ⅰ，p. 23.

② Alfred E. Cornebise, *War as Advertised*：*The Four Minute Men and America's Crusade*，1917–1918，Philadelphia：American Philosophical Society，1984，pp. Ⅸ–Ⅹ.

士、斯堪的纳维亚半岛等）的宣传、对美国传统势力范围拉丁美洲的宣传、对俄国的宣传（期间俄国爆发十月革命，意识形态发生转变）、对盟友（法国、英国、加入协约国一方作战的意大利、中国等）的宣传。①

（一）对外宣传内容

公共信息委员会海外宣传部对不同的国家采取针对性宣传，虽然宣传侧重点不同，但在宣传目标、内容及手段方面则是相通的。宣传目标简言之是争取人心，争取人心则依靠三类宣传内容。

首先是宣传最表层的信息，即关于美国的"真相"，包括美国的"参战原因、参战目的，其自身的军事准备和军事行动"②，以及采取的战时政策（如对禁运政策进行解释）。宣传这类信息的目的是，一方面，通过显示军事实力以获得世界人民的直接认可，鼓舞士气并增强盟军作战决心，抵御德国的宣传攻势并消解敌军在别国宣传（如意大利）所产生的恶劣影响；③另一方面，通过展示自身的参战目标，即"美国正在为呼吁世界各国保持理智判断、激发民主精神而不断努力"，④ 美国参战是为了捍卫自由和民主，对抗专制和帝国主义，在战争中并没有私利，进而引起世界人民内心深处的共鸣，让世界民众打消对美国参战动机所产生的极其普遍的怀疑态度，

---

① 公共信息委员会海外宣传部先后共计在16个国家（协约国和中立国）组建办公室并派出工作人员，包括英国、法国、意大利、俄国、瑞士、西班牙、瑞典、荷兰、丹麦、中国、墨西哥、巴西、智利、秘鲁和巴拿马等。在没有设立办公室的国家，则由美国使领馆、商社和英国代理人来散发美国的宣传材料。参见 James R. Mock and Cedric Larson, *Words That Won the War: The Story of the Committee on Public Information, 1917-1919*, pp. 243-245.

② "Report Prepared in the Division of Foreign Press, Committee on Public Information"（Document 12），in *FRUS*, 1917-1972: Public Diplomacy, World War Ⅰ, p. 24.

③ "Memorandum by the Chairman of the Committee on Public Information（Creel）"（Document 11），p. 21.

④ Ibid. p. 24.

例如诸多国家认为美国仅仅是为了领土或商业利益而参战。[①] 公共信息委员会为赢得战场上的心理战制定的三个宣传重点即体现了这一内容，并且这三个宣传重点适应于任何地方：

　　1. 如果需要的话，美国将在这场战争中坚持十年。

　　2. 在拥护民主、反对帝国主义事业方面，美国将是永远的和平捍卫者。

　　3. 美国能够感受到世界范围内变革的推动力；美国正在迅速改变并结束了一些十分严重地侵犯美国邻国的暴行。[②]

　　其次是宣传能够展示美国特性的内容，如美国人的生活方式、美国先进的农工商业水平、美国的民主共和政体、美利坚人民的性格等。例如在俄国，委员会通过展示美国人在商业、教育、农业以及生活方式方面的经验来启蒙俄罗斯的公众。[③] 这种间接展示美国特性的方式更容易获得世界人民对美国的认可，对外新闻出版局主任欧内斯特·普尔（Ernest Poole）[④] 所举的针对俄国采取的宣传内容即体现了这一点：

　　　　举个例子，如果我们通过文章、图片，特别是电影向俄国数

---

　　① 拉美地区、协约国、俄国、中立国家均出现此类情况，这些国家的部分民众认为美国参战动机不纯，是为了金钱和商业利益，并且认为美国不愿在战争中流血牺牲。克里尔对此情况曾指出："法国人和一小部分英国人之中存在着这样一种普遍的论调，那就是他们大多认为我们虽然愿意向协约国进行贷款，来捐助红十字基金会并提供大量的救护车，但我们不愿意流血牺牲。能够说明我们坚决作战的最有说服力的证据就是那些训练有素的军队。无论他们的规模有多小，即使付出惨重的代价，也应当在西线为抵御强大的德军进攻而出一份力，这将预先在欧洲起到很好的宣传作用。"（"Memorandum by the Chairman of the Committee on Public Information（Creel）"（Document 11），p. 23.）

　　② "Report Prepared in the Military Intelligence Branch, Department of War General Staff"（Document 23），p. 55. 其中第三条主要针对拉美地区。

　　③ "Telegram from the Consulate in Irkutsk to the Department of State"（Document 42），pp. 87-88.

　　④ 欧内斯特·普尔（Ernest Poole, 1880-1950），美国著名记者、小说家、剧作家，其在一战期间曾到欧洲进行采访报道，期间担任公共信息委员会对外新闻出版局主任。

百万农民展示美国农民的生活、使用现代机械的情况、孩子就读的学校、汽车、报纸、乡村邮递和其他一系列便利服务，这将对俄国自由主义者很有帮助……我们要通过报纸、期刊、农业杂志、演讲、电影院等手段向各阶层民众进行宣传，展示我们所做的和正在做的事，提供我们在过去的众多尝试中所积累的成功和失败的经验，展现美国农民和工人的生活、城乡儿童的面貌、包括免费中学和免费大学在内的各类免费教育、公共卫生工作、福利工作。①

最后，宣传与威尔逊总统有关的内容，尤其是宣传威尔逊总统的演说。威尔逊的演说也直接体现了上述两方面内容，在一定程度上成为战时宣传的重中之重，②尤其是在战争将近尾声时，威尔逊总统关于战后世界的构想（如建立国际同盟）成为宣传的重点。公共信息委员会在这一方面取得的效果也是显著的，"全世界的主要报纸普遍都完整刊载了总统的演说。这些出版物已在很大程度上帮助世人了解到美国人的态度与意图"。③"到停战的时候，伍德罗·威尔逊的名字以及威尔逊是和平、自由和民主之友的思想在世界上一些偏远地区几乎就像在纽约、圣路易斯和旧金山一样家喻户晓。"④

（二）对外宣传手段

为了争取人心及传播相关内容，公共信息委员会所采取的宣传手段可

---

①　"Letter from the Director of the Foreign Press Bureau, Committee on Public Information (Poole) to the Chairman of the Committee on Public Information (Creel)"（Document 40），pp. 82-83.

②　对于威尔逊总统演说的宣传可谓是全方位的，如美国驻意大利公使托马斯·佩奇（Thomas N. Page）指出："应该让所有的人都能很好地理解总统在战争中的言论。这些言论应该尽可能在意大利人的名义下以不同的方式和不同的评论加以突出，以便对不同阶层有所启示。为了使人们对总统怀有深深的敬意，一种对总统的理念和目的的全方位传播将是十分有效的，并且可以忽略成本。还应提供给作家和演讲者有关总统演讲中参战目标的材料。"［"Telegram From the Embassy in Italy to the Department of State"（Document 22），p. 48.］

③　"Report Prepared in the Division of Foreign Press, Committee on Public Information"（Document 12），in *FRUS*, 1917-1972：Public Diplomacy, World War Ⅰ, p. 26.

④　Mock and Larson, *Words That Won the War*, p. 235.

通过海外宣传部具体的三种服务类型体现：第一，通信服务（Cable Service），负责向世界范围内的信息交流提供技术支持；第二，邮政、新闻服务（Mail Service），负责向世界范围内提供第一手新闻；第三，电影服务（Film Service），负责向世界范围内提供宣传美国的电影。在上述三项服务的基础之上，公共信息委员会还要求"在各个国家工作的媒体处人员能够从收到的电报和文章中做出正确的挑选，并用通俗的语言翻译出来；同时还要求他们彻底了解所在国家的新闻宣传方式，通过新闻报道、周刊和月刊、技术刊物、橱窗展示、照片、演讲和电影院等手段进行宣传。"① 因此，从具体的宣传媒介来看，公共信息委员会海外部采取的宣传手段主要包括新闻（出版物、小册子、传单等）、电影、演讲以及与之相关的个人关系宣传。②

通信服务作为宣传工作的基础，决定了信息传播的即时性，上述提到的美国对外宣传"如果缺乏与世界各地报纸读者的联系是无法最终实现的"，其"需要通过电报、电缆或无线电广播来传播新闻素材"，③ 因此建立

---

① "Letter from the Director of the Foreign Press Bureau, Committee on Public Information (Poole) to the Chairman of the Committee on Public Information (Creel)"（Document 40），in *FRUS*，1917–1972：Public Diplomacy，World War Ⅰ，p. 81.

② 具体对各国采取的宣传手段有：在俄国的宣传手段包括电报服务、电影服务、演讲、小册子等（参见 Telegram 1808；*Foreign Relations*，1918，Russia，volume Ⅰ，pp. 214–215，转引自 *FRUS*，1917–1972：Public Diplomacy，World War Ⅰ，p. 8）；在西班牙的宣传手段包括出版物、电影、针对在美西班牙人和西班牙本国民众的个人宣传，即"通过小册子、书籍、传单等手段，并恰当地考虑到特定场合的需要，我们的宣传将产生效果"［参见 "Report From the Embassy in Spain"（Document 5），in *FRUS*，1917–1972：Public Diplomacy，World War Ⅰ，p. 10］；这与对中立国采取的宣传手段如新闻、电影、个人关系、对战俘的教育等大致相似［参见 "Telegram From the Embassy in the United Kingdom to the Department of State"（Document 32），p. 68］；在拉美地区，"广告牌、小册子、传单被广泛用于影响公众舆论。电影很受欢迎，是一种很好的广告媒介。报纸也很重要"［参见 "Report Prepared in the Military Intelligence Branch, Department of War General Staff"（Document 23），p. 54］；针对协约国，以意大利为例，采取电影、演讲、个人关系等宣传手段［参见 "Telegram From the Embassy in Italy to the Department of State"（Document 22），pp. 47–49］；针对敌方，主要采取传单、宣传手册等手段。综上可以看出，委员会在五类国家（地区）采取的宣传手段具有相似性。

③ "Report Prepared in the Division of Foreign Press, Committee on Public Information"（Document 12），in *FRUS*，1917–1972：Public Diplomacy，World War Ⅰ，p. 24.

美国通往世界各地的通信电缆是必不可少的。如针对中国的宣传，时任美国驻华大使芮恩施（Paul S. Reinsch）[①] 为确保与战争相关的每日新闻能够发放到北京，督促美国政府重视加强泛太平洋地区的电报、电缆等基础设施建设，并且将美国发来的信息材料翻译成中文，同时协助公共信息委员会在上海部门的电影工作。[②]

新闻是美国对外宣传的重要媒介。在公共信息委员会建立美国官方新闻社（Compub）之前，美国针对海外新闻的发布工作十分欠缺。"美国已经受到了整个世界的误解，我们的发展情况要么受到外国报纸的诋毁，要么缺乏足够的展示。多年来，美国一直受到不利的宣传。国外那些关于美国的简要报道通常是耸人听闻的，缺乏相应的背景介绍，而且报道篇幅有限。另外，许多重要的新闻发布中心都无法从美国获取到直接的消息。"[③] 公共信息委员会建立的新闻社改善了这一状况。该部门一方面广泛搜集新闻、扩展新闻传播渠道，与外国报纸的记者和新闻机构建立合作关系，一方面随时免费向国外发放新闻稿（尤其是威尔逊总统的演说内容），并提供新闻的翻译文本。

公共信息委员会致力于扩展新闻覆盖的范围，从欧洲逐渐扩展到拉美、东亚等地。其中，日本的国际社（the Kokusai Agency of Japan）十分热切采用克里尔委员会提供的新闻内容。该社在收到从旧金山通过海底电缆传播出的电报之后立刻将其录入打字机，再经由翻译员翻译，然后由日文和英文的首席翻译进行校对，经过如此修饰的文稿在得到美国大使"准予发表"的批复后，便可发放给全国的读者。日本的国际社同各地新闻机构建立了广泛联系，因此新闻会遍布东京、大阪、横滨、神户等地，由这些地点再进一步扩散，出现十分火热的新闻传播场面。著名的《大阪午报》（*Osaka Afternoon Newspapers*）即是一例，在国际社办公室收到新闻的短短几个小时

---

① 芮恩施（Paul S. Reinsch, 1869-1923），1913—1919 年担任美国驻华公使。

② Jerry Israel, *Progressivism and the Open Door*: *American and China*, *1905 - 1921*, Pittsburgh: University of Pittsburgh Press, 1971, pp. 158-159.

③ "Report Prepared in the Division of Foreign Press, Committee on Public Information" (Document 12), in *FRUS*, 1917-1972: Public Diplomacy, World War Ⅰ, p. 24.

之后，这条新闻就可出现在 300 英里之外的《大阪午报》上。① 英国的路透社和以《新闻之家》（*Maison de la Presse*）为代表的法国新闻媒体也采取这种新闻合作传播模式。但也有如西班牙这种中立国家，其新闻媒体最初被天主教操控，由于天主教的亲德特性，关于美国的新闻并不能得到充分发放，因此委员会不得不采取别的方式（小册子、传单、电影等）进行宣传，同时也试图拉拢天主教报纸到协约国阵营中来。② 也有中立国的新闻媒体接受了美国提供的报道文章，并进行刊发，如瑞典报纸《社会民主党》（*Socialdemokraten*）就在战争末期刊发了不少威尔逊在国联讲话的新闻，这一手段也被克里尔委员会广泛应用到其他国家。③

除报纸的形式外，新闻部门还提供关于美国的文章、小册子、图片等形式多样的宣传品，以橱窗、阅览室等方式进行展示并提供阅览。委员会征用了 650 家美国海外企业的展览橱窗，用来展示宣传美国战争目标的海报和图片，还把说明美国战争目标的传单夹入美国出口海外的商品目录里。④ 在拉美地区，有委员会为路人创设的橱窗，以展示支持战争努力的文学作品和相关海报。⑤ 此外，它还在墨西哥的一些主要城市建立阅览室，方便当地人民阅读美国的宣传材料。⑥ 在战争接近尾声时，为了宣传威尔逊总统的战后国际理念，委员会在西班牙将总统在国际联盟发表的演讲以小册子的形式出版了 5000 份，并在印刷完成后四天之内将其分发给了西班牙的文艺

---

① 关于在日本新闻如何传播的内容的描述，出自日本国际社（the Kokusai Agency of Japan）发表的文章，文中详述了新闻传播每一步具体的操作流程。详见 "Report Prepared in the Division of Foreign Press, Committee on Public Information"（Document 12），in *FRUS*, 1917 – 1972: Public Diplomacy, World War Ⅰ, pp. 26-27.

② "Report from the Embassy in Spain"（Document 5），pp. 10-14.

③ National Archives, RG 63, Entry 105, Director's Office of the Foreign Section, General Correspondence, Box 21, V, 转引自 *FRUS*, 1917-1972: Public Diplomacy, World War Ⅰ, p. 79.

④ Emily S. Rosenberg, *Spreading the American Dream: American Economic and Cultural Expansion, 1890-1945*, New York: Hill and Wang, 1982, p. 79.

⑤ National Archives, RG 63, Entry 106, Correspondence, Cables, Reports, and Newspapers Received from Employees of the Committee Abroad, Nov. 1917 – Apr. 1919, Box 14, Murray—Corres—March–June 1918, 转引自 *FRUS*, 1917-1972: Public Diplomacy, World War Ⅰ, p. 56.

⑥ George Creel, *Complete Report of the Chairman of the Committee on Public Information*, p. 162.

协会、学校、图书馆、办公室等。① 在意大利，委员会还发放了一批威尔逊总统的肖像画，肖像画上印有威尔逊总统演讲的内容。② 在爆发革命的俄罗斯，威尔逊总统的演说也得到了传播。委员会除了将翻译好的俄文演说稿送往个别报纸进行发行外，还将文本在墙上粘贴或是以传单形式进行发放。这些行为对俄罗斯公众舆论产生了一定的影响，甚至引起了一些报纸的舆论发生转变。③ 美国驻俄大使馆致国务院的电报中这样描述在苏联的宣传情况：

> 有线电缆业务已经在俄国打下了根基，其在美俄两方取得的成果令我倍感欣喜。公共信息委员会的电缆将总统最新发言的独家版本带到了俄国。报纸的大力宣传足以免去在这里张贴广告的必要性。三十万张传单在早上开始进行分发，在莫斯科则会同时散发海报和传单……如果严格按照战争目的来衡量，宣传效果肯定是不足的，因为布尔什维克人已经打定主意了，我们影响不了他们；但是会有间接的宣传效果，一个是我们对俄国全程展现了美国形象，另外就是威尔逊总统在将来缔结总体和平协议关键时刻的影响力，会很大程度上由于俄国人的持续推动而增强。我建议，整个新闻和传播计划要持续到战争结束，或者最早也要等到俄国出现真正的和平再结束。④

---

① National Archives, RG 63, Entry 105, Director's Office of the Foreign Section, General Correspondence, Box 19, Attention of Mr. Sisson, 转引自 *FRUS*, 1917-1972: Public Diplomacy, World War I, pp. 78-79.

② National Archives, RG 63, Entry 105, Director's Office of the Foreign Section, General Correspondence, Box 3, Atwater-Donald Lee Oct 18 - Mar 19, 转引自 *FRUS*, 1917 - 1972: Public Diplomacy, World War I, p. 79.

③ "Cablegram from the Committee on Public Information Commissioner in St. Petersburg (Sisson) to the Chairman of the Committee on Public Information (Creel)" (Document 9), in *FRUS*, 1917-1972: Public Diplomacy, World War I, p. 19.

④ "Telegram from the Embassy in Russia to the Department of State" (Document 15), pp. 32-33.

在上述各种宣传媒介中，广告作为新兴的媒介得到了委员会的重视。曾担任公共信息委员会海外部主任的威尔·欧文（Will H. Irwin）这样评价道：

> 我一直在留意英国和法国的宣传。他们都显得笨拙，因为在广告游戏（advertising game）方面落后了我们一代。我们发明并发展了广告，我们也是除了德国以外唯一被训练成心理学专家的一代。我想将此技能派送欧洲，并在那里使用，这是美国广告人（advertising man）十分擅长和珍视的技能。[1]

电影是公共信息委员会进行对外宣传的另一大媒介，委员会选择在海外播放的电影共有两种类型，共同起到宣传美国的作用，尤其是在收获中立国人心方面功不可没。第一种是与战争相关的电影，主要展现美国军事力量。此类电影除了在一般的电影院中播放，也在军营中播放给士兵，以鼓舞士气。《美国的回答》（America's Answer）即为该类电影的代表，该电影在法国播出后起到了良好的效果，鼓舞了士气，成为在欧洲最好的宣传片。[2] 该类型的电影还有《潘兴的十字军》（Pershing's Crusaders）、《在四面旗帜下》（Under Four Flags）等。[3] 第二种是能够展示美国生活方式、先进生产方式的电影。该类电影可以增进外国民众对美国先进性的了解，进而加深对美国的向往与敬畏。委员会选择在中立国家西班牙播放的《一粒小麦的故事》（The Story of a Grain of Wheat）即为该类电影的代表。来自西班牙大使馆的报告这样评价该电影：

> 电影绝佳地展示了美国的农业、工业和商业水平，创造出一

[1] "Letter from the Director of the Foreign Section, Committee on Public Information（Irwin）to the Committee on Public Information Commissioner in France（Kerney）"（Document 18），p. 43.

[2] "Letter from the Committee on Public Information Commissioner in France（Kerney）to the Chairman of the Committee on Public Information（Creel）"（Document 25），p. 57.

[3] George Creel, *How We Advertised America*, p. 8.

种仿佛置身于卡斯蒂亚小麦种植区的感觉。我敢断言，凡是看过这部片子的西班牙人都会对片中所呈现的那个拥有如此大规模农田的民族施以尊重与钦佩之情，正是通过这一方式，才成就了这样的美国。而在此之后，西班牙人心中会产生一种观念，即自己最好不要与这样的一个民族发生冲突。①

斯堪的纳维亚地区是受美国上述两类电影影响的典型地区。作为中立国，最初该地区（瑞典、挪威、丹麦等国）国家的剧院里都放映着大量的德方宣传片和德国拍摄的剧情片。公共信息委员会对外电影部门为此与相关国家举行会议，并同当地的各大电影公司达成协议，以消除德国电影的影响，增加美国电影的排片量。由于美国电影的优越性，它们上映后很快便获得当地民众的支持，德国电影的影响力逐渐消退，美国很快在1917—1918 年间垄断了挪威、瑞典和荷兰的电影市场。② 公共信息委员会驻斯堪的纳维亚分部电影部主任盖伊·史密斯（Guy C. Smith）在报告中提到了美国电影所发挥的宣传作用：

> 在斯堪的纳维亚的 8 个月里，我分发了约 10 万英尺的官方电影胶片。其中包含有关于美国工业题材的影片，也有赫斯特—百代公司（Hearst-Pathe）和《环球周刊》（Universal Weeklies）对美国国内关于协约国战争活动事件的报道，还有电影《潘兴的远征军》以及协约国战况回顾题材的影片。这些影片首先在首都斯德哥尔摩、克里斯丁亚那（挪威首都，今称奥斯陆）、哥本哈根最好的剧场中进行了放映，接下来在小剧院中放映，之后遍及这三个国家的其他大城小镇。这样，对大批观众而言，他们原先只能通过德国人的眼睛看到战争的新闻影像，现在他们已经能够看到我

---

① "Report from the Embassy in Spain"（Document 5），in *FRUS*, 1917-1972：Public Diplomacy, World War Ⅰ, pp. 13-14.

② Nicholas Cull, *The Cold War and the United States Information Agency*, Cambridge：Cambridge University Press, 2008, p. 7.

们在战争中的所作所为，了解到我们的工业成就和巨大利润，欣赏到无论是题材还是角色都具有地道美国特色而不是德国特色的剧情片。①

　　"对民众来说，一部电影比一篇文章更有吸引力"，② 在热衷于电影这种娱乐方式的意大利，美国传播的电影确实产生了比一篇讲述事实的文章还要大的作用。起初，美国输往意大利的电影只有20%经过了精心编辑和审查，大多数是一些乏味而老旧的电影，而当地需要更加生动活泼的电影。因此，生产更多寓教于乐性质的电影成为委员会的努力方向，这些电影在生产后会租给海外的民间机构（如基督教青年会、红十字会）进行播放，也会免费提供给当地的电影经销商。③

　　不可否认的是，电影这一宣传媒介具有一些缺陷。首先，相比报纸而言，电影的传播方式更为复杂，需要相关设备和技术人员，一旦这些条件不具备，电影这一手段便无法施展；且由于经济发展程度不同，电影这一手段主要面向当时经济较发达的国家、消费能力较高的阶层。其次，电影要经过海关部门的审查，而审查的效率往往很低，并不能达到报纸即时传播的速度。最后，一些有损美国形象或对输出国产生不利影响的电影也需经过审核，这一工作由公共信息委员会负责，经过排查后，一些电影会被取消上映资格，而一些电影则要经过改编才能出口。例如，电影《穿过黑暗的路》（*The Road Through The Dark*）因剧中主人公表现出的亲德倾向遭到委员会的禁映；④ 而电影《美国的回答》（*America's Answer*）在日本放映时，公共信息委员会对影片中的内容进行了大量的修改，如删除电影中

---

　　① "Report by the Director of the Scandinavian Branch of the Division of Films, Committee on Public Information（Smith）"（Document 43），in *FRUS*, 1917-1972: Public Diplomacy, World War Ⅰ, p. 92.

　　② "Letter from the Director of the Foreign Press Bureau（Poole）to the Chairman（Creel）"（Document 40），p. 81.

　　③ "Telegram from the Embassy in Italy to the Department of State"（Document 26），pp. 58-59.

　　④ "Letter from the Assistant Director of the Division of Foreign Picture Service, Committee on Public Information（Tuerk）to the Chairman of the Committee on Public Information（Creel）"（Document 41），pp. 86-87.

"民主""自由"等字眼，以防引起日本的反感。①

　　除了出版物（publications）、电影（cinema）两种常见的宣传手段外，公共信息委员会还广泛采取个人宣传（personal advocacy）的手段。这种个人宣传的方式有两种，一种是在目标国家直接进行宣传活动，另一种则采取委婉的宣传手段，通过侧面展现美国的先进，来获得当地民众的认可。以西班牙为例，美国在西班牙首先安排一些美国牧师，这些牧师要擅长西班牙语，甚至同西班牙人沾亲带故，以方便在西班牙国内进行宣传活动。此外，他们还安排一些赴西班牙旅行的美国游客，这些游客要"接受过良好教育、彬彬有礼，熟悉西班牙的语言与风俗，并能够同重要人物谈论共同感兴趣的话题"。② 针对意大利，除了派遣会意大利语的美国人到这里进行演讲，宣传威尔逊总统的思想之外，公共信息委员会还发动在美国的意大利人写信给他们在意大利的朋友和家人，讲述美国的战争精神和对意大利的态度等，这些信件产生的宣传效果可能要大于客观的文字宣传。③ 针对广大的欧洲盟国，公共信息委员会对于派驻什么样的人员在各国建立的宣传局工作考虑周密，其中重要的一点是，这些工作人员必须是当前美国形象的生动体现：

　　　　伦敦、马德里、罗马和斯堪的纳维亚国家的分局领导人不仅要了解和同情其派驻地的情况，还要熟练掌握当地语言。领导班子应包括一名杰出的学者、一名实干的办事人、一名经济学家、一名新闻记者，以及若干可以接触到不同机构和社会阶层的人。在对这些人进行精挑细选之后，负责人会审核其工作成果，看他们是否拥有一种典型的新美利坚人的性格，以高尚谦逊、一丝不

---

　　① "Letter from J. F. Abbott of the Military Intelligence Division, Department of War General Staff to the Director of the Division of Films, Committee on Public Information（Beeman）"（Document 37），pp. 76-77.

　　② "Report from the Embassy in Spain"（Document 5），in *FRUS*, 1917-1972：Public Diplomacy, World War I，p. 14.

　　③ "Telegram from the Embassy in Italy to the Department of State"（Document 22），p. 48.

苟的态度开展工作。而这种形象与欧洲人所联想的那样一个夸夸其谈、浮华虚假和唯利是图的美国人形象是截然相反的。[1]

出色的演讲是在外国从事直接宣传的个人所必须具备的能力。针对俄罗斯，公共信息委员会则派出一些出生在俄罗斯，成长在美国并事业有成，具备良好的写作和演讲能力的人到俄罗斯进行宣传活动。[2] 在民众热衷于集会的法国，委员会十分注重在这里的宣传工作。在法国，公共演讲者都是十分优秀的宣传员，公共信息委员会致力于组织美国人在这里开展法语演讲，让他们注意文辞得体以便法国人能接受的同时，在其中植入美国需要传达的理念。[3]

公共信息委员会并不仅仅是单向地从美国派出人员到他国进行个人宣传，也会邀请目标国家的人员到美国，通过身临其境的感受，促进他们对美国的理解和认同。例如委员会鼓励并资助法国的知名记者、作家访问美国，并进行关于美国的正面书写，增强美国在法国的影响力。[4] 而对于不喜欢报道美国新闻的墨西哥记者，委员会同样赞助他们到美国旅行，以此增加关于美国的新闻报道。[5] 针对来自拉美的游客（包括作家、艺术家、商人等），美国十分注重展示其政治上致力于民主、商业上追求改革的形象，以减轻之前拉美民众对美国的误解。[6]

（三）合作部门

公共信息委员会的海外宣传工作无疑需要其他部门的配合，美国驻各

---

[1] "Memorandum by the Chairman of the Committee on Public Information (Creel)" (Document 11), p. 22.

[2] "Letter from the Chairman of the Committee on Public Information (Creel) to President Wilson" (Document 6), p. 15.

[3] "Letter from the Director of the Foreign Section, Committee on Public Information (Irwin) to the Committee on Public Information Commissioner in France (Kerney)" (Document 18), p. 42.

[4] "Letter from the Director of the Foreign Section, Committee on Public Information (Irwin) to the Committee on Public Information Commissioner in France (Kerney)" (Document 18), pp. 42-43.

[5] Emily S. Rosenberg, *Spreading the American Dream*, p. 80.

[6] "Report Prepared in the Military Intelligence Branch, Department of War General Staff" (Document 23), in *FRUS*, 1917-1972: Public Diplomacy, World War Ⅰ, p. 55.

国大使馆和军事情报部门（Military Intelligence Section）都为委员会的宣传工作提供帮助，其中军事情报部门在提供情报和分发宣传材料方面起到了重要作用。除此之外，公共信息委员会也同欧洲原本就有的协约国宣传机构进行合作，典型的如盟军宣传委员会（Inter-Allied Propaganda Boards）。

需注意的一点是，公共信息委员会海外宣传部同其他美国海外部门在功能划分方面并不明晰，相关职能的分工也处在探索阶段。[1] 这一方面是因为当时美国的驻外使馆并不成熟，外交工作尚处于起步阶段；另一方面也是因为公共信息委员会作为在无先例可循的情况下美国创建的首个正式宣传部门，在处理事务方面并没有经验积累。且委员会在总统直属[2]的情况下主要工作是针对国内人民进行宣传，从前文中委员会在国内和海外设置的部门数量对比便可知一斑。委员会在海外部门的建设过程也离不开驻外大使的协助，但其海外驻地也仅仅是美国驻外大使馆内的一间办公室而已。

公共信息委员会海外分部的建立依托于大使馆的基础之上，美国驻当地大使也为海外分部的建立提供必要帮助。但同时公共信息委员会也坚持独立自主的原则，"委员会的分支机构应履行自己的职责，在关系密切的大使馆的理解下独立行事。为了避免重复和交叉，要同其他友好团体协调配合，但是要始终保持其影响力和控制权。"[3]

军事情报部门对公共信息委员会的海外宣传工作，尤其是对敌宣传助益甚多。因为军事情报部门具有专业的收集情报能力，[4] 又负责对敌分发宣传品，公共信息委员会海外宣传部主任埃德加·西森将委员会和军事情报

---

[1]　例如，在公共信息委员会同军事情报部门的分工方面，两个部门的负责人就曾进行多次探讨。

[2]　公共信息委员会由威尔逊直接负责，威尔逊高度重视对宣传工作，其希望"宣传工作完全掌控在我的手里"，不希望其他机构染指。见 "Letter From President Wilson to Acting Secretary of War Crowell"（Document 34），in *FRUS*, 1917-1972: Public Diplomacy, World War Ⅰ, p. 71.

[3]　"Telegram from the Embassy in Mexico to the Department of State"（Document 14），p. 31.

[4]　军事情报部门搜集情报的手段多样，其信息源包括俘虏、逃兵、代理商、在德游客等，或是直接通过空中观测、巡逻、突袭等手段在敌军战壕附近搜罗情报。参见 "Memorandum from the Chief of the Military Intelligence Section, Department of War General Staff（Van Deman）to the Chairman of the Committee on Public Information（Creel）"（Document 13），pp. 28-30.

部门的分工比作工业生产与分配的过程。公共信息委员会首先利用自身和军队的情报机构（军事情报部门）获取消息，之后依据这些消息来源准备并制造产品。生产（宣传品）的分工职责主要归公共信息委员会执行，以法国和意大利为例，具体指的就是编辑准备、翻译、印制等工作的完成情况。在整个过程中，公共信息委员会将得到军事情报部门代表的咨询帮助。出于军事问题的考虑，分配（宣传品）的职责则属于军事情报部门，其负责对操作手段、前线执行地点进行选择。"总而言之，公共信息委员会将充分利用军事情报部门所提供的咨询援助以获得有用的材料，之后进行产品生产；军事情报部门则负责产品的分配。"① 从资金分配也可以看出这一分工：军事情报部门负责出资生产自动气球，而公共信息委员会则承担材料的印刷费用。② 尽管军事情报部门助益甚多，但在具体的宣传工作方面，公共信息委员会是占主导地位的。"军事情报部门和军方应特别注意其没有权力发起宣传，也不能干涉或批评公共信息委员会代表的工作、方法或人员。公共信息委员会对其所应选择的宣传材料的性质和数量，以及宣传的方法和途径，是绝对有自己的判断的。"③

　　针对敌国（德国和奥匈帝国），公共信息委员会"生产"了大量宣传手册，手册的内容还包括译成德语和奥地利语的威尔逊总统的演说。④ 公共信息委员会致力于将宣传手册发往敌军阵营，在敌方军队开展"传单战役"，以逐渐破坏敌方的士气。其中"分配"传单的工作交由军事情报部门。军事情报部门分发宣传材料的工具包括飞机、迫击炮、步枪、榴弹等常规工具，也包括新的工具——气球、风筝。因为德国禁止士兵了解任何有关威尔逊总统的理想和政策的文字材料，因此公共信息委员会采取隐蔽的方式

---

① "Letter from the Director of the Foreign Section, Committee on Public Information (Sisson) to the Chief of the Military Intelligence Branch, Department of War General Staff (Churchill)" (Document 29), in Ibid, pp. 62-60.

② National Archives, RG 59, Central Decimal File 1910-1929, Box 733, 103.93/672f, 转引自 *FRUS*, 1917-1972: Public Diplomacy, World War Ⅰ, p. 69.

③ "Memorandum from Churchill to all military attachés" (Document 36), in *FRUS*, 1917-1972: Public Diplomacy, World War Ⅰ, p. 74.

④ "Telegram from the Embassy in Russia to the Department of State" (Document 15), p. 32.

进行印刷，把文字印刷在很小的纸片上，然后压缩成颗粒形式用火枪发射出去，或是用飞机撒落。① 气球播撒是在敌人领土上发放出版物一个新方法。"这个发明是对此前向德国民众发放出版材料所设计的东西的重大改进。该物体由直径约 9 英尺的气球运载装置组成，其将装载 1 万张仅四分之一缩尺的传单，按印刷机的自动进给原理，以每分钟 12 张或 24 张的速度发放。这种气球在平均气流的推动下可以行进 5—700 英里范围之内，因此可以很容易地到达普鲁士境内。它可以上升到大约两英里半，因此可以利用稳定的高空气流。"② 此外，风向也有助于宣传材料的发放，因为协约国军队处在上风向，方便将传单分发到德国境内。

三、公共信息委员会对外宣传的策略与效果

（一）对外宣传策略

在海外宣传工作具体的实施策略方面，公共信息委员会也进行了充分考虑。首先一点是宣传工作不能公开进行；其次是具体的宣传过程要做到潜移默化，宣传内容要具有趣味性和"真实"性，反对明显带有宣传痕迹或者过度夸张的内容；第三，针对不同的国家实行符合该国民众特性的宣传策略，并且不仅注重对精英阶层的宣传，也注重对广大下层民众的宣传。

关于在海外的宣传工作是否公开进行的讨论中，威尔逊总统强调工作不可公开，而是要以民间机构的名义进行。以维拉·怀特豪斯夫人（Vira B. Whitehouse）③ 为例，其作为公共信息委员会委员在瑞士工作时，由于对她的指令界定模糊，公使馆人员拒绝为她提供对于工作来说必不可少的认

---

① "Telegram from the Embassy in France to the Department of State"（Document 19），in *FRUS*, 1917-1972：Public Diplomacy, World War Ⅰ, p. 45.

② Telegram 3601 from Paris, April 18；National Archives, RG 59, Central Decimal File 1910-1929, Box 732, 103. 93/183s, 转引自 *FRUS*, 1917-1972：Public Diplomacy, World War Ⅰ, pp. 45-46.

③ 维拉·怀特豪斯夫人（Vira B. Whitehouse, 1875-1957）在 1918 年 1 月 26 日到 4 月 12 日、7 月 1 日到 12 月 25 日期间担任公共信息委员会驻瑞士代表。

可与便利，她十分抱怨这种"非官方"（unofficial）的工作方式。① 怀特豪斯夫人的情况最终得到威尔逊总统的批复，她被要求仍继续以非官方的形式工作。威尔逊总统的回复中也提出了如何做好宣传活动的建议：

> 我感到承认政府参与宣传活动是非常不可取的。自战争开始以来，德国的宣传就如洪水一般淹没了瑞士，以至于这个国家的公众舆论自然而然会远离某一方向任何的事物（宣传）。……此外，我相信一篇编者带着自己真情实感写出的文章比成千上万的宣传品更有价值。让具有私人的、非官方关系的编者去解释美国的价值观念是一种最好的宣传类型……我认为如果她（指怀特豪斯夫人）作为一个官方公认的从美国公共信息委员会派去的使者，将妨碍她与报纸的编辑们达成这种关系。②

在具体内容宣传策略方面，公共信息委员会通过广泛建立事实，使读者得到自己的观点，而非通过张贴标识，直接表露自己想要传达的观点。委员会所遵守的一条规则是："对事实没有阻碍的材料与教化性的观念应携手同行"。③ 委员会在意大利散发新闻时便注意到不带有明显的宣传或官方印迹，并添加由受欢迎的意大利艺术家绘制的关于战争的生动形象的漫画。④ 因此，内容的趣味性也是委员会在进行宣传时需要留意的，当然，在宣传内容的趣味性方面，电影相比新闻更具优势。新闻的优势在于真实，这也是负责海外新闻发放的对外新闻出版局所坚持的原则：

① "Letter from the Committee on Public Information Commissioner in Switzerland (Whitehouse) to the Chairman of the Committee on Public Information (Creel)" (Document 17), in *FRUS*, 1917-1972: Public Diplomacy, World War Ⅰ, pp. 36-41.

② Telegram 2600 from Bern, February 8; National Archives, RG 59, Central Decimal File 1910-1929, Box 736, 103. 9302/25, 转引自 *FRUS*, 1917-1972: Public Diplomacy, World War Ⅰ, p. 35.

③ "Telegram from the Embassy in United Kingdom to the Department of State" (Document 21), in *FRUS*, 1917-1972: Public Diplomacy, World War Ⅰ, p. 48.

④ "Telegram from the Embassy in Italy to the Department of State" (Document 26), in *FRUS*, 1917-1972: Public Diplomacy, World War Ⅰ, p. 58.

　　本部门自身仅限于发送美国的新闻事件，而且秉持的理念是，从长远来讲最好的宣传仅仅是让美国的事件自己说话。驻外编辑接收到新闻后，应该能够合理地按照预期将消息刊发。这些新闻应该是多种多样、具有吸引力的，而且要涉及时新、能引发兴趣的话题。另外，不应有"伪造"的宣传出现。①

　　"防止夸张的陈述被用于宣传"② 是另一个十分重要的原则，"没有什么比立即防止出现'宣传''官方的'这样的字眼更为重要的事了"。③ 委员会曾在瑞典撤回带有明显"宣传"迹象的小册子《美国的作战精神》，因为"美国政府反对可能被描述成宣传的任何工作形式，这个词在当前战争期间被赋予了和德国所做活动一样的含义。"④ 因此，虽然"宣传"（propaganda）一词在公共信息委员会的内部通信中可自由使用，并且委员会的工作人员也将这个词汇应用到一系列的活动中，但在公开文件当中，公共信息委员会采取"宣传"的委婉语如"爱国服务"（patriotic service）来展示其目标；其供应的是"信息"（infomation）材料，其国际项目以"改良"（reform）欧洲政治工具的形式呈现。⑤ 克里尔本人对此做出如下解释：

　　　　我们不把它称之为"宣传"（propaganda），因为这个词在德国人口中都和欺骗、腐败相关。我们的工作仅仅只是教育性

----

　　① "Report Prepared in the Division of Foreign Press, Committee on Public Information" (Document 12), p. 27.

　　② "Letter from Acting Secretary of War Crowell to President Wilson" (Document 35), in Ibid., p. 72.

　　③ "Letter from the Director of the Foreign Press Bureau, Committee on Public Information (Poole) to the Chairman of the Committee on Public Information (Creel)" (Document 40), p. 81.

　　④ "Letter from Edwin Björkman of the Division of Work Among the Foreign Born, Committee on Public Information, to David F. Swanson" (Document 30), p. 64.

　　⑤ James R. Mock and Cedric Larson, *Words That Won the War: The Story of the Committee on Public Information, 1917-1919*, p. 286.

（educational）和信息性（informative）的，因为我们有足够的信心，相信没有哪一种方式比公正地列举事实来得更为有效。①

在对具体的国家进行宣传工作时，委员会也重视宣传对象的特性。例如针对法国的宣传工作，海外部主任欧文指出："法国人是有着巨大智慧，但同时存在各种各样的心理特征的一种人。与我们（美国人之间）相处得很好的方法，对他们来说经常完全相反，反之亦然。"② 对外新闻出版局主任普尔亦曾指出："撰写宣传材料时要符合国外的风格，编辑和计划出版时要仔细推敲，以保证国外的编辑确信这些材料能引起读者的兴趣而广泛使用它们。"③

此外，委员会不仅注重对精英阶层的宣传工作，广大下层民众也是其关怀的对象。欧文在法国南部调查时看到法国下层民众对美国在战争中的形象存在误解，其认为美国参与战争完全是出于攫取经济利益的目的，对此他指出："欧洲正在变得非常激进，今天被淹没的这些下层阶级所说的话，可能就是明天统治阶级的主导思想。即使在友好的法国，我们也不能忽视工人阶级和农民阶级。"④ 欧洲的激进主义倾向与俄国十月革命的爆发有关，布尔什维主义对下层民众的吸引力是巨大的，因此公共信息委员会注重针对下层民众的宣传，支持俄国、巴尔干地区、中欧和其他地区出现的民主力量，通过展现美国民主力量的强大，提供美国关于发展民主政治和工业的方法，试图抵消布尔什维主义对民众的吸引力。如前文所述，委员会针对俄罗斯的农民阶层进行了相关的宣传，而在拉丁美洲，美国则营

---

① George Creel, *Complete Report of the Chairman of the Committee on Public Information*, p. 1. 还见于 George Creel, *How We Advertised America*, p. 4.

② "Letter from the Director of the Foreign Section, Committee on Public Information (Irwin) to the Committee on Public Information Commissioner in France (Kerney)" (Document 18), in *FRUS*, 1917-1972: Public Diplomacy, World War I, p. 44.

③ "Letter from the Director of the Foreign Press Bureau, Committee on Public Information (Poole) to the Chairman of the Committee on Public Information (Creel)" (Document 40), p. 81.

④ "Letter from the Director of the Foreign Section, Committee on Public Information (Irwin) to the Committee on Public Information Commissioner in France (Kerney)" (Document 18), in *FRUS*, 1917-1972: Public Diplomacy, World War I, p. 42.

造出一种改善对劳工的态度和加强对剥削工人的公司的限制的形象，以迎合广大的拉美下层民众。① 由于下层民众识字率较低，文盲普遍，图像形式的宣传成为委员会经常采取的方法。

（二）对外宣传效果与委员会的解散

从具体的对外宣传效果看，公共信息委员会出口的"产品"至少在两个方面被证明是流行的：电影（包括委员会负责制作的）和总统威尔逊的思想。② 尤其是在威尔逊思想的传播方面效果突出。当战争快要结束时，威尔逊的战后和平解决计划成为委员会在国际上宣传的重点。因为已经在各大洲建立了文化和教育的联系网，委员会安排了美国知名学者进行巡回演讲，以解释威尔逊的计划中所体现的美国民主原则。③ 最终在 1918 年秋至1919 年春出现了国际关系史上的"威尔逊时刻"（Wilsonian moment）④，威尔逊的国际关系新原则得到了广大遭受压迫的亚非地区人民的支持，中国、印度、埃及、朝鲜即是典型的受众国，其在巴黎和会召开前对威尔逊理念的热情空前高涨。

就委员会在各国的具体宣传效果而言，由于各国特性不同，宣传效果也不尽相同。通过在美北欧裔移民与北欧国家的天然联系，委员会在斯堪的纳维亚地区取得了良好的宣传效果。美籍意大利移民与母国联系甚多，因而委员会在意大利也取得了良好的宣传效果。而在拉美地区，以墨西哥为例，当地民众对美国心存芥蒂以及受之前德国宣传的影响，对委员会的宣传产生一定的抵制，甚至在德国雇佣人员的煽动下，通过示威游行抵抗美国的宣传。公共信息委员会最终通过电影、海报、新闻图画等图像宣传手段，逐渐改变当地公民对美国的态度，打消了墨西哥人对美国的偏见和

---

① "Report Prepared in the Military Intelligence Branch, Department of War General Staff"（Document 23），World War Ⅰ，p. 55.

② Alan Axelrod，*Selling the Great War：The Making of American Propaganda*，New York：Palgrave Macmillan，2009，p. 209.

③ Nicholas Cull，*The Cold War and the United States Information Agency*，p. 8.

④ 关于"威尔逊时刻"和全世界的"威尔逊热"现象，可参见王立新：《踌躇的霸权》，北京：中国社会科学出版社，2014 年，第 487—491 页。

误解。① 在西班牙的宣传也经历了对抗德国宣传以转变西班牙对美敌意的过程，威尔逊思想在西班牙的传播也取得一定效果。委员会在俄国的宣传效果则较为有限，俄国内战爆发后常规的通信网络崩溃，布尔什维克完全接管新闻出版部门，列宁和其他共产主义领导人都对别国的宣传工作进行控制。在这种情况下，委员会只能见缝插针，如通过与军事情报部门的合作使宣传工作渗透到西伯利亚最偏远的地区，因为这里的革命热情较弱。委员会在俄国制作宣传材料的工作也一直坚持到 1919 年 3 月 17 日。②

就对法、英的宣传而言，委员会取得的效果更为有限。英、法是信奉传统国际关系准则的国家，其领导人更多的是想通过传统的胜利方式结束战争，而非威尔逊提倡的和平处理战败国家的新国际关系准则。尤其是就英国而言，针对这样一个有着共同语言、文化的盟友，委员会竟然没能制订一个略微有效的宣传方案。③ 英国保守的政治势力认为威尔逊的思想及主张的"人民自决"目标毫无疑问是大英帝国的威胁，因此英国对委员会关于威尔逊总统思想的宣传进行了强力抵制。十分讽刺的是，最初美国在各国的宣传活动一直受到德国宣传的破坏。例如委员会在拉美、斯堪的纳维亚、西班牙、意大利、俄罗斯等地区的宣传的首要目标是消解德国宣传的影响力；而在战争后期，委员会在传播威尔逊思想的同时，却遭受英法两国的蓄意破坏。1918 年 10 月 25 日，委员会驻西班牙委员弗兰克·马里恩（Frank J. Marion）在写给委员会驻俄代表埃德加·西森的信中提到："我办公室里每天都在积累的数据证明，英国人和法国人正在以多种方式抵消威尔逊总统日益增长的影响力。"④

最终，威尔逊的抱负并没有在巴黎和会上得以施展，这当然与英法两

---

① 参见 Alan Axelrod, *Selling the Great War: the Making of American Propaganda*, pp. 201-202.

② National Archives, RG 63, Entry 106, Correspondence, Cables, Reports, and Newspapers Received from Employees of the Committee Abroad, Nov. 1917-Apr. 1919, Box 2, 转引自 *FRUS*, 1917-1972: Public Diplomacy, World War I, p. 93.

③ Alan Axelrod, *Selling the Great War: The Making of American Propaganda*, p. 209.

④ James R. Mock, Cedric Larson, *Words That Won the War*, p. 274, 转引自 Alan Axelrod, *Selling the Great War*, p. 198.

国的蓄意阻挠有关，也由此引发了亚非地区人民巨大的失望和幻灭感。美国国内民众同样对一战抱有幻灭感，丧失了对威尔逊总统的信心。在没有战争压力的情况下，国会自然不会支持宣传工作继续进行，特别是在许多共和党人看来，公共信息委员会本身就是威尔逊自由国际主义的传声筒。参议院否决美国加入国联的行为也同样破坏了公共信息委员会在此前一直致力于宣传的目标。国会内部权力的重组使得公共信息委员会最终被废除，1919 年 6 月，公共信息委员会被国会下令解散。

结语：公共信息委员会与美国对外宣传的起源

尽管随着战争的结束公共信息委员会即被下令解散，但其行为却为美国政府资助的宣传与情报行为开了先河。1917 年建立的公共信息委员会的影响一直持续到今天。1938 年，公共信息委员会档案开放之后，詹姆斯·莫克和塞德里克·拉森基于此写就《言辞赢得战争：公共信息委员会的故事，1917—1919》（*Words that Won the War: The Story of the Committee on Public Information, 1917-1919*）① 一书。该著作出版于 1939 年，无疑为美国在二战中的宣传活动提供了宝贵了经验。据学者艾伦·阿克塞尔罗德（Alan Axelrod）描述，他在这部"老旧"著作的书页中发现一张备忘录的复写纸，该备忘录是由公共意见领域方面的专家科尼利厄斯·杜波依斯（Cornelius DuBois）写给一个被称为情报咨询部（Bureau of Intelligence and Consultants）的工作人员的，目的是指导该研究机构成员以公共信息委员会为蓝本对二战时期的情报工作进行研究。②

具体而言，公共信息委员会从"文化外交"（cultural diplomacy）与

---

① James R. Mock, Cedric Larson, *Words That Won the War, The Story of the Committee on Public Information, 1917-1919*, Princeton: Princeton University Press, 1939. 由于只能对档案进行大致浏览，此书没有相关注释。

② Alan Axelrod, *Selling the Great War: The Making of American Propaganda*, p. 217.

"信息外交"（informational diplomacy）① 两个维度为日后美国的对外宣传提供了经验。公共信息委员会对外新闻出版局主任普尔曾指出开展"文化外交"的重要性：

> 为了共筑一个更加自由和友爱的世界，最好的办法就是使世界各地的教师共同就儿童教育和公民塑造的问题展开大规模的国际性交流，而这些公民将主宰着未来的世界。这项活动最好通过全球性的教育期刊来完成。在教育领域，我们有丰富的经验可以与各国分享，包括联邦、州、市各级的教育制度。但是我们要学习的也有很多。无疑，在从事各项宣传工作时，我们应该尽力避免一种过于傲慢的态度。我们要乐于学习，勤于学习。有人说，在接下来的年代里，"教育"一词将成为热词。如果真是这样，那么提供一种手段使得一国优秀的思想迅速传播到世界各地就显得尤为重要。②

---

① 文化外交主要着眼于长远的政治目标，即促进相互理解和培育国际善意，而不是短期的政策目标；主要通过慢媒介（slow media），如学生、学者和文化领袖之间的交流，艺术展览以及书籍交换等来产生潜移默化的影响；对象主要是外国的精英阶层。文化外交的目标无疑是政治性的，但其方法是非政治性的：思想和人员之间的自由交流。文化外交的倡导者相信，让其他国家人民到美国来了解美国社会以及让美国的文化人士到海外展示美国人民的面貌就是对美国的最好宣传。文化外交注重的是知识的交流而不是对方情感和态度的转变，其基本预设是国家间越是相互理解，就会越支持对方的对外目标，越同情对方的行动。同时文化外交强调互惠性而不是单方面文化输出，试图通过文化交流借鉴其他国家的思想和文化成就。而"信息外交"旨在向其他国家解释美国的对外政策和改变外国公众的态度，着眼于取得短期的政治效果，主要利用快媒介（fast media），如广播、电影、新闻和海报，其对象是大众。快媒介所进行的信息外交是单方面的，不注重互惠性，不需要政府间的正式安排和协议。信息外交通常使用公共关系技术和心理战的方法，试图通过对信息和表达的操纵来有目的地影响受众的态度、认识和情感，无论手段还是目标都是政治性的。信息外交实际上是"对外宣传"（propaganda abroad）的委婉说法，以避免当时"宣传"一词在人们印象中的贬义。参见 Emily S. Rosenberg, *Spreading the American Dream*, p. 215；王立新：《踌躇的霸权》，第515—516 页。

② "Letter from the Director of the Foreign Press Bureau, Committee on Public Information (Poole) to the Chairman of the Committee on Public Information (Creel) " (Document 40), in *FRUS*, 1917-1972: Public Diplomacy, World War Ⅰ, p. 84.

在墨西哥，公共信息委员会的工作预演了二战期间美国国务院在此进行的文化和教育活动。委员会的活动包括在墨西哥城建立本杰明·富兰克林图书馆以提供英文书籍，开展免费的英语课程，赞助墨西哥顶级的记者和编辑团体去美国旅行。[①] 1938 年 7 月，美国国务院设立 "文化关系司"（Division of Cultural Relations），专门负责实施美国与拉美国家的文化关系项目。二战过后，1946 年 1 月 1 日，美国设立国际新闻和文化事务处（The Office of International Information and Cultural Affairs），1947 年，该处改名为国际新闻与教育交流处（The Office of International Information and Educational Exchange），负责世界范围内的文化交流项目。1946 年 8 月，杜鲁门正式签署了以来自阿肯色州的国会参议员威廉·富布赖特（William Fulbright）的名字命名的《1946 年富布赖特法案》（The Fulbright Act of 1946），标志着美国联邦政府对国际教育和文化交流的正式介入。此后富布赖特计划实施顺利，发展迅速。

从 "信息外交" 角度来看，无论是采取的宣传媒介及宣传策略，还是海外机构具体人员安排，公共信息委员会为日后美国对外宣传机构提供的借鉴甚多。1940 年，由美国标准石油公司创始人洛克菲勒（Nelson Rockefeller）设立的 "美洲国家事务协调局"（The Office of Inter-American Affairs，简称 OIAA）即旨在通过艺术、教育、旅游、广播、新闻出版和电影等领域的政府和非政府的资源，加强国防，促进西半球国家之间的联系。该机构设立的新闻部、广播部和电影部等，利用美国的地缘优势和信息优势向拉丁美洲地区传播信息，促进拉丁美洲国家民众对美国历史、社会和文化等方面的了解。太平洋战争爆发后，美国设立的战时信息署（Office of War Information）在中国分部的宣传活动，即采用了公共信息委员会的人员机制，引进来自公关和记者行业的专业人士从事在华宣传活动。美国的对外宣传机构在冷战时期设立美国新闻署（The United States Information Agency）时臻于极盛，这也最终实现了 1918 年公共信息委员会众多海外工作人员的

---

① Emily S. Rosenberg, *Spreading the American Dream*, pp. 79–80.

心愿——"我们中的很多人都希望能有人为美国建立一个永久存在的对外宣传系统"。①

作为美国首次开展的大规模对外宣传活动，公共信息委员会的宣传活动成为研究美国对外宣传活动史不能不提的一部分。公共信息委员会这一机构的建立，是威尔逊所奉行的自由国际主义理念②的产物，是美国对此前长期奉行的孤立主义外交政策的突破。公共信息委员会贯彻了威尔逊的外交理想，即美国要以政治榜样和思想力量来影响世界。委员会在克里尔的领导下成功把美国"推销"给世界，其采取的对外宣传手段与宣传理念也为日后美国的宣传机构所继承。随着自由国际主义理念在美国的不断完善，相应理念下建立的对外宣传机构也日臻成熟。

公共信息委员会最初从事宣传活动是为了应对德国的宣传攻势，争取中立国的人心。委员会在消解德国宣传影响、展现美国形象方面用力颇多。它通过把德国塑造成一个专制残暴、热衷于侵略战争的帝国，呼吁世界民众支持崇尚民主、捍卫和平的美国。而在意识形态发生变化的俄国，委员会则通过展现美国关于发展民主政治和工业的方式方法，展示美国农民的生活以及政府为耕种土地的农民提供的服务，以争取俄罗斯广大民众的心，减缓十月革命影响下大众转向布尔什维主义的倾向。这一做法实际上预演了冷战时期美苏两国的"人心之争"。按照冷战史著名学者文安立（Odd Arne Westad）的说法，美国和苏联的立国原则，也即后来成为两个国家在冷战期间所奉行的意识形态是"建立在人类进步的理念和规划的基础之上的"。③ 美苏两国在第三世界通过展现各自的现代化版本以争取第三世界的民心，这与公共信息委员会通过展现美国先进的生产生活方式以获取世界

---

① "Letter From the Director of the Foreign Press Bureau, Committee on Public Information (Poole) to the Chairman of the Committee on Public Information (Creel)" (Document 40), in *FRUS*, 1917–1972: Public Diplomacy, World War I, p. 85.

② 关于自由国际主义理念，可参见王立新：《意识形态与美国外交政策》第五章《自由主义与美国的国家安全观念和国际秩序思想》和第七章《"传教士外交"：伍德罗·威尔逊与美国队中华民国的承认》，北京：北京大学出版社，2007 年。

③ ［挪］文安立：《全球冷战：美苏对第三世界的干涉与当代世界的形成》，牛可等译，北京：世界图书出版公司，2012 年，第 36 页。

民众支持的做法如出一辙。如公共信息委员会对外新闻出版局主任普尔有言，"这是一个外交越来越公开的时代，为了使政府的政策在国外有效地传播，我们必须运用合法的宣传手段让国外的广大民众了解美国的生活和国家的一系列重要目标"。[①] 这句话放到现在仍不过时。

---

① "Letter from the Director of the Foreign Press Bureau, Committee on Public Information (Poole) to the Chairman of the Committee on Public Information (Creel)" (Document 40), in *FRUS*, 1917-1972: Public Diplomacy, World War Ⅰ, p. 80.

美国公共信息委员会与
威尔逊和平主义的推销[*]

胡腾蛟[**]

摘 要 一战期间，美国对德公开宣战后，为了尽快实现战后和平，威尔逊总统成立了公共信息委员会。在实际宣传中，公共信息委员会借助包括无线电台和电影等新兴媒体在内的各种传播手段，重点宣传了威尔逊的和平主义思想。表面上看，公共信息委员会是一战的直接产物，但从深层次来说，它是美国自 19 世纪末崛起为世界性大国以来充当"世界和平捍卫者"和向世界提供"美国梦"愿景诉求的必然反映。

关键词 第一次世界大战 公共信息委员会 威尔逊和平主义

---

* 本文为湖南省教育厅科研基金优秀青年项目"冷战时期美国海外形象宣传战略研究（1953—1965）"（16B031）和国家社科基金后期资助项目"冷战时期美国国家形象塑造研究（1947—1961）"（17FSS001）的阶段性成果。

** 胡腾蛟，长沙学院副教授。

一

美国参加第一次世界大战似乎是一种无奈的选择，显然不是作为理想主义者的威尔逊总统所愿意看到的。在处理国际争端时，他颇为推崇"谈判的和平"，希冀通过这种方式为未来的持久和平奠定坚实的基础，从而实现改造国际旧秩序的长远目标。最初，作为一战的中立者和调停方，威尔逊对大战双方之间的调解似乎是真诚而努力的：1915 年 5 月 7 日，英国客轮"卢西塔尼亚"号在大西洋中被德国潜艇击沉，导致 124 名美国人丧生。威尔逊总统虽然对整个事件感到震惊和愤慨，但最终拒绝了其亲密顾问豪斯上校和蓝辛国务卿要求对德采取强硬措施的建议，因为他不想就这样失去一次通过调停实现和平的宝贵机会。从 1914 年至 1916 年，针对英国海军在公海上对美国商船劫掠的严峻考验，他先后指示豪斯两次赶赴欧洲，制订了美国的调停计划。1916 年年底，即使形势的发展越来越不利于威尔逊通过调停实现改造世界的愿望，但他还是决心为和平调停做最后一次努力。为此，他草拟了一项重要声明，要求两大交战集团明确说明各自作战的目的，并表示美国未来的政策将取决于其战争目的。次年年初，该声明被递交至交战各国。然而，局势并没有按照美国总统的设想发展。1917 年 4 月 5 日，美国对德宣战。① 威尔逊总统声称，捍卫世界和平的责任感使得美国不得不如此行事：

> 我们没有私心。我们不追求征服别国，也不追求占有领土。我们不为自己索取赔偿，对于我们自愿做出的牺牲，也不追求物质上的补偿。我们只是人类权利的捍卫者。②

① 详见李庆余、任李明、戴红霞：《美国外交传统及其缔造者》，北京：商务印书馆，2010 年，第 219—227 页。

② Woodrow Wilson, "Message to Congress, April 2, 1917," Carl C. Hodge and Cathal J. Nolan, eds., *U. S. Presidents and Foreign Policy from 1789 to the Present*, Santa Barbara, Calif.: ABC‐CLIO, 2007, p. 396. 转引自 [美] 亨利·基辛格：《世界秩序》，胡利平、林华、曹爱菊译，北京：中信出版社，2015 年，第 337 页。

他继而号召国内各组织为赢得战后和平而积极做出自己的贡献。这自然包括传媒界。《电影新闻》杂志为此鼓吹道：

> 4月6日，一个新的美国诞生了。今日，我们正处于新的世界地位并面临着艰巨的使命。每一个人，在这一行业工作的每一个个体，渴望完成他的任务，无论大小。即刻的机会扑面而来。①

为了尽快实现战后和平，强化对敌宣传是必须的。因此，4月13日，国务卿罗伯特·蓝辛（Robert Lansing）、战争部长牛顿·贝克（Newton Baker）和海军部长约瑟夫斯·丹尼尔斯（Josephus Daniels）联名致信威尔逊总统，要求他批准成立一个负责宣传管制工作的组织，以强化美国价值和有用战争信息的传播。他们在信中如此写道：

亲爱的总统先生：

即使媒体的合作慷慨大方而充满爱国精神，美国也日益需要成立一个权威机构，以确保所有有关于国家防御的至关重要的事实得以公布。关于政策、计划和具体行动的不成熟而欠思考的声明，不管无知与否，将沦为一种危险之源。

……

美国目前最大的需求是信心、热情和服役。而这些需求将不可能得到完全满足，除非每一个公民都能够获得一种与公共事业行动的完整、坦率的声明伴随而来的合作感。

我们的意思是，两大功能——审查与宣传，能够真诚而有益地结合在一起，我们建议成立公共信息委员会（the Committee on Public Information）。（该机构的）主席应当是一位平民，勇敢、有

---

① "The Picture and Patriotism," *Motion Picture News*, April 21, 1917, in Richard Wood, eds., David Culber, Editor-in-Chief, *Film and Propaganda in America*: *A Documentary History*, *Volume* I, *World War* I, New York, London: Greenwood Press, 1990, p. 131.

能力而睿智的作家更合适，其能够赢得合作媒体的理解并同时号召作家们为国家现役工作服务。其他成员包括国务卿、战争部长和海军部长，或者由他们委任专司此事的一名或多名官员。

我们相信您拥有成立该公共信息委员会的一种不容置疑的权力，不必坐等进一步的立法批准，鉴于任务的重要性及其迫在眉睫的必要性，我们相信您适合如此做。

该委员会一旦任命，就能够制定法规和设立机构，确保所有有价值的信息得以向敌人宣传，并同时尽可能地开放每一个政府机构以接受人民的检阅。当然，此类法规与机构必须交由您亲自批准后才予以生效。①

当日，威尔逊就签署了第 2594 号行政令，正式成立公共信息委员会。《落基山新闻》记者乔治·克里尔（George Creel）被任命为委员会主席。因此该委员会又被称为"克里尔委员会"。其成员包括国务卿、战争部长和海军部长。他们各自拥有委派一位或多位官员负责委员会具体事宜的权力。②

二　公共信息委员会对无线电台和电影的使用

1917 年秋，克里尔在委员会增设对外部（Foreign Section），下辖无线电与电报服务局（Wireless and Cable Service）、对外新闻出版局（或称邮政新闻处）（Foreign Press Bureau/Mail Feature Service）和对外电影局（Foreign Films Division）三大行政部，以全面强化对美国价值理念的宣传。随后，委员会先后在 16 个国家成立办公室，派出工作人员。这些国家是英国、法国、意大利、俄国、瑞士、西班牙、瑞典、荷兰、丹麦、中国、墨西哥、巴西、

---

① "The Secretaries of State, War, and Navy, to Woodrow Wilson, April 13, 1917," Woodrow Wilson Papers, Library of Congress, Reel 355, Series 4, Case 3856 in *Film and Propaganda in America: A Documentary History*, Volume Ⅰ, *World War* Ⅰ, pp. 127-129.

② "Executive Order 2594, April 13, 1917," in *Film and Propaganda in America: A Documentary History*, Volume Ⅰ, *World War* Ⅰ, 1990, p. 130.

阿根廷、智利、秘鲁和巴拿马。在那些没有设置办公室的国家，则由美国使馆、商社和英国代理人来散发美国的宣传材料。

无线电台作为一种日益成熟的新兴媒介，由于具有远程、便捷、迅速的优点，非常适合战时需要，因此很快成为委员会依赖的重要宣传手段。起初，在西奥多·罗斯福总统的鼎力支持下，至1914年，美国海军已经在弗吉尼亚州、圣地亚哥、巴拿马运河区、夏威夷、关岛和菲律宾建立了无线电台。但此时它们并不具有声音传播功能，只能发射编码信息。美国参加一战后，国会将广播工业完全国有化，迅速强化了电台的传播能力，电台已完全具备了声音传播和广播的功能。1919年底，在威尔逊总统的授意下，通用电气公司的欧文·杨（Owen D. Young）收购了美国马可尼公司（American Marconi），并且将它与美国电话电报公司（American Telephone and Telegraph）、西部电气公司（Western Electric）和联合果品公司（United Fruit）合并，组建成为一家新型通讯公司——美国无线电公司（Radio Corporation of America，RCA），专门负责海外传播业务的拓展。① 自此以后，"电台和电视成为最具影响力的现代媒体"，对美国影响重大，甚至有人断言它们"定义了一个新美国"。② 公共信息委员会的无线电与电报服务局、对外新闻出版局与国际电讯业密切合作，积极宣传美国的民主理念与正面形象。据记载，1918年7月23日，克里尔在一份要求总统下拨"对外教育工作"预算经费的信函中指出，公共信息委员会拟每天通过无线电波和有线电报向世界各国发送1000字的信息。③

电影由于具有形象、直观、廉价的优点而成为公共信息委员会倚重的又一种新兴传播媒介。1915年，威尔逊总统在观看由格里菲斯（D. W.

① Emily Rosenberg, *Spreading the American Dream*：*American Economic and Cultural Expansion*, *1890-1945*, New York：Hill and Wang, 1982, pp. 92-97.

② Douglas Gomery, *A History of Broadcasting in the United States*, Oxford & Victoria：Blackwell Publishing, 2008, p. ix.

③ "George Creel to Woodrow Wilson, July 23, 1918," George Creel Papers, Library of Congress, Container 2, in *Film and Propaganda in America*：*A Documentary History*, *Volume* I, *World War* I, p. 278.

Griffith）导演的经典内战片《一个国家的诞生》（*The Birth of a Nation*）后认为，作为一种廉价而理想的宣传手段，好莱坞电影完全可以承担起宣传美国国家形象的重任。在战时的一次演讲中，威尔逊总统是如此颂扬电影的重要作用的："人们正在维护由于战争而备受威胁的自由民主的价值观，为什么不让电影为这一伟大的运动来服务呢？""电影的层次已经达到传播大众思想的最高境界……由于电影使用的是世界语言，更有助于它表达美国的计划和目标。"① 威尔逊还要求国家电影业协会探索美国电影在欧洲发行的有效方式。该协会领导的战时合作委员会设立了美国电影委员会，并由它负责在欧洲发行美国电影。同时，公共信息委员会组建的对外电影司与美国电影委员会密切协作，积极推动美国电影进入欧洲市场。此举意味着政府与电影业之间的合作关系已经完全建立起来，从而有力推动了美国海外形象的传播。按照 1923 年美国电影制片人和发行人协会（Motion Picture Producers and Distributors of America，MPPDA）② 主席威尔·海斯（Will H. Hays）的想法：

> 从美国出口到海外的每一部电影，无论被发行到哪里，都应该向世界正确地展现美国的目的、理想、成就、机会与生活……我们准备利用美国电影将美国推销给整个世界。③

与此同时，为了保证美国的价值与形象的"净化"，公共信息委员会强化了对电影内容的道德审查。1915 年，在互助电影公司诉俄亥俄州工业委员会一案中，美国联邦最高法院判定，电影不能像新闻出版业一样同属于"言论自由"保护之列，必须接受州、市政府的预先审查，从而将电影排除

---

① ［加］弗雷泽：《软实力：美国电影、流行乐、电视和快餐的全球统治》，刘满贵等译，北京：新华出版社，2006 年，第 31 页。

② 该协会后改称为"美国电影协会"（Motion Picture Association of America，MPAA）。

③ Will H. Hays, "What Is Being Done for Motion Picture, Octerber 5, 1923, p. 8," in quoted from Richard Maltlby and Melvyn Stokes, eds., *Hollywood Abroad: Audiences and Cultrural Exchange*, British Film Institute, 2004, p. 1.

在宪法第一修正案的保护之外。随后，电影审查委员会正式成立，专门对即将放映的电影进行道德审查。秉持这一法案精神，美国公共信息委员会在大战中依据《间谍法》和《煽动法》两部法令，对国内新闻与电影进行严格审查，要求制片商在进行影片制作与营销时，必须严格遵循如下原则：1. 不得涉及歪曲美国社会生活和思想的内容；2. 不得贬损美国及其盟国形象；3. 不得出现有关骚乱的情节，以免此类情节可能被敌人用以歪曲或贬损美国形象；4. 尽可能地展示美国及其公众的正面形象。据统计，整个战争期间，对外电影司共计拍摄了近 100 万英寸胶片，发行 60 余部宣传片，销售 20 万张幻灯片。① 在对外宣传中，尽管克里尔要求"尽可能地通过商业渠道"发行美国电影，"但在许多国家，很有必要对那些展现美国社会、工业和战争进步的电影免费发行"。②

三　威尔逊的和平主义思想及其传播

克里尔是威尔逊和平观的坚定信奉者与支持者，他也将其确定为公共信息委员会的宣传重点。

威尔逊是一位典型的和平主义者。在长久的思考中，他形成了对和平的独特看法。其和平观大致包含如下要点：美国是民主发展的典范；美国应当向世界输出民主；民主在本质上是和平的；国际集体安全组织如能接受正确指导与管理，则能够确保未来的世界和平。③ 他同时认为，美国外交政策的重要目标应当是创建一个"由正义（right）主导的普世共同体，借

① 仇海萍：《美国"公共信息委员会"简论》，《历史教学问题》2014 年第 2 期，第 87 页。

② "George Creel to Woodrow Wilson, July 23, 1918," George Creel Papers, Library of Congress, Container 2, in *Film and Propaganda in America：A Documentary History*, Volume Ⅰ, *World War* Ⅰ, p. 279.

③ David F. Krugler, *The Voice of America and the Domestic Propaganda Battles*, 1945 - 1953, Columbia and London：University of Missouri Press, 2000, p. 18；国内学者关于威尔逊国际秩序观与对外政策的深刻论述，参见王立新：《蹒跚的霸权：美国崛起后的身份困惑与秩序追求（1913—1945）》，北京：中国社会科学出版社，2015 年，第 38—55 页；王晓德：《梦想与现实——威尔逊"理想主义"外交研究》，北京：中国社会科学出版社，1995 年，第 119—263 页。

此，自由民族将和平与安全惠及所有民族并最终使整个世界变得自由起来"。① 当然，在他看来，这一共同体的领袖最好由崇尚自由与民主的美国来担任，因为只有像美国这样的伟大国度才能为世界各国树立"可信赖的典范"。总之，美国的使命就是成为"和平的仲裁者""世界的灯塔"以及"领导世界维护人民和自由国家的权利"。②

一战行将结束之际，1918 年 1 月 18 日，威尔逊在美国国会发表演讲，提出了结束战争的"世界和平纲领"，即"十四点计划"。其主要内容如下。

1. 公开外交，不得有任何秘密国际谅解。

2. 无论和平与战争时期，公海航行绝对自由。

3. 尽可能排除一切经济上的壁垒，国际贸易机会均等。

4. 充分地相互保证各国军备应缩减至足以维持国内安定的最低限度。

5. 解决一切殖民地纠纷时，须以诚相见，绝对公正，在决定一切有关主权的问题时，应兼顾当地居民的利益与殖民政府之正当要求。

6. 撤出全部俄国领土上的外国军队，世界其他国家应该提供俄国以独立决定其政治发展和国家政策不受阻碍的机会，对它的需求和希求的，给予一切帮助。

7. 从比利时撤军并使其复国。

8. 撤出法国所在占领区并恢复原状，将阿尔萨斯和洛林归还法国。

9. 调整意大利边境。

10. 奥匈帝国的人民应获得自治的机会。

---

① Fareed Zakaria, "Internationalism as A Way of Life," *World Policy Journal*, Vol. 12, No. 2 (Summer, 1995), p. 59.

② 王立新：《意识形态与美国外交政策——以 20 世纪美国对华政策为个案的研究》，北京：北京大学出版社，2007 年，第 142 页。

11. 罗马尼亚、塞尔维亚和门的内哥罗境内占领军撤退，巴尔干诸国的政治经济独立和领土完整，由国际保证。

12. 承认土耳其帝国内土耳其部分主权，但土耳其统治下的其他民族应获得绝对的自治权，达达尼尔海峡在国际保证下永远开放为自由航道。

13. 建立独立的波兰国家，其政治经济独立和领土完整由国际章约予以保证。

14. 必须根据旨在不分大小国家的政治独立和领土完整提供相互保证的专门盟约。①

威尔逊的这份和平呼吁同时通过布鲁克林、圣地亚哥和巴拿马达连湾三大电台，分别向欧洲、远东和拉美地区播报。6月，美国政府还通过当时最强大的电台——新不伦瑞克电台向德国柏林播送。② 公共信息委员会立即通过电台，第一时间将"十四点计划"演讲传给欧洲各国报社，敦促它们发布此则新闻。它同时还向下列国家和地区散发了威尔逊的演讲稿：英国、法国、意大利、俄国、西班牙、瑞士、荷兰、斯堪的纳维亚地区、澳大利

---

① 稍后，威尔逊在前述"十四点计划"的基础上陆续阐释了其和平主义思想。1918年2月11日，威尔逊在参众两院联席会议上发表演说，提出了进行和谈的四项原则：第一，所有问题的公正解决必须受到公正原则的指导；第二，各民族不应该成为倾向任何均势的交易品；第三，领土解决方案必须服务于生活在其上的民族之利益；第四，国家的合理要求将尽可能予以满足。7月4日，威尔逊在演讲中又进而阐述了战后世界和平得以维系的四大条件：第一，消灭潜在的扰乱和平的任何专横力量；第二，领土和其他问题的解决方案应被最直接受到影响的民族所自由接受；第三，各国将同意在国际关系中遵循荣誉和法律原则；第四，创造一个和平组织，使自由国家力量联合起来，阻止一切侵略以及维护和平与正义。9月27日，威尔逊在讲话中补充了五项原则：第一，和平基于对所有民族的公正正义之上；第二，特殊利益被禁止压倒共同利益；第三，在国际联盟成员之间将禁止特殊谅解或协定；第四，除了根据国际联盟防止侵略的要求之外，自私的经济联合和任何类型的经济强制将在联盟内禁止；第五，所有国际协定将向世界公开。详见王晓德：《梦想与现实——威尔逊"理想主义"外交研究》，第218—220页。

② Emily Rosenberg, *Spreading the American Dream: American Economic and Cultural Expansion, 1890-1945*, p. 93.

亚、新西兰、日本、中国、西伯利亚地区、南美洲、中美洲、墨西哥、印度、南非、希腊、埃及、加拿大、利比里亚和伊朗。①

总之，整个大战期间，公共信息委员会不遗余力地向世界推销威尔逊的和平观，"将美国的理想主义、公正无私以及实现目标的坚定决心的完整信息传递到文明世界的每一个角落"。它充当了"威尔逊理想主义国际观的鼓吹者"和"美国主义的福音书"，从而使总统的"和平修辞"与"美国梦"愿景受到整个世界，特别是亚非地区那些长期遭受外来殖民统治的民族前所未有的关注，激发了他们对美国政府的无限美丽幻想。威尔逊被称颂为世界旧秩序的终结者与国际关系新时代的开拓者。②

四　公共信息委员会的撤销

美国公共信息委员会是第一次世界大战的产物。它负有明确的战时使命，在动员美国人参战和解释威尔逊和平主义方面起着至关重要的作用。不仅如此，如果从美国崛起的大背景下来看，公共信息委员会还充当了"美国梦"的解释者，有力地向海内外受众解释了美国的世界抱负，旨在令世人明白，世界问题完全可以按照"美国方案"加以解决。对威尔逊而言，美利坚民族是人类历史上最为特殊的民族，它在形成过程中就被上帝赋予一种特殊作用，负有"拯救世界"的特殊使命。他宣称，美国是"人类正义、平等和希望的监护人"，"上帝正以令人吃惊的嗜好照看着美国的事

---

① 王立新：《踌躇的霸权：美国崛起后的身份困惑与秩序追求（1913—1945）》，第480—483页。

② 关于国内外舆论对威尔逊"十四点计划"的反应，详见王晓德：《梦想与现实——威尔逊"理想主义"外交研究》，第220—224页；王立新：《踌躇的霸权：美国崛起后的身份困惑与秩序追求（1913—1945）》，第484—493页；马建标：《塑造"救世主"："一战"后期"威尔逊主义"在中国的传播》，《学术月刊》2017年第6期，第164—172页。

务"，因此，美国必须按照上帝的旨意，为捍卫人类和平而战。① 克里尔比威尔逊总统走得更远。按照他的设想，公共信息委员会致力于将美国塑造为"现代化的典范"，一个"其他国家理当效仿的、强大的、工业化的、自由与正义的社会"。他坚定地认为，"美国梦"的海外诠释必定"助推其他皈依者和模仿者的出现"，并"加速全球社会对以美国价值为基础的国际秩序的接受"。② 因此，麦克尔·斯普勒（J. Michael Sproule）索性将公共信息委员会称为"美国化委员会"。③

公共信息委员会利用大众传媒技术，以塑造大众舆论、解释对外政策和美国身份为旨归，这显然是对传统外交的背离和超越，其宣传活动即是我们后来所谓的"公共外交"（Public Diplomacy）活动。可以说，公共信息委员会充当了美国公共外交的肇始者。然而，这种新型的外交活动非但不被国务院和国会保守的精英所看好，反而被斥责为"传统外交的干扰因素"和"僭越者"。美国共和党众议员弗雷德里克·H·吉勒特直言公共信息委员会"是一个很大的危险"。他批评道："如果任何一届政府在执政期间有一个称为公共信息的机构，而实质是广告机构、宣传机构并运用各种方式为政府部门寻求公众支持的机构，那么在一个共和国里是一件非常危险的事情，因为一旦这样的机构用于为执政党的利益服务，它就会拥有巨大的权力；在和平时期，我认为，任何一个政党或政府都不会为它的存在找到

---

① 显然，威尔逊的国家观并没有脱离"美国例外论"的窠臼。他将此归结为三方面的原因：首先，美国与生俱来就是一个基督教国家，其宽松的宗教和政治环境铸就了美国的新品质，从而使自己从一个松散的英国殖民地一跃成为一个伟大联邦。其次，美国是一个移民国家，在坚持盎格鲁-撒克逊白人文化的基础上，能够融合其他各民族和种族的文化之所长，从而使美利坚民族形成了与众不同的显著特征和优势。最后，美国之所以是独一无二的，还在于它在政治上不仅拥有民主制度，能够有效维系美国社会的多样性与统一性的内在张力，而且成功地坚守着美国道义和精神上的独特性。参见王晓德：《梦想与现实——威尔逊"理想主义"外交研究》，第38—39页；李庆余、任李明、戴红霞：《美国外交传统及其缔造者》，北京：商务印书馆，2010年，第215页。

② Emily Rosenberg, *Spreading the American Dream: American Economic and Cultural Expansion, 1890-1945*, pp. 79-81.

③ Martin J. Medhurst and H. W. Brands, eds., *Critical Reflections on the Cold War: Linking Rhetoric and History*, College Station: Texas A & M University Press, 2000, p. 137.

理由，都不会同意它的存在。"①

威尔逊总统本人竟然因公共信息委员会一事两次接受国会质询，被要求明确委员会的权责范围。由于威尔逊本人非常重视世界公共舆论的影响，他对委员会的工作持坚定的支持态度。然而，他的这种偏好并不能改变当时大多数美国传统外交官员对公众宣传的敌意。因此，大战甫一结束，国会即于1919年6月30日以公共信息委员会的活动有失公允为由，迅速撤销了对它的所有资助。讲述"美国故事"的重要使命仍然回落到私人组织手中。②

---

① 转引自肖华锋：《冷战时期美国文化扩张与渗透》，北京：中国社会科学出版社，2016年，第118—119页。

② David F. Krugler, *The Voice of America and the Domestic Propaganda Battles, 1945-1953*, pp. 19-23.

评哈罗德·德怀特·拉斯韦尔著《世界大战中的宣传技巧》*

蓝大千**

《世界大战中的宣传技巧》① 是被奉为传播学"四大奠基人"之一的哈罗德·德怀特·拉斯韦尔（Harold Dwight Lasswell）② 在其于 24 岁时完成的博士论文基础上成书的。该书成书的背景是第一次世界大战。一战爆发时，拉斯韦尔还是一名中学生，战争期间的宣传活动给他留下了深刻印象。拉斯韦尔于 1920 年在芝加哥大学政治系攻读博士学位，其博士生导师查尔斯·E·梅里亚姆（Charles E. Merriam）③ 曾在意大利为美国第一次世界大

＊ 本文是湖南省教育厅科研基金优秀青年项目"冷战时期美国海外形象宣传战略研究（1953—1965）"（16B031）、北京市教委重点项目"美国对外宣传与文化外交史史料整理与研究综述"（SZ201510028013）的阶段性成果。

＊＊ 蓝大千，中国人民大学世界史专业研究生，本科就读于首都师范大学历史学院世界历史专业。

① 哈罗德·拉斯韦尔：《世界大战中的宣传技巧》，张洁、田青译，北京：中国人民大学出版社，2003 年。

② 哈罗德·德怀特·拉斯韦尔（1902—1978），美国著名政治学家，早慧的天才型人物。他 1924 年完成的博士论文《世界大战中的宣传技巧》，集中探讨了第一次世界大战中的宣传活动，成为传播学的一部重要文献。拉斯韦尔还是行为主义政治学创始人之一，其在政治学和传播学领域著作颇丰，被奉为传播学"四大奠基人"之一。

③ 查尔斯·E·梅里亚姆（1874—1953），美国著名政治学家，提倡运用行为主义科学方法研究政治学，即研究政治行为，而不是政治思想，并将定量分析引入政治行为研究。在一战期间，梅里亚姆曾在意大利为美国宣传机构公共信息委员会工作。

战时期设立的宣传机构公共信息委员会工作。受其导师影响，战争宣传成为拉斯韦尔博士论文的研究课题。拉斯韦尔在 1923—1925 年到欧洲进行实地考察，访问了一些经历过战争宣传的学者和政府官员，并搜集了大量文献档案。在此基础上，其对一战时期各国的宣传信息进行定性内容分析，[①] 于 1926 年完成了这一博士论文。鉴于拉斯韦尔在该书中采用了内容分析的研究方法，我们可以看到书中有大量关于英、法、德、美在一战期间进行宣传活动的实例。因此，虽然本书是一部传播学的经典名著，我们也可以从历史学的角度出发，从中窥见一战期间各交战国进行广泛宣传的历史图卷。

一、本书的主要内容与作者的主要观点

全书共九章。第一章指出了宣传在一战中的重要地位。随后几章可以依据拉斯韦尔于 1948 年提出的 "5W" 传播模式[②]进行对应。第二章对应 "Who"，论述了各国负责宣传活动的宣传组织。第三、四、五章对应 "What"，即宣传内容，其可以分为战争罪行、战争目标、恶魔崇拜和胜利幻想四类。拉斯韦尔受芝加哥学派代表人物乔治·赫伯特·米德（George Herbert Mead）[③] 对自我分析的启发，强调受众的身份特性，将宣传活动的对象分为四类群体："我们"国内的受众、"我们的敌人""我们的盟友"

---

① 拉斯韦尔开创了内容分析法，实际上发明了定性和定量测度传播信息的方法论。内容分析是通过将信息内容分类以便测度某些变量的途径对传播信息进行研究。参见 E·M·罗杰斯：《传播学史——一种传记式的方法》，殷晓蓉译，上海：上海译文出版社，2002 年。

② 拉斯韦尔在 1948 年发表的论文《传播在社会中的结构与功能》中从内部结构方面分析了传播过程中的要素。拉斯韦尔认为，一个传播过程包含五大要素：谁（Who）、说什么（Say What）、通过什么渠道（In Which Channel）、对谁说（To Whom）、产生什么效果（With What Effect）。这就是著名的 5W 模式。

③ 乔治·赫伯特·米德（1863—1931），美国社会学家、哲学家。他的 "符号互动理论" 强调人际传播在人格发展中的作用。米德的基本思想是：个人、自我、社会均产生于持续不断的对话与交往，而人类交往则是通过 "有意义" 动作，即有别于非人类行为的自觉的行动实现的；自我是通过与他人互动的社会过程而得到发展的。该理论体现在其所著的《心灵、自我与社会》一书中。

和"中立者"（第 4 页）。这四类群体可以视为"5W"传播模式中的"To whom"，在书中对应第三到七章。其中第三到五章论述的宣传对象是国内受众；第六章论述了针对盟友和中立国如何进行宣传；第七章论述的宣传对象是敌人。第八章"宣传条件与方法概述"是对前几章的小结。第九章对应"With What effect"，即宣传的效果。"5W"传播模式中的"In Which Channel"则贯串于各章之中，并在第八章最后进行了总结。虽然本书成书的 1926 年，作者还没有提出"5W"传播模式，但从书中可以看出作者已有了这一模式的大致雏形。

第一章《当下事务》主要论述了作者对本书核心概念"宣传"的认识，强调了宣传在战争中的重要作用，最后探讨了本书研究的目的。作者将"宣传"定义为："通过重要的符号，或者更具体但是不那么准确地说，就是通过故事、谣言、报道、图片以及社会传播的其他形式来控制意见。宣传关注的是通过直接操纵社会暗示，而不是通过改变环境中或有机体中的其他条件，来控制公众舆论和态度。"（第 22 页）拉斯韦尔如此定义，是建立在各国进行的大量宣传活动的经验事实之上的。作者认为，在一战中，宣传战线与军事、经济战线同等重要。他将宣传视为与军事压力（陆、海、空军的强制力）和经济压力（获取物质资源、市场、劳资权力）并列的一个国家取得战争胜利的三大工具之一。针对其划分的四类宣传受众，他指出宣传最有效力的作用是"动员社会成员仇恨敌人，维持与中立国及盟国之间的友好关系，促使中立国转而反对敌国，以及粉碎敌人坚不可摧的抵抗"（第 22 页）。最后，作者指出其写作目的是基于美国、英国、法国和德国的经验，发展出一个关于国际战争宣传如何能够成功实施的理论。

第二章《宣传组织》探讨了宣传组织的几种模式、谁来负责领导宣传以及如何处理宣传部门与其他各部门的关系。作者以美国、英国、德国的宣传组织为例，指出了三种宣传组织模式：只设立一个宣传主管的美国模式；设立一个主管委员会，每位主管负责某一专门宣传事务的英国模式；设立记者招待会的德国模式。不同宣传模式的设立是由各自国情所决定的。在具体的宣传领导者方面，作者指出，"每个重要宣传机构的领导者都应该是与那些决策者拥有同样声望的人。工作人员应该从报业人员，而不是从业主、受欢迎的作家、新型宣传职业的成员中挑选"（第160页），理由是新闻工作者所具有的品质最适合进行宣传工作。最后，作者着重指出了宣传机构与立法机构存在的不协调关系，即立法机关和宣传机构两者之间极易产生误解、批评和怀疑。因此，拉斯韦尔提出最好的解决方法在于从事宣传工作的行政人员与立法机构的成员建立秘密而非正式的联系，在餐桌上、俱乐部里、休息室内或是街角上的私下解释是庞大而复杂的政府机器的润滑剂（第46页）。

第三至七章，对应作者提出的宣传的四个主要目标："1. 煽动对敌人的仇恨。2. 保持与盟国的友好关系。3. 保持与中立国的友谊，在可能的情况下争取他们的合作。4. 瓦解敌人的斗志。"（第161页）这四个目标在第一章中也被作者表述成宣传最有效力的作用。第三章到第五章主要对应第一个目标，即煽动其国内民众对敌人的仇恨。为了达到这一目标，作者指出要从四个方面进行煽动：把挑起战争的罪恶赋予某个敌对国家（战争罪行）；提供一个非常理性化和理想化的战争目标（战争目标）；将对立国家描述成恶魔（恶魔崇拜）；增强民众必胜的信念和赢取最终胜利的自信（胜利幻想）。第六章对应第二和第三个目标。作者指出，为了保持与盟国的友好关系，宣传主题可以是为了共同事业而付出艰苦努力、衷心认同盟友崇高的战争目标；对于中立国的宣传策略则是引导中立国意识到在击败敌人方面他与你有共同的利益，最聪明的办法是将中立国引入某种形式的公开合作，还可以利用中立者在中立国发表演讲。第七章对应第四个目标，作者指出通过对敌国民众进行消除仇恨、挑起新仇以反对同盟国、反对政府（统治阶级）以及煽动少数民族进行国家分裂的四种宣传，可以达到摧毁敌人斗志的目标。在本部分章节，作者运用了大量实例，通过诸多战时文学、报刊、音乐、宣传册、书信等优秀的宣传作品，具体说明了如何通过宣传实现这四个目标。

第八章《宣传条件与方法概述》对前面几章的内容进行了总结。作者指出，成功的宣传依赖于在适宜条件下对各种手段（组织、建议、设备）的灵活运用（第171页）。影响宣传成败的因素包括通信网络、风俗习惯（传统偏见）、人际渗透、经济纽带、相对军事力量、紧张程度（公众应激性变化程度）以及在第二章提到的组织方法。同时，作者还提出了选择宣传内容的三个战术标准：1. 散布肯定会引起特定群体兴趣的建议；2. 选择能够抵消无法隐瞒的不利信息的建议；3. 利用那些在宣传目标实现之前不可能被反驳的建议（第 168 页）。最后，作者列举了宣传可以采用的媒介，运用实例指出宣传的载体可以包罗万象。

第九章《宣传成果》再次说明了宣传在一战中发挥的巨大作用。拉斯韦尔特别提到，在宣传战线上取得最大成功的统帅是威尔逊，突出表现是威尔逊主义在全世界得到传播。在本章中，拉斯韦尔也指出了宣传在现代社会中的作用，即宣传不仅仅在战争时期发挥影响，其还是对当前时代的认可，是对现代社会的广阔性、理性和随意性的本能反应，宣传的机制就是揭示社会行为的秘密原动力（第 177 页）。虽然一战过后人们对宣传极端恐惧，但其依旧存于现代社会之中并发挥影响。

《世界大战中的宣传技巧》一书作为拉斯韦尔宣传研究的创始之作，其从经验事实出发，采取价值中立态度，对一战中主要交战国英、法、德、美的宣传技巧和效果进行了实证考察。可以说，他实现了"发展出一个关于国际战争宣传如何能够成功实施的精确理论"这一写作目的。本书也通过大量事例展现了一战时期的宣传战线，可为学者研究一战期间的宣传历史提供借鉴。

二、拉斯韦尔对于宣传的认识

作者在第一章中指出，战败的德国军人利用宣传来挽回颜面，他们声称他们的军队从来没有被协约国打败过，只是他们身后的国家因为受到外国宣传的影响而崩溃了（第 19 页）。德国出现的关于研究宣传的论文也远远多于世界上任何其他地方。一战中宣传发挥的明显效果，也使得认为大众传播具有强大效果的"魔弹论"[①] 在 20 世纪 20—30 年代盛行一时。因

---

① "魔弹论"又被称为"皮下注射论"：受众被视为被动的靶子，盲目地对刺激做出反应；媒介被认为是"注射针头"，传播过程就是射击或皮下注射过程。参见阿芒·马特拉、米歇尔·马特拉：《传播学简史》，冯建兰译，北京：中国人民大学出版社，2008 年。

此，一战过后，宣传被妖魔化了，西方民众普遍认为宣传无所不能。"人们谈起宣传的时候，常常把它当作一种神奇的力量，似乎它可以不受时间、地点及身份的制约。"（第 5 页）

拉斯韦尔则反对无限制地夸大宣传的作用。他认为宣传尽管重要，但它的适用范围毕竟有限。如其在第八章指出的，制约宣传能否成功的因素有很多。他指出，"每个特定的群体都倾向于根据自己的理解重构战争，宣传者的任务通常是促进，而不是编造。"（第 168 页）拉斯韦尔虽然在本书中对战时宣传做出了详尽的解析，但并非如某些评论家所说的这"是一本马基雅维利式的教科书（即教唆权术的书），应当马上予以销毁"。① 被宣传者同样可以在本书中找到避免受到宣传者诱导的方法。拉斯韦尔并不认为宣传像"魔弹论"所说的无条件地左右消极、被动的人们的态度和意见，甚至直接支配他们的行为，他强调如果缺乏必要条件，任何宣传技巧都无从施展。

关于宣传，本书成书时，美国知识分子中存在一场争论。争论双方是代表理想主义的哲学家约翰·杜威（John Dewey）② 和代表现实主义的沃尔特·李普曼（Walter Lippmann）③。李普曼认为必须由宣传来引导大众选择，大众是非理性的，因此专家应该广泛传递他们的专业知识，以便提供公众舆论，发挥美国民主制度所扮演的拯救者作用。杜威则认为人们有能力做出明智选择，只要他们能够接触到充分的材料，专家或精英的任务就是提供这些材料。两者的分歧本质在于，李普曼认同自上而下的民主，而杜威欣赏自下而上的民主。本书中拉斯韦尔的主张更接近于李普曼，其认为宣传是管理民众的一种必不可少的手段。尽管拉斯韦尔反对无限制夸大宣传

---

① 沃纳·J·赛佛林、小詹姆斯·坦卡德：《传播理论：起源、方法与应用》，郭镇之等译，北京：华夏出版社，2000 年，第 106 页。

② 约翰·杜威（1859—1952），美国实用主义哲学代表人物，在哲学、伦理学、社会学、政治学、教育学、心理学等诸多领域都有卓越贡献，主要著作有《经验与自然》《民主与教育》《自由与文化》等。

③ 沃尔特·李普曼（1889—1974），美国现代政论家、著名记者、舆论学创始人。1922 年出版的《舆论学》为传播学研究的奠基之作，该著作使人们认识到舆论在政治中发挥的力量和作用。

的作用，但最终的结论依旧是宣传具有强大的效果，且宣传的效果不仅仅是在战时得以体现，宣传还是西方现代民主社会的"迷思"，是最强有力的工具。

在《世界大战中的宣传技巧》的最后一章中，拉斯韦尔这样写道："宣传是对这个时代随意性的认可。将一个人与他的上司联结在一起的个人忠诚与情感早就不复存在了，君主专制与阶级特权也已寿终正寝，个人偶像崇拜被当作民主的官方宗教。这是一个分化的世界，个人想法比以前有更广阔的施展空间。这就需要比以前付出更艰苦的努力来实现合作与团结。对于随意的最新注解就是宣传。如果大众想摆脱铁链的束缚，就必须接受银链。如果他们不能热爱、尊敬和服从，就别指望逃脱诱惑。"（第177页）在这里，拉斯韦尔给现代民主下了一个冷酷判决，"铁链"指的是物质上的束缚，"银链"则象征着意识形态的牢笼。个人奋斗的神话向人们许诺了未来的无限可能、前程的繁花似锦。人们一旦接受这种意识形态，就会认为自己拥有一张等待兑现的支票，而不会感到处于枷锁之中。也就是说，接受宣传是现代资本主义世界中的人们注定了的命运。

法国外交文件选译（二）

邱琳、吕军燕、王珏、唐璇、李东旭编[*]

[**编者按**]　为了推动冷战时期法国外交史的研究，本辑刊第 14 辑刊载了《法国外交文件选译（一）》，本文为选译续篇。需要说明的是，本文编译时译者尽量保持了档案的原貌，发表时编辑做了一定删节。

19580705，FD000101

戴高乐与杜勒斯在马蒂尼翁宫的谈话备忘录[①]

（1958 年 7 月 5 日）

参加者：

美方：约翰·福斯特·杜勒斯（John Foster Dulles）、霍顿（Houghton）、

---

[*]　邱琳，青岛大学外语学院法语系讲师、北京外国语大学法语系在读博士；吕军燕，山东青年政治学院讲师；王珏，天津师范大学外国语学院教师；唐璇，黑龙江大学西江学院教师；李东旭，山东青年政治学院教师。参与本组档案翻译、校对的还包括：沈练斌，天津师范大学外国语学院讲师；房珂珂，天津师范大学外国语学院本科生；姚百慧，首都师范大学历史学院教授。

[①]　文献来源：*DDF*，1958，Tome Ⅱ，pp. 22-30。美国国务卿在签署了英美原子能领域合作协议的第二天就到了巴黎，于 7 月 4 日、5 日在巴黎停留。在此期间，他与戴高乐和德姆维尔进行了会面。7 月 5 日与戴高乐的会谈从 10 点 30 分持续到 13 点。

莱昂（Lyon）、埃尔布里克（Elbrick）、卢拉姆（Looram）诸位先生；①

法方：戴高乐（de Gaulle）将军、顾夫·德姆维尔（Couve de Murville）、若克斯（Joxe）、阿尔方（Alphand）、蓬皮杜（Pompidou）、博埃涅（Boegner）、勒贝尔（Lebel）。②

在表达了常规性的欢迎词后，戴高乐将军表示他已经准备好与福斯特·杜勒斯先生进行会谈。

福斯特·杜勒斯先生：我记得十年前我们会面时的危机形势，那时法国就很需要您。全世界的自由法国的朋友很高兴在现在的情形下看到您。

相信您已经注意到我的到访恰逢美国独立日。而我在机场就表示，我们将在这一天回顾法国参与我们解放的壮举。法国是我国所有盟国中最受爱戴的国家。近几年，法国并没有在美国的舆论中享有与之相当的关注。但是我们希望，在您的领导下，法国在美国政府的行动、思想和心目中重新找到位置。

西方国家不得不面对其整个历史中最危险的境地。这种危险来自于国际共产主义和帝国主义的威胁。当然，对于苏俄帝国主义和共产主义所发挥的作用各方观点不同。我们认为，如果苏俄表现出帝国主义的某些挑衅性特征，其实质就是共产主义对全球的野心。最近有关南斯拉夫的事件正说明了这种现象。苏联对待共产主义之法如同异端。他们希望人类全方位地融入共产主义政党构建的模式中。他们接受的唯一有关和平的观念就是要（全人类都）接受这样的共产主义理念。

共产主义的巨大力量源于其本身是一种信仰。三分之一的人类秉承着这样一种逻辑信念。这会比一个国家或者一个人的野心强大得多。不幸的是，我们的西方文明在信仰上已停滞不前。或者，动力论总是居于主导

----

① 杜勒斯，美国国务卿；霍顿，美国驻法国大使；莱昂，美国驻法国大使馆副馆长；埃尔布里克，国务院欧洲事务助理国务卿；卢拉姆，国务院欧洲司西欧事务办公室。

② 戴高乐，时任法兰西第四共和国总理（部长会议主席）；德姆维尔，法国外交部长；若克斯，法国外交部秘书长；阿尔方，法国驻美国大使；蓬皮杜，总理办公室主任；博埃涅，戴高乐内阁外交顾问。

地位。

首先，你们不能同一种信仰谈判。有关这一点，我回想起同苏联的李维诺夫（Litvinov）达成的协议，而这个协议被共产党破坏了。此事对于苏维埃社会主义共和国联盟在所有的谈判中构成了一个明显优势。

另外，共产主义威胁还表现在军事方面。在这一方面，就是和国家军事实力相关了。共产主义能够发展强大的工业力量并在军事领域实现令人瞩目的进步。对于西方国家，如果没有紧密合作，特别是北大西洋公约组织内部的合作，是不可能应对这样的威胁的。北约的经验告诉我们，联盟的成员国间没有政治磋商就不可能有军事合作。北约近期的发展表明，在理事会面前，政治问题的重要性已经达到了何种程度。我还要非常坦率地说，这些政治磋商的必要性有时会制造一些困难并包含一些不利因素，特别是会减慢（合作）进程的因素。但这很有可能成为一个必然的发展方向，以至北约的各成员国会采取共同的政治路线。而在缺少真正的战争威胁时，这样的共同政治路线很难达成。

我们进行过一次苏联军事威胁的辩论。我们拥有一种"有效的威慑力"并且建立了有价值的防御区，即使我们认为防御区可以大幅度扩大。

有关"战略性威慑"，我们目前对于苏联具备很大的优势。苏联决定跳过远程轰炸机的阶段来专注于火箭。目前，我们拥有战略轰炸机，并且苏联还没有火箭，我们的优势依然会领先若干年。我们根据情报推测，苏联明年将会拥有一些造好的洲际弹道导弹。但是，从我们一方来讲，我们将会拥有中程弹道导弹。而且如果（它们被）合理架设，将能够抵御制造中的（苏联）洲际弹道导弹。并且在 1960 年底，我们也会拥有"北极星"（海底发射火箭）。我国军方认为，差不多在五年内，远程轰炸机将成为核武器最有效的运输工具，并且在这一阶段，我们还会保持优势。在彼此各方都拥有中程弹道导弹和洲际弹道导弹时，两个阵营的毁灭性力量将达到平衡。

苏联在星际空间领域领先于我们，因为苏联先于我们对该方向的研究进行了引导，并且为这些研究提供了很多便利条件和资金支持。我们自己在这方面起步晚了很多。但是，我们认为我方能够迅速填补这种滞后。另外，（我们）还要发展区域防御能力。自由（世界）的人民对全面战争感到恐惧，因此引发出军事力量向局部地区行动转移。

美国决心使用战略性武器，而不是眼看着世界被一块一块地征服。但重要的是，不仅在我们的联盟中同样也在敌人那里，人们相信我们打算要做的事情。因此必须用区域这样的表述来谈防御，并且需要创造我们的安全不仅仅是依赖于部署在唯一一个国家里的战略武器的局面，并且对于这个局面人们可能会认为这些战略武器不太可能被使用。这就是为什么在我们较有约束力的立法限度内，我们为北约范围寻求发展特别是战略核武器的授予制，以便相关国家可以明确，在符合事先规定的条件时，这些武器将得以确实有效的使用，并且并非是在一个唯一的外国政府的支配下使用这些武器。

我出发前在华盛顿进行了一次会谈，我可以告诉你们我已经准备好和你们一起在这条道路上探索其他的进步了，为了使一个欧洲国家遭受进攻时，使用这些武器不会仅仅是一个外国政府的事务。因此，就不会有任何的误解。

另外，我还认为，你们的军队应该完全与这些武器相匹配，并针对这些武器进行训练。所有这些将在我们的立法框架下、在北约的环境中及其战略宗旨中得到落实。

如果你们的政府有这方面的诉求，我们还打算帮助它安装海底原子能发动机。

我们认为，由于法国可能会采取创造性的行动，我们或许应当在北约内部发展这样一种观念。根据这种观念，北约中没有任何一个军事力量（除了美国）能够拥有足够的核力量。对于法国，由你们对此进行决定。但是对于北约全体成员国，可能会浪费掉一些或许可以更好地用于他处的资源。这就是为什么我们要让北约拥有核武器。我刚讲过的这些国家中没有一个国家拥有足够的资源来支配一种有效的原子军事力量。而我们，我们已经制造出绰绰有余的库存，并在可能相关的条约框架里将其装备给北约。

这些就是有关军事威胁的内容。

另一方面，我们应该考虑到这个事实，共产主义越来越借助于政治和

219

经济的颠覆。共产主义者非常擅长利用自由世界的摩擦点让一个又一个国家对其俯首听命。纳赛尔（Nasser）就是一个很好的例子。仅在美洲大陆，共产主义影响就渗透到大学、工会等，煽动起对这个北半球超级大国的恐惧和仇恨，并成功地破坏了我们和这些国家的关系。

你们的情报部门使你们了解到共产主义者通过叙利亚、埃及这样的国家向阿尔及利亚的叛乱分子提供了武器。共产主义者向叙利亚、埃及提供新式武器，这就可以让他们把旧武器运送给叛乱者。

同样的，在印度尼西亚，也清楚地表明共产主义者通过提供武器大规模地支持苏加诺（Soekarno），以便使他既能控制住反对共产主义的军队，也能控制反共的叛乱。这种局面使我们极为担心，因为印尼已落入苏联的掌控，由此会在该地区产生对自由世界安全的严重威胁，尤其会对澳大利亚以及"福摩萨"与日本的关系。

人民中国在缅甸、老挝、柬埔寨这样的国家不断扩大其影响力，并且为印尼的共产主义发展做出了强有力的贡献。

有关黎巴嫩，我不知道您是否愿意谈及此事，或者您希望我同顾夫·德姆维尔先生对此进行商谈。

对于德国，我们的意见是我们利用阿登纳（Adenauer）政府掌权之机，使德意志联邦共和国尽可能紧密地与西方联系。第一次世界大战现在留给我的记忆就是，德国是一个很容易从和平主义与自由主义转变成军国主义和民族主义的国家。

关于德国有三种未来：

——德国被苏联阵营吸收；

——德国保持中立，在两大阵营间保持平衡；

——德国最终被纳入西方。

在第一种假设中，欧洲的共产主义阵地可能会占主导地位。

第二种假设代表德国参与到讨价还价和敲诈的政治中，这最终必将把我们引向战争。同第一个假设引发的结果相比，这可能是同样危险并且有可能是更危险的情形。因此，第三个假设就显得尤为重要。对于此，重要的是使西德与其他西方国家紧密联系，以便排除德国的民族主义和军国主义重新出现的威胁。但这个前提是其他西方国家要足够强大，不会被德国控制。

我现在还想说一些有关自由世界的大国的话。这些大国具有特殊的责任，并且在承担责任时应尽显智慧，以避免留下大国以民族主义行事的印象，并且还要考虑到所有国家的主权平等原则。在所有的社会中，能起到决定性影响的人和事为数不多。但是，如果为数很少的强国侵犯了为数众多的小国，它们就会失去它们的影响力。在我们的印象中，法国是大国中的一员。我刚讲的表明，所有旨在领导自由世界的形式上的联合都可能会激起一片反对，但我并非要以此说明事实上不应该存在这样的联合。

对于有关峰会的内容，我认为苏联人想引导西方强国召开一个可能会以维持东欧现状为条件的大会。苏联阵营在东欧有很大的缺陷。一些国家比如波兰、匈牙利事实上并不接受莫斯科的操纵。这些国家有强烈的不满，而且我认为苏联人不太知晓如何面对这样的情形。他们运用的自由方法已经失败，而且现在苏联虽然很反感，但是不得再次采用武力政策。可以这样说，苏联政府为了从这种进退两难的困境走出，可能会希望对其东部国家的控制得到西方的支持。

西方国家坚持将德国重新统一的问题和根据《雅尔塔协定》有关个人权利的内容所涉及的东欧问题纳入峰会的议事日程，我个人认为苏联人对此极为失望。由于他们察觉到，有关此问题他们可能无法在论战中胜出，也就不再表现出对峰会一直以来的热情。另外，我看不到该次大会的巨大作用。只要莫斯科不要求我们承认东欧现状，我们对此也并非不准备认真探究存在的所有可能性。政府元首间的会面也可能只是一场大戏，而不是一次真正意义上的政治事件。

戴高乐将军：我非常感谢您的阐述。对于您谈及的相关主题和内容，我理解您的想法。我向您表达一下我的立场。

您已经表达了您对法国的感受，而且您发现美国对法国的退步感到很失望。您了解其中的原因：法国在156年间遭遇了6次入侵，并历经了13个政权。除了这些，法国没有石油，也没有煤炭。如果所有这些在美国发生，也许这会在您的国家产生令人烦恼的后果。但是，法国依然屹立于此，法国又振兴了。法国是这个世界重要的一个成员，证据就是，您身处于此，而我也是。

但是，法国如何能够在世界当前的形势下获得其位置呢？因为法国如果不再是世界的法国，就不会再被称为法国。从领土和政治角度看，确实如此。

您已经谈到了我们正面临的威胁。我同意您的想法。可能是我对我们对于苏俄以及东欧形势的有关解释不是那么肯定。在我处理政务的时候，我对苏联政治中的民族主义也深感震惊。民族主义和共产主义的结合就会导致帝国主义。按您所言，存在一个苏联政府和一个共产主义政党。我认为存在的更是沙皇。当俄罗斯人谈及"政党"，有点像您在表述"国会"。您已经明确地认识到了问题在卫星国里是以一种完全不同的形式表现出来的。在那里，民族主义比共产主义更占优势。而且您注意到的苏联在东欧的这个弱点是正确的。俄国人没能成功征服这些国家。

面对这样的威胁，您认为您该肩负最主要的责任，您是对的。您也认为您不能独自保卫自由世界，并且指出其他国家必然要担负责任，而其中就包含法国。从共同防御的观点来看确实如此，从法国本身的观点来看也是这样。如果法国在其诚挚的请求下没参加到自由世界防御的领导中，那法国对此不会再有兴趣，对此既不会投入资金，也不会投入智慧。法国应该以确定之心承担对世界的责任。或者可以说，到目前为止，这点还未被予以考虑。北约只是保护了大西洋的一部分，而非整个世界。这种对世界的责任首先是有关原子能方面的。一切都是根据原子能的力量组织安排的。这种力量，你们具备，并且比苏联有优势。另外，该项内容自你们具备摧毁敌人的能力时就无关紧要了。

我们不具备这样的原子能力量。我们落在你们的后面，不如你们富有。但是，我们走在把我们自己变成原子能武器的强国发展道路上。很明显，这样的原子能武器和你们的或者苏联的将没有任何关系。目前只是按月算时间的问题。有一件事是肯定的：我们将会拥有原子能武器。

您提到北约国家在制造原子武器过程中没有必要使用大量资源，原因是你们拥有这些武器。而且您说到为什么（我们）不满足于把原子能武器分发给联盟成员国。这个想法我并不支持。我们认为，对于整个联盟来说，拥有原子能武器可能是有用的，而且我们认为如果你们给法国提供帮助，这将会既是节约又是支援。这就是为什么我们不会拒绝你们的武器，甚至我们已经使用了你们的大炮，同时你们也使用了我们的。棘手的问题是，要知道谁将支配这些原子武器。如果使用这些武器的先决条件是美国政府和北约指挥部下达这样的命令，这就对我们意义不大了。因为不便之处就是在我们的领土上拥有的原子武器与我们在联盟中的角色不相对等。但是，如果你们在一个被各方共同接受的方案的框架内把原子武器交给法国军队，并且把这些武器置于法国政府的管理和控制之下，我就会同意。并且，我也会同意在北约的计划中使用这些武器，条件是这些计划和其他主要国家的计划在相同的名义下是属于我们的。

为了能够确保法国在联盟中如是参与，华盛顿应该建立一种制度，比如说使法国参加到世界安全的方案中以及参加到战略性原子武器装备中去。

然后，在北约内部，如果原子武器安放在法国或在我们和你们以及英国人管控的德国，法国就应当拥有一些武器，而这些武器应该由法国政府承担管理和控制的责任，由美国参与检验工作。对于发射架要和对于核弹头一样，确实要如此。对于用于你们或我们飞机上的核武器同样是这样。

另外，特别是有关北约，我们对其组织结构并不满意。您已经谈到要扩大北约，您是正确的。大西洋组织是在非洲和东方地区仍置身事外的时候成立的。现在呢，很明显，应该让东方地区和非洲加入到防御中来，至少是北非和撒哈拉。否则，我们就没有安全感。我们会感到欧洲安全与非洲安全被撕开了。这将必然导致指挥上的重新组织。

您谈到了东方。您对纳赛尔和阿拉伯国家的态度差不多也是我们的态度。我们希望这些国家不会倒向苏联一侧，应该试着在经济上帮助它们，甚至也许该给它们提供武器装备。但这一地区将一直是块问题之地。

对于黎巴嫩，您可以和顾夫·德姆维尔先生谈。我认为最好是什么都不推动。应该试着让一个东方的解决方法居于主导地位。一次军事介入很可能加剧冲突行动。我们应该发现一位共和国的新总统。我们应该寻求的不是一个军事解决方法，而是一个政治解决方法。

有关德国，在二战之后我们本想德国会成为一个联邦国家，而不是一个帝国。这本来会有一个好处，即不会将其引向民族膨胀之野心，也许这样的方法可能会在两个德国间进行一种妥善安排。

今天，我们应该适应面对我们所处的情形。我同意您的观点，即应该推动西德加入到西方阵营。德国和我们之间不存在敌对关系，当前的形势也要持续很长时间。我们认为，德国不会妨碍我们，并且也不会不利于欧洲的平衡。

对于有关峰会，我认为俄罗斯人尤其会以宣传作为行动方式。如同您一样，我认为，东欧的形势让他们很不舒服，而且他们还将能够找到一些波兰、匈牙利等国的部长，以说出和这些国家一样的话。无论如何，德国的统一问题或者东欧的问题对于我们来讲并非峰会的主要内容。

我们所关注的是裁减军备，但前提是在其全部范围内进行评估。不应该只处理仅占一小部分的撤除武器的问题。而且这是完全没有理由的，比如说使自己受限于禁止试验。另外，我们并非野心勃勃，因为这会阻止我们变成一个核强国。我们将不会加入有关禁止试验的条约。关于此，我已经准备好经受日本人和挪威人的愤慨。我们将在撒哈拉进行一次地下核试验，这样既不会妨碍日本人，也不会妨碍挪威人。这并不阻碍我们支持全面的武器撤除。

有关控制区方案，处理该事项的安排应该是真实的，不能作假。腊帕茨基（Rapacki）方案①的内容，其想法还是可接受的，但并非计划区域的限制范围。对于在其他欧洲地方裁减军备方案也是如此。我们非常想考虑这些方案，但条件是没有人被置于不利地位，并且西方的防御不会退到大西洋边缘，或者，在另一侧应该到达乌拉尔山脉。另外，也应该安置好波兰人。无论如何，我们不接受这样一份腊帕茨基方案。

我做个总结：

为了使法国在西方处于其应有的位置，应该进行一些重要的改变。为

---

① 指腊帕茨基计划，即中欧无核武器区计划，由波兰外长亚当·腊帕茨基 1957 年 10 月 2 日在第十二届联合国大会提出，在当时美苏核军备竞赛的背景下，其要求在波兰、捷克斯洛伐克、民主德国和联邦德国四国领土内不生产、不存放核武器。——译者注

此，我们应该考虑一些正式的或者经验性的安排，以此法国将加入到战略原子武器的准备和使用中去。

其次，在法国境内架设的武器要由法国负责，并且发射架、弹头以及核武器也是如此。

另外，北约应该以这样或那样的形式向非洲和东方扩大，并且还要重新组织其指挥。我见到了诺斯塔德（Norstad）①，他给我留下了好的印象，但他的体系不是令人满意的。

最后，您提及北约应该按照该政治方案运转。是的，当然是，但如果在我谈到的峰会上构建一种制度，运转可能会容易得多。我见到了斯巴克（Spaak）②。他在这个位置上很合适。

这就是我们目前所担忧的全部问题。

福斯特·杜勒斯先生：您谈到黎巴嫩。如同您所想，我们认为应尽可能避免军事介入，因为这有可能在阿拉伯国家引发强烈反响。我认为，这样的介入应该避免，而且应该寻求一个解决方法来寻找夏蒙（Chamoun）③的继任者。另外，我们的三位大使已经同夏蒙谈了这方面的意思。

戴高乐将军：是的，但是夏蒙不打算离开。

福斯特·杜勒斯先生：他必须得离开。另外，（他）第二个任期可能是违宪的。前天，我和马利克（Malik）④谈过此事。我们施加了很大的压力，就是为了人们能够负责找到一个夏蒙的继任者。我将和哈马舍尔德

① 指劳里斯·诺斯塔德，美国空军上将，1956 年 11 月 20 日至 1962 年 11 月 1 日任北约盟军总司令。——译者注

② 指保罗-亨利·斯巴克，比利时政治家，1938—1939 年、1946 年、1947—1949 年任比利时首相，1957—1961 年任北大西洋公约组织秘书长。——译者注。

③ 指卡米勒·夏蒙，黎巴嫩政治家，1952 年 9 月至 1958 年任黎巴嫩总统。1958 年 5 月，黎巴嫩爆发了反对夏蒙政权接受艾森豪威尔主义的武装起义，夏蒙向美国求援，美军于 7 月 15 日年在贝鲁特附近登陆。——译者注。

④ 指查尔斯·马利克，黎巴嫩政治家、哲学家，1945—1955 年任黎巴嫩联合国代表和驻美大使，1956—1958 年任黎巴嫩外交部长。——译者注

（Hammarskjöld）① 先生就所有这些内容进行会谈。周一我会和他在华盛顿共进午餐。

戴高乐将军：我提醒一下，我们在黎巴嫩有重大利益。如果必须有美国和英国的介入，法国无论如何也可能会加入，或者是共同介入，或者介入是在你们和英国人之间。但是，我们希望不必介入。

福斯特·杜勒斯先生：我们了解你们在黎巴嫩的重大利益。我和你们的大使说过，你们的加入可能会显得困难，因为这会把以色列的因素引入到该事务中——因为你们和以色列关系密切——也会把阿尔及利亚的因素卷进来。解决这个困难的最佳办法是不要介入。

戴高乐将军：同其他阿拉伯国家相比，黎巴嫩的形势更为特殊。这是一种人为的状态，囊括了两大阵营。我们不认为在阿尔及利亚发生的（事情）会在相关领域占有重要地位。如果我们应该和其他国家一起或分开介入，这就超出了阿尔及利亚问题。整个西方可能都会受到质疑。阿拉伯人就不会在西方国家中做出区分，他们有理由不加区别。

福斯特·杜勒斯先生：我们同意你们（的想法），介入应该避免。我们还认为，黎巴嫩是阿拉伯国家中最接近西方的国家之一。如果黎巴嫩被吞并为纳赛尔的一个省，可能会是灾难性的，因为这也许会在伊拉克、利比亚、苏丹、阿比西尼亚②甚至伊朗会造成灾难性影响。我见到了沙阿（Shah）③，他也对我谈及此事。因此，应该找到一个可以保住黎巴嫩自由的解决方法，并且如果有可能，应避免军事介入。但是，纳赛尔的胜利也许很令人恼火。

戴高乐将军：应该找到一位有能力的共和国总统，并且在外交上帮助他。这位共和国总统应该有能力重新控制摇摆不定的军队。夏蒙对此无能为力。人们应该找到一位合适的人来应对形势。黎巴嫩人并非好战者，并且他们保持独立会得到丰厚的经济利益。

---

① 指达格·哈马舍尔德，瑞典政治家，1953 年 4 月当选联合国第二任秘书长，1957 年连任，1961 年 9 月因飞机失事殉难。——译者注

② 即埃塞俄比亚。——译者注

③ 波斯语，意为君主，这里指伊朗国王穆罕默德·礼萨·巴列维。——译者注

我知道形势令人困惑不定：如果有人介入，很有可能会使事态变糟。如果没有人介入，在中东，局势将会恶化，而且会向近东发展蔓延。

我要提醒一下，应该存在一个解决黎巴嫩问题的办法，但夏蒙不是解决方法。

福斯特·杜勒斯先生：我们同意。

我现在想就您谈到的核问题和裁减武器的问题说几句话。

我对消除核武器的计划持怀疑态度。一旦有了核武器，将无法阻止其在战时被使用。如果所有的核武器已经被销毁，一旦一场将苏联和西方工业大国卷入进去的战争爆发，核武器到了第 30 天就会重新出现。当然，有公共舆论，并且不能无所作为。但是，从个人来讲，战时为工厂供电的潜在能力不能发挥作用，对此我表示怀疑。

戴高乐将军：我和您想法一致。但是即使有怀疑态度，也不应该避开尝试会有突破的可能性。我也认为如果开战，除非能消灭所有专家，摧毁所有的反应堆，否则核武器还是会重新出现的。

福斯特·杜勒斯先生：也会有积极的一面，就是也许可以进行防范突然袭击的部署。事实上，我不认为一个国家在确定自己会被毁灭的情形下会发动这样的进攻。有关该内容，上一次的苏联信函[①]还是让我颇受鼓舞。我和您的看法一致，苏联方面有关在欧洲的控制区域范围的观点是不可接受的。但是应该看一下是否还能对此进行商谈。

戴高乐将军：苏联方面一直在努力和美国启动特别会谈。您没有这样的想法吗？

福斯特·杜勒斯先生：确实如此。

戴高乐将军：他们借助这样的手段，使人相信英国、法国以及其他的西方国家相对于您，如同卫星国相对于苏联那样的位置。这是一个陷阱，

---

① 通过上下文判断，这有可能是一封赫鲁晓夫于 7 月 2 日发给美国总统的信函，内容是有关防止发动突然袭击的内容。该文件在结尾提出了苏美共同发起旨在达成一项协议的创举。有关本信函文本见：Ministère des Affaires étrangères, *La Conférence d'experts pour étudier les mesures éventuelles qui pourraient contribuer à la prévention d'une attaque par surprise* (*Genève*, *10 novembre–18 décembre 1958*), La Documentation française, 1959, pp. 9–10。——原编译者注

不可落入。

福斯特·杜勒斯先生：这就是为什么我不赞成峰会中提出的均等主张。

戴高乐将军：我认为，最好只是三个国家来面对苏联阵营的十二个国家。

福斯特·杜勒斯先生：我认为，苏联掌握很先进的武器装备。这些装备和美国、英国、法国以及其他自由国家的装备势均力敌，但其生产能力只是这些国家的三分之一。在我从华盛顿启程前，我参加了国家安全委员会的一个会议：我国军备开销的增长幅度已到了令人吃惊的程度。我认为相对于其普通的工业发展，苏联在军事领域里投入发展过多。我对双方在裁减武器上最终达成一个合理的解决方法并没有失去信心。通过对发动突然袭击的审查，我们能够在这条道路上走下去。也许苏联也这么认为。也许因为这个原因，苏联发给我们这个新的记录。

我们应该如何解决公报的问题？

戴高乐将军：在和麦克米伦（Macmillan）① 先生对话之后，我们已经发表了一份简报。我们或许可以做同样的事。

福斯特·杜勒斯先生：我们应该避免发表所有深入处理各项问题的公报。于我而言，我很庆幸目前还没有类似的公报。

戴高乐将军：如果您愿意的话，我们就一起发表一个公报。如果您不愿意，那就不要发表。

福斯特·杜勒斯先生：我们会和顾夫·德姆维尔先生商议这件事。我们也许应该说的是，我们常规性地环顾了所有重要事项，但没有试图在本次对话结束时达成积极的结论。

作为结束语，我想表达的是我对这次同部长会议主席进行的对话是满意的。同时，我要阐述一个我个人的希望，这种希望也是艾森豪威尔总统和美国人民的希望：衷心地希望戴高乐将军将能够解决他的政府所面临的重大问题，并且法国将能够恢复它应该具有的崇高地位。

戴高乐将军：您刚才讲的让我很感动，我对我们刚刚进行的对话也感

---

① 指哈罗德·麦克米伦，1957—1963 年任英国首相。——译者注

到很满意。我希望美国保持它的实力以及它的自由和民主的精神。我深信您会一如既往。我不认为在历史上曾经有人像您这样承担过如此重要的国家和国际的责任。此番话语也同样适用于您的总统。我很欣赏他和您在肩负起这样的责任时所采取的方式。

（沈练斌译、王珏校）

19580705，FD000102

德姆维尔和杜勒斯的谈话备忘录①

（1958 年 7 月 5 日）

顾夫·德姆维尔先生，若克斯先生，阿尔方先生，塞比约先生（Sebilleau）、拉卢瓦先生（Laloy），德博马歇先生（de Beaumarchais）；

福斯特·杜勒斯先生，艾默里·霍顿先生，埃尔布里克先生，莱昂先生，伯丁先生（Berding），法利先生（Farley），塔特希尔先生（Tuthill），卢拉姆先生，基德尔先生（Kidder）。

一、中东

1. 黎巴嫩

顾夫·德姆维尔先生指出，今早在马提翁宫②的会谈已经显示出法国和美国就黎巴嫩问题的观点没有任何出入。

福斯特·杜勒斯先生认为，可能双方在处理夏蒙继任问题的最优进程的构想上还存在一些分歧。

美方认为应为夏蒙找到一个可以被接受的继任者。法方则认为问题的重点在于夏蒙应公开宣布他不再试图连任。

顾夫·德姆维尔先生指出，不仅对于夏蒙来说他已不可能连任，而且他的继任者也不能公然成为仅仅是夏蒙唯一指定的候选人。

---

① 文献来源：*DDF*，1958，Tome Ⅱ，pp. 30-32。7 月 5 日，杜勒斯在上午与戴高乐会谈后（19580705，FD000101），戴高乐设午宴款待。当日下午，美国国务卿来到外交部与法国外交部长进行会谈。

② 即法国总理府。——译者注

和夏蒙来自同一阵营的人将不会被接受。我们需要一个黎巴嫩的夏蒙反对党的协作。这个"反对"有双重含义。一方面，他们得是一群政治上的温和派、黎巴嫩独立的信奉者和捍卫者，同时也信任和西方的关系，但是要反对夏蒙——比如可以是马龙派（maronite）主教。另一方面，纳赛尔赢得了一些简单纯粹的优势因素。在夏蒙的继任者这件事上，最重要的是战术问题。很显然，我们的大使们并不应该参与到黎巴嫩内部的政治阴谋中去，但他们可以有效地给出意见。

福斯特·杜勒斯先生说，美国政府现在最大的疑虑在于谢哈卜（Chehab）将军。他很有可能成为纳赛尔（支持）的候选人。无论如何，这些均是美国国务院从半个月前的埃及的提议得出的结论。

福斯特·杜勒斯先生指出，法国政府最初认为谢哈卜将军是一个可行的候选人。但是由于他的企图变得过分精明，他的地位有所下滑。

2. 埃及

福斯特·杜勒斯先生说，在他眼中，纳赛尔的泛阿拉伯主义就等同于希特勒和纳粹的泛日耳曼主义。纳赛尔已欲对外扩张。另外，他提出的口号也迫使他不断追求新的成功。对于他来说，停下来巩固自己的地位或者王朝的地位已经是不可能的了。在叙利亚，他还没有获得一次完整的成功。因此，他需要转移人们对这几乎可以称为失败的局面的注意力。如果我们可以在黎巴嫩将他逮捕，那么我们也许还可能挫败他的所有行动。

顾夫·德姆维尔先生将法国和埃及的谈判定位为"目前来看还悬而未决、尚未重启的状态"。就这一点我们与英国方面进行了密切而持续的接触。如果这次谈判最终能顺利进行，那么该谈判终将促使两国建立外交关系。

3. 苏丹

顾夫·德姆维尔先生就苏丹问题询问福斯特·杜勒斯先生的意见。

福斯特·杜勒斯先生指出，如果苏丹政府可靠且能够抵抗纳赛尔方面的压力，他们仍然还是会拒绝美国方面的援助的。

顾夫·德姆维尔先生询问原因。

福斯特·杜勒斯先生回答这也许是一起借助埃及或者俄国资金的腐败

案件。

4. 利比亚

福斯特·杜勒斯先生指出，在他眼中，利比亚是一个弱点。

顾夫·德姆维尔先生表示赞同。

5. 伊拉克和约旦

顾夫·德姆维尔先生就伊拉克和约旦问题询问福斯特·杜勒斯先生的意见。

福斯特·杜勒斯先生答道，约旦也是一个弱点。

在伊拉克，只要外部援助充足，情况还是可以维持下去的。美国愿意承担约旦方面的财政亏损以便减轻伊拉克方面的负担。

目前，伊拉克政府非常希望将科威特纳入伊拉克—约旦联盟。这一结盟应该会给联盟带来一些使联盟可以维持下去的资源。英国政府不会为科威特进入联盟设置障碍，但显然，为降低酋长①对该计划的反对程度，英国政府也不会做更多其他的努力。

就巴林问题而言，伊朗政府对于巴林酋长去伦敦的访问已经非常不满。波斯沙阿②个人对此也表示愤慨。

6. 在沙特阿拉伯，沙特国王③已经完全陷入困境之中。情况相当令人不安。

顾夫·德姆维尔先生询问我们是否可以信任费萨尔埃米尔（l'émir Fayçal）④。福斯特·杜勒斯先生认为可以相信（他），但是必须要承认的是，这个国家已经完全被埃及所影响。国王认为只有在沙漠中接见西方代表，且不带任何随从，才能和西方代表进行秘密会谈。费萨尔埃米尔已经被认为是反美的。这可能不再是真相。他在美国有资金，但显然在埃及

①　指科威特酋长。——译者注

②　le Shah 是波斯语古代皇帝头衔名。

③　即沙特·本·阿卜杜勒-阿齐兹国王，1953 年即位国王兼首相。1958 年 3 月 22 日，王室会议决定，沙特国王必须将权力交给王储费萨尔亲王，以解决严重的经济危机。——译者注

④　埃米尔，阿拉伯国家的贵族头衔。指费萨尔亲王。1964 年 11 月他接替其兄沙特成为沙特第三位国王。——译者注

也有。

顾夫·德姆维尔先生指出，像是阿拉伯世界所有其他重要人物一样，他在贝鲁特也有资金，这就为各方面利益相关的黎巴嫩的独立问题构建了一个相当好的保障。

二、印度尼西亚

福斯特·杜勒斯先生指出，印度尼西亚的局势以一些自发的暴动为特点，这些暴动因军队内部某些成员反对苏加诺而起，因为苏加诺让他的政府一点点转向共产主义。在苏门答腊，暴乱者拥有足够支持抵抗运动的弹药和武器供给，然而他们的行动还是被挫败了。然而，暴乱者还没有完全放弃希望，他们撤回到热带丛林，以便在那里开展一些游击战。因此，针对苏加诺的武装起义行动势必尚未结束。在苏拉威西岛，战斗的愿望更为强烈，苏加诺的反对者拥有更大的支持，甚至他们还得到外部力量的支持，特别是源自海外的空中力量支持。空中力量很重要，因为在苏门答腊，能够拥有空中军事力量对于苏加诺来说是一个决定性的优势。

三周前，在华盛顿，我们已经得出结论：如果海外支持力度不够，那么（印尼的）起义活动终将失败。

我们认为，让苏加诺政府有机会远离共产主义化的趋势将会是一个明智之举，因为我们一直坚信，苏加诺政策方针的调整将会终结这些起义活动。军队高官们事实上都是非常反对共产主义的。我们已经获得了保证，印度尼西亚内阁将进行重组，重组后的内阁将会是一个倾向于右派的内阁。然而这个保证并没有被付诸实现。因此，美国大使才接到会见苏加诺的指令，并向他明确表示，如果他和他的政府的政策无法脱离共产主义倾向，那么美国政府将不可能去对抗支持反叛运动的援助力量。事实上，正是苏加诺倾向于共产主义的政策引起了东南亚国家——如泰国、菲律宾——的巨大焦虑，这些东南亚国家都迫切地希望支持一切可以阻止印度尼西亚走向共产主义的活动。

在这些条件下，要么我们可以让苏加诺和他的政府走上正轨，要么我们无法阻止某些亚洲国家支持革命的行为。

顾夫·德姆维尔先生就苏加诺和他的政策问题询问福斯特·杜勒斯先生的意见。

福斯特·杜勒斯先生认为，可以将苏加诺比作纳赛尔。和埃及的国家元首一样，苏加诺想要获得"独立"。正是由于抱着这种期望，他接受了共产党的帮助。然而这样一来，他反倒变得越来越不独立，甚至丧失了自由。印度尼西亚共产党是非常有组织的政党，并且拥有数量庞大的活跃分子和宣传人员，在普选当中，很有可能会获得最多的选票。另外不要忘了，该国经济状况实在令人担忧。

（王珏译、沈练斌校）

19580730，FD000103

阿尔方至德姆维尔电（第 4515—4526 号）①

（1958 年 7 月 30 日）

当地时间 7 月 30 日 17 时 30 分，我被国务卿接待。

根据阁下和外交部秘书长通过电话给我传达的指令，我向杜勒斯先生指出，我们十分感谢艾森豪威尔总统在必要的情况下考虑出访欧洲的可能性。这一点，尽管十分重要，然而现在来看也不是主要问题。在我们看来，必须被废除的是安理会的首脑会议方针。

这是一场法国政府首脑完全没有兴趣参加的说教式的辩论。但是，抛开这些基础性辩论不谈，我们认为一次就中东问题提出一些暂时性的解决办法的真正意义上的首脑会议仍然是有必要的。

美国政府坚持给这件事披上联合国的外衣，考虑到美国政府的担忧，请允许我以我个人的名义提出如下建议：

A. 安理会会议可以在常任理事国范围内进行。每个与会国家就在欧洲举行的峰会的成员构成和日期提出意见。

B. 之后，举行由各政府成员参加的峰会。

---

① 文献来源：*DDF*，1958，Tome Ⅱ，pp. 190-193。

C. 如果会议能够达成某项协定，如果必要的话，该协定将被提交安理会并由安理会批准。

福斯特·杜勒斯先生回答我说，他对美国或者英国能够接受这些步骤持怀疑的态度。

周末，他和英国首相在伦敦①举行的会谈中，他已经了解到麦克米伦先生和赛尔温·劳埃德（Selwyn Lloyd）先生②希望能够尽快找到针对约旦问题的解决办法。在约旦，英国军队正处于一种不安全的状态。美国政府已经接到一个迫切的要求美国向约旦派兵的吁请。但目前来看，这是不可能的。但是英国方面担心约旦河西岸地区被纳赛尔驱赶的巴勒斯坦难民会继续向阿曼移动，并且最终推翻国王统治。

因此，必须要尽快行动。英国方面认为局限于常任理事国范围内的安理会会议无法找到解决办法。赫鲁晓夫先生必须以个人身份参加，同时他必须提交承诺以使英国随后可以撤离。

至于美国方面，如果在安理会面前美国觉得自己被诉侵略，它希望能够通过列举不同的例子来提出颠覆和间接打击的问题进行迅速反击。因此想要将问题分开处理，或者在安理会只讨论黎巴嫩和约旦问题几乎是不可能的。所有问题需要作为一个整体仔细进行研究，并应该立刻着手进行。另外，我们必须为了我们自己的利益以这样的方式让人揭露苏联和阿拉伯联合共和国在阿尔及利亚间接侵略的事实，美国国务院对此有越来越确凿的证据。

借助于安理会辩论，美国和英国希望获得：

A. 黎巴嫩和约旦问题的解决方法。

B. 所有成员国就一致谴责间接侵略和用武力推翻政权的行为达成共识。

C. 承诺着手进行针对中东所有国家的经济援助计划，以拯救生活在恐惧与不安的环境下的该地区人民。最后这一项可以被推广到一项国际性的技术会议当中，以保证该计划的实施。

---

① 他在伦敦参加了北约理事会的会议。——原编译者注

② 1955—1960 年任英国外交大臣。——译者注

我提醒福斯特·杜勒斯先生，他刚刚跟我阐述的内容并没有将 7 月 25 日赫脱（Herter）先生在我们的会谈（见第 4422—4429 号电报）① 中提出的差别考虑进去。安理会会议成为唯一的会议，会议仅有一个无足轻重的例外：为中东经济发展问题准备的技术人员会议。因此，我们的立场分歧很大。

我另外还补充道：如果我们建议的特别会议可以召开，安理会将能够更好地完成它被赋予的任务。如果我们希望的话，可以让安理会来负责那些紧急问题，将更深层次问题留给之后举行的峰会解决。福斯特·杜勒斯先生并不认为在这一点上能与我们达成共识。事实上，就像他在我们先前的会谈中已经提及的那样，他反对举行这样一个会议，他认为这是无法解决问题的。他认为在安理会上，类似这样的问题完全不该提出。实际上，他希望能够严格按照宪章第 31 条②的规定开展事务。安理会应该将成员国限制在目前的 11 个国家，另外加上两个特殊国家——黎巴嫩和约旦，因为它们的利益已经被触及。

从个人角度出发，他可能认为见到印度的出席是有益的，并且可能希望能够了解尼赫鲁先生（Nehru）的观点。但是只能说印度在这件事上有特殊利益。应当遵循一个严格的规则……③当艾森豪威尔总统在场时，其对范范尼（Fanfani）先生④的看法。意大利总理已经同意并且放弃参加会议的要求。另外，还有一个先例：在安理会的辩论最后……⑤针对苏伊士河的问题。虽然每股海上力量都说自己的利益受到了影响，但最终参加者的数量

---

① 7 月 25 日，本书未收录。在他所提到的他会见美国副国务卿（赫脱）期间，大使（阿尔方）重申了法国方面对于峰会的反对。法国人希望能够召开一次针对中东问题的特别峰会。美国人则坚持他们先前对会议的构想，但是会议内容可以扩展到中东问题。另一方面，该会议应该将联合国排除在外吗？大使强调已经确定的安理会会议和峰会的区别事实上将不会被遵守。——原编译者注。

② 根据该条款规定，在安全理事会提出之任何问题，经其认为对于非安全理事会理事国之联合国任何会员国之利益有特别关系时，该会员国得参加讨论，但无投票权。——原编译者注

③ 编码缺失。——原编译者注

④ 范范尼先生最近去了华盛顿。——原编译者注。即阿明托雷·范范尼，时任意大利总理兼外长。——译者注

⑤ 编码缺失。——原编译者注

还是有限的。

福斯特·杜勒斯先生因此问我，法国政府如此反对在安理会的谈判的深层次原因是什么。我回答他，我们认为这样的辩论完全不可能产生任何结果，但是如果举行一次特别会议至少存在解决某些问题的机会。我问国务卿他对于斯巴克先生7月30日上午在北约理事会上提出的和解建议有什么看法。他回答我说，北约秘书长的观点在他看来并不能被接受——因为我们不可能像他之前跟我解释的那样分解问题。就美国而言，他们不可能在赫鲁晓夫先生发表声明前离开黎巴嫩，赫鲁晓夫先生的声明是问题解决的开端，另一方面该声明也可能是谴责开罗广播一直致力于宣传号召的谋杀行为和侵略行为。

美国的照会还没有成稿，今晚可能会定稿，在最后一次北约辩论后，于格林尼治时间31日15时照会将被送往莫斯科。

杜勒斯先生再次重申，希望他所有的回答和所有的动机的表达能够被法国政府理解，同时希望法国能够参与安理会最高级别的会议。他接着说，艾森豪威尔总统在安理会会议在纽约举行这一点上并不是不可动摇的，在欧洲或在加拿大举行也可以。

我向国务卿重申了法国政府对于这样一个会议过程的明确的保留态度，在我们看来，这个会议不会产生任何重要的结果。

附录

7月30日下午，斯巴克先生在北约理事会会议上发表的和解建议：①

---

① 7月20日，北约委员会在一次峰会上讨论了赫鲁晓夫针对中东问题的建议。目前显示出的种种迹象表明，该建议将不会被原封不动地接受。7月22日委员会内部的讨论是在有利于法国的条件下进行的。代表们讨论通过了回应美国方面的主要原则，并对继续在联合国内部进行的程序的必要性达成共识。但是代表们对于在安理会内部设立更高级别的代表表现出或多或少的反对，更不用说让政府首脑参加了，另一方面，他们也担心会将安理会变成一个真正的首脑峰会。最终，除了联合国对于或者联合国大会或者有关近东的会议的开放性，为一个程序留出更大的开放性似乎更合适。北约委员会的这些决议成为了法国驻北约代表于7月21、22日发出的104号至110号电报的主题，同时也是华盛顿方面7月21日发出的4226号至4235号电报的主题，这些电报均未收录。——原编译者注

Ⅰ. 如果各方面达成共识，将于 8 月 12 日在巴黎或日内瓦举行政府首脑层级的安理会会议。

Ⅱ. 会议议题：保证黎巴嫩和约旦独立以便美国和英国军队撤军的措施。

Ⅲ. 与会者：安理会和有意参加的国家（宪章第 31 条）。

Ⅳ. 常任理事国下周于纽约开始此次会议的准备活动。

Ⅴ. 如果这次安理会的会议能够产生一个有利结果，则 10 月 15 日在日内瓦举行针对中东问题的会议，所有有意参加的国家均可参加。该会议前，于 9 月末在巴黎召开四大国或五大国的会议。

（王珏译、沈练斌校）

19580821，FD000104

阿尔方至德姆维尔电（第 4922—4926 号）[①]

（1958 年 8 月 21 日）

艾森豪威尔总统邀请外交部长于 8 月 21 日 17 时[②]前往会晤。

艾森豪威尔总统首先提到了联合国大会特别会议上涉及的辩论，之后谈到阿尔及利亚问题，并特别强调他对日耳曼·蒂利翁（Germaine Tillion）夫人的作品[③]非常感兴趣。

同时，总统先生还让顾夫·德姆维尔先生转达对戴高乐将军本人及他所从事的事业的衷心祝福。

部长先生询问总统先生将于次日发表的停止核试验的声明是否属实，福斯特·杜勒斯先生交给他一份有关此问题的计划书（发自纽约的 1475 号

---

① 文献来源：*DDF*，1958，Tome Ⅱ，pp. 277-281。

② 顾夫·德姆维尔先生于 8 月 19 日抵达纽约，并将于次日发表针对在纽约所讨论的问题的讲话，主要针对近东问题及峰会问题。（*Année politique* 1958, p. 405）。——原编译者注

③ *L'Algérie en 1957*, Éditions de Minuit, 1957, p. 128.

电报)①。总统先生回答，正是如此。外交部长明确表示，法国并不赞同发表类似声明，但无论如何，法国不认为自己与该声明有关。

美国总统提到，一旦读过日内瓦的专家们有关原子辐射问题的报告和联合国委员会的总结，就必须提出一个终止试验的建议。全世界在谈及此问题时都无比警惕。如果美国不回应这种期待，将会被安上"黩武主义"的罪名。

另外，美国的声明可以使其年复一年地对局势进行审视，并使其在控制系统尚未投入使用且裁减军备无实质进展时重获自由。

艾森豪威尔总统显然承认，虽然有预防措施，但是一旦接受了中止原子试验的理由，再重启该试验是很困难的。他最后强调，声明保留了为了和平用途进行原子能爆炸的可能性。

对于总统先生来说，重要的是，避免国际社会怀疑美国（维护）和平的初衷；另外可以开启第一次向苏维埃俄国派遣观察员的可能性。这些观察员不仅能够侦查核试验情况，同时可以对该国的总体条件做出汇报。

艾森豪威尔先生认为苏联将会接受协商建议，因为该建议其实是为它量身定做的。艾森豪威尔先生认为，在日内瓦的俄方专家，除非有政府方面的同意，否则无法和西方达成共识。

美国总统承认，裁减军备不可能通过简单的暂停试验的方式就可以开始，应在控制裂变材料的生产和减少核武器库存方面持续努力。②

---

① 8 月 21 日的电报，本书未收录。在该电报中，大使宣布一份在 8 月 20 日新拟定的针对暂停核试验的总统声明的计划已被提交。修订并没有改变本质问题，但是将英国方面进行的观察考虑了进去。声明当时计划于 22 日或 23 日公开发表。另外，大使先生提到，他离开纽约前去了一趟联合国；他将在华盛顿会见艾森豪威尔总统并和他讨论关于这份声明发表的问题；但他补充道，没有任何前景显示美国人在此问题上将有改变态度。——原编译者注

② 在该电报附录中，收录了早先顾夫·德姆维尔先生对美国副国务卿赫脱访问的报告。——原编译者注

附录

德姆维尔 8 月 21 日访问华盛顿时与赫脱的会谈①

（1958 年 8 月 21 日）

与会人员：

美方：政治事务副国务卿赫脱；经济事务副国务卿狄龙（Dillon）；欧洲事务助理国务卿埃尔布里克；中东事务局主任罗克韦尔（Rockwell）；北非问题副主任博维（Bovey）；法国事务办公室主任迪恩·布朗（Dean Brown）；

法方：法国外交部长顾夫·德姆维尔；法国驻美国大使阿尔方；公使衔参赞吕塞（Lucet）；部长办公室主任吉莱（Gillet）；

5 时在白宫会面，在此之前进行了第一部分会谈，主要就中东问题进行交流。顾夫·德姆维尔先生指出，联合国的辩论令人满意。昨日一份意外提交的决议草案尤为引人注目。阿拉伯人似乎对这份决议已达成共识；这是一个新事实。对于顾夫·德姆维尔先生来讲，确定阿拉伯人最终做出这项决策的动机还相当困难。除了感觉被孤立的以色列、策略失败的俄国人以及未能通过各种尝试使其决议通过的印度人之外，各方面似乎都很满意。

伊拉克问题并没有得到解决。巴格达电台对于西方的态度依旧很强硬，这很可能意味着该国领导人并不十分自信。我们似乎正朝着一条阿拉伯国家联盟的道路前进。这样一来，阿拉伯国家联盟就可以很大程度上重拾威望。

顾夫·德姆维尔先生指出，石油问题仍然是主要问题。在他看来，美国国务院希望阿拉伯国家能够将它们的石油资源汇集在一起，以便参与到一个经济发展基金中去。

狄龙先生于他在联合国的讲话中指出，艾森豪威尔总统特别强调阿拉伯人应该要对于即将创建的组织做出自己的贡献。美国政府对石油开采的使用费并无觊觎。狄龙先生承认，阿拉伯国家一部分的份额将间接地来自于他们的石油收入，然而前提条件是这些国家接受这项计划。

---

① 谈话在赫脱的办公室进行。该谈话备忘录的整理时间为 8 月 22 日。

在之后的讨论中，主要由中东事务局主任罗克韦尔参与。已被承认的事实是阿拉伯世界将会更快地向一种联邦制度演变，而非向在纳赛尔领导下的统一整体演变。该联邦制度由一项将阿拉伯联合共和国和也门联合的协定促成。之后，该制度也可以运用在伊拉克问题上。罗克韦尔先生表示，阿拉伯联合共和国甚至有可能解体，叙利亚会重获一些自治权。

但是，顾夫·德姆维尔先生补充道，阿拉伯人目前的诉求是让哈马舍尔德先生将他们视作一个完整实体与他们交换意见，同时要求哈马舍尔德先生承认阿拉伯联盟是他们唯一的发言人。然而，联合国秘书长不太可能就此问题做出让步。

在第一部分的会谈结束后，部长指出法埃协议签署后，法国和埃及将会恢复外交关系。在他到达纽约之后，他很希望就该问题与法齐先生（Fawzi）进行交流。

之后狄龙先生就日内瓦协议提出了几个问题。开罗方面给出的详细情况确切吗？

顾夫·德姆维尔先生给出了否定的回答，并且说明了协议的限制性条件。在回答罗克韦尔先生的一个问题时他指出，我们已经放弃了仲裁原则。只有对被冻结在英国银行的 8000 万英镑我们没有办法给出决定性论据。另外，直到现在还坚持这种算法的英国人期待推出一种将仲裁排除在外的套餐式算法。

会谈的第二部分于 18 时在赫脱先生办公室开始。

顾夫·德姆维尔先生谈到了在法国设置远程弹道导弹的问题。部长先生强调法国政府就该问题还没有做出最终决定。法国政府希望能够在可能的情况下效仿美国，同英国于近期缔结的协议做出类似协定。但他认为，此问题涉及的政治问题将远远多于军事问题。

麦克布莱德（McBride）先生打断他的话提醒，3 月 21 日诺斯塔德将军给埃利（Ely）将军提交了一份美国的计划书，法国政府对该项计划还未表态。

部长先生回答道，具体来说，我们希望军事层面的讨论能够暂时搁置，因为政治方面更有决定性，并且可以在外交基础上，或者在巴黎或在华盛顿对其进行讨论。

赫脱先生表示他并未见到反对意见，且就该问题美国政府已做好与我方会谈的充分准备。对话应尽快在——比如华盛顿——开启。

外交部长先生之后谈到了摩洛哥基地的问题。就我方来说，一个月前我们已经将我方意愿告知摩洛哥方面。我们已经准备好与之就一项协定进行谈判，该协定实质上与我方 6 月同突尼斯谈判的协定类似。摩洛哥方面并没有对此做出回应，但是直到目前为止，它们的反应都非常消极。此种消极反应应该主要归咎于摩洛哥国内政治因素：贝拉弗里杰（Balafrej）地位的不稳定，极端主义的诡计及分裂的独立党。

西班牙基地问题是次要问题，可以确定的是法美在基地问题上是利害一致的。在该问题上，双方必须了解彼此的意愿。任何法摩、美摩的单方面谈判都有可能会导致法国或美国不得不接受的单边让步。这样一来就正中了摩洛哥人的下怀。因此，部长先生很想知道美国方面的打算。华盛顿方面希望在摩洛哥长久地保有基地吗？

赫脱先生请博维先生回答了该问题。博维先生回忆说驻拉巴特的法国和美国大使就此问题曾经有过接触。他强调，自从约斯特（Yost）先生到达拉巴特，美国政府就希望以一种全新的精神来重新处理此事务。如果最终不得已达成一项临时性协定，那是因为他认为目前达成一项长期性协定是不可能的。

在巴黎，杜勒斯先生重申道，我们同意美国同摩洛哥就美国基地问题进行直接谈判。我们应该对该协议做出怎样的实际操作呢？尤其是，美国国务院希望和拉巴特方面的谈判能够更加凸显美国—摩洛哥特色。然而，直到现在，美国基地的规章在很多方面都非常法国化：例如，设备安全、给养问题等。这个问题使得美国政府感到别扭，美方认为该问题对于和摩洛哥政府进行坦诚协商是一个阻碍。博维先生能表达的一切归根结底即是：目前美国希望在摩洛哥尽可能长久地驻扎下去。

吉莱先生回忆道，据美国驻拉巴特大使提供的情报显示，美国政府已经向摩洛哥政府提出希望在摩洛哥的基地可以保持三年，其隐藏意图为在此期间，有可能出台一个针对今后维护基地的调整方案。博维先生说该建议并不是美国最先想到的，而是摩洛哥方面提出的。美国政府反对对该范畴的商讨，并认为一个过于精确的期限可能是危险的。顾夫·德姆维尔先生强调，事实上如果美国应该为它在摩洛哥的停留时间设置期限的话，从我们这方来讲会变得很难对此拒绝。因此，两国政府在此类谈判中必须相互协商。在拉巴特，双方已有过这样的谈判，在华盛顿可以继续增加为此谈判的协商。

顾夫·德姆维尔先生指出，对突尼斯的武器供给问题将于明天在各部门间讨论。他强调，自从若克斯先生对突尼斯出访之后，法国向突尼斯提供武器的可能性即被开启。相关谈判将马上开始。美国对于从现在起向突尼斯输送他们要求的所有武器表现得亟不可待，这样美国就不会损害谈判，这很有必要。

博维先生回应道，华盛顿方面同意由法国方面提供主要供给。然而，从现在起不满足警方和两个营的军队提出的供应要求也是很难的。22 日一早美国国务院将重新讨论该问题。

外交部长指出，对于突然袭击的问题，总是借着专家会议的幌子，在这一方面将主动权留给俄罗斯人总是不妥。西方国家能够提出他们自己感兴趣的问题是（美国）所希望的。特别是我们非常期待建立一个专门讨论中断生产用于军事目的的可裂变材料的委员会。赫脱先生总体上对此表示赞同。然而他并不确定俄罗斯人是否会接受美国日前提出的于 10 月 1 日就袭击问题开启专家对话的建议。

（王珏译、沈练斌校）

19580918，FD000105

阿尔方致外交部（第 5443—5453 号）[1]

（1958 年 9 月 18 日）

今天外交部长与国务卿在纽约进行了一段很长时间的交谈，从中总结出以下主要内容：

---

[1]　文献来源：*DDF*，1958，Tome Ⅱ，pp. 384-388。

1. 中国

美国政府还没有最终确定可能讨论台湾问题的条件，以备华沙谈判没有取得成果。[①] 尽管如此，在杜勒斯先生看来，似乎这个问题需要通过安理会审议后才能拿到联合国大会上。在相同情况下，美国或许会提出一个谴责以征服为目的而使用武力的解决方案。中国的两个政府，国民党政府和共产党政府，都反对这样的一个程序，因为在它们看来（这是它们唯一的契合点），台湾问题是中国内政问题，不在联合国的管辖范围内。

2. 摩洛哥基地

德姆维尔先生提醒了我们劝阻华盛顿政府与摩洛哥政府进行会谈的理由，而这个会谈是有关摩洛哥接受评估原则的原则，以补偿使美军在几年内能够维持这些基地的安排，并且王储将其委托给我们驻拉巴特的大使。因为如今的摩洛哥政府太过衰弱而不能做出任何一个决定，[②] 它无法面对这样的责任。杜勒斯先生表示他同意这个观点。在他看来，也许最好不要提出问题，不要坚持从摩洛哥人那获得内容形式完全合法的协议，而且要满足于现状；但是五角大楼和一些美国行政部门，相对于现实来讲更考虑法律意义上的斟酌，它们要求启动有关这些基地的谈判。军队尤其希望收到关于延长它们占领时间的保证，以提前制订它们的防御方案。杜勒斯先生的观点，他自认为颇为正统，却不被他的这些部门赞同。朗特里（Rountree）先生出席了这次会谈，他表示希望已进行的谈判能继续，一方面是为了确定占领基地的期限，另一方面是为了确立它们的战略性应用的

---

① 9月6日，周恩来总理在北京广播宣布，中国政府已经准备好"重新开始进行大使级的协商，旨在再一次保卫和平"。6日，白宫的公告注意到了这个声明，并指出美国驻华沙大使准备尽快在这座城市会见中国大使。9月11日，美国总统在一个重大广播电视讲话中提及了接下来的大使间双边对话，并不排除在失败的情况下美国将采取"和平影响"措施。会谈将于15日在波兰首都召开。——原编译者注

② 关于王子给法国人"等待"的建议，详见 DDF, 1958, Tome II, 第144号文件。对于帕罗迪（Parodi）先生来说，"没有发现王子当着我的面很直率地表述的情况下"，正式地考虑这样一个观点是绝对不行的。"但是这里有我们在和美国的谈判对象打交道时能够利用一下的论据"（Télégramme de Rabat, n°4633-4634 du 8 septembre, 未收录）。——原编译者注

条件。但如果在这两点上不可能达成一致，国务卿主张的务实的解决方法可能会保留。

3. 非洲的法国领地

福斯特·杜勒斯向部长询问关于非洲的部分领土的情况，以防它们在下一次全民公投①中投反对票。国务卿担心这些领土走向独立的进程如此迅速，而它们又没有管理人才，没有传统，亦没有经费来支持它们成为独立的主权国家。他同样担心放任它们，这些国家将迅速变成共产主义的战利品。此外，杜勒斯对于我们过早地接受一些不具备真正国家资格的领土进入联合国感到遗憾。向所有自荐的候选国敞开联合国的大门，难道不是损害了这个机构的特点和宗旨吗？第二次世界大战以来，美国遭遇了很多困难，摆脱了孤立主义，成为国际秩序和法律的捍卫者。如果之后联合国的运作有缺陷，那么美国政府的努力将是徒劳的，恐怕（它）就会重回孤立主义。这就是为什么国务卿今天在联大大会讲坛上要这么说："美国，作为强国，将继续维护全球秩序。在我看来，这是一个不应该被轻易搁置的优势。"

据我所知，这是杜勒斯先生第一次如此真挚地承认了犯过的错误。这也是他第一次公开指出对自由世界的平衡有威胁的后果。

4. 原子武器问题和裁减军备

国务卿对于会谈产生有利结果一点都不乐观，这个与苏联展开的会谈的主题是对于暂停核试验的检查。他尤其不相信俄国人会接受美国人的要求，将暂停爆炸与裁减军备的进度结合起来。前天苏联代表在联合国大会上提交的解决方案，目的在于将终止试验内容从裁减军备的整体方案中分离出来。

至于考虑用来评判避免遭遇突然袭击方法的会议，国务卿对苏联的最

---

① 9月28日，只有塞古·杜尔在任的几内亚投了反对票。——原编译者注

后一个照会①进行了回复，有意向联合国机构提议设立两个代表团，即西方代表团和苏联代表团。

德姆维尔先生提醒，法国不会接受这样的程序，而且他觉得注明不同参与国国名是符合常规的。我们预测，自由世界国家和苏联阵营国家数量一致并不具有重大弊端。外交部长建议由大西洋理事会负责列出西方参与国的名单。这个想法被国务卿接纳了。杜勒斯先生补充道，防止突然袭击的问题对于美国专业人员来说是很复杂的，同样在这个领域，他质疑我们事业的成功。如果这次会议召开，将由格伦瑟（Gruenther）将军代表美国。

最后，德姆维尔先生建议西方最先采取主动建议苏联进行减少和控制生产用于军事目的的可裂变物质的适宜方法的研究。国务卿似乎没有驳回这个意见，关于莫斯科对这个方案赞同的回复，他表达了他的怀疑。

外交部长坚持，在这样的假设下，我们将从提议中获得战术优势，本质上讲这是唯一可以启动真正核裁军的建议。

5. 塞浦路斯

国务卿对于塞浦路斯问题的进展表示担忧。他确信英国人，尤其是首相，不会背离土耳其②已经提出并接受的方案。当安卡拉政府对这个解决方法表示赞同时，雅典政府却将它抛弃了。国务卿担心希腊的政府危机，中

---

① 这份9月15日的公文建议北大西洋公约组织和华沙条约组织的成员国在数量均等的基础上参加会议（美国，英国，法国，比利时，苏联，波兰，捷克—斯洛伐克，罗马尼亚）。此份建议文本，见 Ministère des Affaires étrangères, La Conférence d'experts pour étudier les mesures éventuelles qui pourraient contribuer à la prévention d'une attaque par surprise. (Genève, 10 novembre-18 décembre 1958), La Documentation française, 1959, pp. 12-13。——原编译者注

② 6月19日，麦克米伦先生在下议院阐述了英国针对塞浦路斯的方案，这个方案否决了极端的解决方式：土耳其主张的瓜分和希腊宣扬的自决。这个方案给了塞浦路斯内部自治，但联合希腊和土耳其与英国管理塞浦路斯。每个政府将任命一个代表与英国政府合作，并且每个团体享有处理事务的自治权，预计这种状态将持续七年。伦敦向雅典和安卡拉提议召开一个三方会议对其进行讨论。希腊政府于6月22日拒绝了英国的提议，因为它不承认土耳其是岛国政府的相关当事方；土耳其也拒绝了。8月15日，英国决定不再顾及这两方的要求，在为了取得希腊人民的支持而做了几处明显改变了方案的本意和行政方式的修改后，立即将其实施。马卡里奥斯三世大主教阁下（Mgr. Makarios）明确反对，雅典政府仍然拒绝协作来实施这个方案；相反，安卡拉于8月25日接受了。——原编译者注

间派的掌权可能标志着希腊参与大西洋组织的结束。德姆维尔先生询问是否可能再一次向英国施压来避免相同的进程。杜勒斯先生不相信如今这样的手段会获得成功。

（房珂珂译、沈练斌校）

19580922，FD000117

联合国和国际关系副主任的纪要[①]

（1958 年 9 月 22 日）

裁军

最近一次联合国大会召开之后，在裁军问题方面，法国的形势每况愈下。

在这次会议上，我们联合英国和美国提交了一份完整的裁军方案，称作 8 月 29 日方案。这份文件体现了我们的基本诉求，尤其涉及对裁军的监督、普适性以及核军备裁减和常规军备裁减的对等性。该方案把停止核试验、停止生产和库存调整结合在一起。但是，对于美国人提出的关于停止试验和生产的时间问题，我们不得不做出一些轻微的让步。另外，兵员的限制问题没有得到令我们满意的解决。

1957 年 11 月 14 日，该方案在联合国大会上表决通过，并列举了我们提出的不同意见，得到了 57 个国家的赞成。

苏联人自那时起采取行动，使得联合国没有再次从整体上谈及裁军问题。他们拒绝出席现有人员组成的裁军委员会，认为问题应该面对不同诉求，尤其是在委员会组成上西方代表应和"社会主义"代表均等。

莫斯科方面试图通过这些花招实现其自身意图，以便能够在落后国家，甚至在英国和美国的公众舆论中达到塑造其和平主义者的宣传效果。实际上，他们是在维护他们的立场，在这份方案中挑选最有利于他们的部分，即：

——停止核试验；

---

① 文献来源：*DDF*，1958，Tome Ⅱ，pp. 472-473。本纪要应秘书长要求撰写。

——无条件放弃使用核武器；

——欧洲限制区的裁军和监督。

随之，他们接受了分阶段裁减兵员。

他们最后提出了一个北大西洋公约组织成员国和华沙条约成员国之间互不侵犯的公约，并建议取消国外军事基地。

俄国人是这样实施他们的分散战术的：自 3 月份起，他们要求将"禁止太空用于军事用途"问题列入联合国大会第十三次会议议程，并加上了取消在别国领土上的国外军事基地的要求。5 月份，他们在安理会上攻击美国人，理由是一些搭载核武器的军用飞机在北极地区朝苏联方向飞行。美国人则建议按照 8 月 29 日方案，在设定的北极限定区实行空中管制。苏联人对此建议直接否决。在峰会筹备期间，莫斯科政府向西方提出了相当数量彼此分割的议案，在东西方代表人数对等范围内，老调重弹。

这样，西方政府就被引导参加了一个关于核试验探测研究的专家会议。鉴于此会议取得了一些积极成果，[①] 英国人和美国人于 10 月 1 日接受了启动停止核试验的谈判。最后，西方人和俄国人似乎同意了自 11 月 10 日起就防止突然袭击的问题进行讨论。

在小心维持的混乱状态中，面对形形色色的诉求，俄国人继续他们的图谋，提议就他们关注的重点进行审查，其目的是：

——削弱西方核武器的效率；

——撤销国外军事基地；

——维持严格的裁军限制区，特别是在欧洲；

——尽可能忽略常规武器裁减问题，以便从根本上接近西方部署，同时削弱其威慑力。

在程序方面，莫斯科政府坚定地维持其东西方国家代表数量对等的立场。

如果说 8 月 29 日方案没能令我们完全满意，但也保住了我们所坚持的

---

① 原子能专家日内瓦会议 8 月 21 日闭幕，并达成协议。更多细节参见 *l'Année politique* 1958, p. 407。——原编译者注

原则。现在看起来似乎主要是美国人的行动受到了破坏。

在联合国大会上关于裁军问题的辩论很快就要进行了。我们最好和我们的同盟在预备性会谈中找出过去的一年里在共同防御问题方面究竟彼此距离有多远，并向它们论证面对苏联的手段建立统一战线的利益所在。

（吕军燕译、校）

19581002，FD000118

德让致德姆维尔电（第 3692—3695 号）①
（1958 年 10 月 2 日）

1. 昨天，10 月 1 日，苏联外交部就美国 9 月 10 日关于下次停止核试验会议的照会向美国大使馆做了苏联政府的回复。②

2. 苏联政府注意到，对苏联关于 10 月 31 日在日内瓦召开本次会议的建议，美国政府表示接受，并同意会议的日期和地点。

参考其 8 月 30 日的会议纪要，苏联政府认为，会议的主旨是达成各国最终终止核试验的协议，以及就该协议的执行进行相关的监督部署。

当前文件明确指出，目标协议应该适应当前拥有的核武器力量。可是在第五段指出，"作为一个涉及全人类生命安全的问题，应立即全面终止核试验"。苏联显然要依靠全世界舆论压力在自身、美国和英国之间扩大某个所谓的协议适用范围。苏联 10 月 1 日的纪要与华盛顿、伦敦的观点还存在分歧，对他们来说，停止核试验仅仅是暂时的，如有必要则会重启。

另外，苏联政府注意到，日内瓦专家会议已经证实，核试验是完全可探测的，缔结永久停止各类核试验条约不应该再有障碍。这或许对苏联人来说是一个提醒，在他们眼中，国际监督是无用的，他们原则上加入监督是要表明一个良好的姿态，他们或许尽可能努力地减少其实际意义。

苏联政府在会期方面做出让步，它希望尽可能简短，但也像 8 月 30

---

① 文献来源：*DDF*，1958，Tome Ⅱ，pp. 460-461。德让（Dejean），法国驻苏联大使。
② 联合国大会第 13 次会议提及的问题。——原编译者注

的照会一样未做限制①。此外，它建议会议由外交部长参加，而美国政府在其 9 月 10 日的照会中表示，它希望委任一位大使詹姆斯·沃兹沃思（James J. Wadsworth）先生②为代表团主席。

3. 事实上，赫鲁晓夫先生 8 月 30 日在真理报上的声明尽管令其猜疑，但是美国国务院 9 月 30 日批准、昨天送交的照会没有任何影射苏联或许会重启核试验的行为。③

（吕军燕译、校）

19581017，FD000119

肖维尔致德姆维尔电（第 3359—3366 号）④

（1958 年 10 月 17 日）

参照我的第 3334 号电报⑤。

根据我和赛尔温·劳埃德先生的会谈，我特别记下如下几点：

1. 如同我对外交大臣所说，一年期满时，如果最初提出的条件未被履行，我们怀疑英国政府可能会重启系列核试验，对方回答我说他自己在这方面没有任何想法。中止的爆炸不会重启；

2. 实际上，大臣对我说，无论美国政府怎么做，英国政府方面都不打算继续核爆炸；

---

① 此为赫鲁晓夫就停止核试验问题接受《真理报》记者采访的回答。（Télégrammes de Moscou n°3206-3214 du 30 aout et n°3232 du 1er septembre，本书未收录）。——原编译者注

② 美国驻联合国代表团副团长。

③ 10 月 3 日第 3700—3702 号电报（本书未收录），其依据事实上来自苏联重启核试验后莫斯科的官方通告（塔斯社声明），以表明苏联决定终止核试验的单纯的宣传意味，于 3 月 31 日启动（参见 DDF，1958-I，n°247，纪要）。直到会议召开，磋商仍在继续，苏联人要求立即、完全停止核试验，美国和英国则希望在限定的时间内逐步停止。10 月 30 日，苏联政府再次对 10 月 20 日英美两国政府此前发送的纪要做了回复。未收录的莫斯科第 4096 号电报节选了苏联纪要的一部分。完整的翻译参见 la Documentation française，Articles et documents，n°0724，8 novembre，Textes du jour；Ministère des Affaires étrangères，Documents sur le désarmement，pp. 64-67。——原编译者注

④ 文献来源：DDF，1958，Tome Ⅱ，pp. 536-537。肖维尔（Chauvel），法国驻英国大使。

⑤ 10 月 15 日，见前文 DDF，1958，Tome Ⅱ，n°249。——原编译者注

3. 他非常干脆地承认，1958 年 8 月 22 日的决议已经与 1957 年 8 月 29 日方案的原则决裂；

4. 他肯定地说，舆论运动已经迫使英国政府背离自己的立场。

这个"肯定"需要某些解释。

根据大臣所说，舆论运动主要来自国际、英国方面，也有来自其政党内部的压力。

在此，我不会提及任何尤其是在纽约出现的国际舆论。

至于英国的舆论，我近期曾经指出（第 3292 号电报），最近一段时间，它并未显示对这一点的特别担忧。

尽管如此，我并不排除保守党自己内部进行的工作。我们确实可以认为，公共舆论当前之所以未有不安，肯定是因为知道，本月 31 日将预计召开一个三方会谈。如果这个会议取消，或者假设英国政府显示出阻碍会议召开的迹象，或者显示出谈判的势态，舆论担忧就会卷土重来。外交大臣有一天对我说："空气中的锶太多了。"

然而，从现在起，我们被选举前的气氛包围。由于做出推迟大选数月的决定，外交大臣承担了"可预计的风险"。这种预计会加入不同因素。英镑的坚挺以及刚刚决定的退休金的提高对保守党来说都有积极的意义。失业显著增加以及在实施新军队征兵体系过程中的明显困难则会起到消极的作用。在这种前景下，在终止核试验的谈判中政府所追求的实际利益则是一个积极因素。这种利益的表达会起到同样的作用。所有可能被理解为放弃寻求谅解方式的立场都可能成为消极因素。

我是在这个意义上理解赛尔温·劳埃德先生对我说的要带着万分小心处理困难势态的必要性的。

在会谈过程中，英美双边协议对于英国立场演变所起的决定性作用重新显现出来。

（吕军燕译、校）

19581106，FD000120

联合国和国际组织主任的纪要①

（1958 年 11 月 6 日）

第 13 次联合国大会及日内瓦会议（1958 年 9 月中旬至 11 月）前夕的裁军问题

根据第十三次联合国大会议程，谈到以下几部分议题时将涉及裁军问题：

a. 裁军委员会成员的任命；

b. 禁止空间站的军事用途，取消建于别国的外国军事基地及空间站国际合作研究（苏联提案）；

c. 裁军问题（秘书长提案）；

d. 电离辐射效应（该会谈可能对停止核试验问题产生某些影响）；

e. 停止核武器和氢武器试验（苏联提案）；

f. 苏联、美国、英国和法国的军事预算裁减 10%—15%，部分节省资金用于援助不发达国家（苏联提案）。

对第 a、c、e、f 点提案的审查已于 11 月 4 日完成。禁止空间站的军事用途和电离辐射效应两项提案须在本月内进行辩论。

联大召开期间，相关国家同意在日内瓦召开两次非联合国会议：

——自 10 月 31 日起，召开三国会议（美国、苏联、英国）商谈核大国中止核试验以及以日内瓦专家方案（1958 年 8 月 20 日）为基础建立国际监督体系；

——自 11 月 10 日起，召开某些亲苏国家和亲美国家参加的另一个会议，从技术层面研究防止突然袭击的问题。

关于这两个问题，各国的立场如下：

---

① 文献来源：*DDF*，1958，Tome Ⅱ，pp. 644-651。

A. 核试验的管理问题

美国的立场：

华盛顿政府已经准备好暂时中止核试验，唯一条件是苏联在第一年中止核试验；中止核试验会逐年延续下去，只要"苏联不重启核试验，而且约定的监督体系能够成立并有效运行，还要认真推动缔结一项协议，以便制定一些武器监督的基本政策并保证其执行"。官方或半官方的评论已经对该声明广泛关注，8 月 22 日，艾森豪威尔总统通过该声明表示在某些条件下接受了按年中止核试验的原则，即美国从未放弃延续期限以促进裁军领域的进步。这最初给了人们一种希望，但事件的后续发展则令人产生极大的怀疑。

关于监督站点的建立，美国不反对逐步完成；然而，人们希望第一年先在这三个国家一直进行核试验的区域附近建立监督站点。

他们肯定了在技术方面逐个解决问题的必要性，但其目的是不打算放弃最终的整体方案的概念。

英国的立场：

英国的立场显得更加温和。伦敦政府声称"已经准备好第一年中止核试验后在未来新时期持续放弃核试验，条件是苏联不重启核试验，而且人们认真推动建立有效的中止核试验国际监督体系和通过并执行真正的裁军政策"（10 月 20 日纪要）①。

他们似乎倾向于某种粗放式的监督，更希望其以一种渐进的方式进行部署（用几年的时间在核试验区设立监督站点，用十年的时间建立一个全球网络）。

其实，自从签订英美核合作协议以来，英国政府似乎就倾向于放弃去

---

① 实际是 10 月 22 日：Document de l'Assemblée générale A/3955；*Documents sur le désarmement*, pp. 61-62。——原编译者注

年设想的一揽子交易，并弱化按期延续中止核试验协议和其他裁军政策的联系。

苏联的立场：

苏联方面，大家都知道，它要求核大国之间约定最终终止核试验，但指望的是舆论压力，并将其范围扩展到所有国家。监督方面，它当前其实只提出了原则方面的问题，因为西方国家考虑的检测，对它来说，就是"间谍"。

日内瓦会议召开前夕，佐林（Zorine）先生在联合国大会第一届委员会上声称，苏联明确拒绝英美中止一年核试验的提案，如果这两个大国为缔结全面终止核试验协议设置障碍，它就准备进行和英美3月31日以来同等的试验；终止核试验不应该取决于在日内瓦会议上是否会缔结协议。①

B. 突然袭击的问题

美国人认为，防止突然袭击问题的研究应该依据一个总规划，重点在于对监督目标即突然袭击设备的甄别，在于检测和观察的监督技术，在于对应用检测方法可能导致的结果的评估，最终在于以降低突然袭击威胁为目的的监督体系的特征。如果仅想找一个试点，那么现阶段任何区域都不会被考虑。

关于依据日内瓦设定体系的适用区域，杜勒斯先生设想了一个基本区域：北极地区，或许包括欧洲的广大地区以及苏联领土的部分重点区域。

英国人认为应该把会谈重点放在防止突然袭击的技术条款上，目前不宜谈论区域的界限问题，但是他们没有明确排除在一定时机再谈这个问题。

对于苏联人来说，他们不同意仅限于技术讨论，认为会议应该制定一些关于防止突然袭击可执行的政策方面的实用建议，"和裁军领域的决议联

---

① 关于10月31日苏联的相关声明，参见：*Documents sur le désarmement*，pp. 64-67。——原编译者注

系起来";他们建议在一些从突然袭击危险防止的角度具有重要意义的地区建立一些地面和空中图像监督站点,这无疑是针对界线两侧的800公里区域以及西伯利亚、远东和美国西部地区。

联合国大会关于裁军的一般性辩论

联合国大会在这种形势下召开了。73个代表团团长在一般辩论上发言,61个人谈论了裁军问题,其中43个人谈到核试验问题,其中又有36个人要求临时或最终停止核试验。除了苏联集团和一些亚非国家外,这36个国家还包括奥地利、加拿大、丹麦、英国、意大利、日本、挪威、新西兰、荷兰、土耳其、委内瑞拉和南斯拉夫。

葛罗米柯(Gromyko)先生在发言中指出,在会议进程中,他将认真关注三个特别问题:"即时和全面"停止核爆炸,禁止外层空间用于军事目标及取消军事基地,以及削减军事预算。

杜勒斯先生仅仅提醒说,技术监督是整个裁军所必需的,他希望大会通过决议鼓励未来的停止核试验谈判,并强调了减少突然袭击危险性政策的重要性。

最后,顾夫·德姆维尔先生清楚地表明了法国的立场:停止核试验,甚至仅仅中止核试验,应该将停产和库存调整结合起来;我们准备好了参加真正的核裁军研究,而不是采纳假惺惺的、不完整的政策。所有试图建立监督区域和裁军区域的不完整规划都只会被当作依据整体方案达成普遍性政策的一个阶段。

第一届委员会上的辩论

10月10日,第一届委员会开始一般性讨论,同时关注裁军问题(第64点)、停止核试验问题(第70点)以及削减军事预算问题(第72点)。

最令人感兴趣的发言首先来自卡伯特·洛奇(Cabot Lodge)、佐林、诺布尔(Noble)和朱尔·莫克(Julles Moch)等诸位先生,他们陈述了各自政府当前的立场，然后温登（Unden）（瑞典）、帕迪利亚·内尔沃（Padilla Nervo）（墨西哥）、贝朗德（Belaunde）（秘鲁）以及其他几位先生提了一些需要注意的建议。

A. 三个大国的立场

美国代表特别就已经举行及将要举行的关于停止核试验和防止突然袭击的主题会谈展开论述。他着重强调了对解决真正技术和实践方案问题的方法的关心（没有政策方面的担忧），并建议以这种方式研究对以下问题的监督：常规武器和武装力量问题，停止生产核武器以及库存调整问题，太空的和平利用问题。关于中止核试验的问题，他明确表示，对其政府来说，第一年的中止试验是无条件的（前提是苏联也停止其试验）。然后，他仅仅把中止核试验和监督体系的运行以及合理推动其他方面的裁军问题连在一起，但未明确谈论这两个话题。

作为交换，他提出了真正全面裁军的基本原则：监督，逐步推动，平衡。

英国的立场似乎稍显不同：中止核试验可以采纳卡伯特·洛奇先生提出的方式，但是他们最终停止核试验要和真正的裁军联系起来（受控的、约定的核武器削减）。诺布尔先生对苏联强迫核大国做决定的要求表示抗议：他希望三个国家在日内瓦达成协议，并且其他国家可以参与这样一个协议，但是这些国家如果缺席则不能加入。

苏联代表则要求自 10 月 31 日起无条件终止核试验，并要求联合国大会在此日期之前就这一问题表明立场，以避免核俱乐部成员数量的增加；他这么说是为了抗议法国准备在撒哈拉沙漠里试验原子弹，此事已经激起非洲国家的反对，也是为了抵制西德在此领域的努力。他还声称自己的国家接受日内瓦专家会议的所有结论意见。他断言独立政策的应用可以推动裁军的进展。

佐林先生还批评了其称之为裁军问题新"技术方法"的东西，他认为，该方法会促进监督技术的研究，但是解决不了根本问题。

朱尔·莫克先生强调了法国政策的连续性，认为核大国如果增加核武器或者保持核武器库存，那么仅仅暂时停止核试验不会真正地推动和平："这不是真正的进步，不过是一个借口"。如果核大国在国际监督下停止增加核武器并开始减少库存，那么法国愿意放弃核武器。

法国忠于 1957 年 8 月 29 日四方协议的明确立场：直接利益国家应该在整个裁军协议上保持一致，协议应该同时涉及所有领域（即便范围受限）以增加彼此的安全；应该做好严格监督的准备以建立信任，不要规定那些不可控的政策。

最后，朱尔·莫克先生主张建立技术、军事、法律及财政专家委员会以研究以下诸多问题：军事预算，武器及兵员削减与监督，停止生产可裂变物质，库存调整的初步和平利用，防止突然袭击，以及外层空间监督和国际太空法律等。

B. 其他代表的观点和建议

瑞典代表非常赞同终止核试验，（认为）美英提议的一年期限对于实现裁军路线的监督和推进显得时间太短，明确禁止核试验将迫使那些还没有生产核武器的国家放弃生产核武器。最后，温登先生又说，一旦停止核试验的监督体系实验成功，那么对更复杂的裁军协议展开监督就有了可能性。

相反，赞同中止核试验的秘鲁反对不将停止生产和库存调整联系在一起的终止核试验。帕迪利亚·内尔沃（墨西哥）和贝朗德（秘鲁）两位先生提出了程序方面的近似建议：帕迪利亚·内尔沃先生建议召开四国会议，由第一届委员会主席［乌尔基亚先生（Urquia），萨尔瓦多］主持，秘书长参加。他还建议成立一个联合国机构，负责永久裁军问题以及协调技术会议工作。贝朗德先生认为，四国谈判是必不可少的。为利于谈判，他建议选出来自四国的两三个成员成立一个联络委员会，行使办事处的作用。调停工作也可委托给秘书长。

芬兰和南斯拉夫代表对于裁军问题出现在联合国大会上表示担忧，认为这个问题应该整体解决。这也是西班牙和以色列的发言主题。

印度代表认为终止核试验和其他政策没有联系，他主张由 81 个成员组建一个裁军委员会。

加拿大外交部长认为核武器试验不是问题的核心，主要问题在于尽量包括常规武器和核武器的普遍裁军。他对爱尔兰代表的建议持保留意见。爱尔兰代表建议只禁止和裁军实施政策有关联的核武器附属材料。

阿根廷代表承认停止核试验的紧迫性，他认为联合国大会的任何决议都不会改变现有的力量分布；不过，把核试验和整体的裁军问题割裂开来会改变两大集团的平衡。同时，对缺乏核武器附属材料的国家进行限制，从法律上承认事实上的不平等，他觉得是不可能的。

日本代表认为中止一年是不够的，美国人应该推动裁军进展，英国人则把中止期限的延长和裁军问题联系在一起。

大部分非洲和阿拉伯国家（利比亚、加纳、阿拉伯联合共和国、沙特阿拉伯）对法国在撒哈拉沙漠中的核试验表示抗议。

决议草案

没有任何提交或准备的决议草案涉及整体裁军；相反，解决某一方面的问题是它们都具有的共性。

关于停止核试验的草案有：

a. 来源于美国的一个 17 国（阿根廷、澳大利亚、比利时、巴西、加拿大、丹麦、厄瓜多尔、美国、伊朗、意大利、老挝、挪威、新西兰、巴基斯坦、荷兰、英国、泰国）草案（A/CI/L.205）提到了计划在日内瓦举行关于监督停止核试验的会谈，并要求各方在谈判期间不要进行核试验。同时该草案赞同大会关于突然袭击的设想，不将这两个问题和总裁军计划在事实上联系起来。

b. 苏联的草案（A/CI/L.203）请求实施核试验的国家立即结束，并为此缔结一项协议，同时邀请其他国家加入。没提任何监督问题。

c. 亚非国家（阿富汗、缅甸、柬埔寨、锡兰、埃塞俄比亚、加纳、印度、印度尼西亚、伊拉克、摩洛哥、尼泊尔、阿联、也门、南斯拉夫）的草案（A/CI/L. 202，修订版 1）和前者的唯一区别是委婉提及了可能出现在协议里的监督技术条款，并拟定了草案。大会将根据此草案制定一些政策，以便将三个大国参与的协议推广到所有国家：还未进行核试验的国家将被要求放弃核试验，直到上述的政策得以制定。

d. 南斯拉夫草案（未提交）与苏联的草案仅有两点区别：委婉提及了协议中预计建立的监督体系，但对还未进行核试验的国家未有提及。

另一部分草案的主题涉及削减军事预算问题：

e. 苏联的另一项草案（A/CI/L. 204）要求美国、法国、英国及苏联政府至少削减军事预算 10%—15%，并将部分节约的资金用于不发达国家。

f. 一项源自荷兰、依据 17 国草案（见 1.）的修正案，由玻利维亚、哥斯达黎加、古巴、危地马拉、海地、多米尼加共和国、乌拉圭提交，其类似 1957 年 11 月 14 日的 1148（ⅩⅡ）号草案，将邀请这些国家利用裁军政策产生的资金改善世界尤其是欠发达国家的生活水平（A/CI/L. 209）。

希望避免核俱乐部扩充，爱尔兰提交了：

g. 一项依据 17 国草案（见 1.）起草的修正案，要求停止核试验会谈，各方在谈判期间以及在即将达成的中止核试验期间不要向其他国家提供武器，其他国家在同期应该完全放弃生产核武器（A/CI/L. 207，修订版 1）。

h. 一项草案（A/CI/L. 206），委婉要求制订一个总裁军计划，并指出"拥有核武器的国家数量增加"的危险：建议成立特别委员会，负责研究核武器更大范围扩散的内在危险以及负责在第十四次会议上做报告。

某些草案来自前面提到的对程序的担忧：

i. 墨西哥的草案邀请苏联、美国、英国及法国代表在本次辩论结束时开会，由第一届委员会主席（乌尔基亚先生，萨尔瓦多）主持，秘书长参加，以研究在联合国范围内重启谈判的程序及可能性（A/CI/L. 208，修订版 1）。

j. 印度—南斯拉夫草案（A/CI/L. 210，修订版 1）决定，在 1959 年由联合国所有成员组成裁军委员会。

面对如此多草案引起的杂乱局面，一些人努力尝试彼此妥协，尽管不可能成功。印度和南斯拉夫代表就核爆炸试验起草了一个文本，要求核大国立即停止核试验，尽快寻求一个国际监督下的停止核试验协议，并要求其他国家等待缔结协议，不要"卷入"核试验。此材料应该是由一项美国草案补充而成，该草案希望日内瓦会谈达成降低突然袭击或其他袭击的危险性的政策，要求根据当前技术计划的谈判形势制定裁军协议。

对我们来说，印度—南斯拉夫草案是完全不可接受的，美国的两个草案不利于各方面独立解决裁军问题的普遍意向。

由于苏联想明确将印度—南斯拉夫草案设计的停止核试验方案作为最终和无条件终止方案，所以它拒绝附和这种意向，这三个草案最终未能提交。

关于裁军问题的投票（10 月 31 日—11 月 3—4 日）

四份草案在下列情况下被第一届委员会通过：

1. 号称 17 国制定的英国草案由拉美修正案补充而成，它要求参加关于停止核试验的日内瓦会议的三个大国，不要忽视任何达成一个受监督的协议的努力，并在会谈期间放弃进行核试验，另外强调了防止突然袭击协议的重要性。该草案仅仅获得 49 票赞成，9 票反对，23 票弃权（包括法国）。

2. 由奥地利、瑞典和日本提交的折中草案（附件 2），希望停止核试验大会获得成功，并达成所有国家都能接受的协议。该草案获得 52 票赞成，9 票反对，19 票弃权（包括法国）。

3. 印度—南斯拉夫草案（附件 3）提到，关于防止突然袭击可能性政策的技术层面的研究即将启动，希望研究期间达成最广泛的协议。该草案获得 73 票赞成，7 票弃权（包括法国）。

4. 印度—南斯拉夫关于补充程序的草案（附件 4）以 78 票赞成，0 票反对，2 票弃权（法国和古巴）得到通过。该草案决定，作为特例，1959年度的裁军委员会将由联合国的所有成员组成，由秘书长咨询所有成员国后召集：作为联合国大会的辅助机关运行。为避免委员会过于庞大的不利因素，提高工作效率，我们提出了一项修正案，建议委员会成立一个核心小组，另外，专家组能够根据需要随时举行会议。由于还不具备投票的时机，我们撤销了修正案，但是在对印度—南斯拉夫草案投票时，我们的代表称其为"幌子"而投了弃权票。

几个被拒绝的草案：

a. 墨西哥的草案邀请四国代表在本次辩论结束时开会，由第一届委员会主席主持，秘书长参加，以研究在委员会范围内就裁军问题寻求重启谈判的方法。由于苏联代表此前已经声称拒绝参加这么一个核心小组的工作，墨西哥代表建议修改他的草案。佐林先生说，他之所以拒绝参加一些被一项决议"固化"的会谈，并非是反对和其他国家进行半官方会谈，而帕迪利亚·内尔沃先生声称因为其寻求的目标受到限制而最终撤回草案。

b. 苏联削减军事预算的草案仅仅得到共产主义集团和印度尼西亚的赞同（10 票赞成，39 票反对，32 票弃权，包括法国）。

c. 在印度—亚洲草案的主要段落只获得 26 票赞成，36 票反对（包括我们），19 票弃权之后，印度和苏联分别撤回各自立即停止核试验的草案。

d. 爱尔兰反对核俱乐部扩张的草案的第 2 段，指出这种扩张的危险，由于获得 37 票赞成、44 票弃权，也被撤回了。

11 月 4 日，联合国大会全体会议批准了委员会决议：

a. 17 国草案（附件 1）获得 49 票赞成，9 票反对，22 票弃权；[1]

b. 奥地利、日本、瑞典的草案（附件 2）获得 55 票赞成，9 票反对，12 票弃权；

c. 印度—南斯拉夫关于突然袭击的草案（附件 3）获得 75 票赞成，0 票反对，2 票弃权（法国，古巴）；

d. 成立 81 国成员裁军委员会的草案（附件 4）获得 75 票赞成，0 票反对，3 票弃权（包括法国）；

最后，大会否决了亚非 14 国草案（27 票赞成，41 票反对，13 票弃权）。

---

[1] 文件注释：投反对票者：苏联集团九个代表团。投弃权票者：锡兰，埃塞俄比亚，芬兰，法国，加纳，印度，印度尼西亚，伊拉克，以色列，日本，利比亚，摩洛哥，尼泊尔，沙特阿拉伯，瑞典，阿拉伯联合共和国，也门，南斯拉夫，阿富汗，奥地利，缅甸，柬埔寨。——原编译者注。

联合国大会的辩论和决议进一步肯定了（1957 年）8 月 29 日伦敦协议曾艰难遏制的趋势，这种趋势在第十二次联合国大会之后的元首峰会和日内瓦会议筹备的整整一年里都被公开表达，得到重点强调。受控制的、符合逻辑的整体裁军方案被放弃。寻求部分裁军措施本身并不能形成真正的裁军措施。核心工作小组的消失、裁军委员会扩大至大会全体成员，大大减少了客观工作的可能性。

不止如此，自从第一次在联合国讨论裁军问题以来，西方联盟在根本问题上公开分裂。由于还未拥有核武器，法国不能接受被俱乐部成员国区别对待。从它们中止核试验而不放弃核武器生产那一刻起，就注定在裁军的道路上不会取得任何进步。尽管公然反对蛊惑人心的、因停止核试验引起的潮流，但是值得注意的是，我们的论点并没有把法国拖入明显的孤立境地。然而，不要对投票结果产生错觉，它并未揭示出弃权的真正原因。事实上，那些不愿举手赞成或反对的人是觉得 17 国草案不够彻底。对于大多数人来说，全面停止核试验本身就是目的，是全人类的福音。如果核大国之间能实现共同决议的妥协，那么结果就会是另一个样子了。我们应该庆祝英国人诱导趋势的失败，其目的是试图让苏联人按照他们的意图立即、无条件停止核试验。我们的盟友事实上将要面对一个未曾实施核试验的国家打算进行新的核试验的惩罚。

然而，因为朱尔·莫克先生的具体落实，法国政策的以往无前给人留下了深刻印象。不幸的是，很多代表在这个问题上对美国过于软弱，唯命是从。但是，10 月 23 日①理事会主席在新闻发布会上的声明及我国代表的发言有时也会让他们承认这一点。

---

① 在这次新闻发布会期间，戴高乐将军发表了致阿尔及利亚民族解放阵线的文章：《勇敢者的和平》。参见 *DDF*, 1958, Tome I1, n°285, 会议纪要，文章收录于 *l'Année politique*, *1958*, pp. 563-566. 理事会主席已经在纽约就停止核试验阐明了法国代表团的立场。他曾经指出，在这个问题上，法国从未像他的盟国一样改变过态度，并且说："当他们为了利益成为超级武装的时候，巴黎绝不允许巨大、持久的劣势存在"（p. 565）。——原编译者注

附件

一

11 月 4 日 1252A（ⅩⅢ）号决议

联合国大会：

再次肯定联合国在裁军问题上始终如一的关注和责任感，这些在联合国公约及此前的众多决议中已经体现，

决议衷心接受负责研究减少或许会发生的违背中止核试验协议可能性的专家会议达成的协议，

注意到，10 月 31 日，关于中止核武器试验、国际监督体系实际运行、基于专家报告的会谈即将展开，

决议还注意到，一些专门人士将很快汇聚起来，就防止突然袭击措施的方方面面展开研究，

决议意识到，在不断揭示相关信息的道路上，这些活动将会促进技术和军备的进步，有助于联合国在裁军领域基本目标的实现。

I

1. **恳切地要求**由实施过核试验的国家组成的谈判各方，不要忽视任何努力，以尽快达成在有效的国际监督下的中止核试验协议；

2. **恳切地要求**各方在谈判期间，不要进行新的核武器试验；

II

3. **决议强调**在即将启动的、对防止突然袭击可能性措施的各方面技术研究过程中，达成尽可能广泛的协议的重要性和紧迫性；

III

4. **决议肯定**最近一段时间令人鼓舞的创举，包括从技术角度谈论问题的方式，这种导向应该继续，为建立一个平衡的、受到有效监督的世界裁军体系做出贡献；

IV

5. **要求**负责研究核武器试验及防止突然袭击措施的大会邀请秘书长列

席，并向其寻求援助，要求大会告知联合国组织相关信息；

6. **请求**秘书长通过和相关政府的磋商提出建议，其列席符合愿望，将有利于当前形势发展，有利于启发涉及裁军问题的新思路；

7. **要求**将已经就各方面裁军问题进行了辩论的第一届委员会会议报告，通过秘书长转给负责研究核武器试验及防止突然袭击措施的大会成员；

V

8. **再次要求**1957 年 11 月 4 日第 1148（Ⅻ）号决议中的相关国家，通过扣除裁军活动节约基金以及随着该领域活动的推进增加的援助贷款，为全世界，尤其是为不发达国家生存条件的改善做出贡献。

二

11 月 4 日第 1252B（XⅢ）号决议

联合国大会：

决议衷心接受负责研究减少或许会发生的违背中止核试验协议可能性的专家会议的报告，

并衷心接受曾经实施核武器试验的国家做出的、自 1958 年 10 月 31 日起在日内瓦召开关于核武器试验问题会议的决定，

1. **希望**本次会议取得成功并达成各方接受的协议；

2. **请求**相关各方向联合国大会汇报他们经过谈判达成的协议；

3. **请求**秘书长列席于 1958 年 10 月 31 日在日内瓦召开的会议，并给予会议帮助。

三

11 月 4 日第 1252C（XⅢ）号决议

联合国大会：

注意到一些国家同意召开会议，以研究制定防止突然袭击措施的各方面技术，

1. **希望**在即将开展的研究期间能够达成最广泛的协议；

2. **请求**秘书长列席会议，并为会议提供可能寻求的帮助；

3. **请求**参加研究的各国就完成的进展情况告知联合国组织。

四

11 月 4 日第 1252D（Ⅷ）号决议

联合国大会：

考虑到在全世界促成真正和平的普遍愿望，以及为避免武装冲突造成破坏而制定的措施，

再次肯定联合国组织努力寻求裁军问题方案的责任感，

坚定联合国组织所有成员国继续为该问题的解决做出贡献，

1. **决议决定**，1959 年作为特别年度，裁军委员会由联合国组织全体成员国组成；

2. 向裁军委员会**转交**所有第 13 次联合国大会审议的关于裁军的材料、提案及报告；

3. **要求**裁军委员会在合适的情况下召开会议，向联合国安理会、联合国大会以及根据需要召开的特别会议介绍关于裁军问题的建设性意见和建议；

4. 决议决定，裁军委员会第一次会议由秘书长征求会员国意见后召集，由于本委员会已经根据联合国内部制度第 162 款规定展开工作，决议要求本委员会根据该条款制定自己的工作制度。

（吕军燕译、校）

19581107，FD000121

皮科致德姆维尔电（第 2013 号）①

（1958 年 11 月 7 日）

联合国大会第十三次会议上关于裁军问题的辩论、通过的决议以及选票的分配，从整体上来说没有发生任何意外。人们也能够通过一些迹象预测出来。外交部对代表团下达的指令考虑到这一点，当时的气氛不利于法国整体解决裁军问题的观点。

事实上，法国代表团完全遵守 8 月 29 日西方国家方案的建议未得到其

---

① 文献来源：*DDF*，1958，Tome Ⅱ，pp. 659－661。皮科（Georges-Picot），法国常驻联合国代表。

他任何一个代表团的支持。

尽管好几位发言者都认可受到监督的、有效的、平衡的裁军的必要性，并认为，如果没有一个核心的工作小组，那么由81个成员组成的裁军委员会毫无意义，但在投票选举的时候，他们几乎都随波逐流。法国代表团不是唯一对十七国草案以及三国草案（日本、奥地利、瑞典）投弃权票的国家，但是只有法国代表团认为这些文本偏离了正确的道路；除了以色列代表团以外，其他代表团认为这些文本还不够彻底。绝大多数代表团都把全面终止核试验本身当作目的，当作人类的福音。多数人没有兴趣辨析"中止"和"终止"两个词的区别：美国人和英国人也难以坚持，确实，当大家在原则问题上屈服以后，就很难不被牵着鼻子走。

第十三次裁军会议上的辩论是问题演变的转折点：是面对有利于苏联的公共舆论的投降，我们希望它是暂时的。

苏联并非大获全胜。尽管得到苏联支持，十四个国家提出的关于停止核试验的印度草案以41票赞成，27票反对，13票弃权而遭到否决。佐林先生在其最近一次讲话中表达了对该结果的不满。总之，由8月29日西方国家方案形成的严密整体不再完整，不平等的伦敦小组委员会被彻底放弃。

英国、美国及其他西方国家意识到了这个问题。它们试图尽可能地控制损害程度。它们在中止核试验的草案中小心翼翼：由于它们的谨慎，最终获得微弱优势（49票，比去年的西方决议少了8票）。它们只接受"限于1959年特别年度"的81个成员组成的裁军委员会。我们的盟友对当前发展趋势的评估认为，和去年"过时的"立场相比，现在的弊端和危险更小。美国和英国代表团向我们表达了对朱尔·莫克先生的谢意，说他让人听到了正确的声音，但是他们尤其满意的是不需要亲自行动。

到目前为止一直勉强维持团结的西方阵营出现了裂痕也是事实，但考虑到盟友内心的迟疑和小算盘，彼此之间的鸿沟也没有看起来那么严重。如果我们改变一下我们的态度，也不排除双方拉近一下关系。从这一点来说，我们附和一下美国将要在首届和平利用外层空间委员会上提交的议案是有好处的。在进行电离辐射效应辩论的时候，以及稍后未来的裁军委员会的工作开展的时候，我们还要和他们共同协商。

应该注意印度代表团的作用，在整个辩论期间，他们展开了大量的活动，起草了多种议案，不停地寻求贴近西方和苏联的观点，尽力为二者提供支持。他们和在本次活动中结盟的南斯拉夫，一起得到了亚非老客户的声援。

需要强调一个新现象。"核俱乐部"概念在辩论期间得到证实，它一直事关"三个大国"。另一方面，那些不能或者不想加入俱乐部的国家之间，即除了法国之外的所有其他国家，显示出了一定的团结。它们中间习惯上对我们比较善意的国家，特别是拉丁美洲国家，不很理解我们的积极态度，它们认为我们部署核武器的愿望要多于对某些原则的执着。同时，尽管莫克先生对此做了解释，我们关于81位成员组成的裁军委员会的态度仍常常被赋予为一个过气的大国的怀旧情结。如果之前我们谈及建立一些而不是一个核心小组，某些代表团，比如挪威，本来已经准备支持我们的修正案："它将建立一个核心工作小组"。即便那些最有理智的人也抑制不住在其中扮演一个角色的欲望，奢望那些大国失败后捞上一把。面对这个浪潮，英国人不愿抵抗，他们在等待时机的到来，以便给予致命一击。

佐林先生发出警告，如果建立这么一个工作小组，他威胁说将抵制未来的委员会，他的警告没有引起什么反应则令人觉得意味深长。即便墨西哥的草案未付诸表决，其支持者也不在意本次失败，他们高兴的是苏联代表做出保证，说已经准备好"和所有国家进行谈判或者官方对话，包括在墨西哥草案中涉及的国家"。

有印度和其他力量参加的类似对话某一天或许会发生，也可能会发生在新裁军委员会的秘书长可能的召见之前。但在裁军问题或者其某方面的问题摆在联合国面前之前，还要等等看正在日内瓦举行的会议会产生什么样的结果。在此之前，或许并不排除，在当前辩论中正接受考验的西方国家的团结性会重新发挥作用。否则，我们加入新裁军委员会的条件问题就会提出来，并会受到深刻的考验。

（吕军燕译、校）

19581121，FD000122

阿尔方致德姆维尔电（第 6744—6748 号）①

（1958 年 11 月 21 日）

参考我的第 6690 号电报。②

我和秘书长已经告知麦钱特（Merchant）先生③法国政府对苏联、英国、美国中止核试验协议中可能增加新条款的担心，新条款为缔约国保证不帮助第三国进行核试验。我们问他，达成这样的协议会不会禁止法美在原子能武器领域的所有合作。

麦钱特证实了美国政府在协议中添加新条款的打算，同时他要求出席会议的法利先生④回答我们提出的两个问题。

法利先生对协议中添加新条款给出了两大理由，第一是阻止苏联帮助中国及其附属国进行核试验；第二是防止苏联可能因谴责美国通过第三方进行核试验而提议废除协议。

关于生产核武器方面可能展开的合作，法利指出，与苏联签订的中止核试验协议不会影响新的核立法已经同意或者禁止的内容。因此，"实质性发展"的标准会始终有效。

若克斯先生询问美方对日内瓦谈判⑤进程的看法。美方回答道：谈判始终围绕一点，俄国人坚持立即中止核试验的协议，而美国人则坚持把中止核试验和监督联系在一起。

---

① 文献来源：*DDF*，1958，Tome Ⅱ，pp. 720–721。

② 11 月 19 日发往华盛顿的第 6690—6693 号电报，未收录。阿尔方先生的助理被委托会见法利先生，法利先生没有掩饰，（他指出，）如果在日内瓦大会上达成中止核试验协议，美方认为有必要在协议中增加一项条款以使美国政府不能帮助第三国进行核试验。这一条款的目的在于使苏联政府不对中国或者任何一个附属国提供帮助。对法利先生来说，这一约束只涉及美国政府，不涉及法国政府。——原编译者注

③ 利文斯顿·麦钱特，美国政治事务副国务卿。——译者注

④ 负责原子能与裁军事务的国务卿特别助理。——译者注

⑤ 指关于防止突然袭击的日内瓦会议，更多会议进程的细节参见：*l'Année politique* 1958，pp. 469–472。——原编译者注

美国国务院认为，俄国人不打算接受西方国家希望的监督方式，美方已经证实美国的态度不会因此缓和。如果没有苏联对真正的国际监督详细、具体的承诺，就不可能就中止核试验达成共识。

相反，法利先生补充说，如果能达成一个详细的监督协议，美国国务院将重新考虑在其他裁军领域遇到的进展问题，以使核试验中止期限再延长一年。若克斯指出，在这一领域对苏联做出让步可能会有很大的风险。美方指出，问题首先在于要针对核监督达成令人满意的协议，但是现在距此还差得很远。

（李东旭译，吕军燕校）

19581226，FD000123

德让致德姆维尔电 （第 4958—4967 号）①

（1958 年 12 月 26 日）

葛罗米柯于 12 月 25 日在最高苏维埃发表声明，声明的第一部分有关停止核试验问题和防止突然袭击问题，这两个问题成为日内瓦谈判的主题。

1. 葛罗米柯首先强调停止核试验的至关重要性，他把苏联政府对这件事的态度比作苏联对外政策的试金石。他阐述了自 1955 年以来苏联对该问题的观点。他着重强调苏联政府的决定依照最高苏维埃的决策，即自 1958 年 3 月 31 日起单方面停止核试验。在提到 28 国政府已经明确同意这个决定后，葛罗米柯解释了美国和英国的态度是如何迫使苏联不得不重启核试验的，以使其他大国不会取得单方面的优势。关于对停止核试验协议的执行进行监督的可能性，他长篇大论地回击了西方国家的质疑。就这一要点，他提醒说，1958 年 7 月至 8 月专家们在日内瓦已经达成协议，该协议彰显了苏联观点的合理性。不管怎样，美国和英国都在加速进行其核试验。葛罗米柯还提到，在上一次联合国大会上应苏联要求进行的辩论，苏联关于

---

① 文献来源：*DDF*, 1959, Tome Ⅰ, p. 237。

禁止核试验的建议受到否决①。

正是在这些情况下，尽管西方大国并不情愿，苏联同意参加第二次日内瓦会议。

2. 葛罗米柯先生继续说，在日内瓦，苏联提出其议案，主要条款为：停止核试验，建立国际监督，包括在协议涉及的国家领土上设置观察站。然而，日内瓦会议已持续半年，英国人提出的四个主要条款成为了阻止协议签订的障碍。

1）停止核试验期限限制在 1 年以内。

2）延期取决于对整体裁军的监督是否取得令人满意的进步。而这个话题西方大国已经毫无意义地讨论了超过十年。

3）要求在停止核试验的监督机构中采取少数服从多数的原则，这一条款使该机构完全依赖于英美集团。借用著名的巴鲁克计划，接受这样的要求会使所有缔约国都处在美国富豪的控制之下。

4）西方大国试图避免停止核爆炸，声称这些核试验是用于和平目的。苏联政府担心此类核试验也同样可以用于战争目的。因此它建议，如有必要，此类核试验的数量应该受到限制，并且英美方面和苏联方面进行的核试验要数量同等。

3. 葛罗米柯先生接着又把话题转到防止突然袭击的会议上。他表明苏联方案的核心在于，建立航空检测区，其实现取决于减少欧洲大陆上的外国武装力量和放弃在东德和西德建立核基地和弹道导弹基地。他谴责说，西方大国对获取苏联核武器和弹道武器情报的兴趣远远大于达成协议。他只是含糊地说，希望西方大国更加合理地衡量局势，在该领域选择合作的道路。

4. 其发言回到停止核试验的问题上来。他参与了几个关于德国装备核武器及美国将军们对可能使用核武器的声明的论战。他希望西方政府可以聆听一下人民的呼声。他再次重申，只要美国和英国同意，苏联已

---

① 参见苏联常驻代表 1958 年 10 月 31 日的信件：Ministère des Affaires étrangères, Documentation française, *Documents sur le désarmement*, 1959, pp. 64—67（n°69）。——原编译者注

经准备好明天就签署协议，立即、全面、永久地停止核试验，没有任何
前提条件。①

5. 大使馆将会清楚地转达葛罗米柯先生声明中关于两次日内瓦大会的
最主要章节的译文。②

（李东旭译，吕军燕校）

19590113，FD000032

肖维尔致德姆维尔电（第118—126号）③

（1959 年 1 月 13 日）

英国外交部裁军部门的主任昨天向我的一个助手提供了关于上周在日
内瓦召开的大会④的一些说明。

总的来说，在伦敦停留几天的奥姆斯比·戈尔（Ormsby Gore）⑤ 先生
表达的整体印象是，在会议的第一阶段结束时，苏联代表团表现得比以前
更难交流。但是，英国代表对察拉普金（Tsarapkine）先生⑥所表现出来的
温和而不容置疑的强硬的个性和动机难以清晰地分析。他不知道这是否是
一种或临时或长久的战术，也不知道困难是否来自于所交流的话题的特点。
反正他的判断悬而未决。我补充说，弗雷德里克·霍耶·米勒（Frederick

---

① 苏联外交部长 12 月 25 日发布了关于外交政策的声明之后，最高苏维埃 5 位议员发表了讲
话（讲话内容发表在了媒体上）。其中有科学院院士洛伦季耶夫（Laurentiev）、总参谋长索科洛夫
斯基（Sokolovski）元帅。他们讲话的译文已经由我驻莫斯科大使馆转交外交部。这篇对西方国家充
满攻击性的讲话是对苏联关于柏林主张的辩解（Télégramme de Moscou, n°4982, du 27 décembre，本
书未收录）。——原编译者注

② 此次葛罗米柯讲话之后，苏联政府关于核试验的政策被批准采纳（n°4970，12 月 27 日，
本书未收录）。——原编译者注

③ 文献来源：*DDF*，1959，Tome Ⅰ，pp. 46-48。

④ 指 1 月 5 日恢复的停止核试验会议。——原编译者注

⑤ 大卫·奥姆斯比-戈尔，英国外交事务联席秘书长。——译者注

⑥ 谢苗·察拉普金，苏联驻联合国副代表。——译者注

Hoyer Millar)① 先生刚刚向我表明，国务大臣对会议最终达成协议继续持乐观态度。

对苏联行为的分析仍然面临困难，因为苏联代表对新闻界发声越来越多，又因为很难分清他在会议上的发言是出于宣传的目的还是其作为一个谈判者真正的意图。

根据近几天的要点，该英国官员指出以下几点：

1. 否决权。再次召开的日内瓦会议并未就这个关键点给出基本的解释。但是，上周末察拉普金先生承诺很快会提交一份系列决定清单，这些决定将会统一做出。依据这份清单包含的内容，这种讨论问题的方式更可以看作是一个好兆头。它对英国代表团抛出的理念给予回复。后者认为如果会谈从原则领域转向具体情况，那么双方交流将会更加顺畅。

2. 条约期限。察拉普金先生在新闻界充分报道的情况下又回到这个话题。我们通过一些似是而非的论据，从英方角度思考苏联代表团提出一个已经被彻底搁置的问题的原因。我们想到了一个词，声东击西。

3. 地下核爆炸。苏联代表团在媒体上就美国新提交的文件②表示欢迎，就这一点，几乎没有什么可说的。他们在会议上的发言充满激情，其观点体现为两点，一是正在召开的政策会议应该基于专家的报告，二是所有新的技术问题都应该在条约规定的监督机关的能力范围之内。因此，研究了美国提交的文件之后，他们拒绝和美国现场安排的专家进行合作。

4. 高空爆炸。和各类报纸报道的相反，这方面的问题未有涉及。然而关于此主题仍有质疑：假期之前，英美代表团建议对这一章节进行深化。专家只是在此章报告中总结说此类爆炸应该是可控的，并未做出充分说明。

---

① 1957—1962 年任英国外交部常务次官（Permanent Under-Secretary at the Foreign Office）。

② 1 月 5 日，关于停止核试验的日内瓦会议恢复召开以来，美国代表在一次内部会议上对其同事说，美国专家刚刚得出结论，目前，区分核试验和地震的难度超乎想象。美国代表团已经就此议题正事提交照会，竭力主张通过机动小组展开调查。作为答复，苏联代表团 1 月 7 日发布一份文件，声称美国照会没有任何新元素，并建议未来的监管委员会负责处理此类性质的问题。——原编译者注

这条建议看起来得到了察拉普金先生的默许。但是，最近的几次会议显示，在这一点上，苏联打算严格遵循 8 月份的报告，对条约草案就这方面的问题应该提供的参考进行研究，这和英方提议的程序并不一致。

5. 苏联条约草案的第 4 款。这款条文明确表示，三个大国有义务接受在各自的国土上建立监测站，奥姆斯比·戈尔先生建议这项义务应该扩展到其他的缔约方，并且这项义务不仅仅包含监测站，为了方便，还应包括监测组织的地方机构，包括联系方法，尤其是空中的联系方法。

俄国人表现出极大的蔑视，并拒绝就此商议。

6. 自日内瓦会议恢复以来，关于"机动小组"的话题几乎没有研究。

（吕军燕译、校）

19590129, FD000033

肖维尔致德姆维尔电（第 333—338 号）①

（1959 年 1 月 29 日）

我参考了我的第 288 号电报②。

奥尼尔先生提供的说明，我记录如下：

1. 关于永久终止

关于永久性禁止条款，美国和英国对察拉普金先生一直孜孜以求的论题表示赞同。正如我此前指出的，我们的盟友在裁军问题上放弃联系丝毫无助于解决问题。如果条约不能正确地实施，英国人和美国人自然想将之通告废除。在他们眼里，遵守条约意味着：

（1）任何一方都不能违反规定的禁止条款。

（2）最初的监督业已启动并且正确运行。

---

① 文献来源：*DDF*，1959，Tome Ⅰ，pp. 115-116。

② 1 月 28 日电报（本书未收录）。该电报记录了奥尼尔先生的回忆，他在日内瓦曾经列席，后又代替奥姆斯比·戈尔先生一段时间。据他说，会议重新召开以来，磋商未取得任何实质进展。电报列举了谈判过程中的重重困难。——原编译者注

（3）监督体系按照既定标准逐步展开。

剩下的工作就是起草条约的条款，条款要涵盖这些隐忧并对条约规定的义务可能被放弃提供担保。这项工作非常微妙，英美代表团似乎对这项工作还未下定决心。苏联代表声称谈判遇阻，只有对方告知在任何情况下都不会重启核爆的情况下谈判才会取得进展。因此，他拒绝提交曾经承诺的问题清单，这些问题应该根据条约统一解决。

2. 关于监督

因为此事又引起几篇新闻报道，察拉普金先生渐渐支持监测站录用国际监督人员，（人数）从一到三名直至最后五名。但是，让步并非重点，重点其实是就这些"监督员"的性质、权限和职能达成共识。在俄国人的设想中，后者只能是观察者，他们只有核实监督机关人员工作的资格。只有后者可以使用仪器，准确地说是负责监督的操作。这些人员应该从设立监测站的国家的公民里面选取。为了维护这种根本上与英国人相左的观点，苏联代表团声称他们不会将真正监督任务的执行托付给英国人和美国人。有建议吸收中立者加入。为了驳回这个建议，察拉普金先生使用了很多刺激中立者的论据，当中立者在会议笔录中读到这些论据的时候，会觉得自己因为可能制造各种导致条约失效的意外事件而受到指控。

关于监测站应该配备通信设施的问题仅仅简单地讨论了一下。可以预见这个问题困难重重。[①]

（吕军燕译、校）

----

① 1月30日发自伦敦的第362—366号电报，未收录，对现在收录的第333—338号电报（19590129，FD000033）做了完善。问题的关键在于"机动小组"，自美国提交关于地下核爆的文件之后（关于这个文件，参见19590113，FD000032），这一问题显示出新的重要性。自从英美两方发现探测此类爆炸以及和地震现象相区分比最初预计的困难之后，他们就倾向于要么增加固定监测站的数量，要么借助机动小组的调查。他们之前选择了第二种方案，在他们看来，机动小组整装待发、能快速自由地进行现场探测非常重要。苏联人提出异议，指控英国人暗中干扰会议并试图秘密监视苏联。他们建议，只有提出申请之后，机动小组（该国公民组成）才能组建，而只有在形成统一决议，并且当事国家履行咨询程序之后机动小组才能开始运转。——原编译者注

19590205，FD000141

关于远东问题华盛顿三方会谈备忘录①

（1959 年 2 月 5—7 日）

I

第一轮大使级会议

（华盛顿，1959 年 2 月 5 日）

出席人员：

美国：墨菲（Murphy）先生、罗伯逊（Robertson）先生、马歇尔·格林（Marshall Green）先生、埃德蒙·马丁（Edmund Martin）先生、麦克布莱德先生、迪安·布朗先生、丹尼森（Dennison）上将、米勒（Miller）上将；

英国：哈罗德·卡恰（Harold Caccia）爵士、丹尼（Denny）上将、德拉马尔（de la Mare）先生、尤德（Youde）先生；

法国：阿尔方先生、热莱（Gelée）将军、达里当（Daridan）先生、温克勒（Winckler）先生、朗迪（Landy）先生。

墨菲先生首先提出了提供信息的问题，他认为在必要情况下应向媒体提供会谈信息。媒体一定会将三方会谈报道作为政府间的常规会谈。另外，记者们很有可能认为会谈涉及德国。

会谈决定每天组织一次专家级会议，并组织两次大使级会议，以商谈最重要的政治战略议题。

涉及大西洋非成员国的情况，法国代表团建议重新启用三国与斯巴克先生，或者与与此相关的大西洋理事会代表国间的非公开对话过程的方案。英国代表指出，涉及英联邦成员国时应采用同样的方案，因为各成员国在该区域有特殊利益。

阿尔方先生定义了在这些对话中的原则，这些对话对三国来说是维护战略利益的前奏。同时，他对于军事代表参与会谈表示欢迎。会谈的目的

---

① 文献来源：*DDF*, 1958, Tome Ⅰ, pp. 163–166。美国、英国和法国就东南亚问题于 2 月 5—7 日在华盛顿召开大使级和专家级会议。

是三国在世界主要问题上，尤其是在涉及三国具有共同利益的地区问题上，采取共同的态度。阿尔方先生明确了法国在远东的利益。法国的利益不仅仅涉及政治方面，还涉及判断战争爆发以及确定使用原子武器的标准。大使提到了金门危机，在危机过程中三国没有使用这种类型的对话机制。他认为互相交换意见应该成为三国间的长久机制，并且在特别对话之后，应该建立专家级意见交换机制，如果情况允许，还应建立更高级别的对话机制。

在会谈中，众多有可能导致战争的问题均被提到：沿岸岛屿、台湾岛、朝鲜、越南对老挝的威胁以及新几内亚问题。

罗伯逊先生随后做了有关共产党中国与苏联的关系的报告；中国忠实地支持克里姆林宫的事业，作为回报，苏联方面则允许中国对金门进行轰炸，并在台湾海峡危机期间成倍增加了派往中国人员的数量。甚至在人民公社方面，克里姆林宫方面虽然并不支持，但它不得不显得与北京一致。罗伯逊先生提到毛泽东访问苏联的可能性，他同时认为"大跃进"尽管没有达到中国预想的结果，但显著提高了中国经济。罗伯逊先生随后提到红色中国的对外交流、贸易攻势以及中国在亚洲的军事威胁的增加。他描述了中共在各个方面极大的活跃性，例如对外通过其外交人员和贸易活动，控制当地报刊、学校、社会，同时进行工会渗透和文化巡展。

随后，罗伯逊先生回顾了金门问题的过程：为期三年的有效停火随着8月23日中方突然意外开火而中断，中方随即播放广播，要求解放台湾、金门和马祖。共产主义中国要求美国撤军，关于这一要求，此前赫鲁晓夫在给艾森豪威尔总统的信件中已有所表述[1]，随后总统也给他回了信。在华沙会谈期间，双方没有谈到岛屿问题，而是涉及了台湾问题。比姆（Beam）先生从没有孤立地谈到金门和马祖问题。因此，苏联的攻势是为了将美国从太平洋驱逐出去。在一次讲话中，毛泽东甚至认为这是共产党的神圣责任。美国从沿岸岛屿撤离不会带来任何好处，放弃这几个岛屿将是放弃自

---

① 指 1958 年 9 月 19 日苏联第一书记在信中措辞严厉地要求美国停止干涉中国内政以及威胁对中国使用原子弹报复：*L'Année Politique*，*1958*，pp. 423-424；*DDF*，1958，Tome I，第 178 号。——原编译者注

由的中国，也会使苏联的影响进入太平洋地区。

关于威胁的范围和性质问题，哈罗德·卡恰爵士认同罗伯逊先生的观点，他们都认为中国与苏联保持了紧密联系。英方并不排除某一天中国人会对苏联人产生排外情绪的可能性，但这一点并不确定。苏中两国的经济对抗是令人意外的，而在军事方面，苏联和中国在金门和台湾问题上没有分歧。但英国方面有一点不同，即英方承认北京政权，同时认为沿岸岛屿是中国的一部分。从旧金山条约开始，可以与中国讨论台湾的实际隶属关系。即使开罗会议的决议有此意，①但日本并未改变它对台湾的控制。

阿尔方先生同意罗伯逊先生关于威胁的评估。如果不保卫金门，那么台湾很有可能受到威胁，甚至有可能陷落。这与承认中国的法律地位问题无关，因为放弃金门影响到美国以及自由世界在太平洋的地位。

达里当先生介绍了在承认中国这一问题上法国方面特有的因素，以及政府就这一问题在巴黎所承受的压力。对于巴黎与台北间互换大使的问题，他陈述了相关的优缺点。墨菲先生问到中国共产党是否与巴黎有稳定联系。达里当先生向其提供了中国商业代表团访问巴黎的情况。

罗伯逊先生随后讲到在金门危机期间亚洲各国深感担忧。很明显，自由世界的抵抗令人印象深刻。他谈到美国不承认北京政府的原因，虽然美国在十六年后出于自己的利益撤销了对克伦斯基（Kerenski）政府的承认，但美方认为北京政府至今仍没有具备苏维埃政府令人放心的特质。共产主义中国永远不会履行国际承诺，这是一个不负责任的政权。

墨菲先生指出，以上对中国的这一评价并不是对大不列颠立场的批评。哈罗德·卡恰爵士对此表示感谢，他宣称承认中国事实上是一个"深奥的领域"。即使美国在法律上不承认中国，但经过日内瓦和华沙的上百次会议，美方无论如何要接受中国共产党的现实。同时，承认中国这一事实也不妨碍英国在金门和马祖危机期间避免"不可挽回的后果"。在伦敦，英方仅仅出于不同的法律基础，以道义甚至美国宪法②的名义，反对对中共施行

---

①　自开罗会议第一次会议（1943 年 11 月），盟国认为台湾岛是中国领土的一部分。——原编译者注

②　难道不需要再读一下《联合国宪章》？——原编译者注

军事手段。

墨菲先生提到，承认北京政府为英国带来了一些益处，针对这一问题，罗伯逊先生比较尖锐地抨击了英国的这一惊人举动。罗伯逊先生指出他比英国代表团本身更了解英国驻北京代办处的活动，他知道代办处与周恩来会晤的次数，同时他对英国代办处在中国首都的活动的作用不抱任何幻想。

哈罗德·卡恰爵士回答道，从长远来看，北京与莫斯科之间有可能会产生裂痕。如果在中国的西方势力不能促使裂痕产生，那么这一势力也不能阻止裂痕的产生。英国大使承认英方对经济计划的结果很失望。罗伯逊先生对1950年1月（英国承认北京政府）、1950年6月（朝鲜战争）和1950年10月（中国军队直接介入朝鲜战争）的经济情况做了一番严苛的比较。哈罗德·卡恰爵士回答，承认一个国家有不同的方法：可以像罗伯逊先生那样做长时间的研究，也可以立即承认，就像美国人在古巴问题上刚刚做出的决定那样。墨菲先生指出，承认古巴的决定是在"最后事件发生之前"几周进行研究的结果。哈罗德·卡恰爵士认为承认一个国家总是要冒一些风险。

达里当先生提到了关于沿岸岛屿上民族主义势力减弱的问题。蒋介石是否决定无论付出任何代价都要留在岛上？如果共产党攻打他们，我们是否会走向战争？如果是，是什么样的战争？根据美国的反应，苏联会怎么做？罗伯逊先生认为台湾及沿岸岛屿上士气高涨，生活水平令人满意，土地改革已经完成。关于大陆的状况，岛上的居民明确知道应坚持什么。在从岛上招募一支年轻的军队并不困难。蒋介石永远不会放弃岛屿，岛上的居民也不会放弃蒋介石。在从大陈岛撤退的时候，18524名居民中有18505名居民跟随国民党！台湾问题涉及一个很重要的心理因素。我们不能为了放弃武力就放弃55000名居民。台湾是盟军太平洋安全线上不可或缺的一个因素。另外，正是借助台湾岛，日本人攻陷了菲律宾。对原子战争的恐惧不能诱使我们屈服于对手，他们正是以此威胁毁灭我们。共产主义中国永远不会区分对待金门和台湾，如果中国对金门开战，那么目标就是台湾。但是，哈罗德·卡恰爵士指出，没有军队希望自己必须去保卫这些岛屿。

罗伯逊先生保证不会将沿岸岛屿用于针对大陆的联合对抗。他随后回答了法国代表团提出的关于战争爆发以及针对战争将使用的方法的问题。一旦沿岸岛屿受到以直接威胁台湾为目的的袭击，总统拥有的特别权力允许对沿岸岛屿进行防卫。总统对情况和时机的判断具有决定权，也由总统决定使用何种方式进行防卫。罗伯逊先生强调在第一阶段的反击中国民党军事力量的缓冲作用。关于台湾，中美双边防卫协定规定美国对被袭岛屿具有防卫义务。另外，美国将采用一切方法捍卫这一立场。哈罗德·卡恰爵士提醒道，英国只遵守联合国宪章所规定的义务。"美国不能向英国要求更多，英国也不为美国提供任何东西，但宪章对英国所规定的义务则是另一回事。"

达里当先生询问，根据美国的估计，在中国出击的情况下，苏联将怎样做。罗伯逊先生和墨菲先生认为除非苏联自己愿意，否则苏方一定不愿意被中国卷入一场全面战争，但苏联会向中方派军队。除了一些旧的美式炮弹，所有落在金门的炮弹以及经由美国炮兵分析的炮弹都是来自苏联的。中国所有的喷气式飞机都来自苏联，中国与莫斯科的通信线路也很长。中国在重大事项上应该要苏联"开绿灯"才行；因此，有必要对苏维埃集团实行封锁政策。

法国代表团提到了香港问题。哈罗德·卡恰爵士认为，在不考虑未来红色中国对香港观点变化的情况下，目前的香港并没有危险。但是，他区分了处于中国租约下的外部领土和官方殖民地的不同。他评价目前香港为中国带来的好处要比如果中国拥有它带来的好处更多。哈罗德·卡恰爵士表示完全支持实行"将中国人封锁在中国"的政策。

墨菲先生简短地回顾了中苏关系。他提到，在日内瓦会议期间，苏联，尤其是莫洛托夫（Molotov）先生，对中国的发展表示担忧，苏方无论如何会对可能的风险保持警惕。

阿尔方先生重新提出在战争情况下三国如何磋商的问题。他提到1913年挚诚协定的例子，当时没有任何字面协定，但英法两国明白一旦比利时被攻击，即开战。罗伯逊先生回应大使说，他明白如果台湾受到攻击，战争不可避免会爆发，这一判断是准确的，这一判断也适用于其他所有地区，条约规定美国使用武力捍卫受到攻击的盟国。他补充说，沿岸岛屿是台湾当局统治区域的一部分，其有办法应对各种情况，至少在第一阶段是这样的。

三国对韩国问题进行了简短的分析，对美国而言，尽管李承晚（Syngman Rhee）总统最近实行了一系列令人不愉快的举措①，但这个国家的民主并没有受到威胁。当然，对韩国的情况应进行监督，使之不被红色宣传所利用。至于军事方面，任何针对停战线的袭击都会引发报复行动，甚至在韩国边境以外也会采用任何可能的军事手段。

II

第一次专家级会谈

印度支那

（华盛顿 1959 年 2 月 5 日）

出席人员：

美国：帕森斯（Parsons）先生、科克（Kocher）先生、科科伦（Corcoran）先生、格林先生、比格尔（Beagle）先生；

英国：德拉马尔先生、尤德先生；

法国：达里当先生、朗迪先生。

亚洲事务副国务卿帮办帕森斯先生强调了印度支那半岛在整个远东政策中的重要性。印度支那目前的状况是西方能够在这一地区保持势力均衡的一个要素。因此，三国的主要目标应该是区域防卫，巩固各国防卫力量，稳定经济以及支持民族政府。经历了最初的不稳定状况，目前印度支那各国情况比较稳定。美国遵循两个目标：保护年轻国家的独立，巩固它们的经济和现行政治，旨在使它们成为完全独立和主权国家。

目前，老挝所受威胁最大。因此，大使级会议将对这个国家的情况进行详细分析。

---

① 为了不惜一切代价保持权力，李承晚总统领导的自由派通过政变施行外部安全法，加强了警察的权力。该法案也被称为地方自治法，该法将市长选举制度变为官方直接任命制，是对法官指定制度的官方修正案，也是保证党派能在上议院获得多数席位的法律。在国外，尤其是在美国，这场政变给人留下了不愉快的印象。——原编译者注

　　日内瓦协议签署以后，美国曾经希望共产党能够真诚履行协议。于是华盛顿支持统一的观点，但很快发现越盟并没有真诚地履行协议。在这种情况下，美国认为不应该建议老挝接受重新统一，因为这种统一建立在王室政府有可能获得独立的基础之上。当时，在权衡老挝面临的风险问题上，英国、法国和美国达成了一致。即使三个国家分别行动（也许这更可取），三国的努力也是朝着一个目标，只是在重新统一的紧急程度上观点有所不同。美国对重新统一的反对比它的两个盟国持续的时间更长。然而，这并不是因为美国的个性问题，而是当时在华盛顿，在法律的托词下，梭发那·富马（Souvanna Phouma）亲王可能比他想象的卷入得更深。美国并不力求成为老挝的"拯救者"，甚至哈塔（Khatay）先生也不这样想。尽管1957年统一进程①仍有待改善，但其条款已经比之前好得多。由于老挝政府意识到了在此期间受到的威胁，因此政府赢得的时间有利于推迟对抗。尽管老挝人民和他们的外国朋友们做出了相当大的努力，但如果五月份的选举结果并不如预期的那样有利，那么盟国的意见分歧将再次得到修正。但共同政策的路线已确定，这一政策自此将被一直执行。王室政府也取得了令人瞩目的成绩，该政府排除了共产党参政。② 一位新的政治精英在领导政府，正是他最终决定改变货币和汇率制度。同时，政府清除了某些破坏新政府的成员，"这些成员曾在一段时间内是有用的，比如哈塔先生"。

　　美国的态度主要考虑到以下三个方面：

　　a. 在老挝事务上，美国是新手。美方赞赏法国存在的价值，法国的存在是西方的一个主要王牌。所有的情报以及老挝一切行动的信息，都来自法国。在离开万象时，帕森斯先生说过，法国不认可美国在老挝的行动是法国行动的补充，对这一点他本人深感遗憾，美法两国并不是以竞争的方式互相对立的。

---

　　① 1957年11月2日，越南政府与巴特寮之间通过谈判达成一项协议。该协议旨在组建一个民族团结政府，北部两省重新融合，老挝中立，部分巴特寮部队加入皇家军队，其余部队遣散。11月19日，民族团结政府建立，梭发那·富马亲王任总理。——原编译者注

　　② 1958年7月22日民族团结政府被推翻，随后于8月15日培·萨纳尼空（Phouy Sananikone）领导的右翼政府成立。——原编译者注

b. 在老挝以及在其他两个国家，美国尊重印度支那政府的中立。华盛顿不会迫使这些国家成为东南亚条约组织成员。"非挑衅"政策的好处很明显，尤其是在老挝。

c. 在经济方面，印度支那国家完全依靠外国援助。美国向东南亚国家所提供的援助规模迫使美国避免一切不利的情况，因为这些不利情况可能会使国会更难使用必要的资金。但无论如何，美国政府一直努力寻求保障这些国家的存在，但不干涉它们的内政。印度支那地区是敏感的，因此应该在该地区保持谨慎：无论地区内部还是外部，都应该避免没有必要的挑衅。在这方面，帕森斯先生相信避免三国公开磋商是明智的，因为这种磋商有可能被看作是西方施加压力的一种方式。即使在最不利的情况下（例如1957年4月），三国也应该在共同商讨后分别行动。协调一致很重要。无论是双边还是多边，在一切基本问题上的密切磋商是必要的，帕森斯先生已做好一切准备以为之提供便利。

达里当先生赞赏目前三国间卓有成效的协作。他回顾说，作为曾经的统治者，法国在老挝比任何一个国家都要谨慎。法方特别了解梭发那·富马亲王，法方给予他支持是基于相信他是实现统一的唯一途径，他会成功完成这一重任。培（Phouy）值得鼓励，他正直，并且忠于他的祖国的利益。老挝的中立化被保留下来，老挝的对外关系，尤其是与越南关系，得到了改善。老挝愿意保持与自由世界的联系。老方在其领土上为减少和打击共产主义的颠覆做出了重要的努力。最终的胜利取决于对政府的维护，但政变可能会影响政府地位、军队改革和经济稳定。政府、军队和经济的目标将会实现，三国会为此努力，其中金融改革尤其有必要。

达里当先生随后提到法国在1955—1958年完成的项目的情况，以及将要启动的新计划，新计划显然涉及贷款问题。在地区问题上，法国和美国应密切协商，共同努力。

帕森斯先生提及艾森伯格先生的任务①。帕森斯先生认为目前赋予他的

① 美国驻墨西哥大使馆商务参赞罗伯特·艾森伯格（Robert Eisenberg）先生应万象当局要求，一直是监督老挝经济管理的专家（Dépêche de Washington, n° 147 du janvier, 未收录）——原编译者注。

权力应该可以保证王室政府在老挝的权威。看起来尼奥·劳·哈克萨尔（Neo Lao Haksat）的颠覆运动已经受到阻碍，甚至得到控制。对少数派采取行动尤其重要。

由于整合已经完成，因此有必要重新回到日内瓦协定的真正目标上。日内瓦协定的目标是致力于国家的重新统一，还是未来以限制老挝主权的方式建立国家？美国并不是签约国，在这个问题上美方赞成老挝政府的意见。达里当先生回应道，即使法律问题不是首要问题，王室政府也不应该预先推测实现目标的可能性。

科克先生指出，苏联同意老挝国际管制委员会延期。① 英国大使馆的德拉马尔先生表示，苏联如此容易同意该决定，着实令人惊讶。英国专家基本赞同以上的情况介绍。他询问关于军队的确切情况："法国人训练军队，美国人支付军队费用，英国人看着"。但英方认为举行三方会谈将会有好处，会谈用以讨论老挝军队情况以及军队应该怎样。老挝军队无法击退外部袭击，但可以遏制地方入侵，并在游击战争过程中确保国内和平。德拉马尔先生认为，老挝的现任政府具有许多令人质疑的因素，他希望了解美方关于该政府价值的看法。帕森斯先生认为（他"总是恨不得对老挝领导人做出评价"），如果这个政府不是一个理想的团队，那么它至少也是一个好的过渡政府，该政府具有很明显的进步。国务秘书相对于反对派的部长占明显优势，老挝各种力量的平衡已经实现（老牌政治家、青年团体、军队）。帕森斯先生随后强调军队的作用，军队的交流非常好，他评价军队是"国家组织中最好的工具"。德拉马尔先生想知道美国的援助有没有鼓励老挝生出某些惰性，而使这个国家具有某些超出自己能力的行为习惯。他认为应该努力使政府和军队保持更适当的规模。帕森斯先生回答道，军事专家会评估老挝军队的规模，直到目前，尽管美国一直支付军事开支，但并没有任何缩减开支的建议。但很明显，在老挝军事力量的效率和训练方面仍需提高。在这方面，达里当先生对法国的计划做了必要的澄清，同时保

---

① 由于加拿大和印度代表团投票，波兰代表团成为少数，老挝国际管制委员会决定于1958年7月19日暂停行动。这一决定符合老挝政府的意愿，政府担心国际管制委员会插手其内部事务（Note de la sous-direction d'Asie-Océanie du 1ᵉʳ août 1958, non reproduite，未收录）。——原编译者注

证各盟友对未来发展能够了解相关情况。色诺问题被提及。帕森斯先生以个人名义表示希望在谈判之后，法老两国能够就该问题达成一项长期协议，在协议基础上确认法国的存在，"撇开其法律来源"。

三国代表参加了对柬埔寨情况的分析，结论是西哈努克得到了广泛的支持，三国有必要与他合作并劝说邻国也这样做。三国应在西贡和曼谷努力，要求两国恢复外交关系，结束新闻攻击，本着和解原则审视边界事件。英国认为柬埔寨不存在共产党。至于西哈努克，尽管他的反应不可预测，但似乎他仍然反对共产主义对柬埔寨产生影响。

贝克–弗赖斯的任务①可以给柬埔寨其他问题（比如柏威夏问题）的解决提供范例。

在经济方面，已经建立起的协调一致应予以保持。在柬埔寨能力不足的方面，重要的是为柬方做出长期的规划。

最令人担忧的是曼谷和西贡对西哈努克的敌意。这种敌意可能使冲突一直持续下去，比如刚刚提到的事件。首先有必要提醒柬埔寨和它的两个邻国，共产主义对它们国家的威胁将会促使各国平息争端。帕森斯先生对于西哈努克亲王不再相信美国的友谊表示遗憾。在西哈努克亲王上次访问华盛顿期间，"亲王不知道美方多么努力取悦他"。因此，帕森斯先生呼吁，在未来，就像他过去一直做的那样，所有友好的介入都能使亲王相信没有人希望他受到伤害，所有人都将与他合作。

关于柏威夏事件，朗迪先生提供了他与农·金尼（Nong Kimny）先生会谈的详细资料，其部门通过 1 月 29 日第 312 号函了解到相关情况。

帕森斯先生提到在越南西南部持续发生的暴力和袭击，尽管情况十分严重，也令人遗憾，但无论如何这不构成真正的危险。此外，帕森斯先生还简要提到了越南国内情况。英国代表团特别强调了越南的经济形势。达里当先生注意到，越南的国内和国际状况比 1954 年预期的要好很多，他建议三国应就某些关心的方面共同进行研究。事实上，在某些问题上确实有

---

① 联合国秘书长任命瑞典大使贝克–弗赖斯（Beck-Fries）男爵作为观察员，他调查了两国在高棉—泰国边界地区情况，两国在这一地区存在争议。——原编译者注

必要采取一致的步调，比如企业问题或者保证外国投资的问题。科克先生注意到，美方已经获得了部分保证，但这对于吸引美国资本投资越南还是不够的。在此期间，社会主义阵营国家将越盟打造成工业典范，而南越则只拥有次要工业。

英国代表团认为，重要的是在不破坏日内瓦协议总体框架的情况下，对国际管制委员会的协议进行修订。为此，十分有必要保证与印度的合作。伦敦还强调加拿大政府对该事件表现出浓厚的兴趣。

1. 印度似乎希望在老挝重启管制委员会。英国、美国和法国赞同老挝作为主权国家的意见，老方不想重启委员会。印度声称老挝议会的休会期没有给瑶-劳·哈克萨尔留任何表达异议的途径。如果情况恶化，必须找到其他方法解决问题。如果放弃管制委员会，那就必须找到替代方案。三国可以领导直接谈判，商讨替代方案。

2. 在柬埔寨，管制委员会不再起作用。只要印度同意，西哈努克本人愿意接受结束委员会的方案。在印度领导下的越柬联合委员会有可能提供问题的解决方案。

帕森斯先生认为，重要的是应关注老挝和柬埔寨的边境事件，这些事件与之前促使管制委员会建立时的情况是完全不同的。

3. 在越南，国际管制委员会的工作人员过多，在过去，这些工作人员发挥了巨大作用。三国同意在不完全撤除委员会人员的情况下，有必要大幅度削减工作人员。为了达到削减的目标，是否需要投票一致同意？达里当先生详细介绍了资金方面的问题，并总结说应将资金问题转达给印度和波兰。科克先生认为，加拿大将促使柬埔寨完全取消管制委员会。

Ⅲ

第二轮大使级会议

（华盛顿，1959 年 2 月 7 日）

出席人员：

美国：墨菲先生、帕森斯先生、麦克布莱德先生、埃德蒙·马丁先生、戈登·米恩（Gordon Mein）先生、迪安·布朗先生、丹尼森上将、米勒上将；

英国：哈罗德·卡恰爵士、丹尼上将、德拉马尔先生、尤德先生；

法国：阿尔方先生、达里当先生、热莱将军、吕塞先生、温克勒先生、朗迪先生。

在会议开始时，哈罗德·卡恰爵士同意通过程序将会议情况告知北大西洋公约组织秘书长，并非正式通知大西洋组织成员国，这些成员国可能会对会谈感兴趣。他明确指出不通知大西洋理事会本身。阿尔方先生同意这一立场，同时他指出，涉及北约，这一做法有众多先例。美国代表团也对这一程序表示同意。

阿尔方先生指出了在上一轮会谈中美国在主要战略利益问题上的意见要点。

Ⅰ. 台湾

A. 美国不会采取任何针对大陆的攻击行为。

B. 关于台湾问题，如果台湾受到共产主义中国的直接攻击，美国将采用一切方式援助国民党，包括在这种情况下对中国大陆使用核武器。

C. 关于沿岸岛屿，最后的决定权取决于国会赋予总统的权力，但并不能提前说明在何时、怎样、什么等级下使用该权利。因此，战争的可能性来自沿岸岛屿的报复性防御，这种防御可能或多或少地延伸到中国大陆。

Ⅱ. 韩国

如果 38 度线受到共产主义者侵犯，那么美国将使用一切拥有的手段进行防御，包括常规武器和核武器，甚至跨过韩国边界。

在这方面，法国大使提到国防部长麦克尔罗伊（McElroy）先生最近的讲话，部长先生明确提到使用原子弹保卫 38 度线的可能性。[①]

墨菲先生和帕森斯先生同意关于美国立场的表述。哈罗德·卡恰爵士说道，麦克尔罗伊先生在讲话中曾提到，1953 年联合声明指出停战中止将引发一场不仅仅局限于韩国境内的战争。

关于台湾问题，英国大使指出，如果要遵守"美台共同防御条约"的

---

① 2月4日，在国防委员会会议之前，国防部长警告说，针对类似朝鲜战争规模的冲突，美国并不仅限于使用常规武装力量，有可能使用装备原子武器的部队。（*Le Monde du 6 février*, p.6）。——原编译者注

义务，那么他希望对袭击使用合适的方法进行回击。他希望在和平破裂时，不会自动使用最关键手段。

墨菲先生回答说，在第一阶段，驻扎在岛上的民族主义力量起缓冲作用。这将给盟国提供时间，以便根据情况决定应该怎样做。

阿尔方先生询问，如果需要做出决定，将以怎样的方式通知各国，也就是说磋商将以什么方式进行。墨菲先生回答，美国会好好考虑盟国的意见，但在有必要立即行动的情况下，美方不能保证不使用所有手段，这些手段有可能导致不可避免的后果。他称"不能为承诺所束缚"（绑住手和脚）。

阿尔方先生询问一旦台湾海峡爆发冲突，美国对苏联给中国提供援助问题的看法。帕森斯先生认为，苏联可能会像在危机第一阶段所做的那样，以提供装备和武器的方式进行援助。阿尔方先生问道，美国是否认为苏联会对欧洲大陆或美国大陆采取报复行动。墨菲先生认为到目前为止并没有任何这方面的迹象。当然，他并没有"赫鲁晓夫先生脑袋里的秘密"。但他可以确定的是，赫鲁晓夫对共产主义中国炮轰沿岸岛屿是赞成的。

哈罗德·卡恰爵士注意到"蒋介石关于沿岸岛屿价值的观点"；但是，鉴于在第一次会议上的发言，他在这个问题上保留英方的观点。

达里当先生询问沿岸岛屿的国民党力量是否明显减轻。帕森斯先生回答说，第一阶段已经撤回了 20%，但此后没有任何行动。这个问题还有待对军队进行评估。墨菲先生说，美国政府从来不支持向沿岸岛屿派驻大量军事人员。墨菲先生考虑到在沿岸岛屿仍然受到威胁的情况下向国民党政府施压，要求政府撤出人员是否是恰当的。但他也指出有一个"比较敏感"的缩减计划，但何时实施是另一个问题。

阿尔方先生指出，他将就各方在台湾海峡和韩国的不同战略立场向法国政府报告。法国政府保留出席三方后续会谈的权利。

Ⅲ. 老挝边界

阿尔方先生提醒，法国对远东地区的军事情况尤其担忧，他询问美国如何看待越南独立同盟和中国对老挝边界可能带来的威胁。如果爆发一场真正的侵略，三国将怎样做？国际局势又将受到怎样的影响？

帕森斯先生说，中越两国对老挝边境的干预是两种不同类型：一种是去年 12 月那种试探性行动，另一种是北越使用一切方式进行全面攻击。他请丹尼森上将详细介绍美国在这方面掌握的信息。

丹尼森上将认为如果北越愿意，它完全有能力攻陷老挝。北越拥有武器、运输工具和现代化火力。北越拥有 20 万人的军队，再加上 75000 人的地方部队，总共 14 个步兵师和一个炮兵师。云南铁路已经投入使用，这条铁路保证了北越与中国的联系。两国曾经设有中越联合参谋部，但到目前为止，没有任何信息证实中国军队在北越的存在。空军进攻的可能性不大，海军进攻的可能性很小。另一方面，老挝只有 25000 人的部队，而且"组织得并不好"。在任何情况下，老挝都不是越南独立同盟行动的障碍。总之，如果北越想要开战，它就可以做到。

达里当先生随后介绍了国际管制委员会的问题、老挝政府的立场、联合国援助问题、河内与万象的直接谈判，以及各个方面的优缺点。印度政府是国际管制委员会成员，或者在必要时由它领导联合委员会。帕森斯先生提出，美国政府认识到不同解决方案的不足之处。自 12 月以来，越南入侵老挝的局势并没有恶化，越方仍然保持不动。越方的行动好像受到特定时期政治环境的影响。因此，华盛顿政府想知道目前采取十分明显的行动是否合适。美方建议老挝驻新德里前大使坎·班·班雅（Kham Pan Panya）先生给德赛（Desaï）先生①或者给他最了解的印度人写信，阐述老挝政府的观点，恳请印度政府的意见，以避免国际管制委员会事实上的回归。同时，如果印度愿意，也不排除让它发挥某些作用的可能性。英国大使知道加拿大政府和法国一样，均反对国际管制委员会回归老挝，大使认为这是"一种说'不'的友好方式"。

阿尔方先生根据丹尼森上将提供的情况重新询问了在直接袭击的情况下三国应怎样做的问题。墨菲先生问道，法方的情报是否能够使法国确信有可能发生袭击。达里当先生认为在某些时候，法方相信越南独立同盟意图建立与柬埔寨的联系。帕森斯先生对法国提供的越盟侵略者的确切位置

---

① 印度自治领财政和经济部长。——原编译者注

非常感兴趣。事实上，由于该地区的边界状况难以明确，法方对越盟占领的地区并不确定。亚洲事务助理副国务卿帮办同样提到北越的挑衅有可能引发针对老挝的战争，但这个问题不重要。事实上，共产党总是在有需要的时候采取挑衅行为，而老挝王室政府采取的行动一定不会被看作直接挑衅，因为政府目前的行动是理顺内政。比如说，如果美国在老挝领土上建立军事基地，如果老挝政府要求加入东南亚条约组织，那么越盟领导人将会表示担忧。但是，没有人试图引发这种局势。在与老挝关系方面，美国表现出"真诚和合理的谨慎"。另外，苏联似乎并没有这么担心。根据伦敦的最新消息，作为日内瓦协定的联合签署国，苏联刚刚接受了老挝国际管制委员会的无限期推迟。如果发生侵略，第一个需要考虑的因素当然是老挝政府的反应。老挝是联合国成员国，它受东南亚条约组织议定书保护——因此老挝政府可以警告一个或另一个当局。如果情况允许，三国都应该商讨援助老挝政府。另外，在老挝事务方面，法方有幸与各方保持密切联系，这令人十分满意。

阿尔方先生表示，老挝问题在法律方面与台湾和韩国问题完全不同，因此有必要对老挝问题进行详细考察。墨菲先生说老挝问题不是典型的军事问题。到目前为止，越盟更喜欢传统的渗透方式，即政治性的，而非军事性的。帕森斯先生就这一议题继续说道，越盟在老挝组织的活动是具有颠覆性的。这就解释了为什么保持老挝军队的效能是至关重要的。事实上，最主要的任务之一是保证王室政府在整个领土上的权威和抵抗颠覆政府的行为。

哈罗德·卡恰爵士谈到与老挝有协议的不同国家的立场，老挝同时受到联合国协议、东南亚条约组织地区协议以及与法国签订的一项特殊协议的保护。因此，不存在三方军事方案。同时，鉴于东南亚条约组织已经提供了一个稳步推进的联合军事方案，那么是否有必要再拟定一个军事方案。英国大使宣布，在涉及老挝的特别条约和军事方案的问题上，他需要向英国政府请示。阿尔方先生询问条约能够在多大限度上对方案在各种情况下的确切可能性进行限制。墨菲先生回答他，由于该地区已经建立普遍的联盟，因此很难保守准备特别方案的秘密。一旦特别方案被知晓，比如方案涉及东南亚条约组织以外，那么对西方在该地区的利益是十分不利的。

丹尼森上将指出，东南亚条约组织被批评干涉老挝政府内部事务，这是毫无根据的。该如何处理该地区的关系呢？与菲律宾政府的联盟是十分必要的，因为该国的基地是本地区防御的根本。英国与澳大利亚和新西兰之间有同样的问题。针对特定地区的特别计划应该在东南亚条约组织框架下进行仔细研究。

哈罗德·卡恰爵士询问法国是否能够对老挝边境情况提供详细的说明。在发生袭击时，谁负责援助老挝？是否只有三国？墨菲先生认为，有必要预先研究该地区其他国家的参与，这些国家能够提供军事合作，他再一次提到菲律宾政府。

帕森斯先生随后提到色诺的价值，它可以作为东南亚条约组织的后备基地。达里当先生纠正道：不，色诺是法国在老挝的基地。在讨论最后，阿尔方先生要求确定东南亚条约组织在何种级别上讨论老挝问题的准备工作。英国大使再次重申，在三方重提该问题之前，由法国代表团通过资料评估老挝目前的确切情况。

Ⅳ. 印度尼西亚

阿尔方先生认为，印度尼西亚事件提出了两个问题：武器供应问题；新几内亚问题。如果印度尼西亚攻击新几内亚，怎么办？

1. 关于第一个议题，达里当先生回顾了荷兰在北约以及对友邦政府采取的持续行动。有必要认识到，对印度尼西亚的完全拒绝将会把这个国家推入共产主义者的怀抱。北约已经达成协议，支持荷兰的立场。英方和美方为印度尼西亚提供飞机和武器。这给法国政府出了一个难题，因为印尼为法国工业界提供了大量订单，工业界正在试图向法国政府施加压力。

2. 帕森斯先生认为，截至目前，荷兰政府是唯一一个认识到袭击新几内亚是一个迫切危险的政府。帕森斯先生强调他对于印尼从苏维埃阵营和西方阵营购买武器表示担忧。获得的信息使美国相信，在雅加达，一个针对新几内亚采取行动的军事和政治集团受到了支持。这就是美国政府与印尼当局保持持续接触的原因。印尼的政治和军事领导人向华盛顿做出"特别"保证，印尼无意诉诸武力。苏班德里约（Subandrio）①甚至对杜勒斯先生说，他的政府意识到诉诸武力的意图一定会搅乱整个自由世界。美方向雅加达清楚地表明，如果印尼政府诉诸武力，美国将会反对它。杜勒斯先生在西雅图再次对苏班德里约先生这样说过。国务卿在北约理事会也做出过同样的表述，他最终让伦斯（Luns）先生②就这一议题发表一份公开声明。印尼发动袭击的可能性并不能被完全排除。但目前为止，美国相信印尼做出的保证，因此关于这一问题并没有相关的特别计划。

墨菲先生补充说，美方对情报的来源和伦斯先生担忧的基础并不确定。帕森斯先生指出，事实上这只是第二手或者第三手情报，三国不应该轻信苏加诺③，因为应该考虑到印尼国内宣传的必要性和苏加诺的性情。哈罗德·卡恰爵士认为，英方掌握的情况也是如此。英国大使强调澳大利亚的利益，英方对印尼发动袭击的军事性质表示忧虑，同时对防止印度尼西亚投入共产主义阵营表示关切。墨菲先生补充说，新几内亚战争对印尼来说意味着一项它绝对承受不了的财政负担。

再次回到武器供应的问题上，哈罗德·卡恰爵士指出，英国的关切在于要坚持"中间道路"，即应该给印尼提供一些物资。印尼至少要有两个军需来源，也就是说，要给它提供一些东西来阻止印尼与共产主义者联合，但是又不足以支持印方发动袭击。

帕森斯先生注意到，印尼关于共产主义阵营的观点发生了重大变化。在沿岸岛屿危机时，印方领导人的态度尤其明显。目前，印尼人民似乎意识到中共和苏联对他们的命运所构成的危险。在期待良久之后，印尼军方仅仅部分求助于共产主义者，并充分证明了军方对西方的依恋，这的确令人欣慰。

关于北约的地位问题，哈罗德·卡恰爵士认为，英国不受北约理事会条约的约束，英国仅仅与直接相关的大西洋各国有联系。英方不同意听从大西洋理事会的安排。哈罗德·卡恰爵士认为，英国和美国只需通知理事

---

① 印尼外交部长（1957—1966）。——译者注
② 约瑟夫·伦斯，荷兰外交部长（1956—1971）。——译者注
③ 印尼总统（1945—1967）。——译者注

会成员国两国对印尼交付物资的情况。

在会议结束时，阿尔方先生建议就索马里—埃塞俄比亚问题召开三方会谈。美国和英国代表团表示在就这一建议表态前，需向上级部门请示。

Ⅳ

第二轮专家级会谈

印度尼西亚—菲律宾

（华盛顿，1959 年 2 月 7 日）

出席人员：

美国：戈登·米恩先生、马歇尔·格林先生、麦克布莱德先生、迪安·布朗先生、弗朗西斯·昂德希尔（Francis Underhill）先生、罗伯特·布兰德（Robert Brand）先生；

英国：德拉马尔先生、尤德先生；

法国：达里当先生、朗迪先生。

达里当先生提出关于印尼政府的稳定和纳苏蒂安（Nasution）将军所起的作用问题。

印尼事务办公室主任昂德希尔先生首先回答了第二个问题。对美国来说，纳苏蒂安将军仍然是一个政治谜题。将军的思路将会越来越清晰，也许六个月以后三国会更加清楚将军所起的作用。纳苏蒂安将军四十岁，在殖民时期受过荷兰人的训练，在占领时期受过日本人的训练。在抵抗战争中，他战功卓著，尤其是领导了 1948 年打击共产主义革命的行动。1948—1952 年纳苏蒂安任参谋长，他致力于印尼军队改革。事实上，他的理论更倾向于职业军队，而非游击队。他将印尼军队送往国外训练，并于 1950 年使荷兰训练队伍重返印尼。在远离军队数年之后，纳苏蒂安于 1955 年重新成为参谋长。纳苏蒂安在《印度尼西亚军事政治评价》中指出，印尼的群岛地理状况使之与自由世界紧密相连。他强调共产主义中国是印尼面临的最大军事危险。他认为共产主义首先是苏维埃集团的附属，而且他认为颠覆的危险更多的在于印尼的爱国者而非共产主义理论。事实上，纳苏蒂安是一个投身国家事务的缺乏有效政治能力的职业军人。纳苏蒂安将军本人并不认为自己是苏加诺的对手。也许有些听命于将军的人私下有这样的希望，但他本人只是一个爱国者，并时刻准备牺牲个人的一切以拯救印尼。可以说，纳苏蒂安—朱安达团队在某种形式上填补了自 1952 年以来哈达（Hatta）离职的空缺。实际控制印尼命运的三巨头是相互依靠的。苏加诺是领导者，主导政策者；朱安达领导政府，但能力一般；纳苏蒂安领导的军队是中坚力量。直到 1958 年军队力量在印尼政府中所占比重不断增长，但如今已经变得有限。领导人之间关于印尼体制问题的争论是公开的，可以预见 1945 年宪法的回归。该宪法将赋予苏加诺行使权力，而事实上，如今苏加诺也是这样做的。

自 1952 年以来不断增强的共产主义趋势如今变得平静，但并没有减弱。政府甚至采取了相当数量的措施，包括军事措施和政治措施，向公众强调共产主义的危险。六个月以来，关于共产党能够利用公众利益这一点，苏加诺没有任何表示。印尼的主要问题是经济形势，财政状况比以往更糟。目前，政府关注的重点是应对灾难性的经济状况。

如果不过分乐观的话，我们可以期待在六到八个月内政治是稳定的。如果政府保持原样，应该很自然仍由三人领导，但政府也可能被彻底改变。刚刚四十岁的年轻军人获得高级军职会导致政治后果。他们的前任已经从荷兰人那里学会了不守军纪。年轻军人更急于付诸行动，他们将新的不安定因素引入印尼不稳定的平衡状态中。

法国代表团提到了叛乱的问题。昂德希尔先生指出，也许说多起叛乱更确切一些，因为叛乱不仅数量多，性质也不同。在爪哇中部，苏拉威西岛以北，游击队活动的前景很难预料。不时有政治解决叛乱的传言流出。局势的严重性在于这种动荡的状况要求政府必须维持相当数量的部队，对部队的供给是国家经济的负担。但目前并没有军事反抗表现出有效的武装叛乱的特点。叛乱者不太可能取代印尼现任政府。

达里当先生同意英国的观点，认为法国掌握的情况不如美国国务院的情况乐观。昂德希尔先生把印度尼西亚的基本政治生活比喻为变形虫，变形虫能够吸收更多的冲击，比其他更高级生命形式的生物更加缓慢地进行自我转变。

达里当先生提到了新加坡与马来亚联邦联合的问题。德拉马尔先生认为联合不具有直接的可能性。诚然，联合一直是英国政府的目标之一，但问题在于新加坡的中国人有可能将年轻的马来亚联邦置于严重的困境，马来亚联邦完全意识到这一点。吉隆坡政府目前没有相关表态，但并不意味着政府对未来获得新加坡没有兴趣！我们需要缓慢而谨慎地解决问题。新加坡新宪法并没有带来预期的结果。英国因此保留废除宪法和重新直接管理的权力。但是，鉴于政治原因和亚洲宣传的原因，也许英国会避免使用这一权力。

至于同时将马来亚、新加坡、英属婆罗洲以及这一地区的其他领地共同组成联邦的问题，德拉马尔先生认为英方与相关各方已经谈得不错，但其并不是正式谈判。

英国使馆代表宣称英方有意保留在新加坡的基地，以备在情况变化时做特别安排。问题并不在于将海军武器库转移到英国或者在婆罗洲重建基地，因为马来亚联邦即使不接纳新加坡，为了自身安全也希望英国保留基地。

达里当先生询问英国目前在澳大利亚和新西兰重新部署该地区防卫到了何种程度。德拉马尔先生澄清说，政治变化已经使英国重新审视与澳大利亚和新西兰签订的地区防御条约，同时他明确指出英国并没有将东南亚防卫责任交到两个南半球的国家手中。

德拉马尔先生重提印度尼西亚问题，如果苏加诺由于政治原因，甚至健康状况意外失踪，那么在印尼有相当数量的"合适的领导人"可以进行合作。米恩先生指出，印尼领导人的健康状况仍是个谜，而且当事人本人并不在意。德拉马尔先生认为无论如何，关于苏加诺失踪的情况还是预见一切可能性为妙，而不要给共产党人留机会。米恩先生认为应首先关注宪法问题。也许有人试图让哈达回归。哈达与苏加诺同时当选，尽管哈达意图退出，但他仍是副总统。事实上，议会并没有批准他的辞呈。对权力的争夺将会在哈达、日惹（Djogdjarkarta）苏丹、纳苏蒂安和朱安达之间展开。如果改变是以和平方式进行，那么赌注将是支持哈达和苏丹。一切都取决于对总统和1945年宪法可能回归的期待。在这种情况下，哈达的机会是最大的。目前，哈达承认苏加诺的个人地位剥夺了他的主动权。经过十年，如今哈达拒绝活在苏加诺的阴影中，他希望所有的条件得以满足，并且众所周知，朱安达会继续忠实地为哈达提供政府的情况。

法国代表团询问叛乱存在的方式。昂德希尔先生认为叛乱依靠这个国家而存在，比如 1950 年以来的达尔伊斯兰教。该组织没有大量人员，根据某些情报，他们甚至可能缺乏弹药。需要指出的是，该组织在国外仍很活跃，他们在新加坡有一个办事处，主要从事经营活动，但美方并不了解该办事处与新加坡政府的关系。

昂德希尔先生重新指出美国对印尼的政治和军事援助，并强调其性质有限和其"反毒"的作用。美国谨慎地关注印尼政治局势发展。至于武器供应，即使美国不向其出售武器，印尼无论如何都会找到其他的途径。

对英方来说，即使对印尼军队完全信任，但在空军，至少在上层军官中，已经受到了极左因素的严重影响。昂德希尔先生同意这一观点。但他并不认为依靠 5000—6000 人，印尼空军就能试图打击 2 万人的军队，而后者具有决定作用。

法国代表团询问，目前马尼拉政府与华盛顿政府对抗，这一对抗能够在多大程度上影响美国在菲律宾基地的未来。布朗先生回顾了该问题的发展历程，他提到波伦先生也被召回华盛顿解决这一僵局。很明显，1947 年协议①应该被保留。即使在菲律宾有一小部分中立分子反对美国的存在，但菲律宾政府很明显倾向于西方。在战争情况下，菲方会提供合作。因此，对于美国基地保留在菲律宾岛屿上这一点不必过分担忧。问题的主要困难来自于马尼拉政府的习惯，在谈判中该政府从来不讨论明确的要点，而是时不时情绪不好地把有关议题的所有方面都提到。当谈到基地问题时，同时也会谈到海关事务、糖、菲律宾货币、新闻攻势、财政问题等等。直到目前，仍没有解决管辖权问题，这对马尼拉来说是一种"情感的重要性"，而美国希望在大西洋协议的基础上解决这一问题。关于基地未来协议的期限，菲律宾政府也没有任何表示。

---

① 1947 年 3 月 14 日协议规定菲律宾向美国出租基地；随后于 3 月 21 日签署相互防御协定。——原编译者注

V

第三轮专家级会议

日本——共产主义亚洲经济攻势

（华盛顿，1959 年 2 月 7 日）

出席人员：

美国：贝恩（Bane）先生、科尔曼（Colman）先生、默多克（Murdock）先生、戈登·帕尔默（Gordon Palmer）先生、斯奈德（Snyder）先生、麦克布莱德先生、迪安·布朗先生、贾维斯（Jarvis）先生、埃德蒙·马丁先生；

英国：德拉马尔先生、尤德先生；

法国：达里当先生、朗迪先生。

Ⅰ. 日本

法国代表团提出美国提议修订与日本的相互安全条约的新协议问题。

贝恩先生提醒道，岸信介（Kishi）先生和藤山（Fujiyama）先生①曾提议对条约进行修订，当时美方也认为有此必要，但没有首先提出建议。杜勒斯先生明白，到秋天时应该准备好在任何时候都可以谈论这一议题。但是，日本政府的内阁危机使该问题直到今天都没有被谈及。

直到当时，实际上美方在日本掌握着自由度。但显然，如果日方想的话，它就能够通过撤出基地人员的方法阻止美国基地的运转。这表明，对美方来说，未来有必要就美国军事力量在日本基地实施的行动与日方进行协商。

贝恩先生赞同法国代表团的意见，他承认核武器装备在未来的谈判中影响很大。根据最新分析，空军战术力量分布将取决于日本政府。根据大量信息，美国认为应将日本的大型岛屿基地作为过境平台、货物集散地和后勤基地，尤其是重要的船舶基地。基地和军工厂的支援不仅有益于美国在该地区的利益，同时也有益于日本所有盟友在亚洲地区的利益。

考虑到日本反对驻放核武器，以及根据旧金山条约，美国将继续承认日本对冲绳列岛和小笠原诸岛的主权，法国代表团询问美国是否在未来的

---

① 日本首相岸信介和外相藤山爱一郎（Fujiyama Aiiehiro）。——译者注

安全条约中将冲绳地区包括在内。

贝恩先生认为，如果美国在日本的基地的作用像刚才所描述的那样，那么美国在该地区拥有一个进攻基地就很重要。这就是冲绳的作用。因此，可以说对安全条约的修订不影响旧金山条约的条款，也不影响美国在冲绳的存在状态。

英国代表团询问日本是否承认这一条约。贝恩先生相信日本政府和领导人能够做出肯定的回答。虽然他对公众意见和某些政治因素并不确定，但是，日本能够保留基地的原因在于与它最密切相关的利益。不仅仅是这些基地每年能够为日本带来5亿美元的净收益，而且日本能够得到显而易见的军事保护，这对于一个财政上并不宽裕的政府来说并不是没有益处的。美国的存在事实上保证了东南亚地区的和平，日本在这一地区正努力重建它的市场。基于同样的原因，美国并不打算如流言所说，把基地和在日本的武器库转移到太平洋或者火奴鲁鲁。

关于日本的"去核化"，也可以做同样的推测。有理由相信，日本政府目前已清楚地明白"核威慑"在亚洲的作用。

英国代表团询问岸信介政府的未来，并对日本内阁首相表现出明显的保留。岸信介的权力被"派系主义"回潮所利用，需要在首相的继任者引发问题时有所觉察。

美国代表团认为岸信介先生在几个月以前就已经身处困境，但他仍是在派系影响下最合适的人选。政府可能被改组，但社会党人夺取政权的可能性仍有待怀疑。至于"反核化"的中立派，他们并不是强大的政治力量。对日本与北京关系的这一考验可以视为日本政府"合理反应"的举措。

Ⅱ. 中国的经济攻势。

中国处处长马丁先生强调了共产主义中国迅猛的经济攻势。1957年中国对外收支不利，1958年收支达到平衡，同一年，北京发起了大规模经济攻势。在亚洲主要贸易地区——新加坡（占中国对外贸易总额的40%）、马来亚、香港——中国的攻势有两个目的：一个是为中国购买工业设备提供足够的外汇；另一个是扭转北京对于海外华人贸易活动的依赖。其方法是采用最低价拍卖和倾销价格。中国的活动首先导致了各国政治措施的改变。很明显的是某些国家，比如泰国和马来亚，在本国禁止或限制北京的贸易和金融活动。英国认为由于与北京的关系不睦，缅甸也将会这样做。各国共同政策的实施给中国贸易带来的骚扰是短暂的，但今年会引发合同违约。另外，中国也出售其他国家想出售的原料，中方想完全占据市场。意识到这一困难，北京在与各国进行贸易的同时也提供大量援助。绝大部分的亚洲国家，尤其是柬埔寨，并没有利用共产主义中国或苏联提供给它们的全部援助，这一点令人满意。印度是唯一一个将所提供贷款的最大限额用完的国家。一年来，中国开始出口现代产品，甚至出口带有明显亚洲风格的汽车。最后，中国的援助本身出现了一些特别的问题，这些问题在政治、装备和技术方面给美国带来了大量难题。

在讨论期间，美国代表团没有忽略强调对亚洲不发达国家提供各种援助项目的重要性，美方强调坚持在远东地区严格按照巴黎统筹委员会的要求进行管控。

法国代表团强调寻求遏制北京经济渗透方法的必要性，法方提出东南亚条约组织经济复兴以及对在东南亚的日本商业企业提供支持的建议，因为这些企业是对抗中国企业的良药，但法方的建议没有获得明确答复。

（邱琳译校）

19590306，FD000034

肖维尔致德姆维尔电（第793—802号）[1]

（1959年3月6日）

麦克米伦先生刚刚在莫斯科表态，支持就或有可能在欧洲某区域的核武器和常规武器限制进行研究。有意思的是，这令人想起在过去的几个月

---

[1] 文献来源：*DDF*，1959，Tome I，pp.283-285。

里英国政府在这方面所采取的立场。

我不想多谈我们收集到的各种迹象，其实它们已经暴露了英国部门玩弄脱离接触概念的倾向。我已经就这一点在第 3480 号电报①以及第 6125 号②、6148 号③阿尔方先生的电报里做出汇报。我还记得，英国外交部年初曾打算在日内瓦会议上就针对武器限制的反对意见展开讨论（我的第 89 号电报④）。杜勒斯先生上个月曾指出，他的英国谈判者对不同的"离间"方法很感兴趣。大家后来知道，保守党媒体几个月前曾向政府建议仔细研究腊帕茨基新计划。

抛开猜测的政府倾向，根据其主要的公开声明，可以确认以下两点：

1. 在 12 月 4 日辩论期间，赛尔温·劳埃德先生在重提关于德国的老话题（自由选举条件下的统一，统一后德国的联盟选择自由）之后，确定了以下三点欧洲安全体系要素：

（1）避免西德从统一中获利。外交大臣提醒说，阿登纳总理此前提到

---

①　通过 1958 年 10 月 30 日的第 3480—3482 号电报，大使汇报说，英国外交副大臣奥尼尔先生确定说，英国代表团在本次会议上就防止突然袭击接到的指示非常清楚：限制区的界限或概念要排除在讨论之外。然而，对于奥尼尔先生来说，英国的政策拒绝把控制区或检测区排除在外。——原编译者注

②　通过 1958 年 10 月 17 日的第 6125—6129 号电报（未收录），阿尔方先生指出，经其询问，杜勒斯先生表示了对欧洲狭窄的检测区的反对，认为它会在短期内导致德国的中立化以及美国部队回归美洲大陆。相反，北极地区的控制他觉得很有必要，以避免苏联从北极对美国发动袭击。——原编译者注

③　通过 1958 年 10 月 18 日的第 6148—6150 号电报（未收录），阿尔方先生提到欧洲检测区的问题。杜勒斯先生的意思是，如果建立一个这样的区域，那么它的范围要足够广阔，并且要包括一部分重要的苏联领土。美国国务卿声明说，一般意义上讲，在限制区界限范围内，他觉得法国和美国的观点相比英国更加接近，他希望英国不要再回到艾登（Eden）先生提出的区域观上来。——原编译者注

④　通过 1 月 12 日的第 89 号电报（未收录），大使指出已经通过其助手和英国外交部恢复联系。俄国声明恢复 1 月 15 日会议的照会文本刚刚收到。法国外交官声称，授权三国大使陈述西方观点将会避免和莫斯科交换照会时的分歧：这些观点公开后，在舆论眼中有助于会议的召开。英国外交部代表声称已经准备好支持这些观点，并宣布在仅由美国大使参加的莫斯科会议参考条款谈判上不会看到反对意见。他还说，只要保持坚定的原则，使会议严格维持在技术范围内，大家就可以考虑扩大在武器限制方面的协商范围。——原编译者注

过东德非军事化的可能性。

（2）欧洲应建立防止突然袭击体系。该体系应基于足够广阔的区域，而且不仅仅限制在欧洲范围。（劳埃德先生提到了北极地区）

（3）在允许德国统一的规则下，应该在尽可能广阔的区域禁止现有力量和武器。但是，劳埃德先生又说，或许检测的想法即便在欧洲总规则之外也是可行的。

外交大臣驳回了腊帕茨基第一计划，认为它会改变力量平衡，并且给出了自己的解析版本，认为它将降低北大西洋公约组织的防御能力，会违背联盟成员之间的互不歧视基本原则，可能造成美国驻欧部队撤离的局面。劳埃德先生最后还对脱离接触提出批评，声称不会考虑任何超出欧洲政治规则背景之外的措施。

2. 外交大臣因为塞浦路斯谈判而没能最终召开 1 月 19 日的外交政策辩论，是奥姆斯比-戈尔宣读了他的领导准备的发言稿。即便发言稿的好几部分都只不过是重复其 12 月 4 日的发言，我们仍然觉察到，除了在自由选举主题方面的温和态度外，在安全领域方面也有进步。同样的标准被用于判断所有的安全措施：力量平衡的维护，北大西洋公约组织的维护，即使它的某些力量受到削弱，以及美国驻欧力量的维护。整个导致德国中立的政策也被措辞严厉地废除了。相反，在 12 月 4 日的发言中，一件偶然的与发言中的其他内容自相矛盾的事情变为一种肯定，兵员和武器限制区或许先于总规则在欧洲建立。其建立将会是消除紧张局势进程的一部分。盖茨克尔（Gaitskell）先生①问外交大臣，政府是否准备在德国统一之前执行裁军政策。奥姆斯比-戈尔先生回避说，对他来说明确在何处建立限制区不合时宜。他的话模棱两可。他们允诺考虑限制区（与防止突然袭击的更广阔范围区域不同）在政策规范之前建立。

（吕军燕译、校）

---

① 休·盖茨克尔，英国反对党（工党）领袖（1955—1963）。——译者注

19590313，FD000035

德姆维尔致法国驻华盛顿、伦敦外交代表电

（第 2942—2947 号，第 2676—2681 号）①

（1959 年 3 月 13 日）

沃兹沃思先生 3 月 12 日就日内瓦会议②工作向德罗斯（De Rose）先生给出如下指示。

几周来，未取得任何进展。苏联人似乎觉得西方人所做的让步是他们更进一步的预兆。察拉普金先生则稳如泰山。美国外交官认为，莫斯科正在等待麦克米伦先生出访华盛顿③的结果，希望英国首相强调的理念在与赫鲁晓夫先生的会谈中能够具体化。

关于这些理念的具体内容，沃兹沃思先生说未被完全告知。然而他指出，其基本内容是建议对监督部门每年在成员国领土上可能实施的检测数量早做限制。作为交换，苏联应该对这些任务不再行使否决权。

这个新想法在华盛顿受到批评。大家认为这种对检测数量的理解便于弄虚作假，而且会不断地将监督部门置于窘境，因为它们不得不在许可的任务"配额"和放弃未经核实的嫌疑迹象之间的担忧中做出选择。

关于麦克米伦先生追求的程序问题，沃兹沃思先生补充说，在出访莫斯科之前，英国人已经就此理念和其美国伙伴做了探讨，但是未签署协议。似乎今天英国人否认此前已经把它作为一项坚决的建议提交给赫鲁晓夫先生。苏联政府首脑则因为英美非常尴尬而急于将其公开备案。

美国外交官还给出了如下信息：

英美双方现在几乎已经完全向苏联方面解释了它们关于监督体系的概念。近几日它们承认，除非受到严重破坏，条约缔结的期限为无限期。察拉普金先生不接受这种保留的条件。

---

①　文献来源：*DDF*，1959，Tome Ⅰ，pp. 340—342。

②　此处日内瓦会议指停止核试验会议。——原编译者注

③　此次出访将于 3 月 19 日至 21 日在戴维营举行（*Année politique*，1959，p. 340）。——原编译者注

英国人设想的监督委员会将由三个西方国家、两个共产主义国家和两个中立国家组成，以使苏联人明白，西方国家不会占据多数席位。这条建议也未获得成功。

苏联人只说在参加会议的三个国家的领土上建立监督。不知道这是否意味着他们不想谈及中国，或者不愿引起他们已经提前达成共识的遐想。美国人试图不久后再给他们提供一张地图，上面会标注专家会议预计的170个检测点，以试探他们的反应。

对于完全分歧的部分，特别是在委员会核实嫌疑迹象来源的检测上的否决权和法规方面，美国人不会考虑任何让步。他们完全不敢肯定，参议院是否会批准在他们的建议基础上达成的协议。五角大楼和原子能委员会已经在日内瓦会议成员国方面完成了大量工作，特别强调了自然地震和低于5000吨地下爆炸的辨别困难。面对这种联盟，美国国务院由于首脑的缺席①而感到无力。

沃兹沃思先生被问到，是否估计苏联人在高峰会议上会保持让步。他回答说，在当前取得的成果基础上，这样的一个会议谈论这个话题不会"超过25分钟"，日内瓦会议主席一直坚持不要谈论已经充分②准备的主题，以确保达成协议。

（吕军燕译、校）

19590320，FD000036

肖维尔致德姆维尔电（第975—986号）③

（1959年3月20日）

根据今天3月20日从英国外交部原子能事务及裁军部门领导收集到的信息：

1. 日内瓦会议昨晚休会。4月13日复会。苏联代表团在前一段时间率

---

① 由于患上癌症，杜勒斯先生于4月15日辞职；5月24日辞世。——原编译者注

② 是否应该为：未充分？——原编译者注

③ 文献来源：*DDF*, 1959, Tome Ⅰ, pp. 383-385。

先同美国人交谈，并谨慎建议说，每个政府代表团或许都需要休会几周，以便做总结和准备后续工作。美国代表团昨天在会上建议休会三周。察拉普金先生以其惯有的方式面对速记员答复说，他已经准备好继续会谈，但是他对其同事的建议没有明确异议。

为了研究恢复工作的条件，英国外交部在等待其日内瓦代表团，尤其是首相返回后的下一步战术以及提出的建议。

由于要仔细研究正在举行的日内瓦会议进展和外交部长会议及政府首脑会议之间存在的联系，海恩沃斯（Hainworth）先生并未排除利益相关的三个国家的部长在部长会议之余提出继续区分两个阵营的主要观点的可能性。

2. 对于莫斯科会谈显示的东西，英国官员补充了以下细节：当麦克米伦先生提出规定检测配额的建议时，赫鲁晓夫先生表示欢迎，并声称："这证明您不会特别优待某一个阵营。"后来，葛罗米柯先生询问劳埃德先生是否能够提供目前其掌握的涉及检测配额的数字，外交大臣避而不答。

英国在华盛顿会谈中抛出其提案。海恩沃斯先生对这一提案只是显示出一种适度的乐观。他未做任何发声，仅说大家在这儿只是介绍 4 月 13 日日内瓦会议重启后的一些形式上的建议。在日内瓦，俄国代表未向其同事提及这一提案。

另一方面，在提出其提案之前，首相似乎对专家的研究未做筛选。海恩沃斯先生表示，对于每年检测的数量没有任何概念，随着深入考察，这个数量将被认为是最小数值。并不排除这个由技术研究得到的数字非常高，因此从政治上来说这很可能冒着被指控破坏谈判的风险。据他来看，平均两到三周检测一次似乎比较合理。他补充说，关键在于执行的频率，频繁检测导致被抓到的风险会让打算违背协议的政府退缩。

3. 一些人提出，如果排除弱国核爆以及外层空间核爆，减小范围，那么将大大方便协定的执行，况且彼此的监督显得如此困难。被问及这项提案时，英国外交部官员回答说，不会研究弱国导弹试验的监督，并评估了俄国人接受美国在 1 月份的日内瓦会议上提交的议案时的困难性。他补充说，某些禁止的核爆逃脱检测对于英国政府来说会在政治上显得非常敏感。内阁也持这种看法，然而五角大楼和其日内瓦代表非常明显支持这种区分。（这儿我注意到劳埃德先生在佩拉（Pella）先生面前影射议院内阁制，说它会影响美国代表团在日内瓦会议上的行动。）关于外层空间核爆，其监督难度众所周知，去年的专家报告对此既未隐瞒也未解决。但是，我们未考虑到俄国人试图令困难变得无法克服。

4. 我的助手提醒注意说，苏斯洛夫（Souslov）先生面对工党议员宣称，其政府不反对监督站人员同时由站点所在国公民以及其他国家的监督者组成。海恩沃斯先生承认，实际上这个问题不难解决。另外，美国代表团在这方面……①有保留地妥协，但其认为，在关于某些重大问题的协议确保制定之前就解决这个分歧或许是一个错误。对于除了两三个主要问题外其他一切皆能解决的观点，他们坚持表示怀疑。对于日内瓦会议的失败，他们似乎必须要么屈服，要么承担责任。

（吕军燕译、校）

19590409，FD000037
德姆维尔致勒杜克电②
（1959 年 4 月 9 日）

下面是总理写的您要转交给阿登纳总理的信：

"总理阁下，我认真拜读了您 3 月 25 日的信件，对您表达最诚挚的感谢。

部分媒体，尤其是英国新闻界，就某些涉及或许在欧洲设立武器限制区的提案做出的反应令您感到不安，我对此毫不意外。大家都知道，记者报道重大主题时有时会夸大其词。

总之，您很清楚法国政府关于此事的看法：您上次出访巴黎时，我们

---

① 译码缺失。——原编译者注
② 文献来源：*DDF*, 1959, Tome Ⅰ, pp. 468-469。

已经明确表达。① 共和国总统在其最近一次的新闻发布会上就国际公共舆论的声明②肯定毋庸置疑。

我很高兴在德姆维尔先生的陪同下，于5月6日和7日去波恩拜访您。

总理阁下，请接收我最诚挚的友谊。

米歇尔·德布雷。

1959年4月9日，于巴黎。"

我下次把原件给您。

（吕军燕译、校）

19590411，FD000038

阿尔方致德姆维尔电（第1957—1961号）③

（1959年4月11日）

昨天，沃兹沃思先生在斯贝尔斯（Speiers）先生的陪同下重新前往日内瓦。来自美国国务院裁军处的斯贝尔斯接替贝克（Baker）先生担任美国

---

① 3月初。参见前文 n°131。——原编译者注

② 3月25日，戴高乐将军在爱丽舍宫召开新闻发布会，专门介绍外交政策。他首先阐述了法国对德的态度。他不愿从苏联在柏林方面引起的危机中"获利"，也不想"参与针对德国人民的分裂活动"，靠牺牲其人民来谋取苏联人一直试图掌控的类似利益："德国这样的国家，不会对我们造成任何威胁……对于两个已放弃互相斗争和破坏的老对手来说，法国和德国决定携手合作再正常不过了。在这一点上，阿登纳总理的策略和我们是一致的"。在柏林事务上，将军不接受中立策略；"对于法国来说，这等于失去了它为保护生命而活着的理念。但如果法国参与其中，那么可以想象其对大西洋联盟的破坏。那时候，除非爆发核战争，将没有什么能够阻止苏联统治扩张到欧洲和全世界。维持西方部队在柏林的自由活动是适合的；我们不允许将'西柏林'交付给潘科夫体系（潘科夫体系即指东德。——译者注）"。将军谈到了德国统一的问题。他拒绝承认"潘科夫体系是独立的主权国家"。"我们认为，两部分地区统一为一个自由的德国是德国人民的自然命运，希望它不会打破现在其在西、东、北、南方向的边界，为了合作、自由及和平，希望它有一天能够努力融入整个欧洲的协约组织。"戴高乐指出如何通过各领域的多种关系设计两德交流。他对英国的脱离接触计划表达了自己的观点："脱身或脱离对我来说毫无意义。因为裁军如果不能推进到离乌拉尔和德国同样近的地区，那法国如何受到保护？"在其演讲的最后一部分，他提到了法国在高峰会议上的理念。关于其讲话的全文，参见：*l'Année politique 1959*, pp. 615-617。——原编译者注

③ 文献来源：*DDF*, 1958, Tome Ⅰ, pp. 478-479。

代表团团长的顾问。

沃兹沃思先生离开华盛顿时，他的指示还需做些调整。今天是最后一轮审查这些指示，并且赫脱先生给予了支持。

沃兹沃思先生指示的主要内容涵盖在美国国务院让我提交的照会文本内，并且将在 4 月 13 日周一送交北约理事会。我将在下文中向您展示其内容。

美国驻日内瓦代表团接到了指示，下周一重新谈判时让苏联人了解提案内容，包括立即签署外层空间中止核试验协议。英国人赞同这项议案，他们放弃了给每个缔约方按年分配一定的检测数量的想法。

草案

自 3 月 19 日以来一直处于休会状态的中止核试验大会将于今天下午在日内瓦恢复谈判。在休会期间，英国和美国仔细回顾了造成现在协议僵局的主要问题中他们的立场，并达成一致，除非苏联准备放弃对全面否决权的要求，并同意切实可行的现场检测程序，否则当前不存在达成全面协议的基础，该协议要有能够保证我们对协议的信心所必要的监督方式。不过，我们仍然认为谈判不能失败。

因此，英国和美国代表团建议采取另一种方法，以便将目前为止在谈判中取得的进展变成容易实现的初步协议。

该方法涉及：

（1）原则上同意在目前的谈判中或在国际监督委员会成立后达成有关监督机制的协议，从而分阶段实施全面商定并且接受监督的中止核试验协议。

（2）可立即商定谈判的第一阶段，其中包括中止外层空间核试验，由设在美国、英国和苏联领土上的若干固定检测站监测，核试验区域以及飞机航班取样。检测站的数量和间隔距离将以日内瓦专家关于大气侦测报告的建议为根据，并且所需检测站少于整个系统所需数量，在此阶段不需要提出程序问题和投票表决的问题。

（3）在大会上或在监督委员会建立后，要继续努力解决允许检测地下和高空核试验的政治和技术问题。并且，要强化中止核试验的义务，以尽快使协议扩大至涉及各种环境的检测体系。应该立即开展以此为目的联合研究、调查和谈判。"

（李东旭译，吕军燕校）

19590413，FD000039

肖维尔致德姆维尔电（第1229—1236号）①

（1959年4月13日）

周末，我曾让人就日内瓦大会重新召开前夕，英国外交部对停止核试验的看法询问副外交大臣奥尼尔（O'Neill）。他表示英美两国政府在十多天以来一直在积极地探讨新立场，这可能会影响到谈判策略，甚至是议案主题。由于新方案尚未成为最终协议的主题，他认为不应该透露其条款。

奥尼尔先生今天上午会见了我的助手，并向他提供了以下详细情况：

1. 由于英美两国政府已经最终决定，去年的专家汇报不再适用于最新的技术数据，两国已经重新寻找新方案。因此，他们向苏联提议了一份大纲，内容见阿尔方先生的第1957号电报②，奥尼尔先生这样描述如下新方案。

如今，向苏联政府提供一份替代方案：

（1）三国可以同意全面停止核爆炸，前提是苏联接受二个条件：

a. 苏联放弃否决权

然而，除了派遣现场检测外，苏联还要求在其他方面行使否决权，比如某些行政方面的决策，监督机关是否有违反协议的决策，是否接受上述机构就监督人员的技术调查结果。

b. 西方国家要求现场检测应该依据某些科学标准自主决定

---

① 文献来源：*DDF*，1959，Tome Ⅰ，pp.479-480。——编译者注

② 19590411，FD000038。

c. 三国政府同意对专家会议后收集的最新科学信息进行联合研究

如果苏联同意以上三个条件，同盟国打算承担全面禁止核试验带来的风险。这个风险是确实存在的。专家最新研究显示，为使现场检测系统保证地下核试验监测，应划定一些哪怕苏联同意的实际上却无法实施的范围。

（2）如果第一个方案被拒绝，同盟国则打算划定禁止大气层核试验范围，即 5 万米高空以下。在这种情况下，就可以实施日内瓦会议报告的条款了。监督体系将会更简单，观测点的数量会显著减少，另外不再需要进行现场观察。

这只是开始的第一步，三个大国将继续联合研究和磋商，以扩大禁止核试验的限制范围。至于范围……

2. 英国高级官员表示，尽管会议由察拉普金主持并且他可能希望在会议期间发表声明，西方代表团打算自今天会议起提出这项新提议。

今天结束时，上述内容将会被媒体大量报道。

可是媒体不知道的是，艾森豪威尔总统和麦克米伦先生分别向赫鲁晓夫先生致信，强调英美新立场的重要性，这显然标志着谈判中的一个新转折。

（李东旭译，吕军燕校）

19590422，FD000020

阿尔方致德姆维尔电（第 2143—2144 号）①

（1959 年 4 月 22 日）

4 月 22 日，美国副国务卿墨菲先生询问法国政府秘书长若克斯先生，法国总理和诺斯塔德将军刚刚就法国领土安放核武器事宜举行会谈后，法

---

① 文献来源：*DDF*, 1959, Tome I, p. 237。——编译者注

国政府是如何打算的。① 美国副国务卿指出，考虑到国际紧张局势，必须就可能很快使用这些武器制定措施。如果不能与法国达成协议，美国将考虑其他方案。在了解法国的想法前，诺斯塔德不希望走到这一步。

若克斯先生重申了法国的立场并表明在回到巴黎后，把美国政府的担心汇报给法国政府。

墨非先生指出在下一次会晤期间，赫脱先生无疑希望可以和您探讨这一问题。

（李东旭译，吕军燕校）

19590424，FD000142

奥斯特罗格致德姆维尔电（第193—194号）②

（1959 年 4 月 24 日）

目前，西藏事件造成了中印关系危机。尼赫鲁先生用一切方法避免激化争端；他一直没有……③停止努力。尼赫鲁先生一直倾向于只限政治解决

---

① 在法国存储核武器的事宜可追溯到 1952 年。1952 年 10 月 4 日在舒曼—迪恩（Schuman-Dunn）换文中规定，美国不会在法国政府安排的军事基地里引进非约定武器。然而 1956 年 12 月 12 日，北约部长理事会在巴黎批准的战略指导考虑率先使用核武器策略。1957 年 4 月 2 日，美国大使向外交部重新提交了一份换文计划，建议废除舒曼—迪恩换文中关于非约定武器的限定。1957 年 12 月 16 至 19 日在巴黎举行的北约成员国领导人会议公告强调了在欧洲建立核储备的决定。巴黎和华盛顿之间不断地就各种议案及反对议案进行交流。1958 年 6 月 17 日法国国防委员会明确了法国政府的立场。（DDF，1958-Ⅱ，n°310，会议纪要）。9 月 24 日和法国国防参谋长卡巴尼耶（Cabanier）会谈时，戴高乐宣布如果不能负责保管核弹头，法国将不接受核弹头存放在其领土上。（Note de la présidence du Conseil-Etat major de la Défense nationale, du 24 septembre 1958，本书未收录。）伴随着柏林危机的开始，诺斯塔德将军认为，依赖部署在兰斯、埃坦和图勒基地上的 9 个战斗轰炸机联队的战略核武器是必不可少的；他坚决要求法国允许在其领土上存放核武器，以提供上面提到的 9 个联队所需的弹药。（Note por le Ministre de la delegation française auprès de l'O. T. A. N. , du 20 mars 1959，未收录。）1959 年 4 月 17 日，北约最高军事指挥官给米歇尔·德勃雷先生写信表示"在柏林问题造成紧张局势的时候，这些空军联队对北约军事力量做出重要贡献。"他补充说："我需要重复您参观欧洲盟军最高司令部时我对您讲的话，即在紧急情况和目前条件下部署这些联队，如果联军的军需品不允许存放在法国，那么这些联队就无用武之地。"——原编译者注

② 文献来源：DDF，1959，Tome Ⅰ，p. 550。奥斯特罗格（Ostrorog），法国驻新德里大使。

③ 无法辨认。——原编译者注

争端，印度舆论则表现出愤慨、惊讶和恐惧的情绪。自从独立以来，这是印度第一次感到力量薄弱。

尼赫鲁先生对此一直很清楚，因此他一直在非依附的名义下实行谨慎克制政策。

这也是尼赫鲁先生在此次危机中想要一直保持的态度。因为一旦涉及军事实力对比的话，印度拿什么抵抗中国呢？今晚，总理将离开新德里，会见达赖喇嘛（Dalaï-Lama）。在这次会见后，印度政府与北京政府的对话将会确定。

（邱琳译校）

19590430，FD000040

肖维尔致德姆维尔电（第 1561—1566 号）[①]

（1959 年 4 月 30 日）

日内瓦停止核试验大会。我的一名助手 4 月 30 日与英国副外交大臣会晤，他根据奥尼尔先生提供的信息总结如下：

1. 不出所料，谈判围绕苏联代表团的议案展开，该议案来自 4 月 25 日赫鲁晓夫先生的书信内容，并再次提到麦克米伦先生在莫斯科抛出的观点。[②] 对于如何理解该议案，察拉普金先生第一时间受到质疑。不过他指出，从今以后，在主要问题上已经没有了误解：即将达成的每年检测数量避免了否决权的使用。

---

① 文献来源：*DDF*, 1958, Tome Ⅰ, pp. 567-568。

② 艾森豪威尔总统 4 月 13 日给赫鲁晓夫先生写了一封信，如果苏联继续反对西方国家认为地下核爆炸监督所必须的条件，我们可以在谈判的第一阶段禁止在 50 千米以下的高空进行外层空间核试验。外交部声称麦克米伦先生支持美国总统的提议。4 月 25 日，赫鲁晓夫先生通过塔斯社发表了其 23 日写给艾森豪威尔先生和麦克米伦先生的信。他认为英美确定的解决方案不符合探究的目标：阻止制造更具杀伤性的新型核武器。高于 50 千米的爆炸可能会毒化大气层和地球，核辐射余波会污染动物赖以生存的植物。苏联元首将其议案看作"不道德的交易"。他提议以麦克米伦先生在访问莫斯科期间提出的建议为基础组织监督：如果监督站的报告证实有疑似核爆炸的现象，则每年组织一定数量的检测。在 4 月 25 日的新闻发布会上，察拉普金表明在这种情况下不会行使否决权。——原编译者注

2. 出于明显原因，英国代表团不能抵制这种战术，也不会避开磋商。奥尼尔认为美国代表团（至少目前）也准备好了基于苏联议案的谈判。

3. 苏联代表力求让英美两国接受检测的定量分配原则，之后再讨论有关检测的条款。显然英美两国拒绝掉入陷阱。

4. 这些条款中有些涉及对检测期限及覆盖范围等内容的保证，这些主题仅在谈判初期有所涉及，似乎不是最难解决的。

另一方面，应该就进行检测的科学标准达成一致。事实上很显然，即使在所谓的定量分配体系内，试图让俄国人接受赋予监控机构以绝对自由、可紧急派遣队伍前往其领土的确定地点也是不合理的。避免随意的检测方法，必须以科学事实为依据。因此，监控机构只需在某些科学标准上达成一致，监督机构只需去验证，而不必去讨论。关于科学标准的协议将引发一些争论，但奥尼尔先生认为最后可以达成。

5. 主要问题还是商讨每年的检测数量限额。大家都知道，因为要提供足够的保证，这应该会是一个很高的数字，所以麦克米伦先生设想的方法看起来不很现实。

任何一方都没有给出观察次数的提议，甚至没有给出一个范围。实际上，这也是谈判受阻的一点。英美两国认为关键要让苏联代表团对新的科学数据进行验证，美国代表团声称自1月份起开展的共同研究都毫无意义。只有基于研究的结果，被劳埃德先生称为最大的未知数的检测数量才能确立。

6. 麦克米伦先生还在拟定给赫鲁晓大先生的回信，可能在这周末回复他，这封信将会借鉴前面关注的内容。

奥尼尔先生坦白说，赫鲁晓夫先生对4月13日议案的批评令人尴尬：从外层空间污染的角度来说，在50千米高空发生的核爆炸与其他爆炸一样有害。为了减少明显的余波，必须将核试验置于更高的高度。为了将4月13日议案的第一阶段的成果明确化，能够通过参考专家报告做出选择的部分，都已经确定。

（李东旭译，吕军燕校）

19590522，FD000041

阿尔方致德姆维尔电（第 2620—2631 号）①

（1959 年 5 月 22 日）

法利先生的助手们今天下午在美国国务院召集了欧洲原子能共同体除卢森堡以外的其他成员国的使馆代表，并向他们提交了美国与这些国家双边协议的修正案。

1. 我在下文会向您传达美国 1957 年 7 月 3 日提出的关于 1956 年 6 月 20 日法美协议修正案的内容。② 我将在下一个外交邮袋里向您传达美国与比利时、荷兰、德国和意大利双边协议的修正案内容。

2. 关于我们的修正案，美国的提议符合我们的要求，在我的第 2534—2539 号电报③和韦尔斯（Wells）先生给勒努（Renou）先生的信件中（见我的第 2590—2594 号电报）④ 已经向您转达了。

另外，为了使协议清晰化和自由化，修正案还涉及一些较小的修改。

（1）第一条的 A 段中，为了详细说明用于研究以及现在不受数量限制的原材料不一定要在第 4 条规定的框架内使用，故删除草案中（1956 年协议的第 6 款）的"如第四条规定"一词。

在同一条款内，因为至今为止没有任何交换，故"将被出售或者被转移"代替了"被交换"一词。

最后，由于删除了协议第六条中构成限制的最后一句话，故在同一段

---

① 文献来源：*DDF*，1959，Tome Ⅰ，pp. 664-665。

② 民用原子能法美合作协议于 1956 年 6 月 19 日签订。这个协议同意交换非保密数据信息，涉及研究反应堆和动力反应堆、健康和安全问题、同位素的使用；协议考虑到美国向法国提供 90 千克以铀 235 形式的核燃料（其中 6 千克纯度为 90%，剩下的纯度最高为 20%）。1957 年 7 月 3 日在华盛顿签署的第一个协议修正案涉及在美国可购买 90—2500 千克铀。——原编译者注

③ 通过 5 月 19 日第 2534—2530 号电报（未收录），大使意识到美国政府要采取行动，法国希望修改法美双边协议，以符合法国原子能委员会在写给韦尔斯的信件里提出的要求。美国代表已经根据每个提案提出观点。——原编译者注

④ 5 月 22 日电报转达了韦尔斯先生回复法国原子能委员会的内容（本书未收录）。——原编译者注

落结尾增加了"除了燃料反应堆"一词。

（2）在第二条 A 段中，美国人引用了"材料测试反应堆和反应堆实验"，同时在第二条的 B 段里增加了"反应堆实验"的字样，以扩大 2.5 千克铀的使用范围，而且这也符合实际。

（3）美国与意大利、德国和荷兰协议修正案的主要内容与我们的相似，只有浓度为 20% 的铀 235 数量不同，意大利为 7 千克，德国 2.5 千克，荷兰 500 千克。至于与比利时协议的修正案，增加了不限制浓度为 20% 的铀 235 数量的条款，维持了关于浓度为 90% 的铀 235 数量的条款，但是扩展到在反应堆的研究和实验方面的核燃料的使用。

（4）我的助手表明他将向您转交美国政府和原子能委员会制定的草案。会议结束后，他向对方提问美国政府是否不会考虑实行共同政策，这可以让我们在实施某些计划时少些阻力。对方答复说，这涉及欧洲原子能共同体成员国，美国政府尽可能倾向走"谅解"协议的道路。但是，美国当局应该会再一次采用双边协议，事实上也基本一样；我的助手表明，希望这一方法从今往后不要完全把法国排除在外。

附件①

对美国政府和法国政府关于民用原子能利用合作协议的修改

美国政府和法国政府，

希望进一步修改《关于民用原子能利用合作协议》（以下简称《合作协议》）。该协议在 1956 年 6 月 19 日签订于华盛顿，1957 年 7 月 3 日被修订（以下简称《修订版》）。

双方同意：

第Ⅰ款

《合作协议》第 6 条 a 段，修改如下：

"A. 研究材料

限于和平利用原子能有关的研究项目相关的原材料，包括原材料、特殊核材料、副产品材料、其他放射性同位素、稳定同位素，在《合作协议》

---

① 附件为英文。

第 3 条的限制条件下，将被出售或移交给法国政府，以用于研究而非驱动反应堆；当这些材料不用于商业目的时，其数量和条件可以商谈。"

第 II 款

对《合作协议》第 8 条的修正第 2 款 A、B、C 段删除，由以下文字取代：

"依据同法国政府达成的协议，委员会将出售或租借 U-Wet 同位素中浓度达到 20% 的铀，除非在本款 C 段另有规定，其数量将由燃料约定的条件和运输计划规定。这些燃料将限于试验研究电力、示范电力、电力反应堆、原料测试反应堆和反应堆试验，这些设施将由法国政府在同委员会磋商后建造，或委托私人公司在法国建造，然而，这里……①相关需要的试验；在协议时期出售或租借此种含 U-Wet 的铀数量不超过 2500 千克。协议时期，出售或租借给法国政府的含 U-Wet 的铀数量净额大，而可回收的含 U-Wet 的铀重新卖给或租借给美国政府或在美国同意下卖给或租借给其他国家或国际组织的数量少。

B. 在本款第 A 段的限制下，由委员会根据本款所转移的处于法国政府监管的 U-235 同位素浓缩铀的数量，在任何情况下都不会超过充分负荷限定的反应堆项目的需要，这种反应堆是法国政府决定建造，或由法国政府授权的个人建造，并由美国燃料驱动。依照规定，委员会认为，为了此种反应堆或替代'反应堆试验'更有效和继续运行，提供额外数量是必要的，但被替换的燃料是辐射冷却，或者属于本段所规定由法国重新处理的物资，因为委员会的意图是尽可能地充分利用已转移的物资。

C. 根据请求和自身判断，委员会将在前述特殊核材料的一部分中提供浓度达到 90% 的材料，以供'测试反应堆材料和反应堆试验'研究利用，每个试验的驱动燃料不超过 8 千克含 U-235 的材料。"

第 III 款

本修正协议将被视作《合作协议》的内在部分，一旦各自政府收到对方书面照会，告知其已遵从法律和宪法需要让此协议实施，协议就会生效。

---

① 电码有脱漏。——原编译者注

此后，双方将根据充分的权威执行此协议。

以英语和法语两种文本签于华盛顿，两种文本具有同样权威。

美国生效日：

法国生效日：

（李东旭、姚百慧译，吕军燕校）

19590525，FD000028

戴高乐致艾森豪威尔的信①

（1959 年 5 月 25 日）

尊敬的艾森豪威尔将军：

　　鉴于贵我两国之间的联系及我们之间的私人友谊，我向您明确法国刚刚就其防御问题②决定采取的某些立场的精神及本质，这已经超越了我们当前的共同组织范围。这是一件有意义的事情。我相信您会理解并且赞赏我的理由。

　　但在此之前，我要向您说明，我从未如此坚信过，自由国家联盟在当前的环境下绝对是必须的。政府、议会、绝大多数法国人民都和我一样对此深信不疑。面对苏联的野心和力量，预计到广袤的中国的力量及扩张走势，再考虑到共产主义运动在一些失败、混乱、贫穷的地区易于开展，我们这些实行现代文明及真正民主的国家必须团结起来，共同行动，联合防卫。哪怕有一日法国灭亡，在前线被抛弃，我们都将永远属于自由阵营。我的意思是，为了自己的利益，法国哪怕采取北约未"制定"的措施，也不会损害我们的联盟。

　　然而，事实是这个联盟除了事关西欧的直接安全之外，没有任何的共同政策。因此，地中海、北非、黑非洲、美国、英国以及法国在涉及东方国家的问题上采取的态度和行动完全不同。如此状况下，这些地区怎样才能采取我们共同的战略？

---

①　文献来源：*DDF*，1959，Tome Ⅰ，pp. 692-694。

②　指 3 月初法国地中海舰队撤出北约指挥部。——原编译者注

然而，今后敌对的威胁恰恰来自东方或非洲。由于法国对此尤感重视，所以我们很自然要采取符合我们责任的措施。因此，尽管法国加入北约组织对于欧洲大陆没有什么改变，但是法国很快将在整个地中海以及北非地区建立行动指挥部。该指挥部将接受法国政府安排的任务。我们的政府因此理所当然地根据情况考虑或者和华盛顿、伦敦，或者与北约一起研究、协调可以在该地区展开彼此能够进行的合作的条件。

同时，对法国和欧共体来说，法国指挥部的其中一项职责是承担黑非洲的防务。我们要做好准备，将指挥部的计划和非洲、西方国家的现有计划相结合，它会使我们法国人在这一广大的非洲地区受到苏联阴谋论的指控。同时，我们要准备好就印度洋和太平洋的事端展开合作。

另一方面，请您注意这样一个事实，核武器及其可能引发的反应态势会强迫法国采取某些预防措施。显然，如果我们能够利用你们的成果，那么问题就可能会以完全不同的方式呈现。但是，美洲打算对法国保守秘密，我们不得不以高昂代价亲自去揭开秘密。对于这一点，我们无话可说，唯有遗憾。但事实并非如此，美洲保留着使用或者不使用它们拥有的核设施的全部自主权。因为对于我们来说，你们在这样的领域推动的整个单边反应导致的结果促使我们提出明确的质疑，并尽我所能采取正当的保护措施。

我们之间如果未结同盟，我承认你们将证明自己对可能爆发的核战争的垄断。但是，我们已经联系在一起，此类战争爆发的时候，或者由你们引起，或者是针对你们，法国都无可避免地立即被全部摧毁。很显然，无论在任何状况下，我们都不会将自己的生死托付给别人，哪怕是最好的朋友。因此，如果有必要，法国坚持以最基本的方式参与盟友们的决策：核导弹的使用，以及发射时间、目的地。由于法国没能和美国及英国就此议题签订必需的协议，因此我们无法赞同这样的导弹今后在我们的领土上部署和使用，除非我们能够对其完全、永久地控制。

因为我此前曾经就此事给您写过信，我相信这些问题能够在我们之间从此解决，为了世界安全，在美国、英国和法国之间建立政治以及战略领域的合作。我认为我们的联盟无论面对自己或他人，都会得到更好、更有效的保证。

为了我们两个国家和全世界，我强烈希望，当前形势和我们的个人能力能够使我和您一起尽快解决这些主要问题。如果有一天您能够来法国，您将受到法国公众及各阶层人士史无前例的热烈欢迎。法国人将对您表达真挚的友谊和信任，在整个欧洲，在全世界都必将产生重要影响。

尊敬的艾森豪威尔将军，请接收……

又及：我知道，在约翰·福斯特·杜勒斯生命的最后时刻，您面临最困难的境况，我对他的才华，他的热情，他对我们西方国家的帮助表示深切的思念。

（吕军燕译、校）

19590917，FD000144

戴高乐接见德赛的记录①
（1959 年 9 月 17 日）

共和国总统与印度自治领财政和经济部长德赛先生的会谈主要涉及三个议题：

经济计划。

德赛先生对经济发展进行了说明。第一方案成功实施。去年，第二方案的实施遇到了比较严重的困难，但借助世界银行的帮助，可以说已经克服了不利的情况。

每一个方案，尤其是正在制定的第三方案，都推动了印度的经济自治，六七年以后印度将会完全实现自治。

中印关系。

德赛先生在回答共和国总统的问题时指出，中国和印度同时发展经济，但方法不同，商品的销售竞争比如纺织品，不会引起大问题，因为两国都有取之不竭的国内市场。

老挝。

---

① 文献来源：*DDF*, 1959, Tome Ⅱ, p. 353-354。

对于戴高乐将军的问题："老挝事件是大问题还是小问题？"外交事务委员会成员德赛先生回答说，他认为事件本身不严重，但如果大国介入则会变得严重。

依印度部长看来，大部分老挝民众反对越南政府。这一状况的复杂性一方面是由于中国政府挑起了民众对（越南）政府的憎恶，另一方面是由于越南的部分美国人所扮演的令人遗憾的角色，美国人个人的自负比美国的利益更令人担忧。

（邱琳译校）

19590929，FD000147

阿尔方致德姆维尔电（第 4477—4481 号）①
（1959 年 9 月 29 日）

1. 请参照我的第 4460 号电文。

使团向美国国会介绍了赫鲁晓夫先生在与艾森豪威尔总统的会谈中主动做的关于中国的简短辩驳。赫鲁晓夫先生指出，苏联认为北京政府有权在必要的情况下武力夺取台湾，同时他明确指出攻占沿岸岛屿是"中国革命正常发展过程的一部分"。

国会指出，莫斯科对于中国的态度和苏联支持两个德国共存的态度存在矛盾。

2. 请参照我的第 4469 号电文②。

在向东南亚条约组织成员国代表转述完以上情况后，赫脱先生要求亚洲事务副国务卿帮办向国会就中国内政最新发展情况做总结性陈述③。

---

① 文献来源：*DDF*, 1959, Tome Ⅱ, pp. 401-402。

② 9 月 28 日电，未收录。这份电报只是东南亚条约组织会议概要。未收录的第 4495 号电提供了详细分析。——原编译者注

③ 8 月 2—16 日中国共产党召开全体会议，巩固了毛泽东的地位。本次会议之后，北京政府进行了国防部改组，尤其是由林彪元帅取代彭德怀元帅任国防部长，前者曾在朝鲜战争初期任中国"志愿军"指挥。公安部长也被解除了职务。（Dépêche de Hong-Kong n°414/AS du 1ᵉʳ octobre，未收录。）——原编译者注

a. 帕森斯先生首先强调，今年夏天北京领导人召开的秘密会议"相当重要"。这次被揭秘的会议事实上表明，针对内政的主要问题，北京也许已经做出了决定。由此可见，承认1958年实行的"五年计划"的大范围失败对中国造成了十分深刻的影响。美国国会的专家认为，承认失败"对中国这种体制几乎是不合适的"，由此不仅在经济方面，还在政治和社会秩序方面引发了严重的危机。也许正是由于民众、省级政府，甚至国家高层干部的批评狂潮导致了政府承认失败。

b. 对人民军队高层领导采取措施显示了中国共产党上层的不和，这是意味深长的（参见我的第4303号电文）①。这表明中国革命领导人需要更严格地控制参谋部及其成员。

在政府部门也表现出同样的趋势。对新任命的高级官员名单的最新研究，证明了政府的理论家将完全忠诚于政府的人放在领导岗位的意图。

c. 总的来说，即使这些举措表明中国政府存在严重危机，但美国国会仍然认为中国革命在经济领域取得的成绩"蔚为壮观"。美国所做的分析事实上证明了中国进步的节奏比本地区其他不发达国家的节奏快得多。

（邱琳译校）

19591012，FD000148

拉格朗维尔致德姆维尔电（第3346号）②

（1959年10月12日）

借赫鲁晓夫停留北京之际③，我曾写信指出莫斯科的诸多不正常现象，由此证实了苏联和中国之间可能出现不睦的猜测。

现在进行评判是不现实的。我只想强调做出这些猜测所依据的因素，

---

① 没有记载。除了彭德怀元帅被撤换（见前注），总参谋长也被前公安部长取代。——原编译者注

② 文献来源：*DDF*, 1959, Tome Ⅱ, pp. 446-448。拉格朗维尔（La Grandville）：法国驻莫斯科代办。这是明码信件。

③ 于9月30日至10月5日：*L'Année politique 1959*, pp. 517-520。——原编译者注

依我之见，在赫鲁晓夫访问北京期间做出这些猜测是不谨慎的。

1. 中国领导人在十周年庆典的大部分讲话以及专为莫斯科报纸所写的稿件，均没有提及赫鲁晓夫访问美国这一具有"历史重要性"的事件——这次访问是自上个月底以来，苏联宣传所钟爱的主题。只有周恩来先生在 9 月 30 日的讲话对访问有所提及。然而，在今早发表的对克里姆林宫的致谢信中（参见我当天的信件①），毛泽东和中共领导人对赫鲁晓夫访美"对和平带来的巨大贡献"表达了由衷的敬意。

援引塔斯社《人民日报》9 月 29 日社论，社论对苏共第一书记在美期间取得的成果表示热烈祝贺。因此，很难就此推断北京在效法莫斯科宣传方面有所保留。但是，莫斯科方面认为虽然中方利用了这次机会，但中方并没有公开地、积极地支持赫鲁晓夫先生的创举。同时，苏方显然试图强调北京在对这一事件的宣传中使用的客气语气。

在对美国政策的评价上，两国有另外一个不同之处。苏方坚持认为"帝国主义"只存在于某些有利于冷战的"领域"，而中方则坚持"美国的全面侵略性政策"这一观点，双方的分歧到目前为止没有任何改变。

2. 在毛泽东与赫鲁晓夫会谈之后没有公报，这令人感到意外。传统上，赫鲁晓夫在对"兄弟国家"访问之后总会发表联合公报。基于当下形势，我们可以推测苏联尤其希望获得一份官方文件来公开完整协议。

另外，中方没有领导人对赫鲁晓夫在到达和离开北京时的简短讲话做出回应，这也不合常理。

最后，我们注意到毛泽东—赫鲁晓夫的三次会晤被依次描述为："真诚而友好"的会谈、"真诚"的会谈和"会谈"。

3. 苏方在各个方面避免谈到"公社"。尤其是 10 月 1 日《真理报》社论和党的官方杂志（《共产党人》）专门报道中国国庆的文章也是如此。这份杂志没有提到"农业产品合作社"。

这与中方不厌其烦地强调公社的社会意义形成强烈对比。中国共产党总书记发表文章（10 月 1 日《真理报》）对公社进行辩护，称这是中国特

---

① 没有记录。——原编译者注

殊国情下"社会组织的最佳形式"。

所有这些征兆都是脆弱的，明显不能依此对中苏关系的状态作出判断。在这种情况下，事件只有细微的差别，并且只有详细的分析才能得出这些差别的意义。

（邱琳译校）

19591105，FD000149

德让致德姆维尔电① （第 3613 号）

（1959 年 11 月 5 日）

参见我的第 3566 号电文。

1. 赫鲁晓夫先生自美国和中国访问回国后，于 10 月 31 日做了关于国际形势的长篇报告，其中最令人震惊的是苏联政府领导人完全没有提及与毛泽东的会谈，而是数次得意地提到他与艾森豪威尔总统的会晤。事实上，按照相同情况下的惯例，在任何时候第一书记都不会自信地认为他至少与北京达成了实行缓和政策的共识，即使这种共识不是空头支票。

任何中国领导人对赫鲁晓夫到达和离开北京时发表的简短讲话都没有回应，尤其是在谈判后没有发表任何公报来重申双方的"完全谅解"，而发表公报曾是"兄弟党"会见的传统，这种沉默是意味深长的。1958 年 8 月 3 日发表了关于赫鲁晓夫与毛泽东会见②的公报，公报称赞两党"神圣的统一"，其中指出会谈"在真诚和十分热烈的氛围下"进行。塔斯社快讯相继评论毛泽东—赫鲁晓夫最近的三次会晤是："真诚而友好"的会谈、"真诚"的会谈和"会谈"。

2. 同样令人震惊的是，赫鲁晓夫于 10 月 31 日就中印边界事件发表了简短而清晰的声明。然而苏联报刊就这一事件保持了明显的客观态度，舆论认为赫鲁晓夫先生为印度考虑的太多了。

---

① 文献来源：*DDF*, 1959, Tome Ⅱ, pp. 528-530。

② 关于苏维埃领导人于 1958 年 7 月 31 日至 8 月 3 日的访问，见 *DDF*, 1958, Tome Ⅱ，第 95、104、112（注释）、371 号。——原编译者注

3. 赫鲁晓夫先生曾长篇累牍地为中国在台湾事件中的做法进行辩护。在这个对中国领导人来说十分重要的问题上，不应该明显地采取另一种观点。然而，赫鲁晓夫对最高苏维埃所做的陈述与去年相比显得十分冷淡，他曾于 1958 年 9 月 19 日（参见我的第 3512 号电文）从北京刚刚返回时，就为台湾事件致信美国总统，信中措辞强硬地要求第七舰队立即撤离。

美国使团认为第一书记讲话的要点是回应赫脱先生 10 月 6 日的讲话①，即反对认为苏联应对中国的态度负责。赫鲁晓夫先生自己说道："那些说苏联为中国行为负责的人应该明白，中国不需要别人的监护，人民政府有自己的政策"。

另外，赫鲁晓夫先生在报告中称全面冲突对人类来说等同于自杀，这与去年他在北京所持的观点截然不同。去年 8 月 3 日就这一问题签署了一项公报，公报称如果帝国主义的疯狂引发了战争，和平的人民将与之战斗到底并建立"永久的和平"。

4. 一位曾陪同赫鲁晓夫访问北京的西方观察家惊讶地发现，中方对苏联政府领导人的接待十分冷淡，西方观察家同时注意到检阅仪式没有任何赫鲁晓夫的画像，而相反，展示了斯大林的画像。

5. 鉴于这些事件，需要指出的是，在苏联，诸多证据表明北京和莫斯科之间和谐的、兄弟般的友情仍然占据上风。《真理报》于 11 月 4 日发表了宋庆龄的文章的长篇节选，中华人民共和国副主席在其中对苏联"无私的援助"表示感谢。苏联在十年间向中国派出了 10800 多位专家，在中国第一个五年计划期间，建造了 166 家工业企业，并且在 1958 年和 1959 年签署的协议期间再建造 125 家。她指出，这是共产党阵营一致性的坚实基础。

事实上，在苏联与西方的对话中，苏方断然否认中苏之间存在严重分歧。然而，当我的一位同事问到莫斯科一位重要的政治家关于莫斯科和北京之间在观点和意图上表现出来的某些矛盾时，该政治家指出这是因为中国的政策是在亚洲范围内，而苏联的政策基于世界范围。

---

① 该讲话对赫鲁晓夫在中国的指导表示敬意，但拒绝将苏联和中国的态度区分。美国认为在"某些方面"，莫斯科应为"其他共产主义国家的行为负责"。——原编译者注

这种方式既能较好地体现出两国的某种分工，但也在不同领域体现出调整的难度。

（邱琳译校）

19591110, FD000145

奥斯特罗格致德姆维尔电（第446—450号）①
（1959年11月10日）

前天，印度总理②收到了周恩来先生对总理9月26日信件③的回信。昨天晚上中国代表团公开了信件，今早所有的报纸对信件进行了转载。

人民共和国总理以非常和缓的语气建议：

1. 在东部区域，中国和印度军队撤至麦克马洪线后20公里（即东北边境特区）④，在西部撤至目前控制线之后（即拉达克）。

2. 不再派任何武装军事人员或者警察前往该地区，行政界限由平民和非武装警察确定。

3. 两国总理尽快会晤以探讨边界问题及中印关心的所有问题。

外交部和国防部就周恩来的建议进行了研究。部长会议做了长时间的

---

① 文献来源：*DDF*, 1959, Tome Ⅱ, pp. 534-536。

② 10月20日，在 Chemna 地区的拉达克南部边界内，一支印度警察巡逻队在由一支较强的中国巡逻队发起的伏击中受到攻击。11月9日，报纸刊登了印度政府致中国政府备忘录，11月4日移交了中国驻新德里大使和10月26日中国的声明。（关于这份声明，参见以下注释。）尽管这份备忘录强烈反对这起严重事件，总理仍然保持了一种谨慎的态度，并采取了不介入政策，排除了暴力言论和游行，坚持国家联合，这招致了政治对手的猛烈打击。在10月28日第424—425号电报中（未收录），法国大使察觉到，除了真诚的情感以外，这种反应是尼赫鲁在执政中隐藏的个性导致的。——原编译者注

③ 在9月26日的信中，印度政府要求中方撤出占领领土；并在现存边界的基础上重新谈判。这份文件是尼赫鲁先生对周恩来先生8日信件的相当长的回信，措辞尖锐，强烈地表达了印方的立场。总理采用了严厉的态度以回应议会和舆论的情绪。总理有力地驳斥印度只遵守印度帝国签订的协议的指责。通过对历史资料的分析和回顾旧习俗，印度在回复中表示，在英国统治下签订的确定印度边界的条约仅限于已经批准的和被遵守的边界。另外，印度重申了对锡金和不丹的责任。最后，总理否认了援助西藏叛乱的指责。*l'Année politique1959*, pp. 514-516, 517。——原编译者注

④ Northeast Frontier Agency 东北边境特区。——原编译者注

讨论。总理就个人观点向国大党行政委员会做了报告。

目前还没有官方评论。印度驻北京大使被召回，以便为政府提供信息。

在拉达克流血事件和 10 月 26 日的中国政治声明①之后，周恩来的回信显得很意外，但无论中方动机是什么，这都是一种和解的姿态。

在东北边境特区，麦克马洪线是基础。然而，中印双方的原则立场是矛盾的。中方认为中国与印度的边界从没有划定。印方则认可东北边境特区和拉达克，认为边界由传统、历史和习俗划定，不能进行讨论。

官方的评论试图表达一种失望的情绪：中国在拉达克坚持自己的立场，并希望利用既成事实。在中方撤出前怎么可能开始谈判呢？尼赫鲁先生正是此意；上周他也把这一想法告知了周恩来先生。

数份报纸头条报道了这些迟疑不决的事件，但态度总体更加积极。

从周恩来的建议中，我们可以发现和解的苗头：在东部保持麦克马洪线（东北边境特区），在西部做出让步（拉达克）。尼赫鲁先生关于这些荒凉地区和该地区难以进入的言论值得思考。但总理应该考虑到公众情感和反对派对他的和解政策的攻击。②

（邱琳译校）

---

① 指北京政府就几天前发生的中印事件的官方声明，在声明中中方申明了两国边界划分的情况。事件是由印度军队非法进入中国领土引起的。边界问题应该按照"五项原则"加以解决，应保持现状。——原编译者注

② 11 月 16 日，总理向议会陈述对中国建议的回复。总理表明了希望避免边界危机的愿望，但印度政府认为中方的建议是不适用的，并建议采用其他手段。尼赫鲁表示为了安排一次会面，提前安排一些措施是必不可少的。11 月 26 日，尼赫鲁先生在全体议员面前就该冲突展开辩论。这场辩论以总理的胜利而告终。在最后发言中，他强调"亚洲最大的两个国家"间的争端会带来严重后果，这对对和解抱有过分期待的人是一种安慰。如果没有和平的解决途径，那么需要考虑一个相同的途径。另一方面，总理指出所有对尼泊尔和不丹的袭击都将被认为是对印度的袭击，总理保证扩大对整个边界的防卫，从中国、土耳其斯坦到缅甸。在所有党派的民族情感的呼吁下，反对派难以拒绝对总理的信任。政府政策的主要批评者，即克里希南·梅农先生，他受到优待仍将是国防部长，但他的地位受到严重打击。 （11 月 16、26、27、28 日第 465、490、494、496 号电，未收录。）——原编译者注

19591210, FD000146

奥斯特罗格致德姆维尔电（第 516—517 号）①

（1959 年 12 月 10 日）

昨天，在联邦院召开了关于印度与中国关系的辩论，印度总理尊称美国总统为和平使者②。自从七年前艾森豪威尔将军担任总统以来，时代已经改变。麦卡锡（MacCarthy）提出思想，杜勒斯先生指导美国政策，而对抗苏联是其行动的唯一方向。尼赫鲁先生曾十分支持由五项原则所确定的和平共处政策，该政策有赖于苏联和人民中国的支持。但此后，北京扔掉了面具。中国和印度开始了一种冷战式的对抗。③ 由于缺乏联盟，两国情况没有恶化，但在中立主义的框架下，印度走过了怎样的道路啊！很明显受到赫鲁晓夫和艾森豪威尔会面的启发和影响，印度总理想要与美国总统会面。

访问日程还没有确定，但双方已经开始着手讨论所有的问题，包括与中国冲突的问题。另外，作为对巴基斯坦报刊不合时宜的声明的回击，印度在克什米尔进行了驱逐。

（邱琳译校）

---

① 文献来源：*DDF*，1959，Tome Ⅱ，pp. 699-700。

② 艾森豪威尔总统于 12 月 10 日夜到达新德里。正式访问为期 4 天，受到民众自发的热烈欢迎，同时访问也被视为西方在印度受到亚洲强国冒犯时对尼赫鲁的努力的赞赏。14 日发表的联合公报指出两国建立了"真诚的关系"；但法国大使认为这"表现出一种有利于和平解决冲突的氛围，但没有新的创议"。（12 月 14 日第 533—539 号电，未收录。）——原编译者注

③ 中国对尼赫鲁建议的回复于 12 月 18 日交至新德里。周恩来先生提议 12 月 26 日在北京或在仰光与尼赫鲁先生会面。对于印度拒绝将军队后撤 25 公里的建议，中国总理感到遗憾，他表示接受"部分解决方案"，但拒绝关于拉达克的解决建议。印度总理拒绝在中国或仰光与周恩来会面的邀请。他向议员宣布召回印度驻北京大使以便向其询问相关情况，同时，在回答一位议员提问时，总理强调应避免战争，并表达了希望谈判解决冲突的意愿。（12 月 19 日和 22 日第 553 号和 558 号电，未收录。）——原编译者注

19600226，FD000150
亚洲司记录：1960 年的人民中国以及其与苏联关系①
（1960 年 2 月 26 日）

无论国际观察员怎样解读人民中国的国内情况和物质发展，以及中国的外交政策目标，他们都认为在北京建立的政权是持久的。在共产党推动下，中国实力增长迅速，中国的发展给世界带来了一个相当重要的新问题，因此应该引起所有"西方"国家的注意。

如果说"黄祸"这个词甚至曾引发笑声，那么今天，面对中国这个亚洲强国带来的危险，所有的讽刺都不复存在。这个国家曾是当时世界人口最多的帝国，它曾饱受无政府和虚弱所困，流行病和饥荒使人口全面减少。

根据最保守的估计，1978 年（几年以后！）中国将有十亿人口。中国在"18 个省"建造水利工程，同时政府努力向长城以北无水荒漠的西部地区移民，新化肥厂和新种植技术实验（通常是不成功的）已经上马。但仍然不能确定农产品生产是否能够随着人口的增长而增长，因为在这个国家，土地一直是作为林地使用。另外，印度尼西亚事件②证明，向亚洲独立国家输送大量中国移民不能成为未来缓解中国南方人口压力的途径。

人民中国是一个拥有十多亿受过教育的、智慧的、守纪律的、贫穷人民的国家，这个国家拥有被西方低估的骄傲心态。设想这样一个国家在短期内会给世界带来严重问题，这种设想并不是悲观主义。同时，如果说苏联已经明确意识到了这些问题，也是合理的。

西方对北京政府在内政外交上的不同手段（也许还涉及对苏联的政策）进行分析，这些分析往往必然导致各种猜测，以及得出各种临时结论。西方的这些猜测和结论是对人民中国的行为以及中国想要实现的目标的简单

---

① 文献来源：*DDF*, 1960, Tome Ⅰ, pp. 218-225。由亚洲司（东方）外交事务顾问乔治·佩吕什（Georges Perruche）先生撰写。已在 2 月 27 日第 18/AS 号电的清单中发送。——原编译者注

② 1959 年 5 月，印尼政府决定驱逐在爪哇的所有中国商人，这一举措引发了北京与雅加达的紧张局势。然而，随后在北京签署了关于在印尼的中国人的双重国籍协议，反映了双方的和解态度。——原编译者注

定义。不存在任何关于中国的"谜团";没有任何美国或欧洲专家的评估是由于"对中国思想的不了解"而受到"歪曲",而这种"歪曲"正是某些日本的中国事务专家想要使欧美专家相信的;对于苏中关系的不稳定性西方没有抱任何"幻想":当然,西方应该做出某些基于现实情况的猜测,以便为长期的中国政策做准备。有必要从细节观察中国政策的明确反应或者关注共产党领导人的表态,但是如果试图从这些原始资料得出合理解释,则是徒劳的。

中国比美国大,也比法国面积大 18 倍,根据最新的人口普查,1960 年中国拥有 7 亿人口。

在中国共产党强力有效的推动下,自 1949 年以来通过全面动员和依靠社会主义阵营国家的技术和财政支援,尤其是依靠来自苏联的援助,中国实现了大幅度的提升和工业化。

在这个现代工业方面落后的国家的转变中应该注意两个主要方面:

1. 在人民中国建立的头十年,其产品增长比苏联从 1920 年到 1929 年的产品增长快得多。

2. 中国人口持续增加,从 1953 年的 5.82 亿增长到 1960 年的接近 7 亿。

所有来自中国的信息都表明,尽管在中国出现了意外打击,但中国的生产将持续增长,统计学家的数据预测 30 年后中国人口将翻一番。

如果说这个巨大帝国的工业基础设施建设仍很薄弱,那么与苏联的联盟足以使中国成为一个强国,这种联盟能够保证中国在武器装备方面取得相当的进步。自 1950 年起,北京政府毫不犹豫地在边界外进行武力干预,不停地向世界昭示中国日益增长的实力。

自从人民中国领导人执政后,西方国家的主要忧虑是中国领导人无法缓和、又咄咄逼人的态度。与此同时,面对当前武器装备的可怕破坏力量,各国正试图在全球范围内稳定各自已有的势力范围。

面对这种"缓和",中国共产党领导人认为,正是最近苏联在导弹方面获得的成功迫使美方做出和平的姿态。然而,在"和平大幕"之后,美国正加速战争准备,以便争取在时间上赶上苏联。如果西方的"帝国主义"轻视苏联对和平做出的努力,并继续忽视苏联的力量,胆敢发动侵略战争,那么西方将会招致最终毁灭。

虽然说如果一个国家在军事装备方面被赶超，那么它几乎不可能发动侵略战争，但并不能排除中国领导人希望苏联利用暂时的优势，通过施压使美国做出让步（尤其涉及到台湾）；而且中国领导人甚至认为如果由于施压引发冲突，那么美国将会被迅速和彻底地摧毁，共产党力量马上会统治世界。最后这种可能性不会轻易实现，因为即使假设共产党力量获胜，但核战争对于工业化的苏联很有可能比对散布着大量人民公社的中国更致命。

由于中国领导人身处封闭的国内环境，他们又对最初的胜利飘飘然，同时受到国内宣传的毒害，不了解非共产主义世界目前的情况，因此中国目前的领导人，不管愿不愿意，都可能孤注一掷，将苏联卷入一场冲突，而冲突的解决可能要依靠西方的文明。这种可能性使西方必须尤其关注苏联和人民中国关系的发展。

中苏关系

中苏两国政府发表的正式声明表示，中苏这两个社会主义阵营的最大国家之间长期保持着坚不可摧的友谊、社会主义兄弟般的情谊，并且两国在所有全球问题上的观点均保持一致。

在物质生产方面，在社会主义中国成立的头十年里，苏联以派遣技术人员和提供物资的形式提供了主要援助，旨在帮助中国建立现代化的工业基地，并且提供武器援助帮助中国装备军队。

苏联除了在中印争端上保持中立态度以外，它一直支持中国的对外政策（尤其在台湾问题上，苏联表现出反美态度），同时苏联竭力主张联合国接纳北京政府。在朝鲜战争和印度支那战争期间，在匈牙利革命和柏林危机期间，莫斯科和北京一直表现出行动上的一致性。

由于中苏两国无数友谊的宣言和两国切实的合作，外国观察家们很难通过对材料的仔细分析或借助特定的报告，收集到中苏领导人之间产生分歧的线索。

在意识形态方面，需要注意的是在对斯大林的评判方面，中国共产党比苏联迟疑得多，中方更加系统性地强调斯大林对共产主义事业"不可估量的贡献"，而不提斯大林"晚年所犯的错误"；在最近庆祝列宁诞辰八十周年活动期间，中方尽量减少对列宁继承者的失误的评判。

另一方面，中国对"南斯拉夫修正主义"的抨击比莫斯科严重得多。1958年5月5日出版的《人民日报》发表了题为《现代修正主义必须批判》的社论，表明了北京的意图。正如中国共产党第八届全国代表大会期间，中方对南斯拉夫共产党进行批判的论调一样，这篇文章清楚地表明中国共产党高举反修正主义的火炬，坚定地指出苏联在维护理论的正统性方面既没有垄断地位也没有特权。

最后，在国内矛盾和人民公社问题上，中苏双方虽然没有显著的意见不合，但至少是有明显分歧的。1957年2月7日毛泽东的著名讲话，经新华社"修改和丰富"于同年6月发表，该讲话清楚地表明中国共产党对"丰富马克思主义理论"的意愿；然而相反，中国报刊从来没有对赫鲁晓夫的任何一点理论贡献做过报道。赫鲁晓夫曾对一位美国记者说过："在苏联，没有一点这种性质的矛盾"。另据法国共产主义报刊的评论，苏联政治界强调"毛泽东讲话中提出的问题首先指的是中国，并不能未经分析地认为这样的问题是从像苏联这样的国家得出的结论"。这表明，中国对自己在"马克思—列宁主义普遍真理"方面做出的理论贡献表现出自负（一部分是合理的），而苏联方面对这种自负表示出了某种愤怒。

至于人民公社——中国的宣传旨在强调人民公社绝不是仅局限于中国的普通的实践经验，而是"由社会主义基础阶段通向共产主义的社会单位"，因此人民公社对其他与中国体制相似的国家同样有效——赫鲁晓夫对人民公社的公开评论十分罕见，因为人民公社会使人想到苏联的农业政策经验。尽管应该对人民公社体制做出"调整"，但中国共产党始终固执地强调公社的内在价值，这表明中国认为自己才是针对"特殊国情"选用最合适的政策的唯一评判者。这个"特殊国情"的论点对于在理论方面避免公开争论十分有用，但这一论调不应该与"通向共产主义的不同道路"的理论相混淆，这种理论的混淆是中国共产党一直强烈反对的。

北京与莫斯科在理论上的意图出于同样的理由，但北京只是强调应将中国共产党的理论家和苏联理论家平等对待。

事实上，面对一个不信任和敌视的世界，中苏两个伙伴认识到它们的联盟对相互有利。如果说共产主义中国依靠苏联才能在今天被称为强国，那么对苏联来说，由于沿着它广阔的亚洲边界诞生了一个友好政权，因此苏联一定能够获得更大的声望和实力。

然而在未来，两个社会主义大国的国家利益是否会使它们相互对抗，对于这一点并不能得出确切的答案。

第二次世界大战之后，苏联的国内状况和国际地位不再占优势。苏联逐渐摆脱了由战争造成的连续性破坏，同时由于生产的增加，苏联居民的生活水平是中国居民数年都难以达到的。苏联公众更进步，获得的信息更多，对西方没有极端的偏见。同时，受到最近苏联在复杂武器方面取得的成功的影响，公众舆论更倾向于苏联与西方开始一场和平竞赛。在这场竞赛中苏方将是胜者，但是苏联并不想为了满足中国的易怒而冒险进行一场武装冲突。

在政府层面，1959年10月初，赫鲁晓夫先生从美国回来后访问了北京，在此期间，赫鲁晓夫先生发出了缓和国际关系的呼吁。尽管此后中国共产党对缓和政策的建议给予官方肯定，但中国似乎对苏联发起的缓和政策一直保持了最初的冷淡态度。

中国咄咄逼人，因为它认为在冲突中不会输，中国贫穷所以坚毅，因此中国对苏联来说是个危险的盟友。甚至对于更小的伙伴国和外国的共产主义政党，尤其是对于没有介入的亚洲和非洲国家来说，中国通过自己的影响力在社会主义阵营中构成了第二个引力极、第二个方向中心。从所有的对外政策表现来看，北京似乎优先考虑自己的国家利益，并首先致力于构建中国的伟大和实力。目前，这种构建是在苏联的影响下进行的，中方的宣传中从来没有出现"社会主义阵营"的表述，而总是加上"在苏联指导下"的字眼。中国实力增长的节奏，人口扩大的规模和中国政府向北部和西部边界有步骤地迁移上百万汉族开垦者，这些情况也许不能让苏联无动于衷，毕竟苏联在亚洲领土上的总人口不超过6300万。

关于占领"外国市场"，也就是说共产主义在亚洲、非洲和拉丁美洲不发达国家的扩张问题上，目前还难以证明苏联和中国之间存在竞争、划分势力范围或者共同行动。

在某些特定国家，宣传或颠覆行动似乎由中苏其中一个国家占优势。比如，在印度支那半岛和越南民主共和国，中国的地位占优势；在支持南越，老挝和柬埔寨的共产主义运动方面也是中国的影响力较强。

由于相互接壤和历史传统的原因，苏联的影响尤其表现在阿富汗、伊拉克以及中东，但除了也门，因为中国为也门提供了大量的技术援助。

就中苏在非洲的行动而言，苏联和人民中国所处的境况不同。如果说苏联拥有最强的经济实力并且能够介入东欧的卫星国，但是它对西方国家的政策使它不得不行事谨慎。尤其是在阿尔及利亚问题上，莫斯科和北京政府的步调不一致，后者单独承认"阿尔及利亚共和国临时政府"。

相反，中国不依附于任何西方国家的照管。由于中国是一个"非白人"国家，因此它在非洲国家面前是一个不发达国家的理想实例，因为中国正是依靠中国共产党的绝妙"秘方"，摆脱了"帝国主义"的桎梏，并用几年的时间获得了大国尊严。

中国狂妄的民族主义激起了印度强烈的疑虑，因此可以说在印度，苏联的行动地位更有利。另外，苏联是唯一拥有物质实力来支持其对这个巨大国家的经济援助的国家。

印度尼西亚中有实力的中国人以及他们与北京之间的联系令政府担忧，因此印度尼西亚也许更易受到莫斯科的宣传的影响，印尼的共产党听从苏联的命令。

相反，鉴于领土纷争导致日本与苏联的关系不明朗，而由于中国是亚洲国家，同时也是日本工业的传统市场，因此中国的行动有可能在日本更有效。

关于平壤卫星政府有许多不同意见，该政府是颠覆整个朝鲜半岛的机构。从平壤政府诞生起直到 1950 年入侵韩国，它就纯粹听命于苏联，但由于数年间中国在朝鲜领土上部署了先遣队，因此平壤政府曾明显受到北京政府的影响。在朝鲜战争结束以后，随着北京部队的逐步撤出，苏联的影响力重新占据了主要地位，平壤政府的大部分官员仍由在苏联受过培训的朝鲜人组成。

无论在共产主义阵营外部，苏联和中国在各自领域的行动如何受到限制，两个伙伴国家的宣传目前都具有一个共同目标，那就是帮助新独立的国家或者试图独立的国家反对西方。

然而，没有证据表明中国和苏联领导人对世界其他国家的政策的目的是为了传播共产主义，而不是为增强两国的实力。迄今为止，中国在亚洲和非洲的行动已经有利于苏联对抗西方国家的战略目的。如果中国这个助手试图让它的外部影响力服务于自己的国家野心，明天是否还会一样呢？

目前，鉴于两国的联盟体系、中国所宣称的与苏联共同的意识形态，以及人民中国陶醉于东风压倒西风的绝对优势，人民中国已经成为一个不妥协的、危险的因素，法国驻莫斯科大使称之为共产主义世界的"双头政治"，这一评价十分贴切。

美国意识到中国的这种心态，并且相信中国发展的节奏会越来越快，美国国务卿于 1960 年 2 月 19 日宣称十五到二十年之后，对美国来说，共产主义中国可能成为比苏联更严峻的军事威胁。

然而法国希望，中国专注于社会主义建设，中方会发现自己完成重任所需的时间比它在最初的兴奋中设想的要长得多。同时，人民中国会意识到，它对那些批判社会体制的国家保持持续的敌意是没有效果的，北京政府将会在不引发冲突的情况下，在这个世界找到自己合法的、持久的地位。

（邱琳译校）

19600602，FD000151

博利厄致德姆维尔（第 35—38 号）[①]

（1960 年 6 月 2 日）

在一位美国同行告知了我艾森豪威尔总统行程信息之后——我的第 33 号电报已汇报——他又询问我法国政府是否会与"中华民国"互换"大使"。我回答他说，这个问题去年就研究过，法国政府认为这一时期不给予明确答复更加可取。美国同行暗示目前阿尔及利亚临时政府与北京政府的联系越来越紧密。最后，他对我说美国政府非常期望巴黎和台北之间加强已经存在的紧密关系，尤其是通过互换大使的方式。我的同行相信，相似

---

① 文献来源：*DDF*，1959，Tome Ⅰ，pp. 751-752。博利厄（Beaulieux）：法国驻台北"代办"。

的迹象已由美国驻巴黎使团告知了美国外交部。

德鲁姆赖特（Drumright）先生也在打听法国与台湾的经济交往数量，并表示尽全力帮助双方提高经济量。德鲁姆赖特先生可能是在民族主义政府的挑唆下跟我说这番话的。现在，我认识他了，甚至考虑到我们谈话的偶然性，我怀疑他这番创议并没有得到政府的指示。我甚至认为其政府对他在台湾所持的冒险和孤立的立场表示担忧。

因为英国不想与北京的关系破裂，所以在失去了英国的支持、首脑会议失败，以及最近的韩国①和日本事件②之后，德鲁姆赖特先生希望法国在这一敏感地区能够更加公开地与他保持一致。

如果美国国会得到进一步证实，那么我的对话者的话将具有确定的价值。在此情况下，法国需要考虑，在法美关系总体框架下，法国从中可能得到的好处是否能够补偿我们的行动将在莫斯科和北京所引起的必然的不利反应。

（邱琳译校）

19600602，FD000153

东南亚条约组织外长会议③

（1960 年 6 月 2 日）

沃尔特·纳什（Walter Nash）先生：

新西兰总理沃尔特·纳什首先发言，他强调《东南亚集体防务条约》

---

① 指在一系列骚乱之后李承晚总统辞职。——原编译者注

② 1 月 19 日签署了一份新的美日安全合作协议，旨在代替 1951 年协议，并在两国间实现某种权力平等。在新的十年里该协议将把华盛顿和东京联系在一起，并在这期间维持美国在日本的基地。这引起了中国政府和苏联的抗议，并在日本引起严重骚乱，大学生在其中起主要作用。5 月 19 日，协议获得批准；但日本政府宣布艾森豪威尔将军于 6 月的对日访问将延期，同时首相岸信介辞职。协议最终于 6 月 18 日施行，但美国总统由于骚乱原因取消了对东京的访问，详见 *L'Année politique 1960*，pp. 508-510。——原编译者注

③ 文献来源：DDF，1960，Tome I，pp. 795-802。会议在华盛顿举行。本备忘录于 6 月 9 日在巴黎整理。

的（《马尼拉条约》）各协约国正面临着危险，因为一些成员国滥用强制措施。在他看来，南越和老挝的弊选，都是十分令人遗憾的。接下来，纳什表明了新西兰政府关于东南亚条约组织制订可能的军事干涉计划的立场。新西兰不反对制订相关计划，但认为只应涉及单纯的军事技术，而不应包含任何的政治介入。只有在受邀介入的情况下，东南亚条约组织才能发布政治指令。纳什警告说，非但如此，各成员国将退出马尼拉条约之框架。纳什随后强调了计划准备工作绝对保密的必要性。保密工作将非常难做，因为一旦涉及后勤方面，几乎不可能绕过一些私人企业，例如石油运输企业。这可能导致计划的外泄，如果共产主义阵营借此获得信息，我方必将损失惨重。

纳什接着提到了东南亚一些国家的内政问题。他指出，这些国家借反共之名，挞伐异己，丧失舆论支持，使得许多本可以集结在保卫民主自由旗帜下的人投入了反对阵营。这是非常令人痛心的。纳什希望有关各方努力使这些政府认识到自己犯下的错误，并促使其改变态度。

之后纳什谈到了老挝的状况，他非常高兴地看到联合国的介入及联合国秘书长达格·哈马舍尔德所采取的举措。大批技术人员到达老挝，这将可能改善该国落后的经济社会状况。老挝目前缺少的并不是武器，而是有能力并且关注民愿的政府。此外，截至目前，共产主义分子并未进行正面入侵，只是利用老挝人长期积压的不满情绪造成混乱和失序。

赫脱先生：

赫脱首先回应了新西兰总理关于制订军事干涉计划的发言。无论这些计划将来是否会被执行，制订计划是必要的。如果是防范共产主义分子明目张胆的侵袭，要做出决定是相对比较容易的；而一旦涉及暗中颠覆，情况就复杂得多了。我们应该制订好计划，即使执行计划的条件尚不明朗。东南亚条约组织成立的宗旨就是保护各协约国免受共产主义威胁。其存在的主要理由是及时采取必要措施，在需要时准备好介入。因此，它的主要职能之一就是制订计划。制订了计划并不意味着计划一定会被执行。但是，如果有一天东南亚条约组织不得不介入，而又未曾根据可以预见的政治假设制订计划，那么该组织将无法完成《马尼拉条约》中所规定的任务。

塞利安诺（Serrano）先生：

菲外长塞利安诺之后发言，对全会上提到的共产党中国可能加入联合国一事表示遗憾。关于这个议题的讨论已经收入全文实录之中，共产主义分子可能借此发现东南亚条约组织各协约国在这个问题上存在着严重分歧。塞利安诺指出菲政府坚决反对对共产党中国任何形式的承认。诚然，不可否认的是北京政府能代表中国民众，但是菲政府的态度更是出于政治需要，而不是对事实的简单观察。一旦中国加入联合国，其产生的道义影响对在菲华人将非常危险；而由此引发的对菲民众的煽动也将非常可怕。最终，由此导致菲在经济上依附于北京政府也只是一个时间问题。塞利安诺认为泰外长将会同意他的看法。而基于其刚才陈述的观点，菲律宾无法同意纳什和塞尔温·劳埃德在全会上提出的看法。

此后，菲外长谈到了印度尼西亚。菲政府竭尽全力努力改善与印尼政府的关系，却未能如愿。虽然菲律宾非常谨慎，印尼总统苏加诺仍指责其支持苏门答腊岛和苏拉威西岛叛乱。日前，印尼怀疑菲律宾在新几内亚事件中支持荷兰，并向菲多次发布抗议照会。苏加诺政权式微，纳苏蒂安将军力量正在壮大，但就目前为止，苏加诺仍然主导着政局。苏加诺利用根本无关其国家利益的伊里安岛问题，纠集忠于自己的政治力量，转移各界对其政府失信的关注。但苏联极有可能利用由此引发的动乱，将印尼拉入共产主义阵营。塞利安诺担心美国向印尼提供的军事援助无助于苏加诺切断与苏联的联系。万一苏加诺利令智昏，损失不可估量。为此，他向赫脱提起该问题并要求解释。

孟席斯（Menzies）先生：

孟席斯附议塞利安诺对印尼政治形势的看法。他最近会晤了苏加诺，苏加诺对印尼的真正问题毫不关心，他的地位正日益削弱；但是没人能预测一旦纳苏蒂安夺取政权后会如何行事。孟席斯认为印尼唯一有能力的政治家是副总统穆罕默德·哈达，而此人已退居二线，他对此感到遗憾。澳大利亚与印尼关系总体来说尚好，两国政府唯一的分歧就是新几内亚问题。孟席斯曾建议苏加诺将此纷争提交国际法庭仲裁，但苏加诺拒绝了这一提议并指出该问题不是司法问题，而是政治问题。苏加诺公开向孟席斯宣布其不会使用武力达到其目的。此外，向印尼提供武器的附加条件是其不能用在新几内亚与荷兰的对抗中。

在承认共产党中国及联合国对其接纳问题上，孟席斯赞同塞利安诺的观点。简直无法想象北京方面不放弃台湾，却能得到承认并加入联合国。这种让步会让中国取得外交胜利，进而对远东及东南亚各国的华人产生直接的灾难性影响。

最后，孟席斯支持赫脱的建议，认为无论出于哪些政治原因，无论这些计划最终是否会施行，制订军事干涉计划是必要的。

顾夫·德姆维尔先生：

顾夫·德姆维尔认为，关于共产党中国加入联合国的讨论还为时尚早，我们现在无力改变现状，只能接受。此后德姆维尔提出，他对印尼关于伊里安岛问题的立场尚不明确。印尼方面认为这是其内政还是只是一个政治口号？

塞利安诺回应称，无论印尼是否真的重视该问题，对于东南亚条约组织各协约国来说，重要的是共产主义阵营是否会利用该问题，从中获利。

赫脱说，如果在雅加达的各方政治力量对苏加诺施压，要求其不得使用武力针对新几内亚的荷兰人，这或许会有效。

德姆维尔附议了赫脱的意见。他说各协约国应做好预防工作，一旦印尼介入新几内亚问题，采取不谨慎做法，将无疑开启危机之门，其后果不堪设想。

狄龙先生：

狄龙对塞利安诺提出的对印尼的军事援助做出了回复。军事援助的目的在于增强印尼军队地位，因为军队是印尼唯一稳定的力量。每年，为数可观的印尼军官在美国实习，美国务院认为可借机向这些军官揭示共产主义分子反美宣传的虚假性。无论如何，军援项目的执行不会危及荷兰在新几内亚的统治，印尼方面就此已进行多次保证。此外，该项目的持续必将对印尼的政治前景产生影响，因为军队已在该国占据重要地位。

此外，美国还向印尼提供技术支持，改善其港口、公路和基础设施。但美国无意助其消除贸易赤字和财政赤字。

塞尔温·劳埃德先生：

劳埃德明确指出，英国向印尼提供军舰的目的在于保持和苏加诺政府的联系。英国和美国一样要求印尼做出同样保证。劳埃德和赫脱一样，希望东南亚条约组织各成员国向印尼施压，印尼政府炒作新几内亚事件非常危险，无异于玩火自焚。

至于承认共产党中国的问题，劳埃德认为正如塞利安诺所说，将全会全文实录公之于众确实会产生不利影响。但是，媒体已然得知消息，想要弥补失误为时已晚。劳埃德建议从此以后采取新的议事程序：全会记录可以采取类似北约的方法，即不采取全文实录的方式，而是简要综述。他建议将该议题提交东南亚条约组织常委会研究。

在制订军事干涉计划方面，劳埃德认为军事研究常设办设立的目的就在于制订计划。计划实施的条件确实是个问题，是纯粹的政治问题。但是，为保证必要时有章可循，制订计划是必须的。

塔纳·科曼（Thanat Khoman）先生：

塔纳·科曼对印尼的政治前景并不悲观。苏加诺及其追随者只是社会主义者，绝不是共产主义者。如果他是共产党，就不会在国内采取排华措施。苏加诺曾亲口对科曼说，泰国加入东南亚条约组织理由合理充分；他甚至补充说，如果印尼和暹罗一样临近（中国）这个威胁整个远东的危险源，他对两大阵营的态度可能会不一样。科曼建议对印尼实行缓和、灵活的政策，以免错失良机，印尼政府仍有机会向有利于自由世界的方向发展。

科曼附议塞利安诺关于承认共产党中国的说法。一旦此事成真，对暹罗的影响将远甚于菲律宾，因为泰国华人群体数量更多。共产党中国实际并不在意亚洲国家是否承认其合法。它所关心的是美国对它的承认，它把美国看成是唯一重要的对手，并希望美国因此放弃台湾。如若蒋介石政府消失，泰国华人将失去制衡，任由共产主义分子的诡计摆布。此事必须重视，尤其影响范围甚广。

泰国只是一个小国，但由于其地理位置，极易遭到共产主义威胁，因此泰国极为关注军事干涉计划的制订。泰国已经做好准备，愿全力支持东南亚条约组织制订并执行计划。

科曼随后回应了孟席斯和纳什对东南亚政府内政的关切。在暹罗，纵然没有民选议会，但并不意味着民主自由没有保证。但是，根据各国经验，泰总理坚持该国只有在议会能够在健康稳定的基础上运行时才会设立议会机构。如果所有东南亚条约组织成员国都要采用同样的形式和结构，科曼只能转述泰国在此问题上的特殊关切。泰国是一个王国，其君主制和自由主义共和国一样，能保障民主的实施。

曼祖尔·卡迪尔（Mansour Qadir）先生：

卡迪尔只是指出承认中国并使其加入联合国将导致台湾被遗弃，并带来一系列问题。他问各国外长是否认为可能走出困境。

纳什先生：

纳什宣称新西兰已经做好让北京政府加入联合国的准备，但是它不接受台湾因此自动回到共产党中国。此外，纳什认为现任巴基斯坦政府比上届要好，同时认为自己没有权利批评泰国政府。他并不是说所有的东南亚条约组织国家都应建立民主政府，但老挝和南越的弊选可能导致局面的复杂化，东南亚条约组织随后将介入。该组织对此问题的关切是正常的，旨在纠正这种权利滥用的情况。

（唐璇译校）

19610203，FD000154

亚洲司公文：关于法国政府承认北京的可能[1]
（1961 年 2 月 3 日）

现在是 1961 年伊始。几个月前，中华人民共和国政府刚刚庆祝了建国十周年。此时有必要重新审视法国政府坚持承认"台北政权"为中国合法政府的理由，并考虑与北京方面建立外交关系的有利因素。

北京政府统治整个中国大陆及海南岛已长达十多年，而国民党政府退居台北，领土仅囿于台湾岛、澎湖列岛及福建沿岸零星小岛。如果双方都没有独自代表整个中国的意愿，其他国家本应尊重事实，承认两个政府对

---

[1] 文献来源：*DDF*, 1961, Tome I, pp. 145-148。

中国两个不同地区的管辖权。然而由于不能同时承认两个政权的限制，一些国家出于政治机会和经济利益的考虑，承认了北京政府，而另一些国家则与台北保持或建立了"外交"关系。

北京政权建立后，法国仍保持与国民党政府的关系，最初主要是由于印度支那的形势（中国共产党承认胡志明并向越南提供援助），之后由于朝鲜战争，最后则是因为北京政府对于阿尔及利亚叛乱的态度（承认阿尔及利亚共和国临时政府。并向阿民族解放阵线提供物质援助）。

此外，北京政府将与台湾断交作为与其建交的条件之一。法国则没有任何理由抛弃二战时的盟友。尤其台北政权在国际机构中经常投法国的赞成票，在阿尔及利亚问题上也对法国表示支持。

总体来说，法国保持与"自由中国"的联系是更好的选择。"自由中国"可以更好地联系那些不愿意回国接受"人民公社"实验的海外华人，尤其是业已在法国定居的中国人。

最后，作为美国的伙伴，法国在反共产主义威胁组织框架内，应与美国保持一致。与台北断交而承认北京，是削弱盟友美国而助敌强大的行为，于法国来说是不合适的。此外，法国在中国在朝作战一事上已与盟友产生龃龉，而作为"回报"，法国在非洲的行动却遭到了北京政权官方媒体每日的批评。

这些就是法国与共产党中国一直没有建立外交关系的原因。然而这些理由真的能站得住脚吗？还是在现今的国际关系状态下，双方绝不能有官方联系？

即便不考虑北京政府与法国建立外交关系的意愿，下列因素仍有利于法国承认中华人民共和国：

1. 自印度支那停止与法国的敌意之后，法国除政治方面，与中国再无直接对立的利益之争。

2. 在阿尔及利亚叛乱事件中，与法国一直保持正常邦交的苏联也采取了与中国类似的立场。

3. 印度支那各国业已独立，法国对海外华人的责任已经大大减轻。

4. 尽管法国与国民党政府一直关系良好，但法国很难无限期地助其幻想代表全中国。值得注意的是，国民党政府十分关注此事，而它对法国则弊多利少（体育团体出访、出席学术会议、重要人物往来等）。

5. 刚获得独立的非洲国家，尤其是法兰西共同体的国家，没有任何理由保持与国民党政府的忠诚关系。由于共产党中国在亚非的声望日增，这些国家迟早会与中国建交。法国不宜在此问题上疏远与这些非洲国家的关系，而应在这些国家尚未在北京设立使馆前就与北京建立联系。

6. 此时正值苏美关系"缓和"时期，如果美国的太平洋战略立场松动，美民主党政府可能就台湾问题与中方达成一致。无论最终解决方式如何（中立还是自治），一旦美国与北京政府达成协议，促使美中建立正式关系，法国无疑将错失与北京政府建立关系并树立威望的良机。

日本方面已经在考虑这种可能性，并数次私下请求法方提前告知作何决定。

至于美国盟友，法国承认中华人民共和国应不会引起美方比其他北约或东南亚条约组织盟友（英、荷、挪、巴基斯坦）更为强烈的反对。

不仅是日法两国，加拿大和其他国家似乎也会在不远的将来承认中华人民共和国。即使是在美国，各方也已达成共识，若要以裁军协定约束北京政府，则北京政府必将在某一时刻参与协商，这也就意味着美方要默认北京政府。在未受邀约商谈的情况下，中国定会拒绝签署协议。

7. 1955 年，法国对中华人民共和国的出口货物只有 20 亿旧法郎，1959 年达 200 亿，1960 年前 10 个月达到 224 亿，中国成为法国在亚洲的第一大出口国。

法国对中国的贸易开发、人员派遣都得通过得到授权的邻国使馆进行。如果法国在中国设立使馆，开展事务将更为容易。

虽然目前关系紧张，法中两国还是进行了一些文化交流。由于双方未建立正式关系，一些共产主义组织或类共产主义组织攫取了垄断权，从中渔利。

8. 法新社在北京设立了办公室，新华社也相应在巴黎开设了分社。

但是，法国要了解一个能够在很大程度上影响世界命运的国家，首要的是在北京建立使馆，才能使法国政府详细了解占世界人口四分之一的中国人的变化。

基于上述理由，如法国政府认为与中华人民共和国建交比保持与台北关系更为重要的话，可以在一些自由国家进行调查，以便了解他们的意图，然后才能谨慎地与北京方面接触。万一北京政府拒绝或是提出等同于拒绝的建交的条件，至少法国政府不至于背负"忽视六亿五千万中国人的存在"之罪名。

（唐璇译校）

19610227，FD000155

苏利耶致马纳克电（第 92 号）①
（1961 年 2 月 27 日）

正如您所知，前部长密特朗（Mitterand）先生在中国进行了访问。他将通过《快报》讲述其所见所闻。他路过香港时对我讲的不过是他将要通过媒体公之于众的内容简述。但作为密特朗最初的见解，我认为有必要将之记录下来。

密特朗没有具体感受到中国目前正在经历的苦难，他关心的是中国城乡出现的人民公社，认为这是一个可持续并高效的机构。也许结构改革能够略微撼动其根基，民众今年对人民公社尤其失望，但其整体框架将继续存在，成为大改革的基本要素。密特朗认为目前的粮食危机不会造成政权危机，这与英美的看法相同。

我对此观点无法做出评论。新的迹象似乎表明今年人民公社很难完成使命。社员疲惫不堪，政府不得不休养生息。农具集体所有逐渐为个人工具取代。至少从目前的情况看，公社出现了重大倒退。官方宣称新的干旱即将到来。我们无法得知消息是否属实，抑或是为新的限制措施做舆论准备。一些专家认为，农业生产如此糟糕既是天灾也是人祸，同时过度垦殖及不合理的排涝改变了自然灌溉，尤其是在西部地区。我不能证实这种假

---

① 文献来源：*DDF*，1961，Tome Ⅰ，pp. 257-259。苏利耶（Soulié），法国驻香港总领事；马纳克（Manac'H），亚洲司司长。

设，表面上看可信度不高。在南方，一些人得到地方政权的默许，走上逃亡之路。

密特朗与毛泽东进行了长时间的会谈。毛泽东仍然是新中国的偶像，是不容置疑的领袖。密特朗向我生动地讲述了会谈场面。毛泽东朴素且沉着。"困难"，毛泽东大概是这样说的，"中国有很大很严重的困难。难道不是这样吗？我们接管的是混战留下的焦土，是被压迫奴役的人民。一切都得从头做起，大众教育、国土整治、宣称独立……"我不再继续引用他的说辞了。这种说法由来已久，经常被用来引起更大的关注。我只想指出由于毛敦厚的性格、简洁的语言、睿智的思想及不可置疑的价值，毛仍具有巨大的魅力。当毛谈及法国时也是如此。他对密特朗所说的话，我自赴港以来已听过不下20次。"我无法理解法国对中国的态度。我们对法国素有好感，双方没有任何重大分歧，我们在一些国际问题上观点经常一致，然而，我们却没有建立外交关系。阿尔及利亚民族解放阵线？但是法国和其他承认阿解放阵线的国家也保持着外交关系啊！怎么，中国也曾被孤立，我们难道不应该援助我们的战友吗？"

关于老挝问题，毛泽东重申了北京政府一贯的立场。他坚持认为，以梭发那·富马亲王为首的政府才是老挝唯一合法的政府。"美国把大量军事人员和武器运进老挝也无济于事。即使美国把所有的军备都运到老挝，也不会丝毫改变我国的立场。美国这样做无异于引发世界范围内的大冲突，自掘坟墓，这是美国所不希望看到的。亚洲是亚洲人的亚洲，亚洲的问题只能亚洲人自己解决。在这点上，我们绝不允许外国直接干涉亚洲各国内政。非但如此，缓和没有任何可能性。"

我认为不止毛有这种亚洲人的亚洲的观点，至少私下里，有许多亚洲领导人都有这样的想法。这是由观点对立而产生的感情，香港近几天来正成为这些观点交锋的中心，日本人和中国人（大陆、台湾和香港人）都参与了讨论。虽然只是街谈巷议，但美国也有人员介入（多数是记者）。也许他们在探寻"肯尼迪伟大的亚洲政策"的要素，并为此促成一些会谈，了解各方观点。我还感到台湾方面似乎要有所动作，目前还很不明确。我想和您通报这些情况，或许您在这方面会有更准确的消息。

最后讲一件小事，密特朗向我确认了他在北京没有引用一些中国媒体常用的说法。毛泽东确实想让他谴责美帝国主义，但是他对此回应道："虽然他经常批评美国，但他并不因此认为法国不需要与美国结盟。这是法国的内政，与中国无关。"密特朗还感到中苏关系仍然很密切。如果中苏存在分歧，中国媒体就不会每日向自己的民众赞颂莫斯科。

密特朗最后也向毛提及了香港问题，毛对此很不在意："这是很久以前的历史了，这不会妨碍我们，这只属于过去的历史。"

所有这些成效甚微。考虑到毛的个性，我不认为应该建立正式关系。

密特朗的文章发表后，您是否能让我读到？

（唐璇译校）

19610228，FD000156

阿尔方致德姆维尔电（第 1020—1024 号）①

（1961 年 2 月 28 日）

参照之前发过的电报。

我结束了与美国务卿戴维·迪安·腊斯克先生的会谈，他向我谈及中国问题。

他仍认为美国不可能承认北京政府：从中美双边关系角度来看，北京方面没有任何动作，以表示对美方对其承认感兴趣。相反，他没有一天不在谴责美国，像对待艾森豪威尔一样敌视肯尼迪。北京方面总共只为一位美国人签发了签证，并且宣称断绝与台北方面的一切关系是"互相承认"的先决条件。

联合国是否承认中国的问题却比较复杂。直到目前，该议题一直不断被搁置，但明年 9 月时情况或许会发生变化。在这方面，我们必须注意到美国并没有跟进英国和巴西最近对此发表的言论。这可能会造成误判，以为美国政府的立场有所松动。

无论如何，如果该问题必须提交联合国讨论，则必将以新的方式提出。

---

① 文献来源：*DDF*, 1961, Tome Ⅰ, pp. 269-270。

关键在于避免将此事作为全权证书审查对象，通过程序表决而草率处理。这样的避重就轻，将对美国的舆论产生不可估量的影响，是美国决不能接受的。因此，有必要对联合国接纳中国北京政府的政治本质进行讨论，交由联大全会讨论而不是只经联合国全权证书委员会讨论。通常经过第一次投票，如获简单多数，则可将此议题写入议事日程，使足够多的代表团能够意识到议题的重要性，进而通过第二次投票，再次获得简单多数后，才能决定此事属于程序问题。

同时，要让"台北政府"了解一旦不再启用暂停讨论程序可能产生的情况，并思考决定其新的立场。那时我们是不是要"一不做二不休"？也就是说既做好国民党代表团被驱逐的准备，又不接纳中共代表团；或是采取措施，以便北京政府进入联合国后，还能使台湾保留席位？如果选择后者，就得考虑地区的影响："台北政府"不再代表中国，但仍代表台湾——政府的组成也会由此而改变并引发其他变化。（我注意到腊斯克避免使用"两个中国"这样的提法。）

但是这种设想也有一个麻烦，腊斯克也表示有可能在走出目前这个困境的同时陷入另一个死胡同，即北京方面坚持"全有或全无"。

我回应说法国的立场一直与美国接近，我们在该地区都有重大利益，我会像大使阁下转达美国务卿的上述关切。

（唐璇译校）

19610311，FD000157

苏利耶致德姆维尔电（第 1111 号）[1]

（1961 年 3 月 11 日）

由于中方发布的关于其对外经济关系的信息较少，解读殊非易事。不过，1960 年初以来，信息日趋增多，尤其表现在和一些发展中国家建立了经济联系。今天，中国除了为外蒙古、北朝鲜提供经济技术援助，最近又开始向北越和阿尔巴尼亚提供援助。一年多来，中国与中美洲、非洲和东

---

[1] 文献来源：*DDF*, 1961, Tome Ⅰ, pp. 333–338。

南亚一些国家建立了经济合作关系，这值得特别考虑。（注：关于中国经济援助问题，香港出版的《远东经济观察》于1961年1月19日刊发了一篇值得一读的文章。）

中国的媒体及其领导人讲话经常援引中国对第三世界国家的善意，尤其是《莫斯科宣言》中所写的："中国对其他国家有巨大的影响力，尤其是亚非拉人民。"（1960年11—12月在莫斯科召开的91国共产党代表会议）中国的影响力，首先在于中国与这些国家签订的友好互不侵犯条约，其次是贸易协定。自1960年以来，中国先后与多国签订经济合作条约：1960年3月21日与尼泊尔、9月13日与几内亚、11月30日与古巴、1961年1月9日与缅甸签订经济合作协定，1960年12月又与柬埔寨签订了附加援助议定书。从去年年初至今，中国对欠发达国家承诺的援助总额已经高达2亿美元。最近，中国又承诺将对马里进行援助，这种关系再次得到强化。

1. 要对这些经济关系进行整体研究，第一个问题就是这些援助的方向是哪里。这几个亚非拉国家共同的特点是态度中立、仇视美国，或接近中国边界。所有这些国家都与中国建立了外交关系。

——与北京方面建交的亚洲国家中，尼泊尔、柬埔寨和缅甸最近都得到了中方提供的援助。至于印度尼西亚，1956年北京方面曾向其承诺援助3000万美元借款，但至今未提及这笔款项如何使用，据说该借款已经被取消。

尼泊尔与中国的边界之争有望解决，1960年3月，中方确认将向尼泊尔提供2000万的赠款。截至目前，中方提供给尼泊尔的赠款已达1260万美元。

西哈努克亲王1960年12月访问中国期间称，中国已决定向柬埔寨增加4000万瑞尔（合1150万美元）的援助。在此基础上，柬埔寨国家元首还要求中方提供技术援助。西哈努克亲王在1960年12月27日的讲话中表示："他每次访问中华人民共和国都会得到中方对柬埔寨的大量援助，他对此表示满意。作为回报，柬埔寨只需表示感谢，并在国际舞台上支持中国的合法权利，首先是支持中国进入联合国。"

1961年1月9日，中方批准了向缅甸贷款8400万美元。自去年10月中缅和平解决划界问题之后，双方开始了经济协商。为了凸显此次和平解决争议，使曾经对立的中缅两国走向友好，经济援助协议特意定在两国签署边境协议批准书互换仪式暨中缅友好和互不侵犯条约一周年庆祝仪式之后。

——非洲方面，几内亚于 1960 年 9 月 13 日得到了中方 2500 万美元的借款。马里去年 2 月接待了中国的经济参赞。今年 2 月 28 日，双方签订贸易和支付协定，同时中方承诺向马里提供长期贷款。

——借古巴和美国政治、经济关系恶化之机，中国和古巴开展了关系。中国和古巴建立外交关系后，1960 年 11 月 30 日，中国与古巴签订了 6000 万美元的贷款协议。

2. 中国通过签订这些经济援助合同，不仅与建立了正常外交关系的国家加强了联系，并且建立了其他类型的双边关系：友好及互不干涉条约（缅甸、尼泊尔、几内亚）、贸易协定（古巴、几内亚、缅甸、柬埔寨和马里）以及技术合作协议（几内亚、古巴、缅甸）。

古巴、几内亚和缅甸这三个国家都与中华人民共和国签订了此类经济合作协定，即同时或之前签订了贸易和支付协定，可以作为经济合作协定的适用范围。

——1960 年 7 月 23 日，中国与古巴签订了贸易协议，规定两国开展商品交换。在中方提供的商品中，中方承诺"在协议有效期内在长期贷款的基础上尽可能向古巴政府转让古巴需求的设备或成套设备"。此贸易协定附加有支付协议及科技合作协定。11 月中国为古巴提供的贷款实际上是该协定的后续和落实。

——其他"典型"协定：中华人民共和国和几内亚于 1960 年 9 月签署了贸易和支付协定以及经济技术合作协定，为两国未来的经济关系奠定了基础。

——去年 1 月，中华人民共和国和缅甸签署了贸易和支付协定及经济合作协定。支付协定可用于两国商品贸易结算及其他各种约定清算方式。虽然该支付协定有效期为 5 年，而经济合作协定的有效期却延续到 1980 年，但实际放贷期限只在 1961 年到 1967 年。

3. 中国与古巴、几内亚和缅甸签订的经济援助协定都有一些非常类似的条款。

除了中方赠与尼泊尔的 2000 万美元外，对其他国家的贷款期限都较短：古巴的贷款期限是 1961—1965 年，几内亚是 1960—1963 年，缅甸是 1961—1967 年。

这些贷款用于购买中国的设备，在协定有效期内分阶段进行，可用商品偿还，必要时可以使用外汇偿还。

根据协定文本，中国政府规定的偿还方式是最宽松的。几内亚和缅甸都是分十年等额偿还，偿还期分别是 1970—1979 年和 1971—1980 年。而对古巴借款却没有规定偿还方式。1960 年 11 月 30 日，中古两国发表联合公报，根据双方 7 月签订的贸易协定，1961 年古巴将向中国出口原糖 100 万吨，以购买中国商品。我们目前得知，此次贸易协商额达 8800 万美元，而中国对古巴为期 5 年的贷款，却只有 6000 万美元。

中国对几内亚、缅甸和古巴的贷款都是无息贷款，这与之前中国提供的贷款和预支不同。尤其是锡兰和印度尼西亚，得到的是中国提供的利息介于 1%—2.5% 的贷款。

有关中方专家在受援国的生活条件条款引起了我们的注意。我们在中国和几内亚、中缅协定中都找到了相关规定。中方技术人员的工资由中国政府承担，生活费则从贷款中支出，条件是他们的生活水平不高于当地同级人员。

4. 我们研究了中国对外经济援助的实质后发现，中方主要是提供设备和技术援助，清算货币为卢布（古巴和几内亚）、英镑（缅甸）或当地货币（柬埔寨和尼泊尔）。考虑到双方可能对易物交易的价格进行过协商，我们无法判断这些交易货物按其在国际市场价格进行计算的真实价值。我们注意到从绝对价值上来讲，中华人民共和国在 1960 年之前从未对非共产主义国家进行过如此高额的贷款：

缅　甸	8400 万美元
古　巴	6000 万美元
几内亚	2500 万美元
尼泊尔	2000 万美元
柬埔寨	1100 万美元
总　计	2 亿美元

协定只提及了不完全的设备清单，具体的清单可能会在以后的协商中明确。清单主要涉及的是成套设备、机械、纺织工具、农具、采矿用具、科学仪器、医疗器械、电器和电子设备。参照贸易协定，我们可以大致可以确定古巴可能会得到农具、纺织工具、采矿用具、科学仪器、电子设备和电信设备；此外还会得到中方的技术援助，尤其是在农业方面。

几内亚：建筑材料和尚未明确用途的工具；技术援助。

缅甸：电器、科学仪器、医疗器械、农具；技术援助。

尼泊尔：没有任何参考。尼泊尔方面表示希望修建学校、公路及水电设施。

柬埔寨：四个工厂的现代化，即纺织厂、造纸厂、胶合板厂和水泥厂。

最后，需要指出的是，关于 7 月 23 日中古贸易协定的共同宣言表达的有所保留，中国承诺"在能力所及范围内"提供设备及成套设备。

据此可以看出，中国在最近的经济援助中立场更加明显。通常由工业国向"荒芜的世界"提供援助，中国参与其中，目的是提高自己的声望，彰显其作为亚洲乃至世界范围内最重要的共产主义大国的力量。中国援外的政治目的及心理因素业已彰明显著。

经济方面，中国试图将贸易扩展到苏联阵营及西欧以外的地区。因此，这些援助协定融入了中国及不发达国家新的贸易体系，将促进中国及其新伙伴之间前所未有的经贸对话。中缅、中柬贸易额不高，1959 年中国对缅甸出口额为 500 万美元，进口额为 10 万美元。中国与新援助国家的贸易额更低，不过几千美元。中国即将从缅甸进口大米，从古巴进口糖，因此中国对缅甸、古巴的支付账户将出现短期赤字。中国关于提供设备及商品的承诺，是既意向声明之后，初次进入这些国家市场的体现。

问题在于估算援助的真实价值和实质。为聚焦援助实况，在粗略计算中方所提出的援助金额后，我们尤其怀疑中国是否真的能向其承诺的那样，将国内需求的设备提供给受援国。这有可能，这也是中国的优势之一，这些设备与中国目前掌握的工农业技术相匹配，因此比高新技术设备更适应受援国。另外，技术援助也是中国援助承诺的重要一部分。只是中国目前正饱受农业危机的侵袭，工业设备和日用品奇缺，自身还需进口重型设备和科学仪器，很难想象中国如何不折不扣地兑现承诺。可以预见的是，中国在执行合同之初，必将付出巨大努力。而后续执行情况，则有可能调整，否则中国将陷入困境。对此，广交会展厅主任刚宣布今年中国将把通常提供给东南亚买家的工具留下自用，以应对业已增长的国内需求。虽然这种迫于形势的宣言并不代表中国的贸易政策出现了新的趋势，但却从官方渠道表明了北京政府目前对经济服务的担忧。

（唐璇译校）

19620326，FD000158
亚洲司公文：共产党中国与裁军[1]
（1962 年 3 月 26 日）

我们都心知肚明，如果没有中华人民共和国的正式签字，任何关于裁军的总协定实际上都是无效的。俄罗斯人、英国人和美国人，虽然各自盘算并不相同，但都多次对此事表示认同。葛罗米柯 1961 年 9 月 21 日与腊斯克会晤时，坚持要求北京方面参与裁军协商。美英领导人也曾多次声明将中国拉入这种性质的协议的必要性，但不考虑任何形式的承认。在日内瓦召开十七国会议期间，这种担心又再次成为焦点，成为 1962 年 3 月 14 日《纽约时报》社论的主题。

---

[1] 文献来源：*DDF*, 1962, Tome Ⅰ, pp. 342-344。

当提及共产党中国加入裁军协定的可能性时，一般会考查问题的几个方面：

1. 北京政府领导人关于减少目前军备以及放弃未来拥有核武器的深层意愿。

2. 苏联认为中国裁减传统军事力量并保持在"核俱乐部"外的好处。

3. 中国未来能否成为核强国以及苏联同意向中国提供这方面的帮助。

4. 远东地区关于无核区域协定可能采取的形式。

1. 在第一点上，我们没有任何理由乐观。中方的信条，已在1961年8月末总结苏联经验时重申，即"帝国主义手中的核武器是核战争讹诈、谋杀世界各国人民的工具。苏联手中的核武器则是预防帝国主义侵略、保卫和平的工具"。(1961年9月1日《人民日报》)

因此，我们不能指望中国同意或是与苏联签署某种裁军协议，除非莫斯科能够对中国施加足够的压力。

2. 这可能正是诱发中苏不合的深层因素。

北京方面明确反对赫鲁晓夫的"和平共存"政策，认为莫斯科与"帝国主义"媾和，牺牲了不发达国家民族解放斗争的必要性。北京政府的反对将导致苏联限制中国在东方阵营中的影响。中国在核及空间领域所取得的成就为其带来了巨大的优势，苏联将会通过国际协定对此予以限制。更深层的原因还在于，中苏的分歧不仅仅是两个伙伴关于为达到共同目标应采取何种方式的争论，而是共产主义阵营中两个大国的敌对。这可能会使苏联从现在开始就遏制中国的军事膨胀，苏联对西方放心而且已经意识到正是由于自己的力量才保持了平衡，而中国的军事发展让苏联日益担忧。

即使苏联与西方没能达成一致，作为相对缓和与西方紧张关系的代价，苏联也会更好地把握立场，拒绝中国提出的军事援助的请求，尤其是在核领域援助的请求。中国一定会大肆宣扬"帝国主义"危险，进而提出此类要求。

显然，只有苏联领导认清中国现在纯粹的民族性质的野心，上述考虑才能实现。

即便是中国有能力不久后实现原子弹爆炸，但它将不得不依靠自己的努力，要在核领域具备危险性还有很长的路要走。除了技术知识，要实现核计划，还需要很强的工业能力：电力、化工、冶金、电子，这些似乎都是中国目前所不具备的。

1960 年末，日本参谋部的专家曾指出，从第一个试验性反应堆到成功爆炸第一颗原子弹，法国用了 14 年零 3 个月的时间。即使有了苏联的援助，中国的时间能够缩短一半，但根据这些专家的说法，中国的第一个试验性反应堆是 1955 年才开始运转的，因此只有今年中国才有可能试爆原子弹。

4. 早在 1958 年，中宣部就回应尼赫鲁的提议，建议遵照波兰计划（腊帕茨基计划）的精神，建立无原子武器地区。1958 年 2 月 4 日《人民日报》刊载了郭沫若的文章，郭建议俄、英、美召开联合会议，并敦促三方达成协议：

a. 建立广泛的无核区；

b. 携带核设备的飞机停止飞越他国领空；

c. 停止在"公海"进行核试验；

d. 禁止制造、储存、使用核武器。

1958 年 3 月 10 日，在东南亚条约组织召开会议期间，中国宣称赞成建立"亚洲无原子武器和平区"。同年 4 月 5 日，郭沫若进一步指明："在亚洲建立无核区意味着美国不能在此建立任何核武器基地。"毋庸置疑，中国支持建立亚洲"无核区"，无非是为了反美宣传。绝不可据此认为中国能同意把自己囊括在这样的和平区域之中。

即使目前核武器"运载工具"取得了进展，建立单纯的无核武防区具有一定意义，中国主要致力于让韩国、日本、中南半岛各国及太平洋诸岛加入其中。

因此，目前要让中国签署裁军协定，几无可能，更不必指望中国放弃其成为核大国之野心。中国目前的核工业仍处于萌芽状态，我们估计苏联在此方面对中国怀有戒心，但我们不能因此忽视中国的危险，至少不能对共产党中国充满智慧的许诺过高估价。

（唐璇译校）

19620509，FD000159

亚洲司公文：法美与北京的关系①
（1962 年 5 月 9 日）

北京政府承认胡志明政府并在印度支那冲突中向我们的敌人提供物质援助，致使法国没有承认北京政权。英国也一样，在国民党撤退至台湾后并没有承认北京政府。

中共对西方的敌对态度，尤其是对法国对非政策的敌视，使得法国没有机会重新考虑其立场。此外，法国与台北方面的关系虽不密切，却很友好。

与美国不同，法国与中华人民共和国（法国在亚洲的最大的买家）贸易往来密切（法国向中国提供合金制品和电气材料，最近向中国出售粮食）。法国允许新华社在巴黎派驻两名联络员，一名法新社的联络员驻在北京。

相反，由于"台北政府"在巴黎设立了"大使馆"，国民党中国能够在法语非洲国家获得些许同情。在联合国中，法国与美国一样，投票支持"台北政府"。

美国自 1955 年始，就通过一些驻华沙大使与中共不断联系，这是因为一些美国公民在中国大陆被捕。北京与华盛顿的对立尤为激烈，这不仅是因为朝鲜事件的回忆，而且在于美对台的支持以及美国制定的亚洲大陆战略包围圈。该包围圈从日本出发，经朝鲜半岛、冲绳、台湾、菲律宾，直到中南半岛。

美国被中国称为"新殖民主义者"，尤其是肯尼迪政府遭到北京日复一日地谴责，被称为全世界民族独立的"头号敌人"。中国对于美国持续的敌意使得美国禁止与中共展开任何经济关系，并禁止任何美国公民访问中国大陆。

（唐璇译校）

---

① 文献来源：*DDF*，1962，Tome Ⅰ，pp. 476—477。

冷战时期苏联与东欧关系
苏联档案简介*

崔海智**

20世纪80年代末90年代初，中东欧地区发生了剧变，这一剧变直接导致了第二次世界大战后持续了数十年的社会主义阵营的瓦解和"冷战"的终结。对于20世纪这一重大历史事件的学术研究具有极其重大的学术意义，而在关于这一重大问题的研究中，不可忽略的一个问题就是苏联与东欧国家关系的变化。在很大程度上可以断言，正是苏联放松甚至放弃了对东欧各国的控制，才导致东欧各国像脱缰的野马般狂奔。在这方面的研究中，苏联档案无疑具有极其重要的利用价值。

在冷战时期，除了官方公开发表的少量档案材料之外，关于苏联与东欧关系的苏联档案材料极其有限，远远不能满足学术界对相关重大问题的研究。而在苏联解体之后，随着俄罗斯社会政治体制的转变，苏联档案的解密和开放达到了前所未有的程度，俄罗斯各主要档案馆，其中包括俄罗斯联邦对外政策档案馆（Архив внешней политики Российской Федерации）、俄罗斯当代史文献保管和研究中心（Российский центр хранения

---

* 本文为2012年国家社科基金重大项目"东欧各国冷战时期档案收集和整理"（项目编号12&ZD188），以及2014年国家社科基金重大项目"苏联解体过程的俄国档案文献收集整理与研究"（项目编号14ZDB062）的阶段性成果。

** 崔海智，华东师范大学历史系/周边国家研究院副研究员。

и изучения документов новейшей истории)①、俄罗斯当代史国家档案馆
（Российский государственный архив новейшей истории）、俄罗斯社会政治
史国家档案馆（Российский государственный архив социально-политической
истории）、俄罗斯联邦国家档案馆（Государственныйархив Российской
Федерации）、俄罗斯联邦总统档案馆（Архив Президента Российской
Федерации）等都相继解密和开放了一大批俄国档案材料，其中包括大批关
于苏联与东欧关系的俄国档案。国际学者、特别是俄国学者，纷纷利用这
一难得的历史机会，对一批重要的历史档案进行了整理，并出版了一些重
要的历史档案集。在很多情况下，还出现了国外学者与俄国学者或档案机
构开展合作，共同出版档案集的情况，其中一些还被翻译成其他语种出版。
这些档案集的出版，不仅大大节省了学者们收集和查找档案的时间和精力，
而且，其中的很多档案集往往还有前言和导读，体现了编者对所收集的档
案的解释、说明，以及依据这些档案对相关问题进行的研究等，极大地便
利了学者们对相关档案的利用。

这些已经解密的俄国档案极大地促进了国际学术界对冷战时期苏联与
东欧关系的研究、对东欧在 20 世纪末发生剧变和社会转型相关问题的研究，
并出现了许多突出的研究成果。② 相对于国外学者而言，中国学者对相关俄

---

① 1999 年更名为俄罗斯社会政治史国家档案馆。

② 这些研究成果有：*Гибианский Л. Я.*（*Отв. ред.*），У истоков "социалистического содружества"：
СССР и восточное вропейские страны в 1944 - 1949 гг.，Москва：Наука，1995；*Волков В. К.*，
Узловые проблемы новейшей истории стран Центральной и Юго-Восточной Европы，Москва：
Инарик，2000；*Некипелов А. Д.*（*главный редактор*），Центрально-Восточная Европа во второй
половине XXвека. В 3 т. Т. 1. Становление "реального социализма"（1945 - 1965），Москва：
Наука，2000；*Некипелов А. Д.*（*главный редактор*），Центрально-Восточная Европа во второй
половине XX века. В 3 т. Т. 2. От стабилизации к кризису（1966 - 1989），Москва：Наука，2002；
Некипелов А. Д.（*главный редактор*），Центрально-Восточная Европа во второй половине XX века.
В 3 т. Т. 3. Трансформации 90 - х годов. Ч. 1.，Москва：Наука，2002；*Игрицкий Ю. И.*（*отв.
ред.*），Системы советского типа в восточной европе：осмысление опыта четырех десятилетий，
сборник обзоров и рефератов，Москва：ИНИОН РАН，2000；Vladislav M. Zubok，"New Evidence on
the Soviet Factor in the Peaceful Revolutions of 1989," *CWIHP Bulletin*，Issue 12/13，Fall/Winter 2001；
Севостьянов Г. Н.（*отв. ред.*），Революции 1989 года в странах Центральной（Восточной）
Европы：Взгляд через десятилетие，Москва：Наука，2001，1989；*Новопашин Ю. С.*，О причинах
восточное вропейских революций 1989 г.（международный аспект）//Вопросы истории，2010，№
2，с. 3 - 14；*Аникеев А. С.*，Власть-общество-реформы，Центральная и Юго-Восточная Европа，
Вторая половина XX века//Славяноведение，№ 3，2009，с. 76-78.

国档案材料的利用则远远不够，加强对这些档案文献的了解和利用显得尤为必要。本本便以二战时期和战后初期（1939—1953）①、赫鲁晓夫和勃列日涅夫时期（1953—1984）、戈尔巴乔夫时期（1985—1991）以及关于苏联与东欧关系的其他档案材料几个部分对这些档案文献的内容进行初步的介绍。

一、二战时期和战后初期（1939—1953）

在关于苏联与东欧国家关系的档案文献中，二战时期和战后初期的档案最为丰富。其内容主要如下：

（一）综合性的档案文献

在关于二战时期和冷战初期苏联与东欧国家关系的综合性的档案文献中，特别引人注目的是由 Т·В·沃洛基京娜主编的《俄国档案文献中的东欧》②《东欧中的苏联因素》③ 两部档案集。这两部档案集为苏联解体后在俄罗斯首批出版的重要苏联历史档案集，不仅内容丰富，而且其中收录的都是编者精心挑选出来的重要的档案材料，对苏联与东欧关系的历史研究起着非常重要的作用。

1.《俄国档案文献中的东欧》

该档案集共收录了 613 件档案材料，其内容展示了 1944—1953 年保加利亚、匈牙利、阿尔巴尼亚、波兰、捷克斯洛伐克、罗马尼亚、南斯拉夫

---

① 考虑到 1939 年波兰"卡廷事件"对冷战时期苏联与波兰关系的重大影响，笔者对关于这一事件的俄国档案也进行了介绍。

② *Волокитина Т. В.*, Восточная Европа в документах российских архивов, 1944-1953гг., Том. I, 1944-1948гг., с. 1-986, Москва: Сибирский хронограф, 1997; *Волокитина Т. В.*, Восточная Европа в документах российских архивов, 1944-1953гг., Том II, 1949-1953гг., Москва: Сибирский хронограф, 1998.

③ *Волокитина Т. В.* (*отв. ред.*), Советский фактор в восточной европе 1944-1953, Т. 1, 1944-1948, документы, Москва: РОССПЭН, с. 1-681, 1999; *Волокитина Т. В.*, *Мурашко Г. П.*, Советский фактор в восточной европе 1944-1953, Т. 2, 1949-1953, документы, Москва: РОССПЭН, 2002.

在战后的政治发展，揭示了斯大林模式的政治体制在这些国家的建立和最终形成的过程。该档案集分上下两卷，第一卷收录的是 1944—1948 年的档案，内容是关于上述东欧各国民主联合政府的组建。第二卷收录的是 1949—1953 年的档案，内容反映了上述东欧国家共产党政权的巩固和加强。

这部档案集中的档案材料主要来自俄罗斯联邦对外政策档案馆、俄罗斯当代史文献保管和研究中心、俄罗斯联邦国家档案馆以及俄罗斯联邦总统档案馆。其中最多的是来自俄罗斯对外政策档案馆的档案材料，其内容主要是苏联驻东欧各国的大使馆关于与东欧各国领导人和社会活动家进行的会谈情况而发往苏联国内的报告等；俄罗斯当代史文献保管和研究中心的档案材料主要是联共（布）中央对外政策部或对外政策委员会的材料、苏共中央会议记录，以及一些关于共产党情报局的档案材料；俄罗斯总统档案馆的材料，主要是关于斯大林个人卷宗中的材料，其内容主要是斯大林在这一时期与东欧国家政治家和社会活动家等的会谈记录等，这些高层的档案材料反映了东欧国家共产党领导人与莫斯科的直接接触；俄罗斯联邦国家档案馆中的材料主要包括苏联部长会议的档案材料和苏联对外文化联系协会的档案材料，这些材料反映了苏联驻东欧国家顾问制度的建立，以及东欧各国国内的政治、经济和文化生活等。这部档案集中的大多数档案材料都是机密或绝密文件，在解密后首次对外公布，其中部分档案材料已经翻译为中文，收录在沈志华教授主编的《苏联历史档案选编》（34 卷本，北京：社会科学文献出版社，2002 年）中。

2.《东欧中的苏联因素》

在继《俄国档案文献中的东欧》之后，在俄国最新解密档案文件的基础上，作为对这部档案集的补充，沃洛基京娜又主编了《东欧中的苏联因素》（上下卷）大型档案集，并先后于 1999 年和 2002 年在俄国出版。这部档案集共包含 548 件档案材料，时间范围同样为 1944—1953 年，其中的档案材料从总体上反映了战后初期苏联因素对东欧国家（阿尔巴尼亚、保加利亚、匈牙利、波兰、罗马尼亚、捷克斯洛伐克和南斯拉夫）国内政治发展的影响，以及苏联在这些国家的社会主义体制的确立中起到的作用。

这部档案集中的档案材料主要来自俄罗斯对外政策档案馆、俄罗斯社会政治史国家档案馆、俄罗斯国家档案馆、俄罗斯联邦总统档案馆。其中收录的俄罗斯对外政策档案馆中的材料主要是关于苏联外交部（人民委员部）莫洛托夫及其助手维辛斯基等人的档案材料，包括苏联外交部中央机关及其驻外机构工作人员同东欧国家政治家、社会活动家等人的会谈记录，苏联外交部关于各类问题的报告等；在俄罗斯社会政治史国家档案馆的材料中有联共（布）中央国际情报部（1944 年 7 月至 1945 年 12 月）及联共（布）中央对外政策部（1946 年 1 月至 1948 年 7 月）的档案材料，共产党情报局的档案材料、国防委员会的档案材料，以及日丹诺夫个人卷宗的档案材料。这些档案材料显示了苏联对在其境内的外国军队提供的军事和经济援助的性质和规模，苏联在东欧国家军事顾问机制的建立，联共（布）同东欧共产党关系的主要特点，东欧国家国内政治进程的发展，以及莫斯科对这种进程的发展进行的评价等。

如果说俄罗斯对外政策档案馆和俄罗斯社会政治史档案馆中的档案材料揭示了苏联因素对东欧地区产生影响的两个趋势，那么，俄罗斯国家档案馆的档案材料则更加鲜明地反映了苏联通过强制手段对这些地区施加影响的趋势。该档案集中收藏的这些档案主要是苏联内务人民委员部书记处为斯大林和莫洛托夫制定的、属于最高机密"特别文件夹"的档案材料，其中包括关于苏军对波兰和西白俄罗斯的地下组织采取行动，关于内务部部队在罗马尼亚的活动，关于战俘的遣返过程，关于采取措施对捷克斯洛伐克、波兰、南斯拉夫等国最为重要的人物进行保护等内容。此外，俄罗斯国家档案馆中还有苏联部长会议卷宗的档案材料以及苏联对外文化联系协会卷宗的档案材料。在这部档案集中，还有大量来自俄罗斯联邦总统档案馆的材料，主要是关于联共（布）和苏共中央政治局的卷宗，内容包括：苏联驻外机构及相关部门关于东欧国家政治、经济状况发送给斯大林的信件和报告、苏联领导人同东欧国家领导人的会谈记录、莫斯科对苏联驻外代表的指示等。

3.《共产党情报局会议记录》

在俄罗斯出版的关于战后初期苏联与东欧国家关系的综合性的档案文献集中，俄国学者阿季别科夫主编的《共产党情报局会议记录》也是一部较为重要的俄国档案文献集。① 该档案集是俄罗斯当代文献保管和研究中心和费尔特里内利基金会（米兰）共同进行的一项档案资料出版项目，是在继 1994 年出版的英文版《共产党情报局：1947 年、1948 年、1949 年三次会议记录》的基础上，经修订后于 1998 年在莫斯科出版的，共收入 61 件档案。其中关于共产党情报局的档案材料主要是俄罗斯当代文献保管和研究中心保存的第 575 全宗文件，按其内容可分三大部分：

第一部分是情报局自身的文件，包括：关于共产党情报局三次会议记录，四次秘书处会议记录，秘书处办公室的各种材料、报告，关于各共产党、"自由南斯拉夫"和"自由希腊"电台活动的材料及其他材料，共产党情报局机关和机关报《争取持久和平，争取人民民主!》编辑部的材料等；第二部分是已加入以及尚未加入共产党情报局的各国共产党寄往共产党情报局机关（布加勒斯特）的文件，包括：关于各共产党和工人党代表大会、中央全会和政治局会议记录，各党领导人的命令、通报材料、活动报告等；第三部分是联共（布）—苏共中央的材料，包括：有关召开和实施共产党情报局及其秘书处会议的各种组织工作和政治宣传工作的文件，拟定的关于这些会议的决议草案，联共（布）代表在会议发言或应该发言的报告材料，给共产党情报局秘书处办公室的要求、命令及各种信件。

该档案集中收录的文件表明，在共产党情报局三次会议和情报局秘书处四次会议每次的会议准备期间，相关的所有最重要的问题（议事日程、基本报告、决议草案）都是经联共（布）中央苏联领导集体和斯大林本人审查决定的，其中包含共产党情报局秘书处办公室在其整个活动期间同联共（布）中央保持日常接触的材料。除了上述关于共产党情报局的档案材料，该档案集中还收录了俄国学者在最新解密档案文献的基础上关于共产党情报局的一些研究成果，这些研究成果对共产党情报局历史的某些方面

---

① *Адибеков Г. М. и т. д.*, Совещания Коминформа, 1947/1948/1949, Документы и материалы, Москва：РОССПЭН, 1998.

进行了研究：关于共产党情报局的建立及其在苏联对外政策、东欧各国苏维埃化、苏南冲突、意共活动中的作用等。其中部分档案材料已经翻译为中文，收录在沈志华教授主编的《苏联历史档案选编》中。

4. 其他

此外，在俄国出版的综合档案集中也包含有一些关于这一时期苏联与东欧国家关系的档案材料。如 20 世纪俄罗斯出版的《苏美关系：1945—1948 年》（含 52 件档案）、《苏美关系：1949—1952 年》（含 97 件档案）两部档案集，① 以及俄罗斯大百科全书出版社出版的苏联史文献集《联共（布）中央政治局和苏联部长会议：1945—1953 年》（含 678 件档案）② 等。

（二）关于苏联与德国关系的档案文献

关于战后初期苏联与德国关系的俄国档案文献，是已出版的关于苏联与东欧国家双边关系的历史档案文献中数量最多、内容最为丰富的档案文献。

1. 《苏联驻德国军政府宣传管理局与 С·И·秋尔潘诺夫》③

这是苏联解体后根据最新解密的俄国档案出版的第一部关于苏联与德国关系的档案集，其中包含 61 件俄罗斯当代史文献保管和研究中心的俄国档案材料。这些档案材料反映了战后初期苏联驻德国军政府与联共（布）中央、苏联武装力量部政治管理总局以及苏联外交部的相互关系，体现了这一时期苏联对德国政策的目的和对德国占领区的控制方法等。

2. 《苏联与德国问题：1941—1949 年》

关于这一时期的苏德关系最值得关注的档案文献集是《苏联与德国问

---

① *Севостьянова Г. Н.* （под ред.）, Советско-американские отношения 1945–1948, Россия. ХХ век. Документы, Москва：МФД, 2004；*Севостьянова Г. Н.* （под ред.）, Советско-американские отношения. 1949–1952, Россия. ХХ век. Документы, Москва：МФД, 2006.

② *Хлевнюк О. В.*, *Горлицкий Й.*, Документы советской истории, Политбюро ЦК ВКП（б）и совет министров СССР 1945–1953, Москва：РОССПЭН, 2002.

③ *Бонвеч Б.*, *Бордюгов Г.*, *Неймарк Н.*, СВАГ：Управление пропаганды（информации）и С. И. Тюльпанов（1945–1949）, Москва：Россия молодая, 1994.

题：1941—1949 年》①。这部档案集是根据俄罗斯和德国政府的决定，由俄罗斯外交部历史文献司同德国洪堡大学（柏林）、波茨坦当代史研究中心等单位共同合作完成的项目，该项成果除了用德文在德国出版之外，还用俄文在莫斯科出版，由俄国国际关系出版社从 1996 年到 2012 年陆续出版，其中绝大多数文献都是首次对外公布。该部档案集共四卷，收录了 678 件俄国档案，其中大都是俄罗斯联邦对外政策档案馆关于这一时期苏联对德政策的俄国档案，此外还有少量来自俄罗斯总统档案馆、俄罗斯联邦国家档案馆、俄罗斯社会政治史国家档案馆等档案馆的档案材料。这些档案材料反映了战时和战后初期苏联同主要盟国的关系及其对德政策，揭示了从苏德战争开始到联邦德国建立这段时期苏联对德政策的形成和特点。

3.《苏联内务部（外交部）驻德特务营：1945—1950 年》②

这是关于这一时期的苏德关系另一部重要的档案集，其中包含了1945—1950 年的 108 份俄国档案，所有这些文件都是首次发表。它包括斯大林"特别文件夹"中收藏的苏联内务部的机密档案，苏联内务部部长贝利亚和副部长谢洛夫写给斯大林的关于苏联驻德内务部全权代表和特别行动小组的工作报告，以及苏联内务部的一些命令和关于"古拉格"的一些档案材料等。这些档案材料按照专题分为五个部分：第一部分，苏军进入德国，苏联内务部特别营和监狱的组建；第二部分，特别营的组织结构和

① Кынин Г. П., Лауфер Й., СССР и германский вопрос, 1941-1949, Документы из Архива внешней политики российской федерации, Том 1, 22 июня 1941г. - 8 мая 1945, Москва: Международные отношения, 1996; Кынин Г. П., Лауфер Й., СССР и германский вопрос, 1941-1949, Документы из Архива внешней политики российской федерации, Том 2, 9 мая 1945г - 3 октября 1946г, Москва: Международные отношения, 2000; Кынин Г. П., Лауфер Й., СССР и германский вопрос, 1941-1949, Документы из Архива внешней политики российской федерации, Том 3, 6 октября 1946г. -15 июня 1948г, Москва: Международные отношения, 2003; Кынин Г. П., Лауфер Й., СССР и германский вопрос, 1941-1949: Документы из Архива внешней политики Российской Федерации, Том 4: 18 июня 1948 г. - 5 ноября 1949 г., Москва: Международные отношения, 2012.

② Козлов В. А., Мироненко С. В. (отв. ред.), Архив новейшей истории России Серия Публикации, Том 2, Специальные лагеря НКВД/МВД СССР в Германии, 1945-1950, Москва: РОССПЭН, 2001.

人员组成；第三部分，被拘禁者的生活条件；第四部分，特别营的警卫和制度；第五部分，囚犯的释放和移交。

（三）关于苏联与罗马尼亚关系的档案文献

关于战后初期苏联与罗马尼亚关系的档案材料，主要有档案集《1944—1946 年维辛斯基对布加勒斯特的三次访问》①。该档案集包含了苏联解体后解密的俄罗斯联邦对外政策档案馆和俄罗斯联邦国家档案馆馆藏的 110 件俄国档案材料，其中绝大部分文件都是首次公布。内容主要是维辛斯基与罗马尼亚领导人、政党领袖和社会组织领导人的会谈记录等。这些材料反映了 1944—1946 年罗马尼亚国内的政治局势、苏联对罗马尼亚各政治势力的立场以及这些立场的发展变化等。

此外，在关于苏联与东欧的综合性文件集中包含有大量关于这一时期苏联与罗马尼亚关系的俄国档案。②

（四）关于苏联与波兰关系的档案文献

1. 《1941—1945 年的苏联与波兰：军事联盟历史，文件与资料汇编》（含 275 件档案）③

它揭示了战时苏联与波兰关系的两个方面：一方面，在共同反对德国法西斯的基础上两国之间形成了互助关系；另一方面，两国政府为了各自的目的相互算计，丝毫不顾及它们所采取的政策行为对本国人民造成的伤害以及社会道德和国际法。

2. 《苏联与波兰：从属机制，1944—1949 年》④

它由俄国和波兰学者、档案工作者共同完成的一部档案集，同时用俄语和波兰语出版，其收录的 58 份俄国档案均出自俄罗斯当代文献保管和研

---

① *Покивайлова Т. А.*，Три визита А. Я. Вышинского в Бухарест 1944－1946，Документы Российских архивов，Москва：РОССПЭН，1998，с. 1－246.

② 见《苏联档案中的东欧》《东欧中的苏联因素》文件集。

③ *Васильева Н. В.*，*Лавренов С. Я.*，*Лукашев С. Г.*，СССР и Польша，1941－1945，К истории военного союза，Документы и мтериалы，Москва：ТЕРРА，1994.

④ *Бордюгов Г.*，*Матвеев Г.*，*Косеский А.*，*Пачковский А.*，СССР-Польша：Механизмы подчинения，1944－1949гг.，Москва：АИРО-XX，1995.

究中心。这些档案材料揭示了 1944—1949 年影响苏联领导人对波兰政策的一些因素，其中部分档案已翻译成中文，并收录在沈志华教授主编的《苏联历史档案选编》中。

3.《卡廷战俘文件集》

苏联与波兰关系中的"卡廷事件"是影响两国关系中的重大问题。在冷战时期，在波兰方面的压力下，苏联领导人曾组建了一个关于两国关系的历史学家委员会，主要对卡廷事件进行研究。然而，这一项目直到苏联解体后的 1992 年才取得进展，波兰国家档案馆和俄罗斯政府档案管理部门达成了关于出版有关波兰战俘的档案集的协议。经过两国学者的努力，在民主基金会的支持下，最终于 1997 年出版了"二十世纪俄罗斯档案"系列中的第一部档案文献集——《卡廷战俘文件集》[①]。该档案集全面完整地阐述了有关波兰战俘的各方面问题，包括关于苏联内务委员会的战俘营、战俘的生活条件、联共（布）中央政治局关于枪决波兰军官的决定等。该档案集收录的档案材料分别来自俄罗斯联邦总统档案馆、俄罗斯联邦国家档案馆、俄罗斯联邦安全局的档案材料、俄罗斯对外政策档案馆等档案馆，共 211 件档案，其中 89 件档案已翻译成中文，收录在《苏联历史档案选编》（第 19 卷）中。

（五）关于苏联与南斯拉夫关系的档案文献

《苏南关系文件材料，1941—1945 年》[②] 是俄罗斯外交部和南斯拉夫联盟外事部合作完成的一项成果，收录了俄国和南斯拉夫档案馆的 603 件档案文献，其中绝大多数文件都是首次发表。其内容包括苏联与南斯拉夫流亡政府的外交关系、苏联和南斯拉夫共产党领导人的发言及其他材料、苏联政府与南斯拉夫民族解放运动领导人的通信、苏联和西方盟国就南斯拉夫问题进行谈判的材料等。许多材料是关于苏联红军和南斯拉夫军队共同作战的内容，还有一些是苏联大众媒体关于南斯拉夫的材料等。

---

① *Пихоя Р. Г.*，*Козлов В. П.*，Документы，Катынь Пленники необъявленной войны，Россия，XX век，Москва：Международный фонд "Демократия"，1997.

② *Бухаркин И. В. и др.*，Отношения России（СССР）с Югославией，1941–1945гг.，Документы и материалы，Москва：Терра-Книжный клуб，1998.

此外，还有在《历史档案》杂志公布的 31 件关于 1948 年苏南秘密往来信函的俄国档案材料。[①]

（六）关于苏联与捷克斯洛伐克关系的档案文献

主要是由苏联、捷克和斯洛伐克历史学家共同编订的《苏捷关系史文件材料》（含 576 件档案）[②]，其中的档案材料来自苏联和捷克斯洛伐克中央及各地的档案馆。虽然这部档案集是在冷战结束之前出版的，但其中的大多数内容也是首次公布，对于了解这一时期苏联和捷克斯洛伐克的政治、经济、社会、外交、军事、科技和文化联系具有非常重要的价值。

此外，还有在《历史档案》杂志中关于 1943—1946 年苏捷关系的一些档案材料（共 9 件档案）。[③]

（七）关于苏联与东欧国家关系的其他档案文献

《特兰西瓦尼亚问题：苏联与 1940—1946 年的匈罗领土争端》，包含 127 份来自俄罗斯对外政策档案馆、俄罗斯国家档案馆、俄罗斯社会政治史国家档案馆的档案文件，大部分文件都是首次公布。[④] 其中来自俄罗斯对外政策档案馆的文件的主要内容是：苏联领导人和外交代表同匈牙利和罗马尼亚国家领导人、政治家的会谈记录，苏联驻布加勒斯特和布达佩斯代表发回的电报，苏联领导人对他们的复函，苏联驻外代表的工作日志等；来

---

① Гибианский Л. Я., Секретная советско-югославская переписка 1948 года // Вопросы истории, 1992, №4-5, с. 119-136; №6-7, с. 158-172; №10, с. 141-160.

② Документы и материалы по истории советско-чехословацких отношений, том 4, книга первая, март 1939 г. - декабрь 1943 г, Москва: наука, 1981; Документы и материалы по истории советско-чехословацких отношений, том 4, книга вторая, декабрь 1943 г. - май 1945 г, Москва: наука, 1983; Документы и материалы по истории советско-чехословацких отношений, том 5, май 1945 г. - февраль 1948 г, москва: наука, 1988.

③ Зевелев А. И. и Сичачев Ю. В., Новая русская империя, или иллюзии последних лет войны, из истории советко-чехословацких отношених, 1943-1946гг. // Исторический Архив, 2002, №6, с. 19-51; Зевелев А. И. и Сичачев Ю. В. Новая русская империя, или иллюзии последних лет войны, из истории советко-чехословацких отношених, 1943-1946гг. // Исторический Архив, 2003, №1, с. 3-36.

④ Волокитина Т. В., Трансильванский вопрос венгеро-румынский территориальный спор и СССР, 1940-1946, документы, Москва: РОССПЭН, 2000.

自俄罗斯国家档案馆中的主要是关于斯大林和莫洛托夫"特别文件夹"中的一些材料；来自俄罗斯社会政治史国家档案馆中的材料，主要是苏联领导人同匈牙利和罗马尼亚国家领导人的会谈纪要、苏军总政治部关于特兰西瓦尼亚局势及少数民族的民族情绪的详细报告等。

二、赫鲁晓夫和勃列日涅夫时期（1953—1984）

（一）关于匈牙利事件的俄国档案

1.《苏联与1956年的匈牙利危机文件集》

它是俄国和匈牙利历史学家、档案工作者共同完成的一项成果，其中包含200件来自俄罗斯对外政策档案馆、当代文献保管和研究中心、俄罗斯总统档案馆的俄国档案。[①] 此外，该档案集还收录了40件来自匈牙利档案馆的档案文件。这部档案集的内容包括：苏联驻匈牙利大使给安德罗波夫的电报、苏联外交代表同匈牙利政治家和社会活动家的会谈记录、苏联国防部长朱可夫和国家安全委员会主席谢洛夫的报告等。其中最为重要的当属来自当代文献保管和研究中心的苏共中央主席团关于匈牙利事件的会议记录和决议，以及对这些决议的修改草稿。从中可以看出苏共中央主席团内部在1956年10—11月期间就匈牙利局势进行的讨论过程，揭示了苏联最高层关于武装干涉的决议是如何做出的。其次是苏联驻相关国家的大使、苏共中央代表、国家安全委员会代表等发给苏共中央和苏联外交部的电报、报告等。再次是苏联外交部通过邮件系统收到的关于现状的日常报告。

2.《苏联国家安全委员会和内务部眼中的1956年匈牙利事件》

该档案集包含的153份档案绝大部分都是解密不久且首次公布的文件。[②] 这些文件反映了苏联和匈牙利的国家安全机关与西方国家驻匈牙利的特别机关在1956年匈牙利事件中的对立和斗争。这部档案集中的档案文献

[①] *Волков В. К. и т. д.*, Советский Союз и венгерский кризис 1956 года, Документы, Москва：РОССПЭН，1998.

[②] *Зданович А. А.*, Венгерские события 1956 года глазами КГБ и МВД СССР：сборник документов, Москва：Объед. ред. МВД России，2009.

来自于俄罗斯当代史国家档案馆、俄罗斯联邦安全局中央档案馆和俄罗斯国家军事档案馆。来自俄罗斯当代史国家档案馆文件的主要内容是，苏联国家特别机关在 1956 年匈牙利事件前夕和事件期间就匈牙利国内局势问题给苏联党和国家最高领导人的报告；来自俄罗斯联邦安全局档案馆中的文件主要是关于苏军驻匈牙利特别机构的材料；来自俄罗斯国家军事档案馆的档案文献主要是关于匈牙利事件期间苏联内务内卫军活动的材料。

（二）关于苏联与南斯拉夫关系的档案材料

主要是赫鲁晓夫时期关于苏南改善关系的俄国档案——《历史档案》1999 年第 2 期和第 5 期公布的关于苏共中央 1955 年 7 月全体会议的档案材料（共 2 件档案）。①

（三）关于 1968 年布拉格之春的俄国档案

1.《苏联克格勃和内务部眼中的 1968 年捷克斯洛伐克事件》

该档案集包含 63 份俄国档案，绝大部分都是解密不久且首次公布。②这些档案材料揭示了捷克斯洛伐克事件期间西方特别机关有目的、有计划地开展的反对捷克斯洛伐克的活动；捷克斯洛伐克国内反对派也在西方国家的支持下，积极参与这些国家特别机关的活动，试图进行国家政变；同时也反映了华约成员国对捷克斯洛伐克事件进行的武装干涉。

这部档案集的档案文件主要来自俄罗斯当代史国家档案馆、俄罗斯联邦安全局中央档案馆和俄罗斯国家军事档案馆。来自俄罗斯当代史国家档案馆文件的主要内容是，捷克斯洛伐克事件前夕以及事件期间苏共中央政治局收到的关于捷克斯洛伐克局势的报告，苏联特别机关给苏联党和国家最高领导人的报告；来自俄罗斯联邦安全局中央档案馆的文件是在 2008 年解密的，主要是关于苏军驻捷克斯洛伐克特别机构相关活动的档案材料；

---

① *Афиани В. Ю.*, Советско-югославские отношения, Из доуменов июльского пленума ЦК КПСС 1955г. // Исторический Архив, 1999, №2, с. 3–63; *Афиани В. Ю.*, Советско-югославские отношения, Из доуменов июльского пленума ЦК КПСС 1955г. // Исторический Архив, 1999, №5, с. 3–50.

② Чехословацкие события 1968 года глазами КГБ и МВД СССР: сборник документов, Москва: Объед. редакция МВД России, 2010.

来自俄罗斯国家军事档案馆的文件，主要是关于捷克斯洛伐克事件期间苏联内务部内卫军活动的材料。

2.《布拉格之春与 1968 年国际危机文件集》

它是"二十世纪的俄罗斯"项目出版的系列俄国档案文件集，在布拉格之春四十周年的 2008 年首次在奥地利出版。[①] 该档案集也是俄罗斯和奥地利学者共同完成的档案出版项目，收录了来自 11 个国家的 115 件档案，其中 72 份档案来自俄罗斯当代史国家档案馆。这部档案集中的文件反映了国际社会、政党、组织以及一些国家，首先是苏联和其他社会主义国家的权力机构，对 1968 年捷克斯洛伐克事件的反应。

3.《苏捷关系，1961—1971 文献集》和《苏捷关系，1977—1982 文献集》

它们是苏联外交部和捷克斯洛伐克外交部共同出版的档案项目，分别收录了 231 份和 185 份档案材料。其中，许多为苏联和捷克斯洛伐克媒体公开发表过的一些材料，主要是这些时期苏捷关系中的一些重要文件，包括两国签署的协议和条约，联合公报，两国党和政府、议会、工会以及其他代表团进行谈判的报告，两国领导人的发言、电报等。[②]

4.《苏共中央档案中的 1967—1969 年捷克斯洛伐克危机》

档案集收录了俄罗斯当代史国家档案馆的 292 件档案材料。这些文件反映了苏联和社会主义阵营国家对 20 世纪 60 年代捷克斯洛伐克改革进程的反应、捷克斯洛伐克危机期间苏共代表与捷共代表的相互关系、苏联领导人有关捷克斯洛伐克危机的一些重大的政治和军事决策过程等。[③]

---

① "Пражская весна" и международный кризис 1968 года. Документы, Москва: Международный фонд "Демократия", 2010 г.

② *Сванидзе К. Н.* （*Зав. ред.*），Советско-чехословацкие отношения, 1961-1971, документы и материалы, Москва: Политиздат, 1975; *Никольский А. В.* （*зав. ред.*），Советско-чехословацкие отношения, 1977-1982, Документы и материалы, Москва: Издательство политической литературы, 1984.

③ *Томилина Н. Г.* （*Гл. ред.*），Чехословацкий кризис 1967-1969 гг. в документах ЦК КПСС, Москва: РОССПЭН, 2010.

（四）关于苏联与联邦德国建立外交关系的档案材料

1.《苏联和联邦德国外交关系的建立：文件材料集》

它收录了 34 件俄国档案，大部分都是以往发表的文件，其内容是关于1955 年 9 月苏联与联邦德国就两国外交关系的建立而进行的谈判。[①]

2. 其他

关于这一时期的相关档案材料，还有《近现代史》刊登的关于 1953 年6 月东柏林事件的俄国档案材料[②]、《历史档案》刊登的苏共中央主席团关于与民主德国经济联系的决议（3 件档案）[③]、《近现代史》刊登的来自民主德国外交部的关于柏林危机的档案（3 件档案）[④]，以及《苏共中央主席团会议记录》中收录的关于苏联与东欧关系的档案材料。[⑤] 其中，《近现代史》2003 年第一期刊登的来自捷克斯洛伐克档案馆的 5 份重要的档案材料反映了关于华沙条约组织国家的共同文件是如何形成的、社会主义阵营内部各国的相互关系状况。[⑥]

这些档案材料表明：苏联的一系列盟国，首先是波兰、捷克斯洛伐克、德意志民主共和国，对于涉及本国的一些国际政治活动是有自己的观点和看法的，而莫斯科在制定自己的对外政治战略和战术的时候，也不能不考虑这些国家的立场。

---

① *Торкунова А. В.* , Установление дипломатических отношений между СССР и ФРГ: Сборник документы и материалы, Москва: МГИМО （У） МИД России, 2005.

② *Христофорова В. С.* , Документы Центральнго Архива ФСБ России о событиях 17 июня 1953 г. в ГДР// Новая и новейшая история, 2004г., №1, с. 75-124。

③ *Водопьянова З. К.* , *Зубок В. М.* , Оказать незамендлительную помощь, Постановления Президиума ЦК КПСС об экономических связях с ГДР, 1961г. // Исторический Архив, 1998, №1, с. 36-62.

④ *Долгилевич Р. В.* , Первые "Бреши" в Берлинской стене. Архивные материалы МИД ГДР// Новая и новейшая истории, 2001, №4, с. 71-90.

⑤ *Фурсенко А. А. гл. ред.* , Президиум ЦК КПСС 1954-1964, Том I, Черновые протокольные записи заседаний Стенограммы, Москва: РОССПЭН, 2003.

⑥ *Марьина В. В.* , Из истории "холодной войны", 1954-1964 гг. , Документы чешских архивов// Новая и новейшая история, 2003, №1, с. 139-159.

三、戈尔巴乔夫时期（1985—1991）

因俄国档案管理制度和解密期限的限制，关于戈尔巴乔夫时期苏联与东欧国家关系的俄国档案文献解密的数量有限，出版的相关的档案集有《戈尔巴乔夫与德国问题文献集，1986—1991 年》和《时代的终结：苏联和东欧国家的革命，1989—1991 年》。

1.《戈尔巴乔夫与德国问题文献集，1986—1991 年》

档案集共 139 份档案材料，由德国著名历史学家加尔金教授和戈尔巴乔夫基金会工作人员切尔尼亚耶夫（1986—1991 年担任戈尔巴乔夫助理）共同编订。[①] 其中绝大部分为首次发表的戈尔巴乔夫基金会的档案。收录的文件可分为四类：第一类是戈尔巴乔夫同德国政治家以及其他国家领导人进行会谈的记录，其中一些文件是完整的记录，一些为摘录；第二类是戈尔巴乔夫的助手关于戈尔巴乔夫有关德国问题的一些会议和会谈的记叙；第三类是戈尔巴乔夫周围的人为其准备的关于德国问题的公文和其他材料，以便就德国统一问题做出决议；第四类是媒体上发表过的一些重要的材料。这些档案材料揭示了戈尔巴乔夫在德国统一过程中的作用。

2.《时代的终结：苏联和东欧国家的革命，1989—1991 年》

它是俄罗斯联邦档案署、俄罗斯当代史国家档案馆和奥地利路德维希·波尔茨曼研究所共同合作的档案出版项目，共收录了 267 件俄国档案文献，绝大部分为俄罗斯当代史国家档案馆首次公布的档案材料。[②] 它按照专题分为八个章节：第一章，社会主义阵营；第二章，波兰；第三章，德意志民主共和国—德国；第四章，匈牙利；第五章，捷克斯洛伐克；第六章，保加利亚；第七章，罗马尼亚；第八章，南斯拉夫。其中包含苏共中央政治局和书记处关于中东欧问题的一些决议、华沙条约成员国领导人进行会

---

① Галкин А. А., Черняев А. С., Михаил Горбачев и германский вопрос, Сб. Документов, 1986-1991, Москва: Издательство Весь Мир, 2006.

② Карнер С., Пивовар Е. И., Конец эпохи, СССР иреволюции в странах Восточной Европы в 1989-1991, Документы, Москва: РОССПЭН, 2015.

谈的速记记录、东欧各国共产党和工人党领导人就一些重大的对外政策问题和社会主义国家的合作问题进行的发言、苏联与东欧国家领导人之间的往来信函，苏联部长会议、最高苏维埃、苏共中央书记等的报告，苏联代表同东欧国家党和国家领导人、社会活动家的会谈记录等材料。这些档案材料揭示了 20 世纪 80 年代末到 90 年代初东欧地区复杂而矛盾的状态，反映了东欧国家政治、社会经济结构的急剧转变，苏联对这些国家抛弃或准备放弃苏联社会主义模式的反应，以及东欧一些国家和整个社会主义阵营危机的发展。

四、关于苏联与东欧关系的其他档案材料

1.《1948—1973 年苏匈经济关系文件集》

它是苏联和匈牙利学者共同完成的档案出版项目，收录了俄罗斯国家经济档案馆、俄罗斯国家档案馆、俄罗斯社会政治史档案馆、俄罗斯当代史国家档案馆和俄罗斯联邦对外政策档案馆的俄国档案文献，以及匈牙利国家档案馆等档案馆共 153 件档案文献，大部分文件都是首次发表或解密不久。[①] 俄国方面的档案文献主要是苏联部长会议关于苏匈经济合作的决议和命令、关于经济合作的协议和备忘录、苏匈经济和科技合作委员会的备忘录、关于匈牙利经济发展的分析材料等；苏匈两国间的条约和协议，党和国家最高机关、政府、国家计划委员会的决议和决定，对外贸易部和外交部的报告，大使馆和驻外贸易代表就苏匈经济关系的电报和报告等。匈牙利方面的档案文献主要是匈牙利对外贸易部等机构致匈牙利部长会议和政治局等的报告等。值的指出的是，这部档案集有俄国和匈牙利学者分别撰写的前言，以苏匈经济关系为例，对苏联与东欧社会主义国家的经济关系进行了有益的讨论。

---

① *Артизов А.*, Советско-венгерские экономические отношения, документы, 1948 – 1973, Москва："Демократия", 2012.

2.《冲突剖析：中欧和东南欧》

这部文献材料集包含共 313 件东欧各国和俄国文献材料，其中大多数为媒体公开发表的材料。[①] 编者的目的主要是通过这些材料对 20 世纪 70 年代初到 90 年代初东欧六国（保加利亚、匈牙利、波兰、罗马尼亚、捷克斯洛伐克、南斯拉夫）的抗议运动模式进行研究，并对这些抗议行动进行比较分析。这部文献材料集中的文件证明，上述六国的社会中产生的反对运动在指导思想、组织形式方面具有共性，后来形成了反对派别，并演变成了这些国家革命的推动力量。选取的文献和材料主要反映的是这一时期东欧国家执政的共产党的反对派的发展，不同国家反对派的特色等。这部文献材料集对于研究东欧国家的社会冲突对政权的影响具有非常重要的价值。

3.《东欧的政权与教会：1944—1953 年》

它是 Т·В·沃洛基京娜主编的另一部重要的俄国档案文献集，分上下两卷，共收录了 516 件档案文献，主要是俄罗斯联邦国家档案馆俄罗斯东正教事务委员会和苏联部长会议宗教文化事务委员会的卷宗，以及俄罗斯联邦总统档案馆、俄罗斯社会政治史国家档案馆的档案文献。其内容主要是关于阿尔巴尼亚、保加利亚、匈牙利、波兰、罗马尼亚、捷克斯洛伐克、南斯拉夫在这一时期的宗教状况，反映了这些国家的政权和宗教之间的关系，国家的政治精英对本国宗教信仰政策制定和发展的作用，以及莫斯科对这一进程的影响。[②]

除了上述已经公布的档案材料，俄罗斯各档案馆也解密了大量相关的档案材料。对这些原始的俄国档案的收集和整理也是极为重要的。

---

① *Новопашин Ю. С.*（*отв. ред.*）*и др.*, Анатомия конфликтов. Центральная и Юго-Восточная Европа：документы и материалы последней трети XX века, Т. 1：Начало 1970-х—первая половина 1980-х годов, Санкт-Петербург：Алетейя, 2012；*Новопашин Ю.*（*отв. ред.*）*и др.*, Анатомия конфликтов. Центральная и Юго-Восточная Европа：Документы и материалы последней трети XX века, Том 2, вторая половина 1980-х – начало 1990-х годов, Санкт-Петербург：Алетейя, 2013.

② *Волокитина Т. В.*（*отв. ред.*）, Власть и церковь в Восточной Европе 1944-1953, Документы российских архивов, т. 1, 1944-1948, Москва：РОССПЭН, 2009；*Волокитина Т. В.*（*отв. ред.*）, Власть и церковь в Восточной Европе 1944-1953, Документы российских архивов, т. 2, 1949-1953, Москва：РОССПЭН, 2009.

多年来，华东师范大学冷战国际史研究中心致力于俄国档案材料的收集、整理和研究，特别是为了相关国家重大项目的开展，从各种渠道复制和购买了大批关于苏联与东欧关系的俄国原始档案文件，并且对部分档案已经进行了整理。这些档案文件包括：

1. 沈志华收集和整理《苏联历史档案选编》（华东师范大学冷战史国际研究中心藏，第 1—33 卷，2004 年，未刊）中收录的关于苏联与东欧国家关系的原始俄国档案材料复印件，共计 192 件；

2. 沈志华收集和整理《俄国档案原文复印件汇编：苏联历史》（华东师范大学冷战史国际研究中心藏，第 1—26 卷，2004 年，未刊）中收录的涉及苏联与东欧关系的俄国原始档案材料复印件，共计 268 件；

3. 华东师范大学冷战国际史研究中心从美国盖尔（Gale）公司购买的大批俄国原始档案（缩微胶卷），其中包括 1953—1957 年苏共中央对外联络部卷宗中关于苏联与东欧国家关系的相关档案文件；通过国际交流与合作，从美国国家安全档案馆、威尔逊中心等收集到的关于苏联与东欧关系的俄国原始档案（有些是英译文），共计 592 件。

总之，20 世纪 90 年代之后解密的俄国档案材料反映了冷战时期苏联与东欧国家关系的各个方面。已经公布的这些档案文献，足以使得人们摆脱以往的意识形态的束缚，对二战以后东欧国家发展中的历史事件进行严格的学术分析，以新的观点重新进行解读，特别是对东欧在二战后进行改革的一些原有的评价重新进行评定，加深对东欧国家社会政治体制转变这一重大历史事件的认识。

全球史视野下的中西碰撞

——评《英国的课业：19世纪中国的帝国主义教程》

卢宣玮*

在全球史的话语体系中，很重要的一部分内容就是论述人类历史上不同文明之间的交流状况。对历史的认识，尤其是对文明间交往历史的认识，应能尽量不带有偏见。传统思维往往是被固定在考虑历史大背景这样的简单维度中，并习惯性地去寻找历史现象背后的必然性。但在全球史视角的探究过程中，我们应该重新认识历史主体自身的主动性，因为由此生发的解释往往不过分单一，能更好地叙写"人"本身的历史。两个文明产生冲突，很有可能是在交流中产生了误解；要跨越这种误解，就要努力寻找一种交流双方都能够接受的历史解释，将原先双方各执一词的论述变成共有的历史。在此之前，研究者要了解作为交流对象的双方是如何各自看待同一段历史的——尤其要注意努力超越自身所在的文化环境，并了解另一方的想法。这种促进人类不同文明之间相互沟通交流乃至理解包容的研究出发点也符合全球史学科的价值观。

19世纪以来西方世界的殖民扩张给世界其他地域的国家和文明带来了

---

* 卢宣玮，首都师范大学历史学院硕士研究生。

很大的破坏和伤害，但也为这些地区带来了相对的现代文明，促成了这些地区的现代化。然而，这样似乎辩证客观的论述并没有给今天的西方与非西方带来可以被两者共同接纳的解释体系，双方仍旧各自攫取这种论述中的对自己有利的部分——殖民方强调促进，被殖民方强调伤害。《英国的课业：19世纪中国的帝国主义教程》即是从两种文明对接的角度，介绍西方如何看待这段历史，启发我们作为中国人在自己的背景中又该如何看待这样的历史叙述，从而去寻求一个共有的解释，一个共同的历史叙事平台。

《英国的课业：19世纪中国的帝国主义教程》，由美国学者何伟亚（James L. Hevia）所著，中译本由社会科学文献出版社在2007年出版。① 作者在此书中运用后殖民研究的理论和方法，对从鸦片战争到义和团运动时期的近代西方对华关系进行了全新的解读，展现了从19世纪中叶起，西方列强以殖民主义为指导，强行将清帝国纳入世界体系，并用当时自己看来的"世界秩序""国际惯例"或"人类文明的成果"去"规训""教育"清帝国及其民众的过程。在何伟亚看来，那些主要涉及政治经济控制程度的标准，未能全面反映19世纪欧美帝国的建构过程。如果像前面论述的那样，把殖民主义理解为建立霸权的一系列文化过程，那么，近代中国就与其他所谓典型的殖民地有着相同的经历。② 在研究中，何伟亚借用了德鲁兹关于后殖民研究的理论方法，其中最重要的是去疆界化与再疆界化（deterritorialization and reterritorialization）。他指出，鸦片贸易、军事技术、翻译以及主权观念被用来渐进地瓦解中国过去的社会组织形式（旧疆界），而由此带来的混乱状况则由西方固有的结构体系来重新整理。③

作者从一张他认为令人"毛骨悚然"的照片开启了论述，这是一幅处

---

① James L. Hevia, *English Lessons: The Pedagogy of Imperialism in the Nineteenth Century China*, Durham: Duke University Press and Hong Kong University Press, 2003. ［美］何伟亚：《英国的课业：19世纪中国的帝国主义教程》，刘天路、邓红风译，北京：社会科学文献出版社，2007年，第182页。

② ［美］何伟亚：《英国的课业：19世纪中国的帝国主义教程》，第182页。

③ Judith Green, "English Lessons: The Pedagogy of Imperialismin Nineteenth Century China By JAMES L. HEVIA（Review），" *Bulletin of the School of Oriental and African Studies*, University of London, vol. 68, no. 1（2005），p. 158.

决中国义和团团员的珍贵照片，但这不是照片的全部。照片中路边突出的墙上，贴着一张广告纸，上面所写中文的意思如下：附近的英文学堂里开设英文课。作者认为这种现象表明了这样一个事实：帝国主义从来都不仅仅是枪炮和商品，它还是一个文化过程。① 一个类似的教育计划被施加于中国身上，这也是殖民主义的一种形式。② 接着，作者分三个阶段三个部分论述了这一过程。第一部分以 1856 年到 1860 年的第二次鸦片战争为背景，作者不仅仅关注了一边倒的战争行为，还对立即发生在军事行动后的劫掠和焚毁行为产生了浓厚的兴趣。作者认为，这是一个"神圣的报复行动"，目标是针对"中国皇帝的傲慢和不守信义"。③ 这种有组织的掠夺意味着对清朝政府藐视国际法的报应。④ 巴夏礼和额尔金之所以做出这样的决定，除了贪婪，就是为了贬抑中国的过度暴力和虚伪道德。通过这样的行动，在更深层次上降低清朝的文明地位，使之在将来能够更加容易地接受西方的规训。在尔后的条约签订仪式上，西方的代表也践行了这一信条。

　　第二部分"在中国重建疆界"以第二次鸦片战争后到 1900 年的历史为背景。作者认为，在这一过程中，西方（尤其是英国）系统地收集有关中国的方方面面，去建立集中的网络化的中国知识，并对它们进行重新分类。⑤ 西方在向中国传授课业的同时也在建立自己的中国学知识，这是进行进一步规训的前提。在这种收集的过程中，传教士、商人、外交官、军官以及各类专业人员起到了重要作用。他们不仅收集信息，还对这些信息进

---

　　① ［美］何伟亚：《导论：帝国主义、殖民主义与中国》，载《英国的课业：19 世纪中国的帝国主义教程》，第 3 页。

　　② John E. Wills Jr., "English Lessons：The Pedagogy of Imperialismin Nineteenth Century China By JAMESL. HEVIA （ Review），" *The International History Review*, Taylor & Francis, Ltd., vol. 27, no. 2 （June 2005）, p. 390.

　　③ ［美］何伟亚：《英国的课业：19 世纪中国的帝国主义教程》，第 111 页。

　　④ Tong Lam, "English Lessons：The Pedagogy of Imperialismin Nineteenth Century China By JAMES L. HEVIA （ Review），" *Journal of World History*, University of Hawai'i Press, vol. 16, no. 2 （June, 2005）, p. 238.

　　⑤ Joanna Waley-Cohen, "English Lessons：The Pedagogy of Imperialismin Nineteenth Century China By JAMESL. HEVIA （ Review），" *The China Quarterly*, Cambridge University Press on behalf of the School of Oriental and African Studies, no. 179 （September, 2004）, p. 844.

行归类、分析、比较和收藏，并且利用统一术语、统一拼音法等手段将有关信息标准化，最终形成一整套系统的帝国档案。① 但作者认为，这一档案的建立仅仅标志着英国建立了一套"想象空间的中国"，是以自身为主体来认知的，殖民当局还凭借权力把这种虚幻和误读打造为中国的现实。英国以这样的中国知识来作为教化中国的前提，使得近代中国并没有成为一个成功的学生。②

第三部分"使中国完全平等"以1900年的义和团事件为背景，展现了这一过程中欧美帝国加之于中国的种种耻辱性行为，并认为其目标不仅仅在于清朝政府而在于全体民众——劫掠行动也祸及了一般的普通百姓。③ 值得注意的是，在这一次行动中，西方已利用自身在上一阶段生产的中国知识来对中国进行有意识的、有计划的报复性惩罚。这具有与以往不同的文化意味，原先的迫害出发点在西方，方式也具有世界意义上的普遍性；而现在，西方知道施加真正使得中国人感到痛苦的伤害——刨去他们的祖坟远比焚烧他们的房屋更有用。而后的《辛丑条约》，更将中国彻底改变成完全接受其支配的殖民化国家。④

关注历史上的跨文化交流是全球史研究的重要主题之一，1840年以来中西之间充满暴力与伤害的互动关系就是其中很值得关注的研究对象。从表面上看，作者的论述旨在突破美国中国近代史研究中长期占支配地位的中国—西方二元体系。⑤ 不同于费正清的"冲击—回应"模式所强调的中国完全是被动反应于西方的扩张与输出，以及柯文的"中国中心主义"所主

---

① 朱继军：《后殖民主义史学的移植与超越——以〈英国的课业：19世纪中国的帝国主义教程〉一书为讨论中心》，《历史教学》（上半月刊）2017年第4期，第62页。

② 史敏：《读〈英国的课业：19世纪中国的帝国主义教程〉》，《史学理论研究》2014年第3期，第147页。

③ J. Y. Wong, "English Lessons: The Pedagogy of Imperialismin Nineteenth Century China By JAMES L. HEVIA (Review)," *The Journal of Asian Studies*, Association for Asian Studies, vol. 65, no. 4 (November, 2006), p. 806.

④ 朱继军：《后殖民主义史学的移植与超越——以〈英国的课业：19世纪中国的帝国主义教程〉一书为讨论中心》，第62页。

⑤ ［美］何伟亚：《导论：帝国主义、殖民主义与中国》，第11页。

张的强调中国本土的发展，更关注中国史料，探寻中国本身因素在充满活力的变革过程中所发挥的作用，① 作者创造了一种有包容性的历史解释。这种解释仔细审查世界上的一个区域是如何与其他地区互动的，② 而这种互动，发生于 19 世纪晚期全球范围内的、比之前几个世纪规模更为宏大的跨文化交流中。

更深入地看，作者是要重新解释 19 世纪世界范围内大规模跨文化互动的本质，在这一过程中，作者用他 "权力变动" 的观点来反驳之前学界持有的 "殖民话语"。所谓的 "殖民话语"，是指 18 世纪晚期以来大量存在于西方学术理论中用以控制和重构非西方的特定话语。它们把非西方想象或表述成一个异样和落后的 "他者"，试图借助一种制度化了的知识/权力体系来裁定为世界文明的先进与落后，并以此为理论基础对落后的地区施加所谓的 "现代化改造"。这就是费正清的 "冲击—回应" 模式。而柯文的 "中国中心主义" 就是对这种理论进行批判的一个例子，其认为非西方世界（中国）并非被动地接受外来强权的统治，实际上，殖民者与被殖民者之间在阶级、种族等问题上相互影响和互动，各个殖民体系也在发生变化，这些最终造就了新的社会形式和政治形式。③ 但何伟亚认为这样的批判并不有力，只是从一个极端走向了另一个极端，所以他抛出了自己的 "权力变动" 这样的解释。本书所阐述的欧美在中国的帝国教程和知识生产，正是在 "权力变动" 的背景下，由技术和工业发展引发去疆界化，最终把中国纳入了殖民体系中。④ 那么何谓 "权力变动"？研究全球史的其他一些学者认为，在关注跨文化互动与交流的问题时，应该把权力因素考虑在内，"不同社会的人们之间的互动总是发生在差别性权力关系的背景下，而权力也以各种

---

① 何伟亚：《导论：帝国主义、殖民主义与中国》，第 10 页。

② Tong Lam，"English Lessons：The Pedagogy of Imperialismin Nineteenth Century China By JAMES L. HEVIA（Review），" *Journal of World History*，vol. 16，no. 2（June，2005），p. 239.

③ ［美］何伟亚：《导论：帝国主义、殖民主义与中国》，第 21 页。

④ ［美］何伟亚：《英国的课业：19 世纪中国的帝国主义教程》，第 132 页。

形式影响了文化交流的进程"。① 而 19 世纪的跨文化交流无疑是在西方的主导下以殖民主义与帝国主义为方式进行的，其本质上的背景是这一时期的全球的权力变动。

何伟亚运用"权力变动"的理论，不再把西方和非西方放在对立双方的观点，为我们理解和解释中国近代甚至是当代的历史打开了新的大门。作者的叙事试图突破中西二元对立，在全球权力变动的背景下论述中西关系，这就要求在相对平等的语境中透视双方的互动关系。② 由此，形成了一种对称性叙事，作者并不仅仅把西方看作是殖民行动的加害方，把清帝国看作是受害方，而是把两者都视为在东亚世界同时竞争的"两个帝国"。只是在 19 世纪，作为竞争一方的清帝国稍显衰微。这就是何伟亚一直津津乐道的"帝国碰撞论"。他在另一篇论文《从朝贡体制到殖民研究》中阐明了自己的观点，他提倡把英国与大清帝国自 1793 年以来的冲突视为两个正在扩张的帝国之间的冲突，每一个帝国都有其自身的策略和关注，而且每一个都以迥然不同的方式建构着他们自己的主权。③ 这和本特利的一些观点如出一辙，本特利认为：萨义德关于殖民语境下建构知识的见解不仅适用于欧洲，也适用于其他以扩张为目的帝国主义社会。人类历史上不同的帝国都在以自己的方式扩张自己的殖民帝国，同时构建征服地区知识体系，不仅仅西方人在 19 世纪是这样做的，从希腊人到罗马人、阿拉伯人，甚至于从商周时代开始，中国人也是这么做的。④

在《从朝贡体制到殖民研究》中，何伟亚就详细论述了清代中期乾隆皇帝是如何建构关于藏传佛教诸如"灵通转世"等一系列知识体系来维系清帝国在西藏的统治的，并且这一方法被运用到维系整个清帝国对边疆统

---

① 杰里·H·本特利：《世界历史上的文化交流》，夏继果译，刘新成主编：《全球史评论（第 5 辑）》，北京：中国社会科学出版社，2012 年，第 35 页。

② 朱继军：《后殖民主义史学的移植与超越——以〈英国的课业：19 世纪中国的帝国主义教程〉一书为讨论中心》，《历史教学》（上半月刊）2017 年第 4 期，第 63 页。

③ ［美］何伟亚：《从朝贡体系到殖民研究》，宋伟杰译，《读书》1998 年第 8 期，第 65 页。

④ 杰里·H·本特利：《世界历史上的文化交流》，《全球史评论（第 5 辑）》，第 37 页。

治的的过程中。这一观点还被用于类比英帝国如何建立自己在印度的统治。① 这是一种很有意思的表述，它固然对西方中心论是建构的，但对于非西方世界依靠西方知识所刚刚建构起来的世界又是一种解构。这也是笔者所感兴趣的问题：为什么一些中国人在 20 世纪一方面声称坚决反对帝国主义，另一方面又心甘情愿地放弃悠久的文化信仰和本土知识而去信奉西方科学和政治形态，② 尤其是民族主义的观点。一些西方学者认为，民族主义是西方进行殖民扩张时秉承的重要信条之一，是 19 世纪西方向全世界强化话语霸权，③ 进行规训的一部分，但它同时也被殖民地用来建构自身的共同体认同；而当新一代的西方学者批判这一思想时，非西方世界又把这种批判认为是新一轮话语霸权的来临。

中国与西方的在今天隔阂似乎更加深重。有的中国学者认为，若不能彻底打破西方现有的话语霸权，乃至彻底推翻当今西方主导的世界秩序，这种隔阂是不可能消除的。这种极为宏观的思想是有道理的，但似乎并不务实。我们不可能运用传统的知识体系去对抗西方可能的文化霸权。与其宣扬偏见、对立和仇恨，不如放下成见，拥抱合作。徐国琦在《作为方法的"跨国史"及"共有的历史"》一文中认为，在史学领域内引入跨国史的研究方法，有利于塑造我们人类共有的历史。彻底打破史学领域内"民族—国家"范式的约束，强调非政治、非政府因素的作用与影响以及重视"自下而上"的方法，将成为跨国史研究的突破口。跨国史的追求及旨趣就是要跨学科、跨国别，兼容并包，融会贯通，其特点也是跨学科、跨国别，兼容并包，融会贯通。④

何伟亚并没有执着于找出彻底解决问题的方法，而是通过书写历史使得人们更加接近真相。正如他在书中所提出的那样：重视"中英两帝国权

① ［美］何伟亚：《从朝贡体系到殖民研究》，第 66—67 页。

② ［美］何伟亚：《英国的课业：19 世纪中国的帝国主义教程》，第 22 页。

③ 朱继军：《后殖民主义史学的移植与超越——以〈英国的课业：19 世纪中国的帝国主义教程〉一书为讨论中心》，第 63 页。

④ 徐国琦：《作为方法的"跨国史"及"共有的历史"》，《史学月刊》2017 年第 7 期，第 21 页。

力冲突"这样的视角，并且正视在这种权力冲突中出现的类似英国课业的文化现象，寻找共有的历史解释，才能让历史照进现实。这种视角能够更好地使我们思考现有的权力冲突和文化交流中的问题，去超越自然生发的文化偏见。在全书的最后他写到，要去重新思考建构我们共同历史的方式，才能彻底摆脱英国的课业，一起超越向前，中国和西方也可以摆脱对各自的偏见。① 这样的价值观既与人类之所以为人类的一切尊严有关，也是全球史学科赖以存在和发展的基石。

---

① ［美］何伟亚：《英国的课业：19世纪中国的帝国主义教程》，第382页。

稿　约

　　《近现代国际关系史研究》是由首都师范大学历史学院国际关系史研究中心出版的学术辑刊，每年2—3辑。本辑刊旨在为从事国际关系史研究的学者提供一个相互交流的平台，设有专题研究、二战史研究、中外关系研究、美国外交研究、宣传与公共外交史、法国与冷战、研究生论坛、档案文献、学术动态、书评等栏目，欢迎学界同行赐稿。相关信息如下：

　　1. 研究性论文要以一手档案为基础，具有原创性且未曾发表，欢迎选题新颖、运用多边档案的长篇研究。其中，研究生论坛中刊发博硕士及本科生的优秀论文。本辑刊尤其愿意刊发能反映学界动态的研究综述、书评书讯、专题书目等内容的稿件，也欢迎以某个专题内容为核心整理的档案资料汇编。

　　2. 注释体例，请以《历史研究》格式为准。详情可见中国社会科学杂志社相关页面：http：//qk. cass. cn/lsyj/tgxt/ywzs/。来稿并请附上论文英文标题、中文摘要和关键词。

　　3. 编辑部将组织同行专家对来稿进行评审，并将评审结果尽快通知作者。

　　4. 来稿一经录用，请勿再投他处。

　　5. 录用并出版的作品，将略致薄酬，并赠样书2册。刊发后稿件版权归《近现代国际关系史研究》辑刊所有。

　　6. 来稿请投《近现代国际关系史研究》编辑部，邮箱：guojiguanxijk@163. com。

首都师范大学历史学院
国际关系史研究中心
2018年8月1日